住房和城乡建设部"十四五"规划教材

高等学校土木工程专业线上线下精品课程建设系列教材

"十三五"江苏省高等学校重点教材（编号：2018-1-110）

土木工程施工组织与管理

王利文　主　编

侯敬峰　徐玲玲　副主编

李启明　主　审

中国建筑工业出版社

图书在版编目（CIP）数据

土木工程施工组织与管理/王利文主编；侯敬峰，
徐玲玲副主编. —北京：中国建筑工业出版社，
2021.10（2025.6重印）
住房和城乡建设部"十四五"规划教材　高等学校土
木工程专业线上线下精品课程建设系列教材　"十三五"
江苏省高等学校重点教材
ISBN 978-7-112-26656-2

Ⅰ.①土…　Ⅱ.①王…　②侯…　③徐…　Ⅲ.①土木工
程-施工组织-高等学校-教材②土木工程-施工管理-
高等学校-教材　Ⅳ.①TU7

中国版本图书馆 CIP 数据核字（2021）第 196817 号

　　本书是住房和城乡建设部"十四五"规划教材、"十三五"江苏省高等学校重点教材，
该教材以案例教学为手段，融入思政内容，以理论知识与现行规范结合、知识传授与工程
实践结合、课程内容与执业考试结合、传统理论与行业前沿结合为抓手，以培养学生解决
施工现场组织问题的能力为目标打造精品教材。本书内容包括：绪论、施工组织设计、施
工方案、施工进度计划、施工准备、施工平面的布置、施工管理计划、绿色施工管理、
BIM 技术在施工阶段的应用、施工组织课程设计共 10 章内容。本书可作为高等学校土建
类专业的教材，亦可作为土木工程技术人员或成人教育用书。

　　该教材配套"土木工程施工组织与管理"在线课程，是一本立体化教材。在教材中嵌
入了大量的教学视频，方便读者边阅读边观看教学视频。目前在线课程在中国大学慕课、
学银在线两个平台运行，欢迎各位读者结合教材开展线上线下混合式学习。

　　为了更好地支持教学，我社向采用本书作为教材的教师提供课件，有需要者可与出版
社联系，索取方式如下：建工书院 http://edu.cabplink.com，邮箱：jckj@cabp.com.cn，
电话：（010）58337285。

* * *

责任编辑：仕　帅　王　跃
责任校对：王誉欣　党　蕾

住房和城乡建设部"十四五"规划教材
高等学校土木工程专业线上线下精品课程建设系列教材
"十三五"江苏省高等学校重点教材（编号：2018-1-110）
土木工程施工组织与管理
王利文　主　编
侯敬峰　徐玲玲　副主编
李启明　主　审

*

中国建筑工业出版社出版、发行（北京海淀三里河路 9 号）
各地新华书店、建筑书店经销
霸州市顺浩图文科技发展有限公司制版
廊坊市海涛印刷有限公司印刷

*

开本：787 毫米×1092 毫米　1/16　印张：24½　字数：596 千字
2021 年 12 月第一版　　2025 年 6 月第四次印刷
定价：**68.00** 元（赠教师课件及配套慕课和数字资源）
ISBN 978-7-112-26656-2
（38052）

出 版 说 明

党和国家高度重视教材建设。2016 年，中办国办印发了《关于加强和改进新形势下大中小学教材建设的意见》，提出要健全国家教材制度。2019 年 12 月，教育部牵头制定了《普通高等学校教材管理办法》和《职业院校教材管理办法》，旨在全面加强党的领导，切实提高教材建设的科学化水平，打造精品教材。住房和城乡建设部历来重视土建类学科专业教材建设，从"九五"开始组织部级规划教材立项工作，经过近 30 年的不断建设，规划教材提升了住房和城乡建设行业教材质量和认可度，出版了一系列精品教材，有效促进了行业部门引导专业教育，推动了行业高质量发展。

为进一步加强高等教育、职业教育住房和城乡建设领域学科专业教材建设工作，提高住房和城乡建设行业人才培养质量，2020 年 12 月，住房和城乡建设部办公厅印发《关于申报高等教育职业教育住房和城乡建设领域学科专业"十四五"规划教材的通知》（建办人函〔2020〕656 号），开展了住房和城乡建设部"十四五"规划教材选题的申报工作。经过专家评审和部人事司审核，512 项选题列入住房和城乡建设领域学科专业"十四五"规划教材（简称规划教材）。2021 年 9 月，住房和城乡建设部印发了《高等教育职业教育住房和城乡建设领域学科专业"十四五"规划教材选题的通知》（建人函〔2021〕36 号）。为做好"十四五"规划教材的编写、审核、出版等工作，《通知》要求：（1）规划教材的编著者应依据《住房和城乡建设领域学科专业"十四五"规划教材申请书》（简称《申请书》）中的立项目标、申报依据、工作安排及进度，按时编写出高质量的教材；（2）规划教材编著者所在单位应履行《申请书》中的学校保证计划实施的主要条件，支持编著者按计划完成书稿编写工作；（3）高等学校土建类专业课程教材与教学资源专家委员会、全国住房和城乡建设职业教育教学指导委员会、住房和城乡建设部中等职业教育专业指导委员会应做好规划教材的指导、协调和审稿等工作，保证编写质量；（4）规划教材出版单位应积极配合，做好编辑、出版、发行等工作；（5）规划教材封面和书脊应标注"住房和城乡建设部'十四五'规划教材"字样和统一标识；（6）规划教材应在"十四五"期间完成出版，逾期不能完成的，不再作为《住房和城乡建设领域学科专业"十四五"规划教材》。

住房和城乡建设领域学科专业"十四五"规划教材的特点：一是重点以修订教育部、住房和城乡建设部"十二五""十三五"规划教材为主；二是严格按照专业标准规范要求编写，体现新发展理念；三是系列教材具有明显特点，满足不同层次和类型的学校专业教学要求；四是配备了数字资源，适应现代化教学的要求。规划教材的出版凝聚了作者、主审及编辑的心血，得到了有关院校、出版单位的大力支持，教材建设管理过程有严格保障。希望广大院校及各专业师生在选用、使用过程中，对规划教材的编写、出版质量进行反馈，以促进规划教材建设质量不断提高。

住房和城乡建设部"十四五"规划教材办公室
2021 年 11 月

前　言

本书根据普通高等院校土建类的课程教学大纲和基本要求编写，在编写过程中，通过介绍工程人爱岗敬业故事、中华人民共和国成立以来辉煌建设成就，融入思政内容，潜移默化地进行立德树人教育。在编写专业内容时，紧跟行业前沿，融合国家现行规范、规程、标准、法规，力求体系内容与我国现行规范、规程、标准相结合，理论与实践应用相结合，传统理论与信息技术相结合，努力做到内容新颖、结构完整、深入浅出、通俗易懂。

这门课程本人采用线上线下混合式教学，该书配套在线课程，在课程的建设中，力求在课程的"两性一度"上有所突破。首先，在阐述土木工程施工组织基本知识的同时，增加创新性"BIM在施工组织中的应用"内容，结合绿色建造理念，完善了绿色施工管理的内容；其次，线下教学中根据时事工程案例，设置高阶性命题，通过线下翻转课堂和在线讨论，加强课程的高阶性建设；最后，在配套的线上教学中，通过一人一题、一人一卷的考核方式提高了考核难度。另外，在整个知识体系中，适当脚注了现行规范、规程、标准的要求，读者在学习施工组织的同时，也熟悉了现行规范的相关要求；在书中的每章后，根据该章的知识内容，增加了与章节内容相关的一些典型的建造师注册考试案例，方便读者了解注册考试的特点。

本教材参考学时为32~56学时。

全书共10章，由从事该课程多年教学的老师组成编写团队，具体分工为：常州工学院王利文编写第1章、第3章、第5章、第6章、第10章，北京建筑大学侯敬峰编写第8章，常州工学院曾雪琴编写第4章，常州工学院李鹏波、杨曙兰编写第7章，河北建筑工程学院时颖、徐玲玲编写第2章，常州光洋控股集团有限公司项目经理成汉标编写第9章。

在教材编写过程中，分别与广联达科技股份有限公司、北京睿格致科技有限公司、上海殊未信息科技有限公司进行深度校企合作，拓展前瞻性、创新性内容。在第9章编写过程中，广联达科技股份有限公司李思康、北京城建北方集团有限公司赵思远、北京睿格致科技有限公司刘阳三位工程师给予了鼎力支持，在此表示由衷的感谢！

全书由王利文担任主编，东南大学土木工程学院李启明教授担任主审，在审稿过程中，李教授提出了许多宝贵意见，在此深表谢意！在编写过程参考和使用了许多网络资源，谨此对相关人士表示诚挚的感谢！

由于编者学识有限，书中难免存在不足之处，恳切希望读者、同行专家批评指正。

编　者

2021年8月于常州

目　　录

第1章 绪 论

> **本章要点**：中华人民共和国成立后，施工组织的发展；信息化时代，催生数字化施工组织设计；承包方式对施工组织设计的影响；不同行业、不同建设对象对施工组织设计要求的差异性。
>
> **学习目标**：掌握施工组织设计的概念；熟悉施工组织在我国发展的历程，追溯历史展望未来；了解不同行业、不同建设对象施工组织设计的差异性。
>
> **素质目标**：通过追溯历史，树立民族自豪感；通过讲老一辈工程人的故事，传承工程人爱岗敬业精神；通过学习《关于推动智能建造与建筑工业化协同发展的指导意见》文件，展望建筑业的未来。

中华人民共和国成立初期，在引进苏联建设经验基础上，创建了施工组织设计专业❶，从解放初期至今，施工组织设计这一术语一直沿用至今，施工组织设计是用于指导施工的技术、经济、管理文件。

编制针对性、操作性的施工组织设计是施工管理的前置要件❷。例如依据合同目标，编制工程进度、质量、安全、环境保护及文明施工等方面的目标和措施；根据绿色建造的要求，编制绿色施工管理措施，降低施工生产对现场周边环境影响。这些文件的编制，对秩序化、集约化、科学化施工管理，规避风险，提高劳动生产率具有重要意义。

1.1 土木工程施工组织的过去、现在和未来

1.1.1 古代的施工组织

历史上，施工组织设计由来已久，只是没有"施工组织设计"这个术语罢了；回顾中国古代建筑史，有很多成功的大型工程建设项目，例如，都江堰水利工程、北京故宫等，我们可以从古文献的志书中，找到有关施工组织设计的佐证：

---

❶ 王守道. 施工组织设计在我国的发展［J］. 施工组织设计，1991（4）：1-15。

❷ 《建筑施工组织设计规范》GB/T 50502—2009；

　　1.0.1 条文说明：建筑施工组织设计在我国已有几十年的历史，虽然产生于计划经济管理体制下，但在实际的运行当中，对规范建筑工程施工管理确实起到了相当重要的作用，在目前的市场经济条件下，它已成为建筑工程施工招投标和组织施工必不可少的重要文件。

　　2.0.1 条文说明：施工组织设计是我国在工程建设领域长期沿用下来的名称，西方国家一般称为施工计划或工程项目管理计划。在《建设项目工程总承包管理规范》GB/T 50358—2017 中，把施工单位这部分工作分成了两个阶段，即项目管理计划和项目实施计划。施工组织设计既不是这两个阶段的某一阶段内容，也不是两个阶段内容的简单合成，它是综合了施工组织设计在我国长期使用的惯例和各地方的实际使用效果而逐步积累的内容精华。

【案例 1-1】 在《营造法式》的第 16～28 卷中，规定了工、料定额和质量控制标准，相当于现代施工组织中的成本控制和质量管理；

【案例 1-2】 《汉书·沟洫志》记载："汉建始四年（公元前 29 年），河决馆陶及东郡金堤，河堤使者王延世使塞，以竹落长四丈，大九围，盛以小石，两船夹载而下之。三十六日，河堤成。"用现代的话说，就是用竹笼填石，截流堵口。这个记录有施工方法、工程进度、施工设备和截流材料，相当于一个现代的截流施工方案。

1.1.2　中华人民共和国成立后，施工组织的发展

施工组织的发展是伴随现代大型工程项目的施工实践和管理科学的发展而不断发展。1928 年，苏联建造第聂伯水电站，施工人员编制了第一个较为完善的施工组织设计，并创建了施工组织管理理论。1958 年，美国在北极星导弹计划中，提出了计划评审法（PERT），随后相继出现了项目管理理论。

1. 纵观中华人民共和国成立后我国建筑业的发展❶

1）形成阶段（1949～1957 年）；

2）曲折阶段（1958～1976 年）；

3）恢复阶段（1977～1983 年）；

4）发展阶段（1984 年之后）。

2. 形成阶段和发展阶段的特点

1）形成阶段。在中华人民共和国成立初期我国根据苏联施工管理经验引进了施工组织设计，由于一切百废待兴，设计文件尚无定式，各省各行业成立了工程局，设计、施工不分家，技术人员既是设计者，又是施工管理组织者。

在计划经济体制下，施工任务由政府统一调配，施工企业完成政府的年度计划即可，不追求施工项目的经济效益，施工组织设计只是单一的技术管理文件。

2）发展阶段。改革开放以后，建立了社会主义市场经济体制，市场经济需要按市场经济规律管理、按市场惯例办事。

（1）双重作用

随着市场经济的不断推进，施工组织设计的作用发生了变化。其主要作用不仅仅指导工程施工，而且在投标中作为技术标，承担了展示施工能力的文件；同时，在施工组织中加入了项目管理的一些内容，施工组织设计由原来的纯技术性文件改变为技术经济管理性文件。无论是 FIDIC 合同条件，还是我国的《建设工程施工合同》示范文本，均将投标书中的施工组织设计列为工程承包合同的组成部分；中标施工承包单位签订合同后，再依据合同文件完善指导施工的施工组织设计。所以现代的施工组织设计赋予了其两种作用，即是承揽任务的投标文件，又是指导施工的经济、技术、管理文件。

（2）角色担当

随着改革开放的深入，建筑业调整了企业的组织结构、实施了资质管理制度，开始了项目法施工，先后引进了建筑师、监理工程师和建造师制度。在建设任务获取的方式上，

---

❶ 《新中国 50 年系列分析报告之九——建筑业不断增强》国家统计局，1999-09-18。

由原来计划经济体制下的分配转变为投标、竞标。随着《建筑法》《招标投标法》等一系列法律法规的不断完善，给建筑市场的健康发展提供了法律保障。

在政府出台的一系列法律法规中，施工组织设计承担了重要角色。例如《建筑工程施工许可管理办法》把是否编制了专项质量、安全施工组织设计作为建设单位申请领取施工许可证的条件之一❶；在《房屋建筑和市政基础设施工程施工招标投标管理办法》中，把施工组织设计或者施工方案作为投标文件的组成之一；在《建设工程施工合同（示范文本）》GF—2017-0201 的第二部分通用合同条款的第 7.1 条中，专门规定了施工组织设计的内容。

（3）超级工程的施工组织设计

"党的十八大"以后，中国建筑企业充分发挥在高铁、公路、电力、港口、机场、油气管道、高层建筑等工程建设方面的优势，以新技术、新装备打造世界级工程：有标志着"速度"和"密度"、以"四纵四横"高铁主骨架为代表的中国高铁；有标志着"精度"和"跨度"、以港珠澳大桥为代表的中国桥梁；还有代表着"高度"的上海中心大厦、代表着"深度"的洋山深水港码头……这些超级工程彰显了我国建造能力。纵观这些超级工程的施工管理，发现他们有共同特点：与时俱进。例如互联网、大数据、AI、GIS、BIM 等数字化信息技术在这些工程上的应用。❷

扫描二维码 1-1，观看施工组织的前世今生教学视频。

1.1.3 信息化时代，催生数字化施工组织设计

随着新一轮科技革命和产业变革，以人工智能、大数据、物联网、5G 和区块链等为代表的新一代信息技术加速向各行业融合渗透。在工程建设领域，主要发达国家相继发布了面向新一轮科技革命的国家战略，如美国制定了《基础设施重建战略规划》，英国制定了《建造2025》战略，日本实施了建设工地生产力革命战略等。

二维码 1-1 施工组织的前世今生教学视频

建筑业是我国国民经济的支柱产业，为我国经济持续健康发展提供了有力支撑。当然，我们也不能否认与高质量发展要求还有很大差距，目前大部分土木工程的生产方式还比较粗放，迫切需要推动智能建造与建筑工业化的协同发展。2020 年住建部等 13 部门联合下发《关于推动智能建造与建筑工业化协同发展的指导意见》（后文简称《指导意见》），该文件为推进建筑工业化、数字化、智能化升级，加快建造方式转变，推动建筑业高质量

---

❶ 《建筑工程施工许可管理办法》（2021 年修正）第四条第六项：有保证工程质量和安全的具体措施。施工企业编制的施工组织设计中有根据建筑工程特点制定的相应质量、安全技术措施。建立工程质量安全责任制并落实到人。专业性较强的工程项目编制了专项质量、安全施工组织设计，并按照规定办理了工程质量、安全监督手续。

《房屋建筑和市政基础设施工程施工招标投标管理办法》（2018 年修正）第二十五条投标文件应当包括下列内容：（一）投标函；（二）施工组织设计或者施工方案；（三）投标报价；（四）招标文件要求提供的其他材料。

《建设工程施工合同（示范文本）》GF—2017-0201 7.1.1 施工组织设计应包含以下内容：（1）施工方案；（2）施工现场平面布置图；（3）施工进度计划和保证措施；（4）劳动力及材料供应计划；（5）施工机械设备的选用；（6）质量保证体系及措施；（7）安全生产、文明施工措施；（8）环境保护、成本控制措施；（9）合同当事人约定的其他内容。

❷ 《建筑业持续快速发展企业结构优化行业实力增强——改革开放 40 年经济社会发展成就系列报告之九》国家统计局，2018-09-07。

发展指明了方向。❶

1．发展目标

《指导意见》提出，要围绕建筑业高质量发展总体目标，以大力发展建筑工业化为载体，以数字化、智能化升级为动力，形成涵盖科研、设计、生产加工、施工装配、运营等全产业链融合一体的智能建造产业体系。发展目标是：

1）到2025年，我国智能建造与建筑工业化协同发展的政策体系和产业体系基本建立，建筑产业互联网平台初步建立，推动形成一批智能建造龙头企业，打造"中国建造"升级版。

2）到2035年，我国智能建造与建筑工业化协同发展取得显著进展，建筑工业化全面实现，迈入智能建造世界强国行列。

2．核心任务

同时，《指导意见》从加快建筑工业化升级、加强技术创新、提升信息化水平、培育产业体系、积极推行绿色建造、开放拓展应用场景、创新行业监管与服务模式7个方面，提出了推动智能建造与建筑工业化协同发展的工作任务，其核心任务包括：

1）大力发展装配式建筑，推动建立以标准部品为基础的专业化、规模化、信息化生产体系。

2）加快打造建筑产业互联网平台，推进工业互联网平台在建筑领域的融合应用，开发面向建筑领域的应用程序。

3）探索具备人机协调、自然交互、自主学习功能的建筑机器人批量应用，以工厂生产和施工现场关键环节为重点，加强建筑机器人应用。

4）加强智能建造及建筑工业化应用场景建设，发挥龙头企业示范引领作用，定期发布成熟技术目录，并在基础条件较好、需求迫切的地区，率先推广应用。

这个文件的推出，停留在施工阶段的传统施工组织设计方式已经不能紧跟时代的步伐，必须拓展智能建造、建筑工业化的组织管理模式，其中施工组织设计（施工执行计划）需要从项目总承包角度考虑施工建造、需要与设计阶段衔接、需要与数字化建造匹配、需要满足智能建造及建筑工业化应用场景。

3．施工组织的数字化

在信息时代，施工组织的数字化是发展的必然。在智能建造与建筑工业化协同发展中，"互联网＋"与建筑行业的深度融合，围绕人、机、料、法、环等生产要素，充分利用移动互联网、物联网、云计算、大数据等新一代信息技术，彻底改变了传统建筑施工现场参建各方现场管理的交互方式、工作方式和管理模式。基于信息时代下的施工组织设计特点：

1）网络集成化

随着信息化的发展，信息协同越来越便捷，施工组织设计不再是施工技术人员单枪匹

❶ 《住房和城乡建设部等部门关于推动智能建造与建筑工业化协同发展的指导意见》【建市2020（60号）】：

以大力发展建筑工业化为载体，以数字化、智能化升级为动力，创新突破相关核心技术，加大智能建造在工程建设各环节应用，形成涵盖科研、设计、生产加工、施工装配、运营等全产业链融合一体的智能建造产业体系，提升工程质量安全、效益和品质，有效拉动内需，培育国民经济新的增长点，实现建筑业转型升级和持续健康发展。

马的闭门造车,是所有项目管理者、技术人员对项目管理各要素的互联互通,最终形成的是项目管理集成,见图1-1。

扫描二维码1-2,观看数字化施工组织教学视频。

2)建造数字化

施工组织设计是综合性文件,数字化施工组织设计打破了文本表现形式,它可能是一个虚拟建造过程的AI成果:显示的是虚拟、同步化建造过程,其数字建造过程具备互联互通的感知、预测、优化的能力,可以仿真模拟优化、虚拟建造试错。

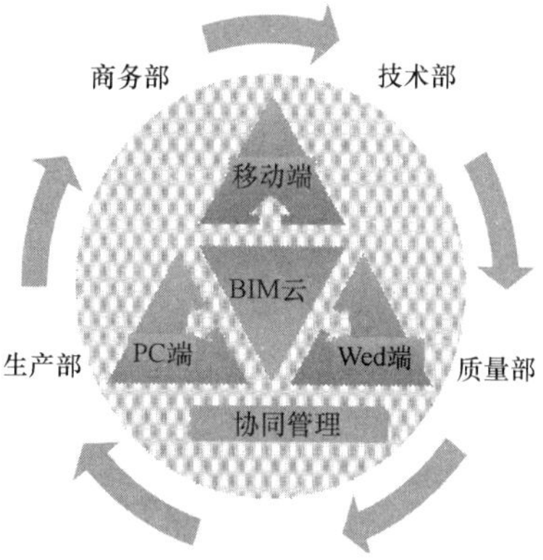

图1-1 项目管理的集成

二维码1-2 数字化施工组织教学视频

目前,数字化施工组织设计的内容是以项目的数字模型作为信息数据基础,形成BIM信息模型。这些信息数据汇集的是不同阶段的建造信息流:

(1)前期数字模型:就是根据项目设计的功能生成的三维数字化模型,建造者利用这个模型进行虚拟仿真施工,通过仿真检查其正确性、施工可行性;第二个就是模型的碰撞检查,发现各专业的错、漏、碰的问题,把问题解决在施工实施之前。

前期数字模型是标前施工组织编制的基础,编制投标阶段施工组织设计,强调的是符合招标文件要求,以中标为目的,主要通过可视化、虚拟仿真显示施工单位的施工能力,见图1-2。

图1-2 基于事前BIM模型的标前施工组织设计的内容

(2)中期数字模型:模型中包含了大量建造阶段的各类建造信息。换句话说,在施工过程中,项目建造者的管理过程全部记载到BIM模型中,而且与模型图元一一对应。中期数字模型属于项目管理产品的形成过程,由于这些信息是建造过程真实信息的记载,以记录性、可验证、可追溯性为特征,2020年"云监工"武汉火神山、雷神山医院建设现场,体现的就是记录性。

编制实施阶段施工组织设计,强调的是可操作性,同时鼓励企业技术创新。所以这个阶段的施工组织设计主要以优化的施工安排(时间、空间)、科学的施工方法、先进的管理手段为主,体现的是针对性组织设计,见图1-3。

(3)后期数字模型:大量建造阶段信息加载完成,形成了竣工BIM信息模型,这是交付建设单位的数字化管理产品,在竣工交付的建设项目成果中,既有建设项目的实体,又有信息集成模型(BIM),这些模型是智慧城市(CIM)的基本单元。换句话说,后期数字模型记载了建造过程信息,这些信息不仅对建造过程具有追溯性,而且为建设单位提

图 1-3　基于事中 BIM 模型的施工组织设计的内容

注：材料排布优化，指的是二次结构、装饰装修块料材料排布与裁剪优化，这是一种非常有效的绿色施工节材措施。

供了固化的建造信息。这个阶段的施工组织设计主要贯彻企业的诚信经营，保修回访服务。

综上，结合 BIM 信息模型很好地实现了施工组织设计数字化，也展现出仿真可视化、建造智能化、管理动态化的特征，所以传统的施工组织设计无论从内容上，还是形式上都发生着变化。

1.1.4　践行"碳中和"的理念，以节能降耗施工方案为核心的绿色施工组织应运而生

2020 年 9 月 22 日我国在 75 届联大做出承诺：2030 年前达到峰值，2060 年前实现碳中和。2018 年全国建筑全过程能耗占全国能源消费总量比重为 46.5%，因此建筑行业对实现全社会碳中和至关重要。

2021 年 3 月 16 日住房和城乡建设部办公厅印发《绿色建造技术导则（试行）》，标志着绿色发展理念融入到了工程策划、设计、施工、交付的建造全过程。绿色施工策划需要通过绿色施工组织设计、绿色施工方案和绿色施工技术交底等文件的编制实现❶。

为了应对建筑全生命周期各个阶段碳排放的压力，在土木工程各建设阶段都必须践行低碳建造的理念、采取施工节能措施、优化节能降耗施工方案、监管施工全过程排放、做好能耗评估等，这些指标必将成为绿色施工组织的核心内容。

1.2　承包方式对施工组织设计的影响

目前住房和城乡建设部大力推行工程总承包和全过程工程咨询，推进建筑师负责制，加强设计与施工的深度协同，其实，这种组织管理模式在我国古代就存在了，历史上，设计和施工是不剥离的，例如《营造法式》就是北宋建筑师李诫写的融设计、技术、管理与一体的著作，记载了宋代建筑的制度、做法、用工、图样等。中华人民共和国成立初期，

---

❶　《建筑工程绿色施工评价标准》：

　3.2.1　工程项目开工前，施工单位应明确绿色施工目标，并应进行绿色施工影响因素分析。

　3.2.2　项目部应依据绿色施工影响因素的分析结果进行绿色施工策划，并应对绿色施工评价要素中的评价条款进行取舍。

　3.2.3　绿色施工策划应通过绿色施工组织设计、绿色施工方案和绿色施工技术交底等文件的编制实现。

　3.2.4　应开展技术和管理创新创效活动，并将相应措施列入绿色施工组织设计和绿色施工方案中。

我国的许多重大建设项目的初步设计，均编制了施工组织设计，也就是说设计单位不仅编制设计文件，同时需要编制施工文件，"三门峡施工组织设计"就是当时施工组织设计的范例。

2017年《国务院办公厅关于促进建筑业持续健康发展的意见》指出：工程总承包是国际通行的建设项目组织实施方式，大力推进工程总承包，有利于实现设计、采购、施工等各阶段工作的深度融合，发挥工程总承包企业的技术和管理优势，提高工程建设水平，推动产业转型升级。

2019年12月，住房和城乡建设部、国家发改委发布了《房屋建筑和市政基础设施项目工程总承包管理办法》（简称《管理办法》），根据这个《管理办法》，建设项目工程总承包的定义为：承包单位按照与建设单位签订的合同，对工程设计、采购、施工等阶段实行总承包，并对工程的质量、安全、工期和造价等全面负责的工程建设组织实施方式。随着《建设工程项目管理规范》GB/T 50326—2017、《建设项目工程总承包管理规范》GB/T 50358—2017两本规范的颁布执行，施工组织设计必将被赋予新的内容。

1.2.1 施工执行计划与施工组织设计并存

在《建设项目工程总承包管理规范》GB/T 50358—2017施工阶段指导施工的文件称为"施工执行计划"，但其内容与施工组织设计类似，在《建设项目工程总承包合同示范文本（试行）》GF—2011-0216的第4.4.1条施工进度计划中，要求"承包人在现场施工开工15日前向发包人提交一份包括施工进度计划在内的总体施工组织设计"。显然，在建设项目工程总承包模式中，施工组织设计仍然是指导施工的核心要件。

1.2.2 施工组织设计的风险管理

近年来，以工程设计、采购和施工为核心的工程总承包模式发展势头稳健，需求不断涌现，受"一带一路"、改善性消费、城镇化进程和中西部发展的驱动，EPC承发包模式逐步显现出一定的优势。

回顾中国建筑业曲折的发展历程，"基建狂魔"的发展之路可谓艰辛铸辉煌。如今，面对"一带一路"带来的契机，中国建筑企业走出去与国际接轨成为必然，沿线冲突地区的地缘政治问题涉及众多国家，潜在的风险不可不防，所以在树立"中国建造"品牌提升国际竞争力的同时，必须加强项目的风险管控，从计划经济年代沿用至今的施工组织设计，欠缺项目风险管理，这是施工组织设计的短板，不适应复杂多变的国际环境。涉外建设工程主要包括的风险有：

1）主要工程材料、设备、人工价格与招标时基期价相比，波动幅度超过合同约定幅度的部分。

2）因发包国的政局变化，引起的政治风险。

3）不可预见的地质条件造成的工程费用和工期的变化。

4）因发包国民族习俗、民族冲突产生的工期延误。

5）不可抗力造成的工程费用和工期的变化。

所以，在编制施工组织设计时，需要编制风险管理的内容，尤其是风险因素较多的涉外工程。

1.3　不同行业、不同建设对象对施工组织设计要求的差异性

土木工程施工组织设计按建设对象不同，可分为建筑工程、市政工程、铁路工程、水利水电工程、光伏发电工程、油气输送管道工程、火力发电工程、化工建设项目、露天煤矿、露天金属矿等施工组织设计，其内容应该遵守对应的国家及行业规范❶。在我国，由于不同建设工程隶属于不同的部委、行业，不同行业的施工组织设计规范有差异性。

1.3.1　不同建设对象施工组织内容组成

对比建筑工程、市政工程、水利工程、发电工程、油气输送管道工程、化工建设6个行业的规范，不难发现内容大同小异，但详细程度要求不同，内容格式化限制程度不同。一般都包括工程概况、施工部署、施工方案、进度计划、施工准备、资源配置计划、施工平面布置、施工管理计划8项核心内容。不同点为：

1）有的规范要求内容比较详细。例如油气输送管道工程建设的施工组织设计，规范要求编写：编制依据、工程概况、施工部署、施工方案、施工进度计划、施工准备、资源需求计划、进度管理计划、质量管理计划、健康-安全-环境管理计划、成本管理计划、物资管理计划、工程信息管理计划、项目文控管理计划、其他管理计划、施工平面布置图16项内容。

2）有的规范要求比较原则性。例如露天煤矿施工组织设计，对施工组织设计的主要内容没有提出具体要求，对具体内容的编制及编排没有限制。但从该规范编写的内容上看，也涵盖了上述8项核心内容。

3）有的没有施工组织设计方面的规范。交通运输行业的建设工程施工组织设计的要求内容体现在《公路工程标准施工招标文件》❷中，施工组织设计的内容与评标方法有关，在施工技术规范中有一些施工组织管理的内容，例如在《公路桥涵施工技术规范》JTG/T 3650—2020中涉及了施工准备、冬期雨期和热期施工、安全施工与环境保护、工

---

❶　列举了11本施工组织设计现行规范，供读者参考。

1. 国家规范：（1）《建筑施工组织设计规范》GB/T 50502—2009；（2）《市政工程施工组织设计规范》GB/T 50903—2013；（3）《露天煤矿施工组织设计规范》GB 51114—2015；（4）《露天金属矿施工组织设计规范》GB/T 51111—2015；（5）《非煤矿山井巷工程施工组织设计标准》GB/T 51300—2018。

2. 行业规范：（1）《公路桥涵施工技术规范》JTG/T 3650—2020；（2）《公路路基施工技术规范》JTG/T 3610—2019；（3）《公路隧道施工技术规范》JTG F 60—2009；（4）《油气输送管道工程建设施工组织设计编制规则》SY/T 4115—2016；（5）《化工建设项目施工组织设计标准》HG 20235—2014；（6）《火力发电工程施工组织设计导则》DL/T 5706—2014。

❷　《公路工程标准施工招标文件》（2018年版）：

1. 投标人应按以下要点编制施工组织设计（文字宜精炼、内容具有针对性）：（1）总体施工组织布置及规划；（2）主要工程项目的施工方案、方法与技术措施（尤其对重点、关键和难点工程的施工方案、方法及措施）；（3）工期保证体系及保证措施；（4）工程质量管理体系及保证措施；（5）安全生产管理体系及保证措施；（6）环境保护、水土保持保证体系及保证措施；（7）文明施工、文物保护保证体系及保证措施；（8）项目风险预测与防范，事故应急预案；（9）其他应说明的事项。

2. 施工组织设计除采用文字表述外可附下列图表，图表及格式要求附后：附表一施工总体计划表；附表二分项工程进度率计划（斜率图）；附表三工程管理曲线；附表四分项工程生产率和施工周期表；附表五施工总平面图；附表六劳动力计划表；附表七临时占地计划表；附表八外供电力需求计划表。

程交工等。

1.3.2 不同行业对施工组织设计编审的差异

交通运输行业的建设工程没有找到对应规范规定；油气输送管道工程、化工建设项目在规范规定中只进行了原则性阐述；在火力发电工程中，施工组织总设计由建设单位编审，标段施工组织设计由施工单位编审。其他阐述都落实到具体负责人。责权比较明确，即项目负责人主持编制、总承包单位技术负责人审批。

综上，在我国，由于不同工程建设隶属于不同的部委，各部委又有许多行业，各部委、行业分别编写了不同行业类别的施工组织设计规范，但就其内容与编审方面基本类似，所以本教材在施工组织设计知识点的介绍中，以建筑工程、市政工程的案例为主，读者根据自己执业专业或行业要求进行针对性拓展。

1.4 教材各章节脉络

根据上述施工组织设计规范综述，本教材以现行规范为依据，编写教学内容。教材各章节知识逻辑见图 1-4。

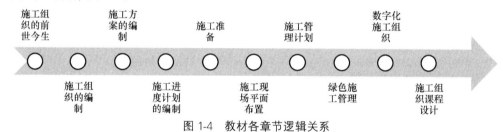

图 1-4 教材各章节逻辑关系

1.5 施工组织内容

本教材主要以建筑工程、市政工程的现行规范为依据，统筹教学内容，表 1-1 为两本规范列举的施工组织内容。

建筑工程、市政工程基于现行规范列举内容的对比　　　　表 1-1

单位建筑工程施工组织内容	市政工程施工组织内容
6.1　工程概况 6.1.1　工程概况应包括工程主要情况、设计简介和工程施工条件等。 6.1.2　工程主要情况应包括：分部(分项)工程或专项工程名称，工程参建单位的相关情况，工程的施工范围，施工合同、招标文件或总承包单位对工程施工的重点要求等。 6.1.3　设计简介应主要介绍施工范围内的工程设计内容和相关要求。	5.1　工程概况 5.1.1　工程概况应包括工程主要情况、设计简介和现场施工条件等。 5.1.2　工程主要情况应包括分部(分项)工程的名称、施工范围及施工组织设计的重点要求等。 5.1.3　设计简介应说明施工设计内容和相关要求。 5.1.4　工程施工条件应说明与分部(分项)工程相关的内容。

单位建筑工程施工组织内容	市政工程施工组织内容
6.1.4 工程施工条件应重点说明与分部(分项)工程或专项工程相关的内容。 6.2 施工安排 6.2.1 工程施工目标包括进度、质量、安全、环境和成本等目标,各项目标应满足施工合同、招标文件和总承包单位对工程施工的要求。 6.2.2 工程施工顺序及施工流水段应在施工安排中确定。 6.2.3 针对工程的重点和难点,进行施工安排并简述主要管理和技术措施。 6.2.4 工程管理的组织机构及岗位职责应在施工安排中确定,并应符合总承包单位的要求。 6.3 施工进度计划 6.3.1 分部(分项)工程或专项工程施工进度计划应按照施工安排,并结合总承包单位的施工进度计划进行编制。 6.3.2 施工进度计划可采用网络图或横道图表示,并附必要说明。 6.4 施工准备与资源配置计划 6.4.1 施工准备应包括下列内容: 1. 技术准备:包括施工所需技术资料的准备、图纸深化和技术交底的要求、试验检验和测试工作计划、样板制作计划以及与相关单位的技术交接计划等。 2. 现场准备:包括生产、生活等临时设施的准备以及与相关单位进行现场交接的计划等。 3. 资金准备:编制资金使用计划等。 6.4.2 资源配置计划应包括下列内容: 1. 劳动力配置计划:确定工程用工量并编制专业工种劳动力计划表。 2. 物资配置计划:包括工程材料和设备配置计划、周转材料和施工机具配置计划以及计量、测量和检验仪器配置计划等。 6.5 施工方法及工艺要求 6.5.1 明确分部(分项)工程或专项工程施工方法并进行必要的技术核算,对主要分项工程(工序)明确施工工艺要求。 6.5.2 对易发生质量通病、易出现安全问题、施工难度大、技术含量高的分项工程(工序)等应做出重点说明。 6.5.3 对开发和使用的新技术、新工艺以及采用的新材料、新设备应通过必要的试验或论证并制定计划。 6.5.4 对季节性施工应提出具体要求。 ——《建筑施工组织设计规范》GB/T 50502—2009	5.2 施工安排 5.2.1 施工安排应确定工程管理的组织机构,并应明确职责和权限。 5.2.2 施工安排应确定工程施工目标。 5.2.3 施工安排应确定施工段的划分及施工顺序。 5.2.4 分部(分项)施工进度计划应满足项目施工进度计划并动态调整,可采用网络图或横道图表示,并应附必要的文字说明。 5.2.5 资源配置计划应包括劳动力配置计划和物资配置计划,并应满足下列要求: 1. 劳动力配置计划应确定各工种用工量并编制各工种劳动力计划表。 2. 物资配置计划应包括建筑材料、构配件和设备、施工机具、检测设备等配置计划。 5.3 施工准备 5.3.1 施工准备应根据施工安排确定。 5.3.2 施工准备应包括技术准备、现场准备及资金准备,并应满足下列要求: 1. 技术准备应包括施工所需技术资料的准备、图纸深化的要求、工程测量方案、检测工作计划、试验段(首件)制作计划以及与相关单位的技术交接计划等。 2. 现场准备应包括现场生产、生活及办公等临时设施的安排与计划。 3. 资金准备应包括资金使用计划及筹资计划等,并应结合图表形式辅助说明。 5.4 施工方法 5.4.1 施工方法应明确工艺流程、工艺要求及质量检验标准。 5.4.2 施工方法应根据相关技术要求进行必要的核算。 5.5 主要施工保证措施 5.5.1 应根据工程特点编写分部(分项)工程的主要施工保证措施,并应按本规范第6章执行。 5.5.2 可根据分部(分项)工程特点和复杂程度对季节性施工保证措施、交通组织措施、成本控制措施、构(建)筑物及文物保护措施加以取舍。 ——《市政工程施工组织设计规范》GB/T 50903—2013

思 考 题

1-1 简要说明施工组织在我国的发展历程。

1-2 施工执行计划与施工组织设计有哪些区别?

1-3 信息化时代,传统的施工组织设计需要拓展哪些内容?

1-4 什么是绿色施工组织?

第 2 章 施工组织设计

> **本章要点**：结合建筑工程、市政工程施工组织规范介绍施工组织的主要内容，同时探讨了工程总承包模式下施工组织设计的应用问题；主要知识点包括：施工组织分类、施工组织设计的内容、施工组织编制审核与执行、项目管理实施规划、施工执行计划。
>
> **学习目标**：掌握建筑工程、市政工程、路桥工程施工组织设计的内容；依据现行规范、标准，掌握施工组织编制依据及原则、编制主体与审核主体、危险性较大的分部分项工程专项施工方案的编审要求；熟悉不同行业、不同建设工程施工组织的分类，施工组织设计编制程序；了解项目总承包中的施工执行计划、项目管理实施规划、施工组织设计三个文件的区别。
>
> **素质目标**：通过介绍我国的建设成就，增强中国特色社会主义道路自信、理论自信、制度自信、文化自信。

施工组织设计就是以施工项目为对象编制的，用以指导施工技术、经济和管理的综合性文件。换言之，就是在施工前，针对具体的施工对象，将人力、材料、机械、施工方法、资金这五要素进行时间、空间安排和资源上的配置，使施工对象在要求时间内实现有组织、有计划、有秩序的施工。

2.1 施工组织分类

2.1.1 按工程建设的对象分类

土木工程施工组织设计按工程建设的对象不同，可分为建筑工程、市政工程、铁路工程、水利水电工程、光伏发电工程、油气输送管道工程、火力发电工程、化工建设项目、露天煤矿、露天金属矿等施工组织设计，其内容要遵守对应的国家及行业规范。

2.1.2 按编制建筑工程对象分类

根据《建筑施工组织设计规范》GB/T 50502—2009 规定，施工组织设计按编制建筑工程对象，可分为施工组织总设计、单位工程施工组织设计和施工方案。表 2-1 是不同施工组织设计对应的研究对象。

扫描二维码 2-1，观看施工组织分类教学视频。

二维码 2-1 施工组织分类教学视频

1. 施工组织总设计

施工组织总设计是以若干单位工程组成的群体工程或特大型项目为主要对象编制的施工组织设计，对整个项目的施工过程起统筹规划、重点控制的作用。群

不同施工组织设计对应的研究对象　　　　　　　　　　表 2-1

编 制 分 类	研 究 对 象
施工组织总设计	(1)单位工程组成的群体工程; (2)特大型项目
单位工程施工组织设计	(1)单位工程; (2)子单位工程
施工方案	(1)分部工程; (2)分项工程; (3)专项工程

体工程,由一个施工总承包单位承包的、由多个单位工程组成的标段或一个建设项目,施工总承包单位需要编制施工组织总设计,例如某住宅小区中的 A、B、C 三栋住宅楼或一个住宅小区;特大型项目指的是超过大型建筑工程标准的工程❶,通常需要分期分批建设,例如北京 2022 年冬奥会国家速滑馆——"冰丝带"就属于特大型工程❷。

2. 单位工程施工组织设计

以单位(子单位)工程为主要对象编制的施工组织设计,对单位(子单位)工程的施工过程起指导和制约作用。在《建筑工程施工质量验收统一标准》GB 50300—2013 第 4.0.2 条规定:单位工程指的是具备独立施工条件并能形成独立使用功能的建筑物或构筑物。对于规模较大的单位工程,可将其能形成独立使用功能的部分划分为一个子单位工程。例如由连廊连接"回"字形教学楼是一个单位工程,其中连廊连接的 A、B 栋可分别作为该教学楼的子单位工程。当然,这些划分需要在施工前由建设、监理、施工单位商议确定,并据此收集整理施工技术资料和进行验收。

对于已经编制了施工组织总设计的项目,单位工程施工组织设计是施工组织总设计的具体化,直接指导和制约单位工程的施工管理、技术、经济活动。

3. 施工方案

以分部(分项)工程或专项工程为主要对象编制的施工技术与组织方案,用以指导具体施工过程。在《建筑工程施工质量验收统一标准》GB 50300—2013 附录 B 详细列举了建筑工程分部、分项工程的划分,例如地基基础分部由地基、基础、基坑支护、地下水控制、土方、边坡、地下防水等子分部组成,编制某教学楼软弱地基处理施工方案,就属于地基子分部施工方案的编制;再例如混凝土结构主体结构分部由模板、钢筋、混凝土、预应力、现浇结构、装配式等几个分项工程组成,编制铝合金模板施工方案就属于模板分项工程

---

❶ 《建筑施工组织设计规范》GB/T 50502—2009;

【2.0.2 条文说明】在我国,大型房屋建筑工程标准一般指:(1) 25 层及以上的房屋建筑工程;(2)高度 100m 及以上的构筑物或建筑物工程;(3)单体建筑面积 3 万 m² 及以上的房屋建筑工程;(4)单跨跨度 30m 及以上的房屋建筑工程;(5)建筑面积 10 万 m² 及以上的住宅小区或建筑群体工程;(6)单项建安合同额 1 亿元及以上的房屋建筑工程。

但在实际操作中,具备上述规模的建筑工程很多只需编制单位工程施工组织设计,需要编制施工组织总设计的建筑工程,其规模应当超过上述大型建筑工程的标准,通常需要分期分批建设,可称为特大型项目。

❷ 2022 年冬奥会国家速滑馆主场馆建筑面积约 8 万 m²,高度 33m,能容纳约 12000 名观众,双曲面马鞍形单层索网结构屋面设计,南北长跨约 200m,东西短跨约 130m,是目前世界上规模最大的单层双向正交马鞍形索网屋面体育馆。

施工方案编制；又例如脚手架施工方案、临时用电施工方案就属于措施项目专项施工方案。

2.1.3 按编制阶段分类

　　施工组织设计还可以按照编制阶段的不同，分为投标阶段施工组织设计和实施阶段施工组织设计。投标阶段施工组织设计（简称技术标），强调的是符合招标文件要求，以承揽任务为目的；实施阶段施工组织设计是在投标阶段施工组织的基础上修订而来的，强调的具体指导施工现场的施工实践。两类施工组织设计的区别如表 2-2 所示。

标前与标后施工组织设计的区别　　　　　　　　　　表 2-2

种类	编制依据	编制时间	编制者	编制特点	编制程度	追求目的
投标前施工组织设计	招标文件	投标前	经营管理层	展示施工能力	简明	中标
中标后施工组织设计	招标文件、合同	签约后、开工前	项目管理层	方案的针对性	详细	指导施工

　　在施工总承包的施工招投标中，施工组织设计是技术标的核心要件，主要体现投标人的施工能力；中标后，根据签订的合同，完善的实施阶段施工组织设计，具体指导施工过程，履行合同承诺。

2.2 施工组织设计的内容

　　在施工前，项目经理应组织专业人员编制实施性施工组织设计，其内容一般包括编制依据、工程概况、施工部署、施工进度计划、施工准备与资源配置计划、主要施工方法、施工现场平面布置及主要施工管理计划等基本内容❶，其中，施工方案、施工进度计划、主要施工方法为施工组织的核心内容，俗称"一图一表一方案"。

　　扫描二维码 2-2，观看施工组织总设计教学视频。

二维码 2-2　施工组织总设计教学视频

2.2.1 建筑工程施工组织总设计的内容

1. 工程概况

工程概况是对施工对象的总说明和总分析，是对拟建建设项目或群体工程所做的一个简单扼要、突出重点的文字介绍，一般内容有：

1）施工对象的主要情况

（1）施工对象名称、性质（工业和民用）、地理位置和建设规模［占地总面积、投资规模（产量）、分期分批建设范围］。

（2）施工对象建设、勘察、设计和监理等相关单位的情况。

（3）施工对象设计概况（建筑面积、建筑高度、建筑层数、结构形式、建筑结构及装饰用料、建筑抗震设防烈度、安装工程和机电设备的配置等）。

（4）施工对象承包范围及主要分包工程范围。

（5）施工合同或招标文件对施工对象施工的重点要求。

---

❶ 《建筑施工组织设计规范》GB/T 50502—2009 第 3.0.4 条。

（6）其他应说明的情况。

2）施工对象主要施工条件

（1）施工对象建设地点气象状况（气温、雨、雪、风和雷电等气象变化情况以及冬、雨期的期限和冬季冻土深度等）。

图2-1　某住宅小区基坑周边环境

（2）施工对象施工区域地形和工程水文地质状况（地形变化和绝对标高，地质构造、土的性质和类别、地基土的承载力，河流流量和水质、最高洪水和枯水期的水位，地下水位的高低变化、含水层的厚度、流向、流量和水质等）；图2-1为某住宅小区第三期4栋高层住宅的基坑工程，面临的主要问题就是紧邻该市区的一条主河道，止水降水是这个基坑工程的难点。

（3）施工对象施工区域地上、地下管线及相邻的地上、地下建（构）筑物情况。

（4）与施工对象施工有关的道路、河流等状况。

（5）施工对象所在地域建筑材料（主要材料、特殊材料）、设备供应（生产工艺设备）和交通运输条件等服务能力状况。

（6）施工对象所在地域供电、供水、供热和通信能力状况。

2. 总体施工部署

施工部署是施工组织设计中的纲领性内容，主要包括下面5个方面内容：

1）施工组织总设计应对施工对象总体施工做出宏观部署。

2）对于施工对象施工的重点和难点应进行简要分析。

3）总承包单位应明确项目管理组织机构形式，并宜采用框图的形式表示。

4）对于施工对象施工中开发和使用的新技术、新工艺应做出部署。

5）对主要分包项目施工单位的资质和能力应提出明确要求。

其中，总体施工宏观部署包括下列内容：

1）确定施工对象施工总目标，包括进度、质量、安全、环境和成本等目标。

2）根据施工对象施工总目标的要求，确定项目施工对象分阶段（期）交付的计划。在保证工期的前提下，实行分期分批建设，在全局上实现施工的连续性和均衡性，减少暂设工程数量，降低工程成本。

3）确定施工对象分阶段（期）施工的合理顺序及空间组织，合理地确定每个单位工程的开竣工时间，保证先投产或交付使用的能够正常运行。例如住宅小区根据销售或施工策划分期交付的工程，每期交付都需要保证能够独立交付使用。

【案例2-1】 某住宅小区建筑总平面见图2-2，其分期情况如下：

1）第一期工程：地下车库，3号、4号、5号楼、热力变电站、餐厅。先行施工1～7号地下车库。热力变电站须先期配套使用，餐厅工程较小，可穿插在上述施工队伍空闲期间进行。

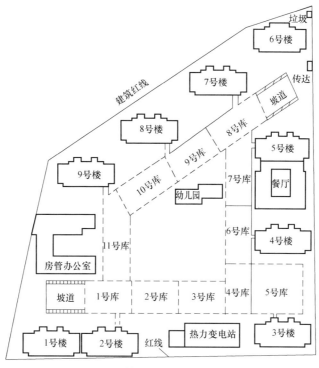

图 2-2　某住宅小区建筑总平面

2）第二期工程：6 号、1 号、2 号楼、房管办公楼、幼儿园，8～11 号车库。先进行 8～11 号车库的施工。考虑到 1 号、2 号楼所在位置的拆迁工作比较困难，故开工顺序为 6 号→1 号→2 号，幼儿园适时穿插安排。由于施工用地紧张，先将部分暂设房安排在准备第三期开工的 7 号、8 号、9 号楼位置上，房管楼出图后尽早安排开工，并在结构完成后只做简易装修，利用其作为施工用房，拆除 7 号、8 号、9 号楼位置上的暂设工程，腾出工作面。

3）第三期工程：9 号、8 号、7 号楼。此 3 栋楼的开工顺序根据暂设房拆除的情况决定，计划先拆除混凝土搅拌站、操作棚，后拆除仓库、办公室，故开工栋号的顺序为 9 号→8 号→7 号。此外，传达室、垃圾站等工程调剂劳动力适时穿插安排。

4）小区管网为整体设计，布设的范围广、工程量大，普遍开工不能满足公寓分期交付使用的要求，故宜配合各期竣工栋号施工，并采取临时使用措施，以达到各阶段自成系统分期使用的目的。但每栋公寓基槽范围内的管线应在各自的回填土前完成。

对于总承包单位项目管理组织机构形式应根据施工对象的规模、复杂程度、专业特点、人员素质和地域范围确定，大中型项目宜设置矩阵式项目管理组织，远离企业管理层的大中型项目宜设置事业部式项目管理组织，小型项目宜设置直线职能式项目管理组织，图 2-3 为上海世博会矩阵式项目组织结构图。

3．施工总进度计划

根据施工部署的要求，合理确定工程项目施工的先后顺序、开工和竣工日期、施工期限和它们之间的搭接关系，保证各项目以及整个建设工程按期交付使用。施工总进度计划的内容应包括：编制说明，施工总进度计划表（图），分期（分批）实施工程的开、竣工

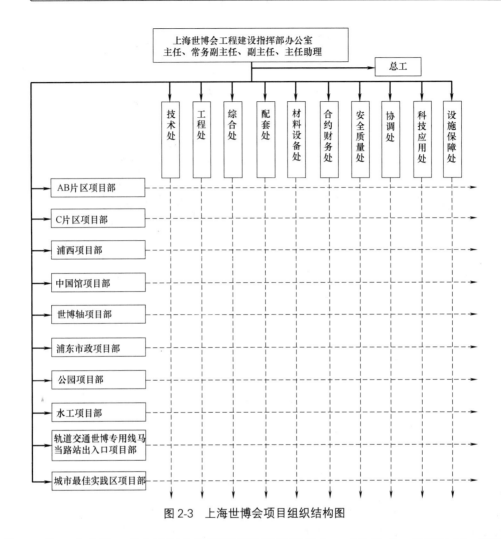

图 2-3　上海世博会项目组织结构图

日期，工期一览表等，进度计划表根据需要选用里程碑表、工作量表、横道计划、网络计划形式。

1）施工总进度计划应依据施工合同、施工进度目标、有关技术经济资料，并按照总体施工部署确定的施工顺序和空间组织等进行编制。

2）施工总进度计划可采用网络图或横道图表示，并附必要说明。施工总进度计划宜优先采用网络计划，网络计划应按国家现行标准《网络计划技术》GB/T 13400.1～3 及行业标准《工程网络计划技术规程》JGJ/T 121—2015 的要求编制。

图 2-4 为某项目第一期 21 栋单位工程总施工进度时标网络计划，这个进度计划是按各单位工程的基础分部、主体分部、屋面分部、机电安装分部、装饰工程分部的持续时间绘制的，第一期总工期为 530 天。

4. 总体施工准备与主要资源配置计划

1）总体施工准备计划

总体施工准备计划应根据施工开展顺序和主要工程项目施工方法，编制总体施工准备工作计划，总体施工准备应包括技术准备、现场准备和资金准备，详见第 4 章。

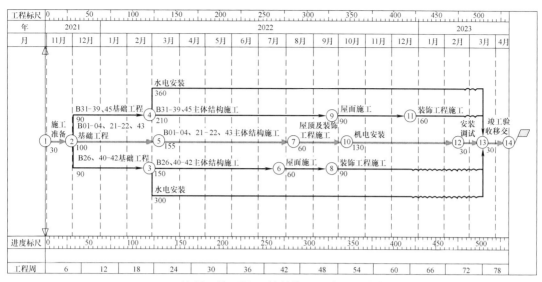

图 2-4 某项目第一期 21 栋单位工程总施工进度计划

2) 主要资源配置计划

主要资源配置计划应包括劳动力配置计划和物资配置计划。

（1）劳动力配置计划

劳动力配置计划是规划暂设工程和组织劳动力进场的依据。具体编制流程是：汇总各建筑物的主要实物工程量→套企业劳动定额计算各建筑物主要工种的用工量→计算各单位工程分工种的持续时间→计算各单位工程分工种的工人数→按总进度计划日历将同工种的人数叠加，即得到劳动力需要量计划，见表 2-3。

劳动力需求量计划 　　　　　　　　　　　　　　　　表 2-3

序号	工种	劳动量	施工高峰人数	××年				××年				现有人数	多余或不足

目前施工企业在管理体制上已普遍实行管理层和劳务作业层的两层分离，合理的劳动力配置计划可减少劳务作业人员不必要的进、退场，进而节约人力资源成本。

（2）物资配置计划

物资配置计划需要根据总体施工部署和施工总进度计划确定主要物资的计划总量及进、退场时间，具体编制流程是：根据各单位工程的工程量→套企业材料消耗量定额计算材料消耗量→按总进度计划统计各类材料在不同时间段的需要量→汇总编制出建筑材料配置计划，见表 2-4。

主要工程材料和设备的配置计划 　　　　　　　　　　表 2-4

序号	工程名称	材料、构件、半成品名称							
		水泥（t）	砂（m³）	砌块（m³）	混凝土（m³）	砂浆（m³）	钢筋（t）	钢结构（t）	…

主要施工周转材料和施工机具的配置计划需要根据总体施工部署和施工总进度计划确定主要施工周转材料和施工机具的计划总量及进、退场时间，具体编制流程是：根据施工总进度计划、主要建筑物的施工方案和工程量→套企业机械产量定额计算需求量（运输机具的需要量根据运输量计算）→按总进度计划统计不同时间段的需要量→汇总主要施工周转材料和施工机具的配置计划，见表2-5。

主要施工周转材料和施工机具的配置计划　　　　表2-5

序号	机具名称	规格型号	数量	电动机功率	需要量计划								
					××年			××年			××年		

5. 主要施工方法

对施工方法的确定要兼顾技术工艺的先进性和可操作性以及经济上的合理性，施工组织总设计中的主要施工方法的选择是原则性、全局性的。例如某公寓小区，在施工组织总设计施工方法中，确定剪力墙模板采用大模板支模方法，这个施工方法就是原则性、全局性的安排。

施工组织总设计中主要施工方法主要针对建设项目中工程量大、施工难度大、工期长，对整个建设项目的完成起关键性作用的建筑物（或构筑物），或者影响全局的特殊分项工程。例如脚手架工程、起重吊装工程、临时用水用电工程、季节性施工专项工程等。

主要施工方法的内容主要包括：

1) 施工工艺的技术参数、流程、方法、检查验收等要求。涉及结构安全的危险性较大（危大）工程，就需要编制专项施工方案或专项工程施工方法，这些专项施工方案必须进行施工力学计算，并在方案中附相关计算书及相关图纸。

2) 易发生质量通病、易出现安全问题、施工难度大、技术含量高的分项工程（工序）应编制施工工法，例如上海的佘山深坑酒店的基础大体积混凝土的浇筑。

3) 对开发、使用、企业自主创新的新技术、新工艺以及采用的新材料、新设备的理论研究、型式试验、实施方案论证鉴定等。

4) 有些分部（分项）工程方案属于整个项目，带有全局性，又不能通过每个单位工程施工方案进行细化，就需要编制专项施工方案。例如根据施工地点的实际气候特点，提出具有针对性的季节性施工措施。

6. 施工总平面布置

根据项目总体施工部署，按照项目分期（分批）施工计划进行布置，绘制现场不同施工阶段（期）的总平面布置图。一些特殊的内容，如现场临时用总电、临时用水布置等，当总平面布置图不能清晰表示时，也可单独绘制平面布置图，详见第6章。

【案例2-2】 图2-5为某学校施工总平面示意图。该现场生产区一共有A、B、C三个与外界交通连接的出入口；项目部办公室与出入口A相邻，方便对外业务联系；项目部办公室和生活区G与生产区隔离、独立设置，三区通过I出入口连接。

主体阶段设置了D、E、F三个塔式起重机，其中塔式起重机E主要用于地下车库施工阶段的材料垂直运输，地下室结构施工完成后拆除。

其他教学楼施工时，该地下室顶板的区域可作为施工现场使用，可布置材料堆场、临

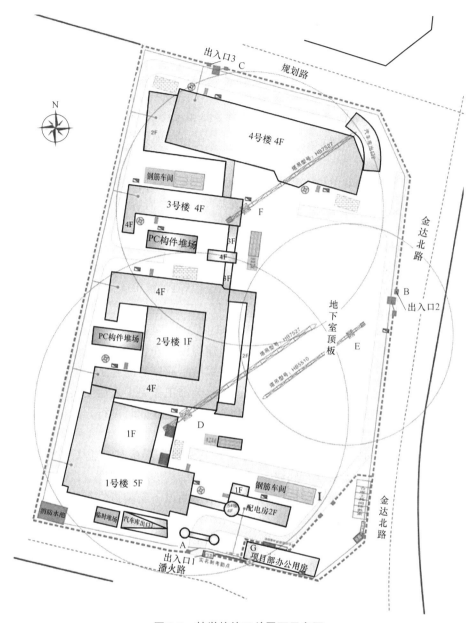

图 2-5 某学校施工总平面示意图

时设施等。但需要对地下室顶板进行施工负荷验算,并报设计单位认可。

平面布置图绘制应有比例关系,各种临时设施应标注外围尺寸,绘图规则应符合国家相关标准要求并附必要说明。

2.2.2 建筑工程单位工程施工组织的内容

1. 工程概况

单位工程概况包括工程主要情况、工程施工条件、各专业设计简介等,前两项同施工组织总设计。在编制工程概况时,为了清晰易读,宜采用图表说明。

各专业设计简介的内容包括：

1) 建筑设计概况，包括建筑规模、建筑功能、建筑特点、建筑耐火、防水及节能要求等，并应简单描述工程的主要装修做法。

2) 结构设计概况，包括结构形式、地基基础形式、结构安全等级、抗震设防类别、主要结构构件类型及要求等。

3) 机电及设备安装专业设计概况，包括给水排水系统、采暖系统、通风与空调系统、电气系统、智能化系统、电梯系统等各个专业系统的做法要求。

2. 施工部署

单位工程施工部署是对单位工程实施过程做出的统筹规划和全面安排，包括项目施工主要目标、施工顺序及空间组织、施工组织安排等，主要内容有工程施工目标、进度安排、空间组织、施工的重点难点分析、施工管理的组织结构形式、开发使用新工艺新技术、分包单位的选择等。

1) 施工主要目标。需要根据工程施工合同文件、施工组织总设计、企业管理目标等文件确定，一般包括进度、质量、安全、环境和成本等目标。

2) 施工开展顺序，对主要分部（分项）工程、专项工程的施工做出统筹安排，包括施工开展顺序、流水组织、里程碑的节点等。

（1）工业厂房施工开展顺序。工业建筑的土建与设备安装的施工顺序与厂房的性质有关，一般有封闭式和开敞式两种开展顺序。确定单层工业厂房的施工方案时，应根据具体情况进行分析，如精密工业厂房，一般要求土建、装饰工程完工之后安装工艺设备；重型工业厂房则有可能先安装设备，后建厂房或设备安装与土建同时进行，这样的厂房设备一般体积很大，若厂房建好以后，设备无法进入。

① 封闭式施工。即先土建施工后设备施工，其优点是厂房基础施工和构件预制的工作面较宽敞，便于布置起重机开行路线，可加快主体结构的施工进度。设备基础在室内施工，不受气候的影响，可提前安装厂房内的桥式吊车为设备安装提供运输服务，其缺点是设备基础的土方工程施工条件较差，不利于采用机械化施工，不能提前为设备安装提供条件，工期较长。出现某些重复性工作，例如厂房内部土的重复挖填和临时运输道路的重复铺设等。

② 开敞式施工。即先设备施工后土建施工，其缺点与"封闭式"施工正好相反。

一般而言，当设备基础较浅或其底部标高不低于柱基底且不靠近柱基时，宜采用"封闭式"施工方案；而当设备基础较大、埋置较深，设备基础的开挖对主体结构的稳定性有影响时，则应采用"开敞式"施工。对某些大而深的设备基础，采用特殊的施工方法（如沉井），仍可采用"封闭式"施工方案。当土建工程为设备安装创造了条件，同时又采取了设备保护措施时，主体结构与设备安装可以同时进行。

（2）民用建筑施工开展顺序。一般应遵循"先地下后地上，先主体后围护，先维护后装饰，先土建后设备安装"的原则来确定。

① 先地下后地上，指的是在地上工程施工之前，把管道、线路等地下设施和土方工程、基础工程全部完成或基本完成，以免对地上部分产生干扰。

② 先主体后围护、先维护后装饰。一般来说，多层建筑主体结构与围护结构、围护结构与装饰施工以少搭接为宜，主要需要考虑结构变形与沉降、二次结构湿作业与装饰的

成品保护，对于高层建筑则应采用穿插施工，以便有效地缩短工期。

③ 先土建后设备安装，指的是处理好土建与水、暖、强电、弱电、卫等设备安装的施工顺序，主要需要考虑已经安装的设备被土建施工污染和损坏。

上述施工顺序并不是一成不变的，随着我国施工技术的发展以及企业项目管理水平的不断提高，特别是随着建筑工业化的不断发展，有些施工程序也将发生变化。例如，采用逆作法施工的工程，地下、地上同时施工，大大缩短了工期，又如装配式结构施工，构件由工地生产转向工厂生产，装饰可在工厂内同时完成。

3）空间组织。空间组织目的是为了均衡、有序的施工生产，包括施工层与施工段的划分，划分时应结合工程结构特点、劳动量、资源量、垂直运输服务半径等因素进行合理划分。

4）施工的重点和难点应进行分析。重点、难点工程的施工方法选择应着重考虑影响整个单位工程的分部（分项）工程，如工程量大、施工技术复杂或对工程质量起关键作用的分部（分项）工程。分析包括施工管理和施工技术两个方面内容。

5）施工管理的组织结构形式应根据施工项目的规模、复杂程度、专业特点、人员素质和地域范围确定，见【案例2-3】。

【案例2-3】　某单位工程项目经理部的组成、分工及各职能部门的职责。

1）直线职能制组织机构见图2-6。

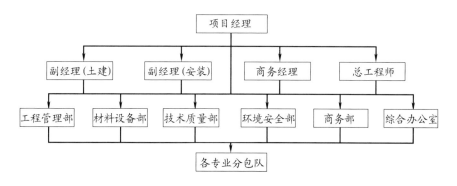

图2-6　施工组织机构图

2）项目经理部的组成、分工及各职能部门的权限

（1）项目经理：负责项目经理部的行政领导工作，并对整个项目的施工计划、生产进度、质量安全、经济效益全面负责。

（2）项目副经理：负责项目施工中的各项生产工作，对进度、质量、安全负直接责任。

（3）项目总工程师：负责项目施工中的全部技术管理、质量控制和安全监督工作。

（4）工程管理部：负责施工现场管理、施工调度及内外协调；负责施工测量、放线，做好施工日志，负责施工劳务管理。

（5）材料设备部：负责编制材料供应计划，根据施工进度分批组织材料供应；负责材料的发放和物资保管，进行原材料的检验、化验、抽检，提供有关材料的技术文件，负责机械设备管理和安全管理工作。

（6）技术质量部：负责施工组织设计、专项施工方案和技术交底的编制；负责钢筋翻样、木工放样，构配件加工订货和现场施工技术问题的处理；负责发放施工图纸、设计变更和有关技术文件；负责做好隐蔽工程的验收记录和各项工程技术资料的收集整理工作；负责工程质量的检查、监督，进行分部分项工程的自检评定，开展全面质量管理和 QC 小组的活动。

（7）环境安全部：负责制定和完善安全文明施工管理制度，环境保护制度和安全文明施工岗位职责，组织日常的安全生检查、监督工作，帮助班组消除事故隐患，促进安全生产。

（8）商务部：负责合约管理；负责项目的合同管理，建立合同台账，及时收集、记录、整理、保存与合同有关的资料；负责成本分析，为领导决策提供依据。

（9）综合办公室：负责宣传、职工教育、生活后勤、安全保卫、环境卫生、文明施工及接待工作。

3. 施工进度计划

1）施工进度计划是施工部署在时间上的体现，反映了施工顺序和各个阶段工程进展情况。

2）施工进度计划可采用横道图（图 2-7）或网络图（图 2-8）表示，并附必要说明；对工程规模较大、工序比较复杂的工程宜采用网络图表示。

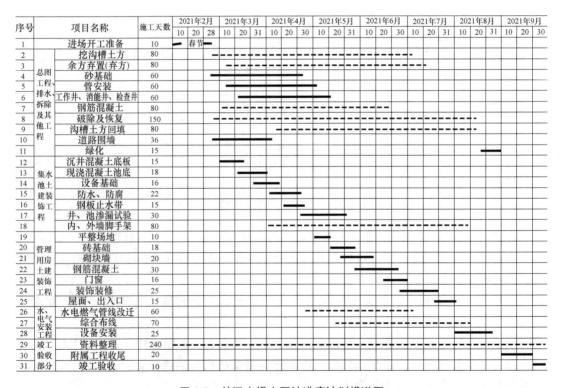

图 2-7   某污水提水泵站进度计划横道图

4. 施工准备与资源配置计划

1）施工准备应包括技术准备、现场准备和资金准备，详见第 4 章。

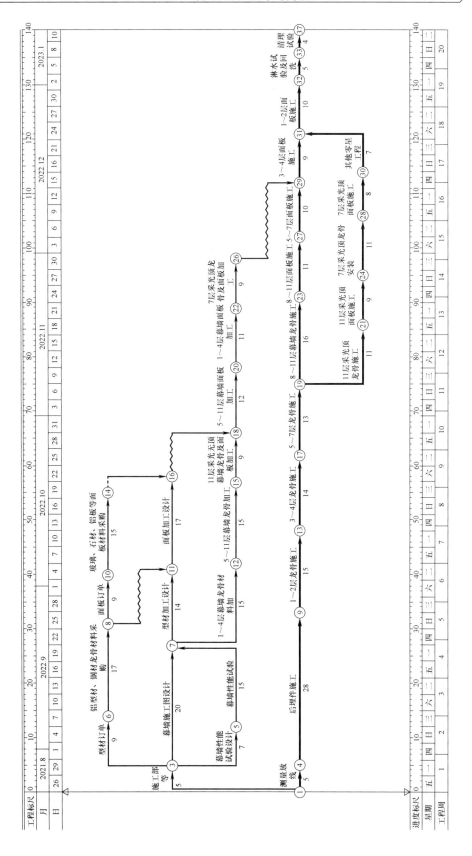

图 2-8 某幕墙工程进度计划

2）资源配置计划应包括劳动力和物资配置计划。

（1）劳动力配置计划

① 确定各施工阶段用工量；

② 根据施工进度计划确定各施工阶段劳动力配置计划。

【案例 2-4】 劳动力配置计划

劳动组织按基础、主体结构、装饰装修等不同阶段，分别考虑和安排。为保证施工质量，提高效率，便于核算，作业班组应保持相对稳定，并隶属于项目部统一安排，统筹调度。劳动力配置如下：

1）基础施工劳动力配置：混凝土工 50 人、木工 80 人、钢筋工 60 人、架子工 15 人、机电操作工 10 人。在浇筑混凝土时，打破工种界限，分成两班，昼夜连续施工。

2）主体结构施工劳动力配置：各工种按施工段，定轴线、定区位、定岗位组成施工作业队，安排木工 90 人、钢筋工 45 人、混凝土工 50 人、架子工 20 人、机电操作工 15 人。当主体结构施工至 10 层后，增加瓦工 90 人，开始进行二次结构的穿插施工。

3）二次结构及装饰装修施工劳动力配置：当主体结构封顶，10 层以下进入装修施工，10 层以上进行二次结构施工。高峰期安排瓦工 120 人、抹灰工 80 人、木工 50 人、架子工 20 人、机电操作工 10 人、电焊工 4 人、油漆工 40 人。

（2）物资配置计划

① 根据施工进度计划确定主要工程材料和设备的配置计划，包括各施工阶段所需主要工程材料、设备的种类和数量；

② 根据施工部署和施工进度计划确定工程施工主要周转材料和施工机具的配置计划，包括各施工阶段所需主要周转材料、施工机具的种类和数量。

【案例 2-5】 机械设备配备计划

根据每个施工区段的平面布置形式，两幢高层作为一个组合，垂直运输机械按 1：1：2 配备，每区段安装一台 FO23B 型附着式塔式起重机，每幢配备一台双笼人货两用电梯，两部 120m 高层快速井架，其具体机械装备情况见表 2-6。

施工机具计划表　　　　　　　　　　　　　　　　　表 2-6

项目	机具名称	型号	功率(kW)	数量(台)	项目	机具名称	型号	功率(kW)	数量(台)
垂直运输	塔式起重机	FO23B	60	1	混凝土施工	混凝土搅拌机	JD400	15	4
	双笼施工电梯	SCD200/200	2×2×11	2		自动配料机	HP560	10	4
	高层井架	1t/120m	15	4		振动棒	HZX-60	1.7	10
	电梯井吊篮	1t	7.5	4		平板振动器	N—7	3.3	2
钢筋加工	切断机	GJ—40	4.5	1		高压水泵		7.5	2
	切断机	GJ—50	5.5	1		装载机	ZLM3030 马力		2
	弯曲机	WJ—40	3.5	1		机动翻斗车	12 马力		2
	弯曲机	WJ—50	4	1		砂浆搅拌机	UJZ200	3.3	2
						翻斗车			20

续表

项目	机具名称	型号	功率（kW）	数量（台）	项目	机具名称	型号	功率（kW）	数量（台）
钢筋加工	电渣压力焊机	BX2—500	50	2	运输	五十铃小货车	1t		
	钢筋调直机	SGT 200-60	11	1		东风自卸车	5t		1
	交流电焊机	BX2—300	25	2		黄河自卸车	8t		2
	钢筋滚丝机	HGS-40	4	1	其他	发电机组	TZH-280 200kVA		1
木工制作	圆盘机	MJ109	3	2		潜水泵		2.2	3
	平刨机	MB504	5	2		小型水泵		1.1	2
	压刨机	MB104	4	2		空压机		7.5	
	电钻		1	2					

注：以上机械设备配备计划仅是指一个施工段的装备，功率是指单位设备的最大功率。

5. 主要施工方案

1）单位工程应按照《建筑工程施工质量验收统一标准》GB 50300—2013 中分部、分项工程的划分原则，对主要分部、分项工程制定施工方案。

2）对脚手架工程、起重吊装工程、临时用水用电工程、季节性施工专项方案等所采用的施工方案应进行必要的验算和说明。

6. 施工现场平面布置

单位工程施工组织设计平面布置图需要结合施工组织总设计，按不同施工阶段分别绘制，详见第 6 章。

【案例 2-6】 图 2-9 为某单位工程的施工平面布置示意图。

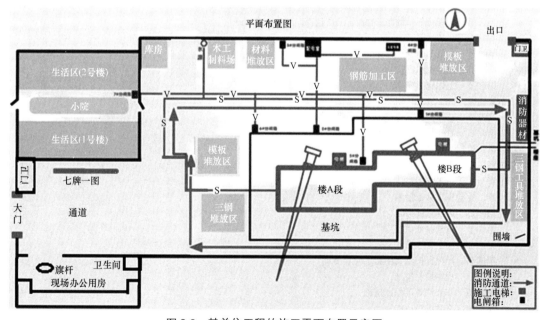

图 2-9 某单位工程的施工平面布置示意图

2.2.3　市政工程施工组织设计

市政工程包括城镇范围内的道路、桥梁、供水、排水、供热、燃气、城市轨道交通、城市广场、城市生活垃圾处理、交通安全设施、机电设备安装、园林绿化、综合管廊等工程及附属设施建设，通常一项工程同时包含多项施工内容，需交叉作业。市政工程施工组织内容包括工程概况、施工总体部署、施工现场平面布置、施工准备、施工技术方案、主要施工保证措施等基本内容❶。

二维码2-3　市政工程与建筑单位工程施工组织设计对比教学视频

扫描二维码2-3，观看市政工程与建筑单位工程施工组织设计对比教学视频。

1. 工程概况

市政工程施工组织设计工程概况包括工程主要情况及现场施工条件等内容。

1）工程主要情况

（1）工程位置。市政工程受外部干扰因素多，拟建工程实体所处的位置必须表述准确，包括所处行政区域、相交的道路或河流等。

（2）承包范围。起讫点桩号、红线范围等。

【案例2-7】　本标段起讫桩号为 K15+500～K16+862，路线全长 1.362km。线路经过平洲、桂城两个主要街道，主要相交道路有宝石路和海八路，全线设三层互通立交一

---

❶ 《市政工程施工组织设计规范》GB/T 50903—2013　3.0.4条文说明　施工组织设计内容和顺序可参考以下目录编制：

座，海八路主线跨线桥为地上第一层，环路主线跨线桥为地上第二层，地面层辅道采用平面交叉道口形式。

（3）结构形式，包括各专业管线管材类型、位置、埋深，道路路基、路面各层结构，桥梁上下部结构等各专业工程的主要结构形式。

（4）合同要求。实施合同的工期、质量、安全文明施工等基础要求。

2）现场施工条件

（1）气象、工程地质和水文地质状况。工程建设地点的气温、雨、雪、风和雷电等气象变化情况，雨期、低（高）温的期限，冻土深度等情况，水文地质情况应结合设计文件和有关勘察资料。

（2）影响施工的构（建）筑物情况。影响施工的构（建）筑物不仅包括工程承包范围内的，而且包括工程施工作业对周边构（建）筑物的影响。

（3）周边主要单位（居民区）、交通道路及交通情况。市政工程直接影响交通出行，所以需要与政府交管部门沟通，并对公共交通情况做交通组织规划。

（4）可利用的资源分布等其他应说明的情况。市政工程一般是线状布置的，工程所在地的资源供应是点对线，所以需要进行交通运输规划。

2. 施工总体部署

施工总体部署包括主要工程目标、总体组织安排、总体施工安排、施工进度计划及总体资源配置等。施工进度计划直接归并到施工部署中，与建筑工程施工组织设计不同。

1）主要工程目标，包括进度、质量、安全和环境保护等目标。

（1）进度目标依据合同要求、相关技术经济资料、企业的技术力量和经济实力及同类工程施工进度控制经验确定；质量目标依据现行有关标准及合同要求确定。

（2）安全管理目标依据对危险源辨识和评价的结果确定。

（3）环境保护管理目标依据对环境因素进行辨识和评价的结果确定。

（4）成本控制目标依据现场施工条件、工艺流程及主要施工方法等确定。

2）总体组织安排。项目经理部的组织结构及管理层级应结合企业管理实际情况及工程的规模、复杂程度、地域范围等特点确定，各层级的责任分工编写应包括组织机构涵盖的项目经理、项目总工、项目副经理、项目经理部各职能部门、各专业班组。图 2-10 是某桥梁工程的项目部组织结构。

3）总体施工安排。总体施工安排应分析工程的特点，如工程的重点和难点等，并从工程整体实施的角度，在保证工期的前提下，在全局上实现

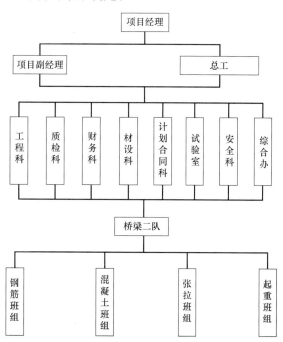

图 2-10 某桥梁工程项目部组织结构

施工的连续性和均衡性。总体施工安排编写应结合施工顺序及空间组织逻辑关系。桥梁工程、地下管线、隧道工程等专业工程在施工时需考虑空间组织。关于施工顺序见下面案例。

【案例2-8】　某市政道路管网施工顺序及空间组织。

1) 管网施工顺序。坚持"四让"原则，即有压管道让无压管道，埋深浅的管道让埋深深的管道，单管让双管，柔性材料管道让刚性材料管道。按照这个原则，管网施工顺序是：排水管道（污水管、雨水管)→热力管道→煤气管道→供水管道（自来水管、中水管、纯净水管)→通信及智能管线（电话、有线电视、宽带网)→电力管线。

2) 返挖槽施工。在小区道路结构层内偏上的管线，最好待道路结构层碾压成形后，返挖槽施工。这既能确保道路结构层的碾压施工及质量，又避免了道路碾压对管道的损坏。

【案例2-9】　某城市道路工程，道路全长1000m，道路结构与地下管线布置见图2-11。

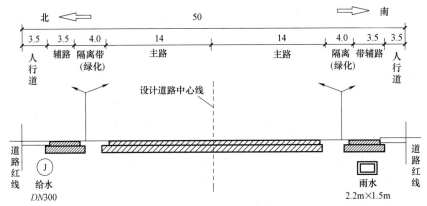

图2-11　道路结构与地下管线布置示意图

项目部对①辅路、②主路、③给水管道、④雨水沟、⑤两侧人行道及隔离带（绿化）做了施工部署，依据各种管道高程以及平面位置对工程的施工顺序做了总体安排。请排列正确的施工顺序。

A. ①→②→③→④→⑤

B. ②→③→④→①→⑤

C. ③→④→②→①→⑤

D. ④→③→②→①→⑤

【答案】　D。

4) 划分施工阶段，确定施工进度计划及施工进度关键节点。施工进度计划宜采用网络图或横道图及进度计划表等形式编制，并应附必要说明，图2-12为广州大学城某建设项目市政道路进度计划表，就是根据道路的不同标桩段施工内容的起止点确定的进度关键节点。

5) 总体资源配置。资源配置计划应根据工程量、进度计划、企业劳动定额、企业材料消耗定额、企业机械台班定额计算劳动力、材料、机械的配置计划。这些计划包括：

(1) 总用工量、各工种用工量及工程施工过程各阶段的各工种劳动力投入计划。

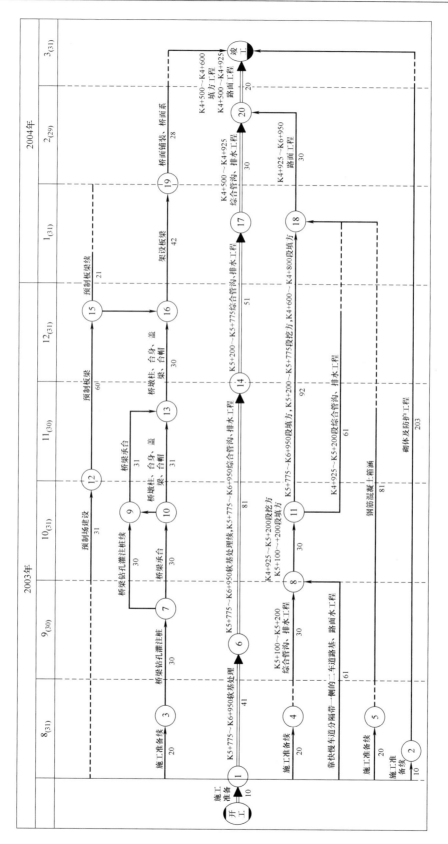

图 2-12 广州大学城某建设项目市政道路进度计划表

（2）主要建筑材料、构配件和设备进场计划，规格、数量、进场时间必须明确。

（3）主要施工机具进场计划，型号、数量、进出场时间必须明确。

3. 施工现场平面布置

市政道路与路桥工程的施工平面布置图一般为线状布置，沿施工道路沿线布置生产区、生活区和办公区。市政工程施工现场平面布置安排主要有以下内容：

1）生产区、生活区、办公区等各类设施建设方式及动态布置安排。

2）确定临时道路与临时桥梁的位置及结构形式，并对现场交通组织形式进行简要说明。

3）根据工程量和总体施工安排，确定加工厂、材料堆放场、搅拌站、机械停放场等辅助施工生产区域，并说明位置、面积、结构形式及运输路径。

4）确定施工现场临时用水、临时用电布置安排，并根据工程实际情况对用电负荷、用电量进行计算和说明。

5）确定现场消防设施的配置并进行简要说明。

图 2-13 为武进大道施工平面布置图，图 2-14 为锡溧漕河大桥施工平面布置图。

4. 施工准备

施工准备应根据施工总体部署确定。施工准备应包括技术准备、现场准备及资金准备等，并应符合下列规定：

1）技术准备包括技术资料准备及工程测量方案等。

2）现场准备已在施工现场平面布置相关内容中有描述，本部分不再赘述，主要针对现场平面布置未包含的现场生产、生活及办公等临时设施的说明。

3）资金准备包括资金使用计划及筹资计划等，并结合图表形式辅助说明。

5. 施工技术方案

施工技术方案包括施工工艺流程及施工方法，并应满足下列要求：

1）结合工程特点、国家现行标准、工程图纸和现有的资源，明确施工起点、流向和施工顺序，确定各分部（分项）工程施工工艺流程，并采用流程图的形式表示。

2）应确定各分部（分项）工程的施工方法，并应结合工程图表等形式进行辅助说明。

6. 主要施工保证措施

在现行市政工程施工组织设计规范中，列举了9个施工保证措施，这些措施有进度保证措施、质量保证措施、安全管理措施、环境保护及文明施工管理措施、成本控制措施、季节性施工保证措施、交通组织措施、构（建）筑物及文物保护措施、应急措施，这些保证措施与建筑工程施工组织设计中的内容基本一致，我们在后面章节介绍。在这些措施中，交通组织措施是市政施工组织设计规范独有的。

其实，建筑工程施工也存在交通组织问题。例如需要考虑搅拌站、成品、半成品、构件厂家与项目所在地的道路运输规划，途径的桥梁、涵洞、隧道限重限高，交通高峰路段的避让规划等；除了运输道路，施工现场入口处，也是重点规划内容，包括行车方向（中间有隔离带的路段，出入口是否与城市道路交通流线一致，是否存在逆行问题）、大型车辆回车（现场是否满足回转半径要求）等。

交通组织措施指的是施工作业区域内及周边的交通组织，主要包括交通现状情况和交通组织安排。

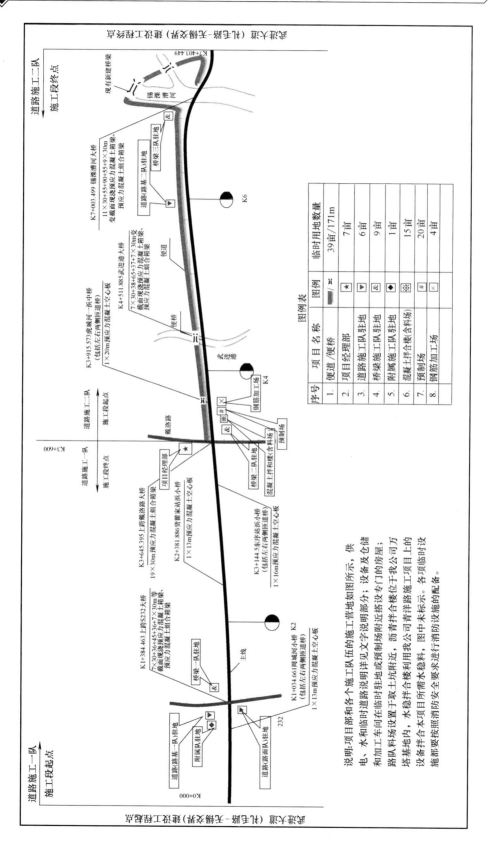

图 2-13 武进大道施工平面布置图

序号	项目名称	图例	临时用地数量
1.	便道/便桥	— / —	39亩/171m
2.	项目经理部	★	7亩
3.	道路施工队驻地	▼	6亩
4.	桥梁施工队驻地	⬡	9亩
5.	附属施工队驻地	◆	1亩
6.	混凝土拌合楼(含料场)	▨	15亩
7.	预制场	#	20亩
8.	钢筋加工场	×	4亩

图例表

说明:项目部和各个施工队伍的施工营地如图所示,供电、水利临时道路道路说明详见文字说明部分;设备及仓储和加工车间在临时驻地或预制场附近搭设专门的房屋;沥青拌合楼利用我公司青洋路施工项目上的设备拌合楼位于本项目施工基地内,水稳拌合所需水稳料、路队料场设置于取土坑附近,图中未标示。各项临时设施都要按照消防安全要求进行消防的设备的配备。

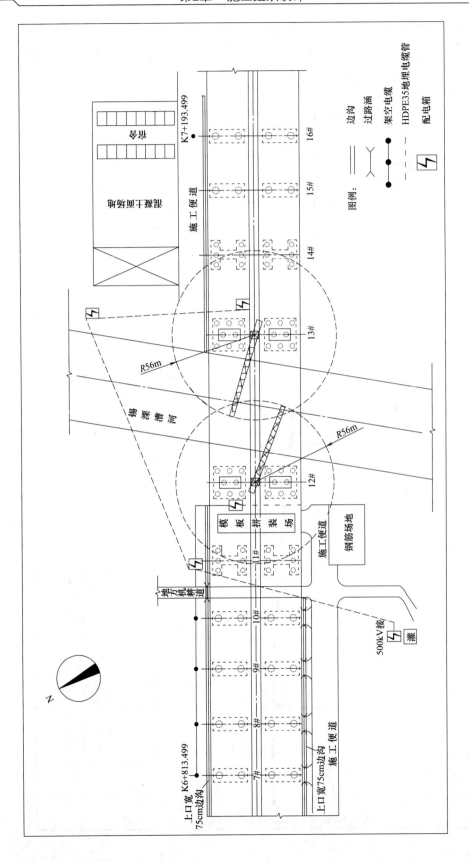

图 2-14　锡溧漕河大桥施工平面布置图

1）交通现状情况，主要是施工作业区域内及周边的主要道路、交通流量及其他影响因素情况。

2）交通组织安排，主要包括实施阶段交通组织平面示意图和交通疏导示意图。

2.2.4　路桥工程施工组织设计

路桥工程施工组织的内容一般包括：编制依据、原则、范围，工程概况，总体施工组织安排，大型临时设施，施工进度计划，主要工程项目施工方案和工艺，质量控制措施，安全控制措施，工期控制措施，劳动力组织计划，主要施工机械设备、物资配置计划，施工环保、水土保持措施，文明施工，冬期、雨期和夜间的施工措施，绿色施工，交通组织措施等。

1. 工程概况

工程概况一般是指工程项目的基本情况。由于路桥施工的特殊性，工程概况一般需要介绍工程地理位置，桥跨布置，上、下部结构，自然地理特征，工程特点、重点、难点等。

【案例 2-10】　武汉杨泗港长江大桥工程总长度 4.134377km（K9＋162.000～K13＋296.377），其中主桥段全长 1.7km（两座桥塔之间距离），汉阳岸接线起于国博立交，武昌岸接线止于八坦立交，汉阳岸线路长 0.973km，武昌岸线路长 1.461377km，两岸接线全长 2.434377km。

主桥为主跨 1700m 的单跨悬吊钢桁架梁悬索桥（图 2-15），主桁架为华伦式桁架。主缆跨度为 465m＋1700m＋465m＝2630m，边主跨比 0.274，主跨矢跨比 1/9。

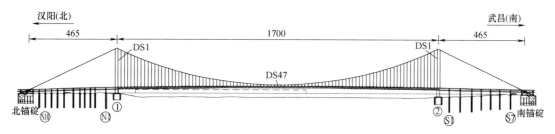

图 2-15　武汉杨泗港长江大桥示意图（单位：m）

大桥主桁架高为 10m，标准节间长为 9m，两片主桁架中心间距为 28m。上弦杆、下弦杆及斜腹杆均采用箱形截面，竖腹杆采用 H 形截面。

武汉杨泗港长江大桥武昌侧主塔墩（2 号墩）沉井平面尺寸为 40m×77.2m，高 50m，沉井底高程为−39.0m，沉井顶高程为＋11.0m，钢壳重量 4850t，沉井混凝土约 49600m³，钢筋约 4382t，封底混凝土约 18657m³。

2. 总体施工组织安排

总体施工组织安排是路桥工程施工组织管理的总体概述性内容，一般包括项目承建单位提出的工期、质量、安全、文明和绿色施工目标以及针对这些管理目标所设置的施工组织机构，明确各部门职责、权限和施工班组的部署和施工内容。一般由以下内容组成：

1）项目管理目标，包括安全、质量、工期、环保、节能减排和经济等指标。

2）项目管理机构和职责。在路桥工程项目实施过程中，多为项目经理负责制，根据项目特点组建项目部，组织结构形式一般以职能式和矩阵式项目组织形式。

3）施工场地平面布置。路桥工程施工过程中，为了提高施工效率和现场精细化管理，通常划分多个标段同时进行施工活动。在施工场地布置时，需要合理布置项目部驻地、试验室、生活区、现场砂石料堆场、混凝土搅拌站、钢筋及钢结构加工场等。

3. 大型临时设施

大型临时设施一般包含：项目部驻地、试验室、施工便道和进场道路、施工栈桥和码头、混凝土拌合站、钢筋及钢结构加工车间、堆场等区域、临时用电、临时用水、临时通信等设施、设备和管网等。

4. 施工进度计划

施工进度计划是在确定了施工方案的基础上，以工程项目为对象，以合同工期要求为依据，对施工的顺序、施工时间及各个单项、单位工程之间的搭接关系，工程的开工时间、竣工时间及总工期等做出的安排，是施工组织设计中较为重要的组成部分。施工进度计划的合理性将直接影响施工速度、成本和工程质量。

【案例 2-11】武汉杨泗港长江大桥施工计划安排的思路是：以主桥施工为主线，合理安排引桥工期，在合同工期内完成施工任务。主桥施工准备工作量大、施工工序多、技术衔接要求高。主塔墩基础施工受长江水位和河床冲刷影响大，技术复杂，是控制总工期的关键，在施工计划安排时，详细划分施工过程，重点控制关键工序，加大准备工作的力度，配齐配足资源，确保主塔墩施工。塔柱高度大，施工节段多；加劲梁吨位大、安装精度要求高，在施工计划安排时，均需详细分解施工过程，控制关键工序。

5. 施工平面布置

施工场地平面布置是路桥工程施工组织设计的重要组成部分，它对指导现场安全施工、文明施工，控制施工成本，保证质量、安全和工期有着重要意义。合理的施工平面布置，可减少占地面积，缩短管线和临时道路的长度，节约资源。同时还能做到临时设施的最大化利用，减少二次转运，减少各作业队伍之间的干扰。

【案例 2-12】汉阳江滩施工场地布置（图 2-16），充分结合市水务局堤防处提出保留至少 1 个网球场和既有江滩管理用房，同时沿江滩公路旁设置二层框架办公楼 1 栋的要求，自江滩管理用房向下游布置项目部驻地，驻地内布置有二层框架办公楼、会展厅、工地试验室、员工宿舍、食堂等设施，占地约 6153m²；下游既有船厂拆迁后用于设置拌合站和砂石码头，占地 7800m²；在拌合站和项目部驻地之间规划为主墩沉井施工作业区，占地约 21000m²，沉井边至项目驻地净距 150m，至拌合站净距 70m。整个汉阳江滩施工场地占地面积约 62 亩。

6. 主要项目施工方案和工艺

路桥工程按规范的单位工程划分为：路基工程、路面工程、桥梁工程、隧道工程、环保工程、机电工程、互通立交工程、交通安全设施等，在施工组织设计中需要结合不同单位工程的重点、难点分部分项工程，编制有针对性的施工方案和施工工艺。

7. 质量、安全、工期控制措施

1）工程质量

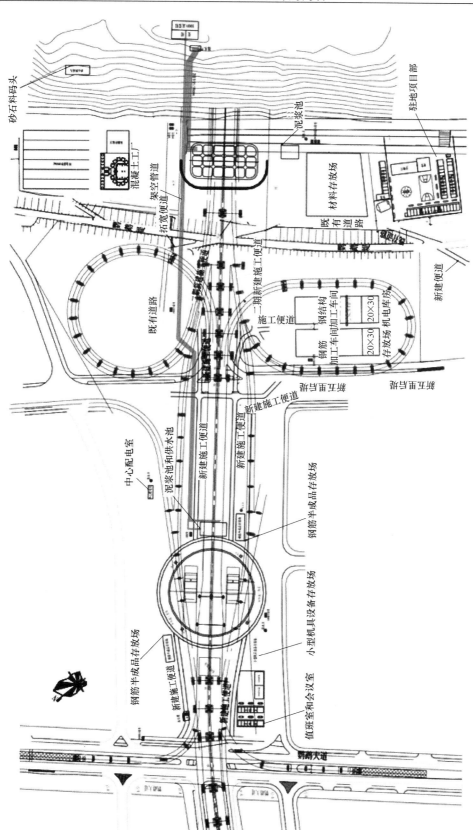

图 2-16 汉阳侧场地布置图（单位：m）

（1）建立完善的质量保证体系；

（2）明确项目经理部各职能部门和人员的质量职责；

（3）完善现场质量管理制度。

2）安全生产

（1）建立完善的安全保证体系；

（2）建立和规范安全管理制度；

（3）剖析安全风险，有针对性地编制相关安全控制措施。

3）工期保证

（1）保证工期的组织措施；

（2）保证工期的技术措施；

（3）资源供应计划保证措施。

8. 资源需要量计划

工程项目建设中的资源供应计划，是在确定了施工方案及施工进度的基础上编制的，资源供应计划应满足施工方案和进度对资源的需求和要求。一般来说，路桥工程项目所需的物资资源包括各种原材料（如砂石料、混凝土、钢筋、沥青等）、周转性材料（如钢、木模板、脚手架、挡土板、拉杆、锚杆等）、构配件、机械设备和劳动力等，应根据施工进度的需求编制供应计划。

9. 特殊季节和时期的施工措施

在路桥工程项目施工整个过程中不可避免地会遇到特殊季节和时期的施工，一般以冬期、雨期、夜间施工为主，同时还需要考虑防汛、防台、防火等应急措施以及农忙、春节期间的保证措施。

10. 环境保护、文明施工和绿色施工

在路桥施工的过程中，环境保护、文明施工、绿色施工是考察施工单位企业文化、管理经验、品牌竞争力的重要指标。同时，环境保护、文明施工、绿色施工贯穿了路桥建设项目的整个流程，应从规划和设计阶段树立良好的绿色施工理念，通过编制具体的施工组织设计为项目工程管理奠定良好的基础。

11. 交通组织措施

新建、改建、扩建的路桥工程施工总是会和已有线路存在交叉、穿越等情况，原则上，施工项目一般采取不封闭道路施工方案，若现场施工条件确实不允许的，采用封闭施工时应提前编制交通组织方案上报审批后方可实施。

2.3　施工组织编制、审核与执行

2.3.1　施工组织编制依据及原则

1. 施工组织设计的编制依据

1）与工程建设有关的法律、法规、规章和规范性文件。

2）国家现行标准和材料、劳动力消耗定额。

3）工程施工合同文件❶。

4）工程设计文件。

5）地域条件和工程特点，施工范围内及周边的现场条件，气象、工程地质及水文地质等自然条件。

6）与工程有关的资源供应情况。

7）企业的生产能力、施工机具状况、经济技术水平等。

2. 施工组织设计的编制原则❷

1）符合施工合同有关工程进度、质量、安全、环境保护及文明施工等方面的要求

在《建设工程施工合同示范文本》的通用条款中规定了工程进度、质量、安全、环境保护及文明施工等方面的要求和措施，在专用条款中有甲乙双方的约定条款，这些约定条款不得低于现行国家有关规范、标准、法律法规的要求。质量、环境和职业健康安全三个管理体系的认证在我国建筑行业中已基本普及，并且建立了企业内部管理体系文件，编制施工组织设计时，应遵守上述管理体系文件的要求。

2）优化施工方案，达到合理的技术经济指标，并具有先进性

先进的施工方法是提高经济效益的重要技术途径。近年来，我国对施工技术的研究与应用有了长足发展，从 1994 年到 2017 年，住房和城乡建设部陆续五次推广应用 10 项新技术，这些新技术提高了施工生产水平，如大直径钢筋直螺纹连接技术、混凝土泵送配套技术、现浇结构模板快拆体系、爬模系统、综合施工提升平台等。

科学的管理方法也是提高施工企业竞争能力的途径，如应用全工序插入流水施工组织、网络计划优化技术、BIM 协同管理平台等。

3）禁止使用落后技术

推广应用新技术、新工艺、新材料和新设备应按《建设领域推广应用新技术管理规定》（建设部第 109 号令）执行，并符合国务院建设行政主管部门和省、自治区、直辖市人民政府建设行政主管部门定期发布的《推广应用新技术和限制、禁止使用落后技术公告》和《科技成果推广项目》的有关规定，杜绝使用淘汰的材料、工艺、设备。例如《混凝土结构设计规范》GB 50010—2010 在 2020 年第二次局部修订中取消了 HRB335 钢筋、C15 素混凝土、C20 钢筋混凝土强度等级等。

4）推广应用绿色施工

党的十八大以来，遵循"创新、协调、绿色、开放、共享"五大发展理念，绿色施工是一种"以环境保护为核心的施工组织体系和施工方法"，如基坑施工封闭降水技术、预拌砂浆技术、透水混凝土等绿色施工技术；施工现场建筑垃圾减量化专项方案，合理确定施工工序，推行数字化加工和信息化管理，推进建筑垃圾治理等。

5）安全、质量第一

---

❶ 《市政工程施工组织设计规范》GB/T 50903—2013 第 3.0.3 条文说明：施工组织设计应响应工程施工合同文件要求；合同文件指组成合同的各项文件，包括协议书（包括补充协议）、中标通知书、投标报价书、专用合同条款、通用合同条款、技术条款、图纸、已标价的工程量清单、经合同双方确认进入合同的其他文件。上述次序也是解释合同的优先顺序。

❷ 《建筑施工组织设计规范》GB/T 50502—2009 第 3.0.2 条；《市政工程施工组织设计规范》GB/T 50903—2013 第 3.0.2 条。

确保工程安全施工，不仅是顺利施工的保障，而且也是构建和谐社会的需要。一旦施工中产生质量或安全事故，会直接影响工期，造成巨大浪费，有时会造成无法弥补的损失。安全生产管理需要遵循"安全第一，预防为主，综合治理"的方针，施工组织设计中编制的安全管理计划，要将安全目标分解落实到人，并设置专门的安全生产管理体系，配备专职安全管理人员。

质量是立足之本，施工组织设计中的质量管理计划，要遵守《工程建设施工企业质量管理规范》GB/T 50430—2017规定，建立并实施质量检查与验收管理制度，明确各管理层对工程质量检查与验收的职责和程序，并对检查、验收、检测设备管理、质量问题与事故处理做出规定。

6）实行经济核算，降低工程成本

施工企业应健全经济核算制度，编制各种消耗定额、企业劳动定额，编制成本计划，制定降低成本的各项措施，采用赢得值法跟踪施工费用、分析费用偏差、预测费用趋势、采取纠偏措施，提高企业的经营管理水平。

积极采取降本增效措施，例如，尽量利用原有建筑和拟建建筑物，减少临时设施数量和施工用地，合理规划材料、构配件进场时间和堆放位置，减少二次搬运。

7）积极应用新基建技术，提高建造水平❶

通过应用新基建技术，提高企业在信息化时代的核心竞争力。在建造全过程加大建筑信息模型（BIM）、互联网、物联网、大数据、云计算、移动通信、人工智能、区块链等新技术的集成与创新应用，提高建造水平。如基于BIM的协同管理、自主学习功能的建筑机器人、智能控制造楼机等一体化施工设备的批量应用，施工现场远程监控与大数据管理（例如火神山的云监工）等。

2.3.2　施工组织设计的编制与审核

1. 编制主体

1）施工组织设计、施工方案由项目负责人主持编制。有些建设项目，在征得建设单位同意，可分阶段编制施工组织设计。

2）由专业承包单位施工的分部（分项）工程，施工方案应由专业承包单位的项目负责人主持编制。

3）有些分部（分项）工程或专项工程需要按施工组织设计进行编制；如超高层核心筒外的钢结构工程，其规模很大且在整个工程中占有重要的地位，这种情况的分包工程或专项工程，其施工方案应按施工组织设计进行编制。

2. 编制程序

1）施工组织总设计编制程序为：投标分析（熟悉招标文件及设计资料，进行现场调查研究）→施工部署（确定工程分期分批开展顺序、分解施工任务）→比选总体施工方案/分期分批的工程量统计→编制施工总进度计划→编制施工机械需要量计划/编制材料构件

---

❶《住房和城乡建设部等部门关于推动智能建造与建筑工业化协同发展的指导意见》【建市2020（60号）】：以大力发展建筑工业化为载体，以数字化、智能化升级为动力，创新突破相关核心技术，加大智能建造在工程建设各环节应用，形成涵盖科研、设计、生产加工、施工装配、运营等全产业链融合一体的智能建造产业体系。

需用量计划/编制劳动力需要量计划→制定生产临时设施计划/编制材料构件运输量计划/制定生活临时设施计划→确定临时供水、电、热力计划→编制施工准备计划→布置施工总平面图→计算技术经济指标，如图2-17所示。

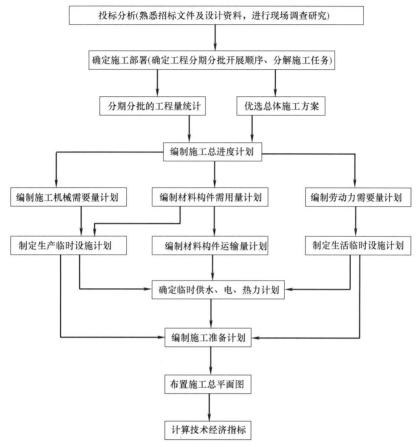

图 2-17　施工组织总设计编制程序

扫描二维码 2-4，观看施工组织编制与审批教学视频。

2）单位工程施工组织设计的编制程序为：投标分析（招标文件、设计资料、施工条件）→施工部署（施工主要目标、施工顺序及空间组织、施工组织安排施工分析）→优选施工方案（先进性分析、经济性分析）→编制进度计划（投标工期、合同工期、施工工期）→编制施工准备、供应、储备计划（编制现场施工准备工作计划、编制资源运输供应计划、暂设工程）→布置施工平面（生产区、办公区、生活区）→制定施工措施（技术措施、组织措施）→主要技术经济指标（施工工期、

二维码 2-4　施工组织编制与审批教学视频

劳动生产率、施工质量、施工成本、施工安全、机械化程度、预制化程度），如图 2-18 所示。

3）市政工程施工组织设计的编制程序为：投标分析（招标文件、设计资料、施工条件）→施工部署（主要工程目标、总体组织安排、总体施工安排、施工进度计划、总体资源配置）→布置施工平面（点对线：生产区、办公区、生活区）→施工准备（技术准备、现

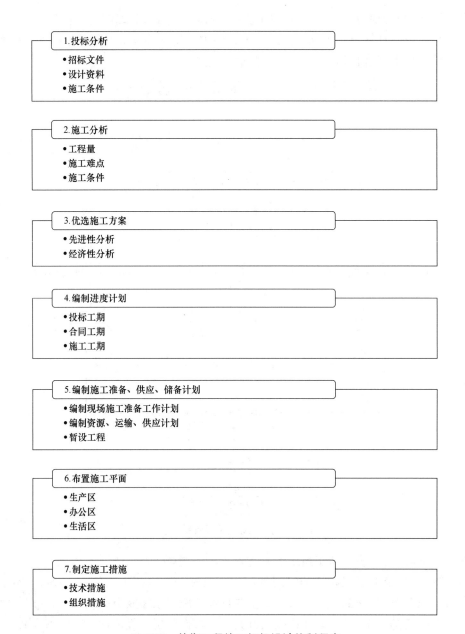

图 2-18 单位工程施工组织设计编制程序

场准备、资金准备)→优选施工技术方案（先进性分析、经济性分析)→主要施工保证措施 [进度保证措施、质量保证措施、安全管理措施、环境保护及文明施工管理措施、成本控制措施、季节性施工保证措施、交通组织措施、构（建）筑物及文物保护措施、应急措施]，如图 2-19 所示。

3. 审核

1）企业内部审批

（1）建筑施工组织总设计应由总承包单位技术负责人审批；市政工程施工组织设计应经总承包单位技术负责人审批，并应加盖企业公章。

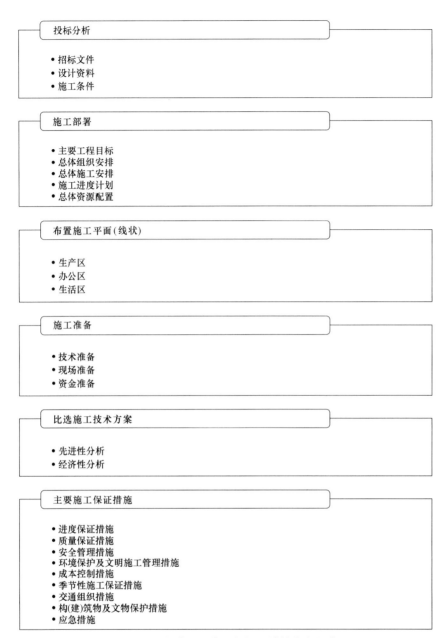

图 2-19 市政工程施工组织设计的编制程序

（2）单位工程施工组织设计应由施工单位技术负责人或技术负责人授权的技术人员审批。

（3）施工方案应由项目技术负责人审批。规模较大的分部（分项）工程和专项工程的施工方案应由施工单位技术负责人或技术负责人授权的技术人员审批。

（4）重点、难点分部（分项）工程和专项工程的施工方案应由施工单位技术部门组织相关专家评审，施工单位技术负责人批准。

（5）由专业承包单位施工的分部（分项）工程或专项工程的施工方案，应由专业承包单位技术负责人或技术负责人授权的技术人员审批；有总承包单位时，应由总承包单位项目技术负责人核准备案。

2）第三方审核

《建设工程监理规范》GB/T 50319—2013 规定，施工组织设计的报审程序见图 2-20。

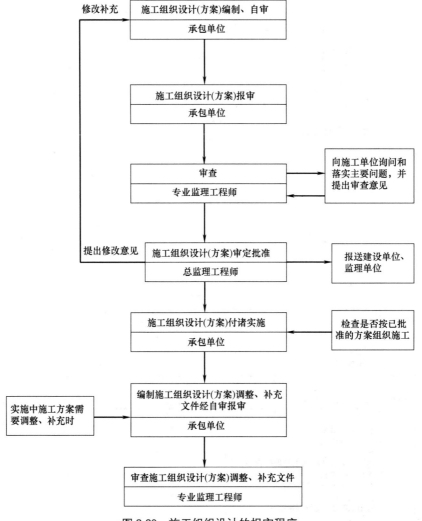

图 2-20　施工组织设计的报审程序

其基本内容包括：

（1）施工单位编制的施工组织设计经施工单位技术负责人审核签认后，与施工组织设计报审表一并报送项目监理机构；施工组织与方案报审表详见《建设工程监理规范》GB/T 50319—2013 推荐用表，见表 2-7。

（2）总监理工程师应及时组织专业监理工程师进行审查，需要修改的，由总监理工程师签发书面意见，退回修改；符合要求的，由总监理工程师签认；监理审查施工组织设计的主要内容：

① 编审程序应符合相关规定；

施工组织设计/(专项) 施工方案报审表   表 2-7

工程名称：   编号：

致：＿＿＿＿＿＿＿＿(项目监理机构)
我方已完成＿＿＿＿工程施工组织设计/(专项)施工方案的编制和审批，请予以审查。 附件:□施工组织设计 　　　□专项施工方案 　　　□施工方案 　　　　　　　　　　　　　　　　　　　　　施工项目经理部(盖章) 　　　　　　　　　　　　　　　　　　　　　项目经理(签字) 　　　　　　　　　　　　　　　　　　　　　　　　年　月　日
审查意见：   　　　　　　　　　　　　　　　　　　　　　专业监理工程师(签字) 　　　　　　　　　　　　　　　　　　　　　　　　年　月　日
审核意见：   　　　　　　　　　　　　　　　　　　　　　项目监理机构(盖章) 　　　　　　　　　　　　　　　　　　　　　总监理工程师(签字、加盖执业印章) 　　　　　　　　　　　　　　　　　　　　　　　　年　月　日
审批意见(仅对超过一定规模的危险性较大的分部分项工程专项施工方案)：   　　　　　　　　　　　　　　　　　　　　　建设单位(盖章) 　　　　　　　　　　　　　　　　　　　　　建设单位代表(签字) 　　　　　　　　　　　　　　　　　　　　　　　　年　月　日

注：本表一式三份，项目监理机构、建设单位、施工单位各一份。

② 施工进度、施工方案及工程质量保证措施应符合施工合同要求；

③ 资金、劳动力、材料、设备等资源供应计划应满足工程施工需要；

④ 安全技术措施应符合工程建设强制性标准；

⑤ 施工总平面布置应科学合理。

(3) 已签认的施工组织设计由项目监理机构报送建设单位；项目监理机构还应审查施工组织设计中的生产安全事故应急预案，重点审查应急组织体系、相关人员职责、预警预防制度、应急救援措施。

【案例 2-13】 背景资料：某市区需要新建一条跨运输繁忙的运营铁路的道路，需设置一处分离式立交桥。本工程施工组织设计中，施工单位提出如下施工方案："因两幅桥梁结构相同，所以只对其中一幅桥梁支架进行预压，取得详细数据后，作为另一幅桥梁支架施工的安全核算依据。"施工组织设计经驻地监理工程师审阅同意后实施。

问题：施工组织设计中的建议是否合理？说明理由。简述施工组织设计的审批程序。

【参考答案】

（1）不合理。理由：铁路两侧支架施工区域地质情况不同，支架的地基变形不一致。除进行支架预压外，还应进行支架基础预压。

（2）施工组织设计的审批程序：施工组织设计由企业技术负责人审批并加盖企业公章→报项目监理机构→总监理工程师签认→已签认的施工组织设计由项目监理机构报送建设单位→建设单位项目负责人审核后实施。

该案例背景中的桥梁支架属于危险性较大（危大）工程，需要编制专项施工方案，具备一定规模还需要组织专家论证。

2.3.3　危险性较大的分部分项工程专项施工方案的编审❶

为加强对房屋建筑和市政基础设施工程中危险性较大的分部分项工程安全管理，有效防范生产安全事故，依据《中华人民共和国建筑法》《中华人民共和国安全生产法》《建设工程安全生产管理条例》等法律法规，2018 年住房和城乡建设部发布了《危险性较大的分部分项工程安全管理规定》【2018】（37）号令，对危险性较大（危大）工程专项方案的编、审做出了具体规定，见图 2-21。

1）施工单位应当在危险性较大（危大）工程施工前组织工程技术人员编制专项施工方案。实行施工总承包的，专项施工方案应当由施工总承包单位组织编制。危险性较大（危大）工程实行分包的，专项施工方案可以由相关专业分包单位组织编制。

2）专项施工方案应当由施工单位技术负责人审核签字、加盖单位公章，并由总监理

---

❶　两本规范、一个文件的规定：

建筑工程施工组织设计	市政工程施工组织设计	专项方案
3.0.5　施工组织设计的编制和审批应符合下列规定： 1. 施工组织设计应由项目负责人主持编制，可根据需要分阶段编制和审批。 2. 施工组织总设计应由总承包单位技术负责人审批；单位工程施工组织设计应由施工单位技术负责人或技术负责人授权的技术人员审批；施工方案应由项目技术负责人审批；重点、难点分部（分项）工程和专项工程施工方案应由施工单位技术部门组织相关专家评审，施工单位技术负责人批准。 3. 由专业承包单位施工的分部（分项）工程或专项工程的施工方案，应由专业承包单位技术负责人或技术负责人授权的技术人员审批；有总承包单位时，应由总承包单位项目技术负责人核准备案。 4. 规模较大的分部（分项）工程和专项工程的施工方案应按单位工程施工组织设计进行编制和审批。 ——《建筑施工组织设计规范》GB/T 50502—2009	3.0.4.2　施工组织设计应由项目负责人主持编制。 3.0.4.3　施工组织设计可根据需要分阶段编制。 3.0.7　施工组织设计的审批应符合下列规定： 1. 施工组织设计可根据需要分阶段审批。 2. 施工组织设计应经总承包单位技术负责人审批，并应加盖企业公章。 ——《市政工程施工组织设计规范》GB/T 50903—2013	第十条施工单位应当在危大工程施工前组织工程技术人员编制专项施工方案。实行施工总承包的，专项施工方案应当由施工总承包单位组织编制。危险性较大（危大）工程实行分包的，专项施工方案可以由相关专业分包单位组织编制。 第十一条专项施工方案应当由施工单位技术负责人审核签字、加盖单位公章，并由总监理工程师审查签字、加盖执业印章后方可实施。危大工程实行分包并由分包单位编制专项施工方案的，专项施工方案应当由总承包单位技术负责人及分包单位技术负责人共同审核签字并加盖单位公章。 第十二条对于超过一定规模的危大工程，施工单位应当组织召开专家论证会对专项施工方案进行论证。实行施工总承包的，由施工总承包单位组织召开专家论证会。专家论证前专项施工方案应当通过施工单位审核和总监理工程师审查。 ——《危险性较大的分部分项工程安全管理规定》住房和城乡建设部【2018】（37）号令

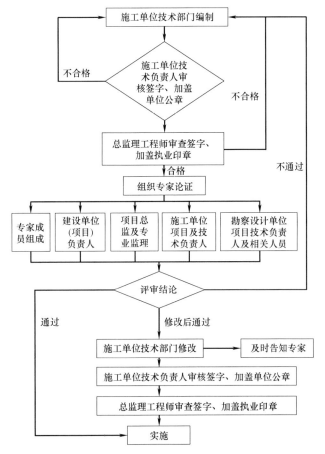

图 2-21　超过一定规模危险性较大的分部分项工程专项施工方案的编审

工程师审查签字、加盖执业印章后方可实施；分包单位编制专项施工方案的，专项施工方案应当由总承包单位技术负责人及分包单位技术负责人共同审核签字并加盖单位公章。

3）对于超过一定规模的危险性较大（危大）工程，施工单位应当组织召开专家论证会对专项施工方案进行论证。实行施工总承包的，由施工总承包单位组织召开专家论证会。专家论证前专项施工方案应当通过施工单位审核和总监理工程师审查。

2.3.4　施工组织设计的执行

施工组织设计贯彻的实质，就是结合动态变化的条件对一个静态施工方案进行调整的过程，以达到预定的目标，所以施工组织设计应实行动态管理。

1）项目施工过程中，发生以下情况之一时，施工组织设计应及时进行修改或补充：

（1）工程设计有重大修改。如地基基础或主体结构的形式发生变化、装修材料或做法发生重大变化、机电设备系统发生大的调整等，需要对施工组织设计进行修改；对工程设计图纸的一般性修改，视变化情况对施工组织设计进行补充；对工程设计图纸的细微修改或更正，施工组织设计则不需调整。

（2）有关法律、法规、规范和标准实施、修订和废止。涉及工程的实施、检查或验收时，施工组织设计需要进行修改或补充。

（3）主要施工方法有重大调整。由于主客观条件的变化，施工方法有重大变更，原来的施工组织设计已不能正确地指导施工，需对施工组织设计进行修改或补充。

（4）主要施工资源配置有重大调整。当施工资源的配置有重大变更，并且影响到施工方法的变化或对施工进度、质量、安全、环境、造价等造成潜在的重大影响，需对施工组织设计进行修改或补充。

（5）施工环境有重大改变。当施工环境发生重大改变，如施工延期造成季节性施工方法变化，施工场地变化造成现场布置和施工方式改变等，致使原来的施工组织设计已不能正确地指导施工，需对施工组织设计进行修改或补充。

2）项目施工过程中，应对施工组织设计的执行情况进行检查、分析并适时调整，具备条件的施工企业可采用信息化（BIM）手段对施工组织设计进行动态管理。

3）经修改或补充的施工组织设计应重新审批后实施。

2.4　项目管理实施规划❶

项目管理规划包括项目管理规划大纲和项目管理实施规划，项目管理规划相关内容可采用项目质量计划、进度计划、成本计划、安全生产管理计划、沟通管理计划、风险管理计划和工程总承包项目管理计划等方式体现。项目管理实施规划是规划大纲的进一步深化与细化，一般情况下，施工总承包单位的项目管理实施规划等同于项目施工组织设计。

2.4.1　项目管理实施规划编制依据

1）适用的法律、法规和标准。
2）项目合同及相关要求。
3）项目管理规划大纲。
4）项目设计文件。
5）工程情况与特点。
6）项目资源和条件。
7）有价值的历史数据。
8）项目团队的能力和水平。

2.4.2　编制项目管理实施规划的步骤

1）了解相关方的要求。
2）分析项目具体特点和环境条件。
3）熟悉相关的法规和文件。

---

❶ 《建设工程项目管理规范》GB/T 50326—2017：

5.3.1项目管理实施规划应对项目管理规划大纲的内容进行细化。条文说明：实施规划是规划大纲的进一步深化与细化，因此需依项目管理规划大纲来编制实施规划，而且需把规划大纲策划过程的决策意图体现在实施规划中。一般情况下，施工单位的项目施工组织设计等同于项目管理实施规划。项目管理实施规划的制定需结合任务目标分解和项目管理机构职能分工，分别组织专业管理、子项管理以及协同管理机制与措施的策划，为落实项目任务目标、处理交叉衔接关系和实现项目目标提供依据和指导。

4）实施编制活动。

5）履行报批手续。

2.4.3 项目管理实施规划的内容

1）项目概况。

2）项目总体工作安排。

3）组织方案。

4）设计与技术措施。

5）进度计划。

6）质量计划。

7）成本计划。

8）安全生产计划。

9）绿色建造与环境管理计划。

10）资源需求与采购计划。

11）信息管理计划。

12）沟通管理计划。

13）风险管理计划。

14）项目收尾计划。

15）项目现场平面布置图。

16）项目目标控制计划。

17）技术经济指标。

2.4.4 工程项目管理规划的范围和编制主体

工程项目管理规划的范围和编制主体见表2-8。

工程项目管理规划的范围和编制主体　　　　表2-8

项目定义	项目范围与特征	项目管理规划名称	编制主体
建设项目	在一个总体规划范围内、统一立项审批、单一或多元投资、经济独立核算的建设工程	《建设项目管理规划》	建设单位
工程项目	建设项目内的单位、单项工程或独立使用功能的交工系统（一般含多个）	《工程项目管理规划》（规划大纲和实施规划，如日常的施工组织设计、项目管理计划等）	承包单位
专业工程项目	上下水、强弱电、风暖气、桩基础、内外装等	《工程项目管理实施规划》（规划大纲可略）	专业分包单位

2.5 施工执行计划❶

施工执行计划是建设项目工程总承包模式下，项目施工管理中的技术经济管理内部文件，

---

❶ 《建设项目工程总承包管理规范》GB/T 50358—2017：

7.2.1 施工执行计划应由施工经理负责组织编制，经项目经理批准后组织实施，并报项目发包人确认。

该执行计划由施工经理负责组织编制，经项目经理批准后组织实施，并报项目发包人确认。

2.5.1   施工执行计划的内容

1. 施工执行计划的内容

1）工程概况。

2）施工组织原则。

3）施工质量计划。

4）施工安全、职业健康和环境保护计划。

5）施工进度计划。

6）施工费用计划。

7）施工技术管理计划，包括施工技术方案要求。

8）资源供应计划。

9）施工准备工作要求。

2. 施工执行计划的调整

对施工执行计划将产生较大影响的设计变更、施工方案的重大调整，需及时对影响范围和影响程度进行评审，当需要调整施工执行计划时，需按照规定重新履行审批程序。

2.5.2   施工执行计划的效力

执行计划经过项目经理批准后实施，所以属于项目部的内部运行文件；报项目发包人确认，不能减轻或免除承包人的合同责任。换句话说，上报发包方不等于发包方对施工执行计划的正确性负责。

例如，承包人未能按施工执行计划中的资源供应计划投入足够的资源（人、机、料），导致实际进度落后于施工进度计划时，发包人有权通知承包人在合理时间内按施工执行计划的资源供应计划补足资源进场，并自费赶上进度。否则，就是承包人违约。

承包人按施工执行计划中的资源供应计划投入足够的资源（人、机、料），但实际进度仍然落后于施工进度计划，发包人有权通知承包人自费增加资源供应追赶进度，造成工期延误仍然是承包方责任，发包人不对施工执行计划中的资源供应计划正确性承担责任。

2.6   施工组织设计、项目管理实施规划与施工执行计划的区别

二维码2-5   施工组织设计与项目管理实施规划、施工执行计划教学视频

施工组织设计与项目管理实施规划，一般都可以作为投标文件的附件，施工执行计划属于工程总承包组织内部的施工管理文件。合同签订后，承包人还需要提交细化的技术管理规划与施工组织设计（或是两者合并）供发包方批准，并作为合同实施的主要文件，是合同履行、工程结算和索赔的组成要件。

扫描二维码2-5，观看施工组织设计与项目管理实施规划、施工执行计划教学视频。

施工组织设计、项目管理实施规划与施工执行计划的主要区别如下。

2.6.1 内涵不同

实施规划是规划大纲的进一步深化与细化，因此需依据项目管理规划大纲来编制实施规划，而且需把规划大纲策划过程的决策意图体现在实施规划中。项目管理实施规划是建设工程项目管理的指导文件，针对的是建设项目的全寿命周期，如果仅仅是施工阶段的施工总承包方式，施工单位的施工组织设计等同于项目管理实施规划。❶

项目管理实施规划的制定需结合任务目标分解和项目管理机构职能分工，分别组织专业管理、子项管理以及协同管理机制与措施的策划，为落实项目任务目标、处理交叉衔接关系和实现项目目标提供依据和指导。这就要求注意项目管理实施规划、施工组织设计、施工执行计划❷三者的相容性，避免重复性的工作。三者的主要区别是：

1）文件的性质不同。施工项目管理实施规划是一种管理文件，服务于项目施工管理；施工组织设计是一种技术经济文件，服务于施工准备和施工活动；建设项目工程总承包管理规范中的项目施工执行计划是一个企业内部管理文件，主要针对工程总承包中的施工管理。

2）文件的范围不同。项目管理实施规划所涉及的范围可以是项目的全寿命周期；施工组织设计所涉及的范围只是施工准备和施工阶段；施工执行计划针对的是工程承包中的施工管理阶段的执行计划。

3）文件产生的基础不同。施工项目管理实施规划是在市场经济条件下，为了提高施工项目的综合经济效益，以目标控制为主要内容而编制的；而施工组织设计是在计划经济条件下，为了组织施工，以技术、时间、空间的合理利用为中心，使施工正常进行而编制的。项目施工执行计划针对的是建设项目工程总承包模式下的施工管理计划。

2.6.2 编制与审批不同

施工组织设计、项目管理实施规划与施工执行计划的编制单位、编制人、编制范围、编制目标、文件属性、审批人各不相同，可根据需要分阶段编制和审批，见表2-9。

一般情况下，施工总承包模式编制施工组织设计，建设项目工程总承包编制项目管理实施规划；建设项目工程总承包中施工管理部分编制施工执行计划。

---

❶ 《建设工程项目管理规范》GB/T 50326—2017：

2.0.13 项目管理策划：为达到项目管理目标，在调查、分析有关信息的基础上，遵循一定的程序，对未来（某项）工作进行全面的构思和安排，制定和选择合理可行的执行方案，并根据目标要求和环境变化对方案进行修改、调整的活动。

5.1.1 项目管理策划应由项目管理规划策划和项目管理配套策划组成。项目管理规划应包括项目管理规划大纲和项目管理实施规划，项目管理配套策划应包括项目管理规划策划以外的所有项目管理策划内容。

5.3.1 项目管理实施规划应对项目管理规划大纲的内容进行细化。

5.3.1 条文说明：实施规划是规划大纲的进一步深化与细化，因此需依据项目管理规划大纲来编制实施规划，而且需把规划大纲策划过程的决策意图体现在实施规划中。一般情况下，施工单位的项目施工组织设计等同于项目管理实施规划。

❷ 《建设项目工程总承包管理规范》GB/T 50358—2017：

2.0.6 项目管理计划：项目管理计划是一个全面集成、综合协调项目各方面的影响和要求的整体计划，是指导整个项目实施和管理的依据。

2.0.7 项目实施计划：依据合同和经批准的项目管理计划进行编制并用于对项目实施进行管理和控制的文件。

2.0.9 项目实施：执行项目计划的过程。项目预算的绝大部分将在执行本过程中消耗，并逐渐形成项目产品。

施工组织设计、项目管理实施规划与施工执行计划对比表　　表2-9

文件类型 对比内容	施工组织设计	项目管理实施规划	施工执行计划
编制单位	施工单位	建设工程有关各方(建设单位、勘察、设计、施工、监理和项目使用者等)	施工单位
主持编制人	项目负责人	项目负责人	施工经理负责组织编制
编制范围	施工承包中的技术、经济、管理	依据合同约定对建设项目的全寿命周期或若干阶段的建设工程项目管理	工程总承包合同中的施工管理
编制目标	施工承包合同的目标	项目管理目标责任书的目标	工程总承包合同中的施工管理目标
文件属性	企业外部文件,可作为投标的技术标	企业外部文件,可作为投标的技术标	企业内部管理文件
审批人	施工组织总设计应由总承包单位技术负责人审批;单位工程施工组织设计应由施工单位技术负责人或技术负责人授权的技术人员审批	建设工程项目管理总承包企业相关负责人审批	工程总承包单位的项目经理批准后组织实施,并报项目发包人确认

2.6.3　内容不尽相同

施工组织设计与施工执行计划对比,两者的内容主要是施工阶段的施工管理文本文件;项目管理实施规划的内容与前两者对比,项目管理计划除了施工阶段的施工管理文本文件外,还包括其他事务性管理工作计划,但三者在内容和作用上具有一定的共性,见对比表2-10。

施工组织设计、施工执行计划与项目管理实施规划的内容对比表　　表2-10

施工组织设计	施工执行计划	项目管理实施规划	
1)编制依据; 2)工程概况; 3)施工部署; 4)施工进度计划; 5)施工准备与资源配置计划; 6)主要施工方法; 7)施工现场平面布置; 8)主要施工管理计划;施工管理计划应包括进度管理计划、质量管理计划、安全管理计划、环境管理计划、成本管理计划以及其他管理计划等内容	1)工程概况; 2)施工组织原则; 3)施工质量计划; 4)施工安全、职业健康和环境保护计划; 5)施工进度计划; 6)施工费用计划; 7)施工技术管理计划,包括施工技术方案要求; 8)资源供应计划; 9)施工准备工作要求	1)项目概况; 2)项目总体工作安排; 3)组织方案; 4)设计与技术措施; 5)进度计划; 6)质量计划; 7)成本计划; 8)安全生产计划; 9)绿色建造与环境管理计划	10)资源需求与采购计划; 11)信息管理计划; 12)沟通管理计划; 13)风险管理计划; 14)项目收尾计划; 15)项目现场平面布置图; 16)项目目标控制计划; 17)技术经济指标
		工程总承包及代建制模式还需包含项目投融资、勘察设计管理、招标采购、项目过程控制及动用准备等相关的管理规划内容	

注:1. 施工组织设计内容参见《建筑施工组织设计规范》GB/T 50502—2009第3.0.4条;
　　2. 施工执行计划内容参见《建设项目工程总承包管理规范》GB/T 50358—2017第7.2.2;
　　3. 项目管理实施规划内容参见《建设工程项目管理规范》GB/T 50326—2017第5.3.4条。

思 考 题

2-1 施工执行计划、施工项目管理规划、施工组织设计之间有什么关系?

2-2 为什么有些分包工程或专项工程的施工方案应按施工组织设计进行编制?

案 例 题

2-1 案例(2016 年一级建造师考题改)背景资料:某住宅楼工程,场地占地面积约 10000m²,建筑面积约 14000m²,地下 2 层,地上 16 层,层高 2.8m,檐口高 47m,结构设计为筏板基础。剪力墙结构,施工总承包单位为外地企业,在本项目所在地设有分公司。

本工程项目经理组织编制了项目施工组织设计,经分公司技术部经理审核后,报分公司总工程师(公司总工程师授权)审批;由项目技术部门经理主持编制外脚手架(落地式)施工方案,经项目总工程师、总监理工程师、建设单位负责人签字批准实施;专业承包单位组织编制塔式起重机安装拆卸方案,按规定经专家论证后,报施工总包单位总工程师、总监理工程师、建设单位负责人签字批准实施。

问题:指出项目施工组织设计、外脚手架施工方案、塔式起重机安装拆卸方案编制、审批的不妥之处,并写出相应的正确做法。

【答案】

1) 本工程项目经理组织编制了项目施工组织设计,经分公司技术部经理审核后,报分公司总工程师(公司总工程师授权)审批,正确。

2) 由项目技术部门经理主持编制外脚手架(落地式)施工方案,经项目总工程师、总监理工程师、建设单位负责人签字批准实施,不妥。

正确做法:由项目技术部门经理主持编制外脚手架(落地式)施工方案,经分公司总工程师(公司总工程师授权)审核签字、加盖单位公章,并由总监理工程师审查签字、加盖执业印章后方可实施。

3) 专业承包单位组织编制塔式起重机安装拆卸方案,按规定经专家论证后,报施工总包单位总工程师、总监理工程师、建设单位负责人签字批准实施,不妥。

正确做法:专业承包单位组织编制塔式起重机安装拆卸方案,并应由专业承包单位技术负责人审批,通过施工单位审核和总监理工程师审查,由总承包单位技术负责人及分包单位技术负责人共同审核签字并加盖单位公章,并由总监理工程师审查签字、加盖执业印章然后由施工总承包单位组织召开专家论证会,专项施工方案论证通过后方可实施。

【解析】

1)《建筑施工组织设计规范》GB/T 50502—2009,3.0.5 施工组织设计的编制和审批应符合下列规定:

(1) 施工组织设计应由项目负责人主持编制,可根据需要分阶段编制和审批。

(2) 施工组织总设计应由总承包单位技术负责人审批;单位工程施工组织设计应由施工单位技术负责人或技术负责人授权的技术人员审批;施工方案应由项目技术负责人审批;重点、难点分部(分项)工程和专项工程施工方案应由施工单位技术部门组织相关专家评审，施工单位技术负责人批准。

（3）由专业承包单位施工的分部（分项）工程或专项工程的施工方案，应由专业承包单位技术负责人或技术负责人授权的技术人员审批；有总承包单位时，应由总承包单位项目技术负责人核准备案。

（4）规模较大的分部（分项）工程和专项工程的施工方案应按单位工程施工组织设计进行编制和审批。

2）该外脚手架已经超过24m，小于50m，属于危险性较大的分部分项工程，根据住房和城乡建设部《危险性较大的分部分项工程安全管理规定》，该外脚手架需要施工单位组织工程技术人员编制专项施工方案，并应当由施工单位技术负责人审核签字、加盖单位公章，并由总监理工程师审查签字、加盖执业印章后方可实施。

3）该工程塔式起重机安装拆卸方案属于超过一定规模的危大工程，应该根据住房和城乡建设部《危险性较大的分部分项工程安全管理规定》执行。

2-2 案例（2017年二级建造师考题改）背景资料：某建筑施工单位在新建办公楼工程前，按《建筑施工组织设计规范》GB/T 50502—2009规定的单位工程施工组织设计应包含的各项基本内容，编制了本工程的施工组织设计，经相应人员审批后报监理机构，在总监理工程师审批签字后按此组织施工。

问题：（1）本工程的施工组织设计中应包含哪些内容？

（2）施工单位哪些人员具备审批单位工程施工组织设计的资格？

【答案】

1）本工程的施工组织设计中应包含：

（1）编制依据；（2）工程概况；（3）施工部署；（4）施工进度计划；（5）施工准备与资源配置计划；（6）主要施工方法；（7）施工现场平面布置；（8）主要施工管理计划。

2）施工单位技术负责人或技术负责人授权的技术人员具备审批单位工程施工组织设计的资格。

【解析】

《建筑施工组织设计规范》GB/T 50502—2009，3.0.4 施工组织设计应包括编制依据、工程概况、施工部署、施工进度计划、施工准备与资源配置计划、主要施工方法、施工现场平面布置及主要施工管理计划等基本内容。3.0.5 施工组织设计的编制和审批应符合下列规定：

1）施工组织设计应由项目负责人主持编制，可根据需要分阶段编制和审批。

2）施工组织总设计应由总承包单位技术负责人审批；单位工程施工组织设计应由施工单位技术负责人或技术负责人授权的技术人员审批；施工方案应由项目技术负责人审批；重点、难点分部（分项）工程和专项工程施工方案应由施工单位技术部门组织相关专家评审，施工单位技术负责人批准。

3）由专业承包单位施工的分部（分项）工程或专项工程的施工方案，应由专业承包单位技术负责人或技术负责人授权的技术人员审批；有总承包单位时，应由总承包单位项目技术负责人核准备案。

4）规模较大的分部（分项）工程和专项工程的施工方案应按单位工程施工组织设计进行编制和审批。

第3章 施 工 方 案

> **本章要点**：施工方案的内容、施工方案的编制与审核、分部分项工程施工安排、施工方法和施工机械的选择、施工方案的技术经济评价。
>
> **学习目标**：掌握施工方案及危大工程专项施工方案的内容；依据现行规范、法律法规，掌握施工方案编制主体与审核主体；熟悉施工顺序、施工段的划分及施工起点流向；熟悉建筑工程施工方法、施工机械选择的内容；了解施工方案技术经济评价的步骤和方法。
>
> **素质目标**：通过现代施工方法的介绍，传递智能建造与建筑工业化协同发展的路径。

施工方案是以分部（分项）工程或专项工程为主要对象编制的施工技术与组织方案，用以具体指导其施工过程。它是直接指导施工过程的文件，其中，技术方案指的是根据施工对象的特征、施工进度要求、资源配置能力优选施工方法，鼓励企业积极开发施工工法❶；组织方案指的是根据合同约定编制进度计划、配置各类生产要素。【案例 3-1】列举了路桥工程施工方案。

【案例 3-1】 路桥工程施工方案有哪些？

1）道路工程的施工方案一般包含的主要内容有：（1）路基工程，包括土石方开挖，填筑，垫层施工；（2）防护排水工程，包括挡土墙、护坡施工，锚杆框架防护，土工网垫植草施工；（3）路面工程，包括基底层摊铺和压实，路面摊铺施工；（4）附属设施工程，包括伸缩缝、护栏施工，亮化、标线、管线施工等。

2）桥梁工程的施工方案一般包含的主要内容有：（1）主桥下部结构施工，包括墩台及基础施工（如沉井基础、钻孔灌注桩基础施工等），桥墩、桥塔施工，索锚碇基础施工（斜拉桥、悬索桥）；（2）主桥上部结构施工，包括预应力混凝土箱梁（钢箱梁），钢拱，钢桁架施工，缆索架设，锁夹、吊索施工（斜拉桥、悬索桥），桥面铺装、桥梁涂装及附属设施施工等；（3）引桥的上下部施工；（4）地面道路及排水工程施工等。

---

❶《工程建设工法管理办法》建质〔2014〕103 号：

第三条本办法所称的工法，是指以工程为对象，以工艺为核心，运用系统工程原理，把先进技术和科学管理结合起来，经过一定工程实践形成的综合配套的施工方法。

第二十五条鼓励企业采用新技术、新工艺、新材料、新设备，加快技术积累和科技成果转化。鼓励符合专利法、科学技术奖励规定条件的工法及其关键技术申请专利和科学技术发明、进步奖。

3.1 施工方案概述

3.1.1 施工方案的内容

施工方案的内容一般有：工程概况、施工安排、施工准备、施工方法、主要施工保证措施。表 3-1 为建筑工程与市政工程规范列举内容。

建筑工程与市政工程规范列举内容   表 3-1

建筑工程	市政工程
工程概况	工程概况
施工安排	施工安排（包括分项工程施工进度计划、资源配置计划）
施工进度计划	施工准备
施工准备与资源配置计划	施工方法
施工方法及工艺要求（包括主要施工保证措施）	主要施工保证措施

注：表中内容的来源，《建筑施工组织设计规范》GB/T 50502—2009 第 6 章，《市政工程施工组织设计规范》GB/T 50903—2013 第 5 章。

1. 工程概况

工程概况包括工程主要情况、设计简介、工程施工条件三个方面。

2. 施工安排

1）根据分部（分项）工程或专项工程的规模、特点、复杂程度、目标控制和总承包单位的要求，建立一个合理、高效的组织机构，建立健全岗位责任制。

2）根据施工组织中进度、质量、安全和环境保护等目标，制定施工方案的具体指标。

3）划分流水施工段、确定施工顺序，有效地组织流水施工。

4）分部（分项）工程或专项工程施工进度计划必须以总进度计划目标为施工期限，编制反映各施工区段、各工序之间的穿插、搭接关系的进度计划。

5）编制劳动力配置计划和物资配置计划，劳动力配置计划包括各工种用工量、各工种劳动力计划；物资配置计划包括建筑材料、构配件和设备、施工机具、检测设备等配置计划。

3. 施工准备

在施工准备阶段，除了要完成本项工程的施工准备外，还需注重与前后工序的相互衔接。

1）技术准备：施工所需技术资料、图纸深化设计、技术交底、试验检验、测试工作计划、样板制作、与相关单位的技术交接计划等。

2）现场准备：生产、生活等临时设施的准备以及与相关单位进行现场交接的计划等。

3）资金准备：编制资金使用计划等。

4. 施工方法

施工方法是施工方案的核心内容，需要明确工艺流程、要求、检验等，例如【案例3-2】。

【案例 3-2】 0号块为箱梁与墩身连接的节点，截面内力最大且受力复杂，钢筋和预应力管线密集，因此，保证 0 号段施工质量是箱梁施工的关键。0 号梁段设计长度 10m，两端各悬出墩身 3.5m，混凝土量为 291.36m^3，为保证 0 号块混凝土的整体性和良好的外观质量，采用在承台上搭设支架，利用支架一次浇筑成型的施工方法。其施工工艺流程见图 3-1。

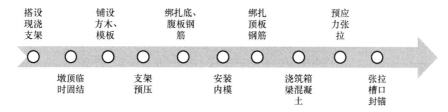

图 3-1　0 号块箱梁施工工艺流程图

表 3-2 为建筑工程、市政工程规范列举施工方法的内容。

建筑工程与市政工程规范列举内容　　　　　　　　　　　　　表 3-2

	建 筑 工 程	市 政 工 程
施工方法	1)明确分部(分项)工程或专项工程施工方法并进行必要的技术核算,对主要分项工程(工序)明确施工工艺要求。 2)对易发生质量通病、易出现安全问题、施工难度大、技术含量高的分项工程(工序)等应做出重点说明。 3)对开发和使用的新技术、新工艺以及采用的新材料、新设备应通过必要的试验或论证并制定计划。 4)对季节性施工应提出具体要求	1)施工方法应明确工艺流程、工艺要求及质量检验标准。 2)施工方法应根据相关技术要求进行必要的核算

5. 施工保证措施

根据工程特点和复杂程度编写分部（分项）工程的季节性施工保证措施、交通组织措施（【案例 3-3】）、成本控制措施、构（建）筑物及文物保护措施等。其内容包括组织保障（例如专职安全生产管理人员、特种作业人员）、技术措施、应急预案、监测监控等。

【案例 3-3】　交通组织措施

1）交通组织平面示意图见图 3-2，主要包括以下内容：

（1）施工作业区域内及周边的现状道路；

（2）围挡布置、临时道路与临时桥梁设置；

（3）车辆及行人通行路线；

（4）现场临时交通标志、交通设施的设置；

（5）图例及说明；

（6）其他应说明的相关内容。

2）交通疏导示意图见图 3-3，主要包括以下内容：

（1）车辆及行人通行路线；

（2）围挡布置及施工区域出入口设置；

（3）现场临时交通标志、交通设施的设置；

（4）图例及说明。

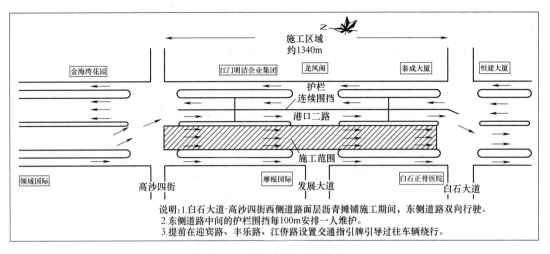

图 3-2 交通组织平面示意图

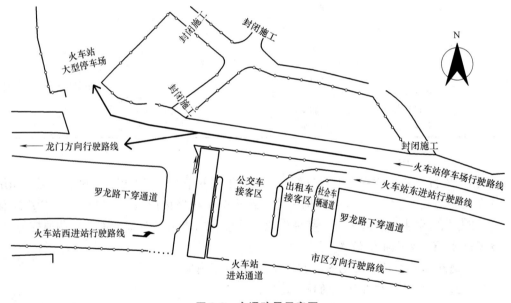

图 3-3 交通疏导示意图

3.1.2 危险性较大的分部（分项）工程施工方案

1. 危险性较大的分部（分项）工程范围

根据建办质〔2018〕31号文，危险性较大的分部（分项）范围包括两类，一类是危险性较大的分部分项工程范围，另一类是超过一定规模的危险性较大的分部分项工程范围。表3-3列举了建筑工程、公路工程中模板工程及支撑体系危大工程界定的范围。

2. 危险性较大的分部（分项）工程的专项施工方案的内容

专项施工方案主要针对易出现安全问题、易发生质量通病、施工难度大、技术含量高的分部分项工程，专项施工方案的技术可行性、安全可靠性直接关系到安全施工生产。

建筑工程、公路工程危大工程范围

表 3-3

	危险性较大的分部分项工程范围	超过一定规模的危险性较大的分部分项工程范围
建筑工程模板工程及支撑体系❶	1)各类工具式模板工程:包括滑模、爬模、飞模、隧道模等工程。 2)混凝土模板支撑工程:搭设高度 5m 及以上,或搭设跨度 10m 及以上,或施工总荷载(荷载效应基本组合的设计值,以下简称设计值)10kN/m² 及以上,或集中线荷载(设计值)15kN/m 及以上,或高度大于支撑水平投影宽度且相对独立无联系构件的混凝土模板支撑工程。 3)承重支撑体系:用于钢结构安装等满堂支撑体系	1)各类工具式模板工程:包括滑模、爬模、飞模、隧道模等工程。 2)混凝土模板支撑工程:搭设高度 8m 及以上,或搭设跨度 18m 及以上,或施工总荷载(设计值)15kN/m² 及以上,或集中线荷载(设计值)20kN/m 及以上。 3)承重支撑体系:用于钢结构安装等满堂支撑体系,承受单点集中荷载 7kN 及以上
	需编制专项施工方案的工程	需要专家论证、审查的工程
公路工程大型临时工程❷	1)围堰工程。 2)各类工具式模板工程。 3)支架高度不小于 5m;跨度不小于 10m,施工总荷载不小于 10kN/m²;集中线荷载不小于 15kN/m。 4)搭设高度 24m 及以上的落地式钢管脚手架工程;附着式整体和分片提升脚手架工程;悬挑式脚手架工程;吊篮脚手架工程;自制卸料平台、移动操作平台工程;新型及异型脚手架工程。 5)挂篮。 6)便桥、临时码头。 7)水上作业平台	1)水深不小于 10m 的围堰工程。 2)高度不小于 40m 墩柱。高度不小于 100m 索塔的滑模、爬模、翻模工程。 3)支架高度不小于 8m;跨度不小于 18m,施工总荷载不小于 15kN/m²;集中线荷载不小于 20kN/m。 4)50m 及以上落地式钢管脚手架工程。用于钢结构安装等满堂承重支撑体系,承受单点集中荷载 7kN 以上。 5)猫道、移动模架

危险性较大的分部(分项)工程的专项施工方案的技术方案的主要内容是施工方法的安全验算,组织方案的主要核心内容是配置专职安全生产管理人员。表 3-4 是建筑工程、公路工程专项施工方案的编制内容。【案例 3-4】为武汉杨泗港长江大桥武昌侧主塔墩(2号墩基础)专项施工方案中沉井施工的工艺流程。

【案例 3-4】 武汉杨泗港长江大桥武昌侧主塔墩(2 号墩基础)标准段平面尺寸为 77.2m×40m,底节平面尺寸为 77.6m×40.4m,高 50m,沉井底高程为 −39.0m,沉井顶高程为 +11.0m,钢壳重量 4850t,沉井井壁混凝土约 49600m³,钢筋约 4382t,封底混凝土约 18657m³。沉井分节为 (28+6+6+6+4)m=50m,其中底节 28m 为钢壳混凝土,其余为钢筋混凝土。沉井顶高程 +11.0m,承台施工时需在沉井顶接高双壁钢围堰,按十年一遇水位 +26.44m 设防,双壁钢围堰顶高程 +27m,双壁钢围堰高度 16m。问题:2 号墩基础的沉井施工方案是否需要编制专项施工方案?是否需要专家论证?沉井施工的工艺流程是什么?

---

❶ 住房和城乡建设部办公厅关于实施《危险性较大的分部分项工程安全管理规定》有关问题的通知 建办质〔2018〕31 号。

❷ 《公路工程施工安全技术规范》JTG F90—2015 附录 A。

建筑工程、公路工程专项施工方案的内容　　　　　表3-4

建 筑 工 程	公 路 工 程
1)工程概况:危大工程概况和特点、施工平面布置、施工要求和技术保证条件; 2)编制依据:相关法律、法规、规范性文件、标准、规范及施工图设计文件、施工组织设计等; 3)施工计划:包括施工进度计划、材料与设备计划; 4)施工工艺技术:技术参数、工艺流程、施工方法、操作要求、检查要求等; 5)施工安全保证措施:组织保障措施、技术措施、监测监控措施等; 6)施工管理及作业人员配备和分工:施工管理人员、专职安全生产管理人员、特种作业人员、其他作业人员等; 7)验收要求:验收标准、验收程序、验收内容、验收人员等; 8)应急处置措施; 9)计算书及相关施工图纸。 　　——《危险性较大的分部分项工程安全管理规定》	1)工程概况:工程基本情况、施工平面布置、施工要求和技术保证条件; 2)编制依据:相关法律、法规、规范性文件、标准、规范及图纸(国标图集)、施工组织设计等; 3)施工计划:施工进度计划、材料与设备计划; 4)施工工艺技术:技术参数、工艺流程、施工方法、检查验收等; 5)施工安全保证措施:组织保障、技术措施、应急预案、监测监控等; 6)劳动力计划:专职安全生产管理人员、特种作业人员等; 7)计算书及相关图纸。 　　——《公路工程施工安全技术规范》JTGF 90—2015

【答案】　根据《公路工程施工安全技术规范》JTG F90—2015规定,需要编制专项施工方案,其中,沉井顶接高双壁钢围堰超过10m,所以该方案需要专家论证。

沉井施工工艺流程:工厂制造底节钢沉井23m→气囊下河(图3-4)❶→拖轮浮运至墩位→锚碇系统定位→将底节沉井下沉至稳定深度,拆除锚碇系统→接高剩余5m钢壳,并灌筑混凝土→接高第二、三节沉井→第二次下沉→接高第四、五节沉井→第三次下沉→接高16m双壁钢围堰→第四次下沉,沉井下沉至设计高程→清基→沉井封底施工→抽水、安装承台施工盖板→承台施工。

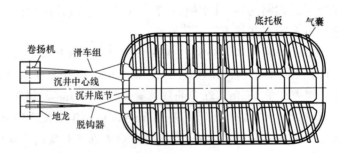

图3-4　钢沉井转向及下滑时的气囊布置示意图

---

❶　气囊整体平转技术:23m高的底节钢沉井拼装后,在底托板共布置62个气囊(直径1.2m、长15m、气囊间距2.5m),以实现钢沉井的主动转向。钢沉井下滑前,收紧卷扬机钢丝绳,按角度摆放好气囊(靠前端部分气囊角度最大,靠后端部分气囊角度逐渐减小),气囊托起钢沉井后,逐渐释放卷扬机钢丝绳,钢沉井沿着气囊摆放方向转向。

3.2 施工方案的编制与审核

3.2.1 施工方案编制主体

1）施工方案一般由项目负责人主持编制。

2）专业承包单位施工的分部（分项）工程的施工方案由专业承包单位的项目负责人主持编制。

3）危险性较大的分部（分项）工程专项施工方案由施工总承包单位或专业分包单位组织工程技术人员编制。❶

扫描二维码 3-1 观看施工方案教学视频。

二维码 3-1 施工方案教学视频

3.2.2 施工方案审核主体

1）施工方案一般由项目技术负责人审批。

2）重点、难点分部（分项）工程的施工方案由总承包单位技术负责人审批。

3）专业承包单位施工的分部（分项）工程，施工方案由专业承包单位的技术负责人审批，并由总承包单位项目技术负责人核准备案。

4）危险性较大的分部（分项）工程的专项施工方案由施工单位技术负责人审核签字、加盖单位公章，并由总监理工程师审查签字、加盖执业印章后方可实施，图 3-5 为专项施工方案编审的流程。

5）分包单位编制的危险性较大的分部（分项）工程专项施工方案，由总承包单位技术负责人及分包单位技术负责人共同审核签字并加盖单位公章。

6）超过一定规模的危险性较大的分部（分项）工程，总承包施工单位组织专家论证"施工单位已审核和总监理工程师已审查的专项施工方案"❷，【案例 3-5】为专项施

---

❶ 《危险性较大的分部分项工程安全管理规定》（住房和城乡建设部【2018】37 号令），编制组织主体转变为企业法人。

❷ 第（4）、（5）、（6）条来源于《危险性较大的分部分项工程安全管理规定》（住房和城乡建设部【2018】37 号令），审核主体包括自然人和法人。《危险性较大的分部分项工程安全管理规定》规定：对于超过一定规模的危大工程，施工单位应当组织召开专家论证会对专项施工方案进行论证。实行施工总承包的，由施工总承包单位组织召开专家论证会。专家论证前专项施工方案应当通过施工单位审核和总监理工程师审查。专家论证会的参加人员及论证内容包括：

1）专家论证会的参会人员：

（1）专家；

（2）建设单位项目负责人；

（3）有关勘察、设计单位项目技术负责人及相关人员；

（4）总承包单位和分包单位技术负责人或授权委派的专业技术人员、项目负责人、项目技术负责人、专项施工方案编制人员、项目专职安全生产管理人员及相关人员；

（5）监理单位项目总监理工程师及专业监理工程师。

2）论证内容：

（1）专项施工方案内容是否完整、可行；

（2）专项施工方案计算书和验算依据、施工图是否符合有关标准规范；

（3）专项施工方案是否满足现场实际情况，并能够确保施工安全。

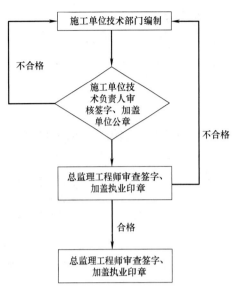

图 3-5 专项施工方案编制流程

工方案论证的问题。

【案例 3-5】 背景资料：某公司中标承建该市城郊结合交通改扩建高架快速路工程，该高架快速路上部结构为现浇预应力钢筋混凝土箱梁，箱梁底板距地面高 15m，桥宽 17.5m，主线长 720m，桥梁中心轴线位于既有道路边线。在既有道路中心线附近有埋深 1.5m 的 DN500 自来水管道和光纤线缆。高架桥需要跨越 132m 鱼塘和菜地。设计跨径组合为 41.5m＋49m＋41.5m。其余为标准跨径，跨径组合为（28＋28＋28）m×7 联，支架法施工。下部结构为 H 形，墩身下接 10.5m×6.5m×3.3m 承台（埋深在光纤线缆下 0.5m），承台下设有直径 1.2m、深 18m 的人工挖孔灌注桩❶。

项目部进场后编制的施工组织设计提出了"支架地基加固处理"和"满堂支架设计"两个专项方案，在"支架地基加固处理"专项方案中，项目部认为在支架地基预压时的荷载不小于支架地基承受的混凝土结构物恒载的 1.2 倍即可，并根据相关规定组织召开了专家论证会，邀请了含本项目技术负责人在内的四位专家对方案内容进行了论证，专项方案经论证后，专家组提出：应补充该工程上部结构施工流程和支架地基预压荷载验算需修改完善，项目部未按专家组要求补充该工程上部结构施工流程和支架地基预压荷载验算，只将其他少量问题做了修改，上报项目总监和建设单位项目负责人审批时未能通过。

问题：（1）项目部邀请了含本项目部技术负责人在内的四位专家对两个专项方案进行论证的结果是否有效？绘制论证的流程图。

（2）如无效请阐述正确做法。

（3）该项目中除了"DN500 自来水管，光纤线缆保护方案"和"预应力张拉专项方案"以外还有哪些内容属于"危险性较大的分部分项工程"范围为上报专项方案，请补充。

【答案与解析】 （1）论证结果无效，专项施工方案论证流程图见图 3-6。

（2）正确做法：专家组应由 5 名以上符合相关专业要求的专家组成；本项目参建各方的人员不得以专家身份参加专家论证会；专家组对专项施工方案审查论证时，须察看施工现场，并听取施工、监理等人员对施工方案、现场施工等情况的介绍。

（3）属于危险性较大分部分项工程范围未上报的专项方案还包括：模板支架工程，深基坑工程（承台）；人工挖孔桩工程；起重吊装工程。

---

❶ 住房和城乡建设部 2021 年 7 月 1 日下发的关于《房屋建筑和市政基础设施工程淘汰危及生产安全施工工艺、设备和材料目录（第一批）（征求意见稿）》中，基桩人工挖孔工艺为限制使用工艺。存在下列条件之一的区域不得使用：（1）地下水丰富、孔内空气污染物超标准、软弱土层、流沙等不良地质条件的区域；（2）机械成孔设备可以到达的区域。

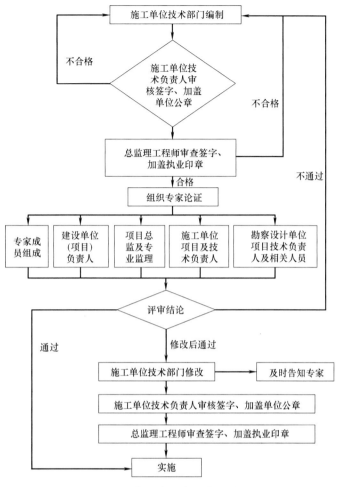

图 3-6 专项施工方案论证流程

3.3 分部分项工程施工安排

分部分项工程施工安排是确定各分部分项工程施工的先后逻辑顺序，在考虑逻辑顺序的同时，还需要考虑各工种在时空上的衔接关系。换言之，分部分项工程施工安排包括施工过程的逻辑顺序和空间占用顺序。

扫描二维码 3-2 观看施工安排教学视频。

3.3.1 施工顺序

考虑施工顺序的目的是按照施工的逻辑顺序组织各施工作业队平行、搭接、穿插施工，提高劳动生产率。

1. 确定施工顺序的原则

1）符合施工工艺的要求。在建造过程中，各分部分项工程之间存在着一定的工艺顺序关系，施工顺序就是在分析各分部分项工程之间的工艺关系的基础上确定的。例如，现

二维码 3-2 施工安排教学视频

浇框架柱的施工顺序是：绑扎钢筋→支模板→浇筑混凝土；现浇梁板的施工顺序是：支模板→绑钢筋→浇筑混凝土。

当然，除了工艺关系，还需要遵守基本建设程序。例如，梁板钢筋必须在梁板模板完成并隐蔽验收后，才能绑扎钢筋；梁板混凝土只有在梁板钢筋绑扎完成并完成隐蔽验收后，才能浇筑混凝土。

2）与施工方法协调一致。例如，在装配式单层工业厂房施工中，采用分件吊装法，施工顺序是：吊装柱→吊装吊车梁→吊装各个节间的屋架及屋面板；采用综合吊装法，施工顺序为：一个节间全部构件吊装完成后，再依次吊装下一个节间。

3）施工组织决定施工顺序。例如，有地下室的建筑，其地下室地面可以安排在地下室顶板施工前进行，也可以安排在地下室顶板施工完成后进行。从施工组织方面考虑，前者施工较方便，可以利用垂直运输机械直接将地面施工用的材料运送到地下室；而后者材料运输就比较困难，但前者地面成品保护比较困难。

4）考虑成品保护的要求。在安排施工顺序时，要以保证和提高工程质量为前提，影响工程质量时，要重新安排施工顺序或采取必要的技术措施。例如，建筑电气的灯具、开关插头面板安排在室内涂料粉刷完成后安装，否则容易造成电气设备面板的污染。

5）考虑当地的气候条件。例如，在雨季到来之前，应尽量先做基础工程、室外工程、门窗玻璃工程，为其他工序创造条件，改善工人的劳动作业环境；

6）考虑安全施工的要求。尤其立体交叉、平行搭接施工带来的安全问题。

2. 建筑工程分部分项工程施工顺序列举

确定分部分项工程施工顺序是一个综合分析的过程，需要认真分析每一个分部分项工程施工特点和逻辑关系，针对性地确定符合工艺要求的施工顺序。表 3-5 对比了现浇框架结构和剪力墙装配结构的施工顺序。

现浇钢筋混凝土结构和剪力墙装配结构施工顺序对比　　　　　　　　　表 3-5

工程分部 ＼ 结构类型	现浇框架结构	装配剪力墙结构
基础工程	基础工程一般包括(±0.000)以下的所有工程,这些工程的顺序为: 放线→挖土(基础开挖深度较大、地下水位较高,则在挖土前尚应进行降排水及基坑支护工作)→清除地下障碍物→验槽→软弱地基处理(需要时)→垫层→地下室底板防水施工(需要时)→基础施工(钢筋混凝土基础施工包括绑扎钢筋→支模板→浇筑混凝土→养护→拆模)→一次回填土→地下室外墙施工→外墙外防水施工→二次回填土	
主体结构	框架结构主体施工的顺序为: 测量放线→绑扎柱钢筋→支设柱模→浇筑柱混凝土→支设梁、板模板→绑扎梁、板钢筋→浇筑梁、板混凝土	装配剪力墙结构主体结构施工的顺序为: 测量放线→墙板底部坐浆→墙板安装(内墙板或外墙板)→固定斜支撑→微调墙板位置→注浆→确定叠合板与楼梯支撑标高与位置→楼梯与叠合板安装→微调支撑→空调板安装等
二次结构	二次结构包括砌体工程、浇筑圈梁构造柱、门窗框安装、水电预埋预留安装。 二次结构的工作面比较分散,施工顺序不固定。对于砌体工程,包括搭设砌筑用脚手架、砌筑等分项工程,不同的分项工程之间可组织平行、搭接、立体交叉流水施工,脚手架应配合砌筑工程搭设;圈梁构造柱随砌体结构同步进行,门窗框安装、水电预埋预留安装必须在砌体结构完成后,主体验收前完成。对于高层建筑,可以考虑全工序穿插施工流水的施工顺序及时插入二次结构的施工	
屋面工程	屋面工程在主体结构完成后开始,并应尽快完成,为顺利进行室内装饰工程创造条件。屋面工程目前大多数采用卷材防水屋面,其施工顺序按屋面构造的层次,由下向上逐层施工,一般顺序为:隔气层→保温层→找坡→找平层→涂刷基层处理剂→细部的加强层(例如,突出屋面设施的根部、排气道、分格缝等)→卷材防水层→保护层	

结构类型 工程分部	现浇框架结构	装配剪力墙结构
安装工程	1)电、暖、卫、燃气等安装工程需与土建工程中有关分部分项工程交叉施工。 (1)在基础工程施工时,应将上下水管沟和暖气管沟的垫层、沟壁做好后再回填土。不具备条件时应预留位置。 (2)在主体结构施工时,应在砌墙和现浇钢筋混凝土的同时,预留上下水、燃气、暖气的孔洞及配电箱等设备的孔洞,预埋电线管、接线盒及其他预埋件。 (3)在装饰装修施工前,应完成各种管道、水暖、卫的预埋件、设备箱体的安装等,应敷设好电气照明的墙内暗管、接线盒及电线管的穿线。 (4)室外上下水、暖气、燃气等管道工程可安排在基础工程之前或主体结构完工之后进行。 2)生产设备安装,由于专业性强、技术要求高等,一般由专业公司分包安装(工业厂房)	
装饰工程	内外墙抹灰、勾缝→安门窗扇→楼、地面饰面→顶、墙面饰面喷浆→门窗油漆→玻璃安装→勒脚、散水。装饰工程工作面比较多,没有严格的顺序要求,但须考虑各装饰成品保护问题。 1)主体结构工程与装饰工程的施工顺序关系。一般是先完成主体结构,后进行装饰施工,对于高层建筑及工期要求紧的工程,可以考虑穿插施工,但在空间上工序交叉较多,质量控制及成品保护问题比较突出。 2)室内与室外装饰工程的先后顺序关系。室内与室外装饰工程的先后顺序与施工条件和气候条件有关。可以先室外后室内,也可以先室内后室外或室外室内同时平行施工。但由于脚手架拉墙杆的脚手眼需要填补,所以同一层需要先做完室外墙面装饰后再做室内墙面装饰。 3)顶棚、墙面与楼地面抹灰的顺序关系。在同一层内抹灰工作不宜交叉进行,顶棚、墙面与地面抹灰的顺序可灵活安排,一般有两种方式:①楼地面抹灰→顶棚抹灰→墙面抹灰;②顶棚抹灰→墙面抹灰→楼地面抹灰。第①种方法,先楼地面后顶棚、墙面,有利于收集落地灰以节约材料,但顶棚、墙面抹灰用脚手架易损坏地面,成品保护问题突出;第②种方法,先顶棚、墙面后楼地面,则必须将结构层上的落地灰清扫干净再做楼地面,以保证楼地面面层的质量。另外,为了保证和提高施工质量,楼梯间的抹灰和踏步抹面通常在其他抹灰工作完工以后,自上而下地进行,内墙涂料必须待顶棚、墙面抹灰干燥后方可进行。 4)室内精装饰工程的施工顺序。室内精装饰工程的施工顺序一般为:砌隔墙→安装门窗框→防水房间防水施工→楼(地)面垫层施工→天棚抹灰→墙面抹灰→楼梯间及踏步抹灰→墙、地铺贴饰面砖→安门窗扇→木装饰→天棚、墙体涂料→木制品油漆→铺装木地板→检查整修	

3.3.2 施工段的划分及施工起点流向

施工起点流向是指施工活动在空间上的施工顺序。单施工层主要确定平面上的流向,多施工层除确定平面流向外,还需确定竖向流向,施工起点流向就是确定施工段先后开展的顺序。

1. 施工段的划分原则

在划分施工段时,通常应遵循的原则如下:

1)尽量与结构或装饰的自然界限一致。施工段的分界线应尽可能与结构界线(如沉降缝、伸缩缝等)一致,或设在对建筑结构整体性影响小的部位(如无结构界线时,应将其设在对结构整体性影响少的门窗洞口等部位,以减少留槎,便于修复)。

2)各段劳动量大致相等。同一专业工作队在各个施工段上的劳动量应大致相等,相差幅度不宜超过 10%～15%,为专业作业班组人员配置、组织等节奏流水创造条件。

3)工作面足够大,但段数不宜过多。每个施工段内要有足够的工作面,使其所容纳的劳动力人数或机械台数满足最佳劳动组合的要求。划分的段数不宜过多,过多则工作面小,劳动生产率低,影响工期。

4)多施工层施工应满足:对于多层或高层建筑物,为保证参与流水的主导施工过程的工作队能连续施工，施工段数（m）不小于施工过程数（n）。

5）考虑垂直运输机械的能力。如采用塔式起重机作为垂直运输工具，应考虑每台班的吊次，充分发挥塔式起重机效率。

2. 施工水平流向

建筑工程在组织流水施工时，应根据工程特点、性质和施工条件组织流水施工，例如，一般多层框架结构在竖向上需划分施工层，在平面上划分施工段，施工段的划分要为施工的水平流向创造了条件。

1）基础阶段：少分段或不分段，当结构平面较大时，可结合沉降缝分段。

2）主体阶段：以板式住宅为例，一个单元为一段；一个单元的楼栋，平面内不分段，可以进行栋间流水。【案例3-6】是中南大学湘雅医学院新校区教学中心大楼划分的施工段。

【案例3-6】 中南大学湘雅医学院新校区教学中心大楼单体比较大，±0.000以上主体施工时，在平面划分了8个施工段，见图3-7。

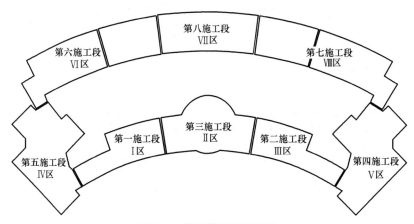

图 3-7 施工段划分平面图

3）屋面阶段：一般不分段，有错层或伸缩缝时，按界分段。

4）装饰阶段：装饰阶段分为内装饰和外装饰，两种装饰施工段划分不同，内装饰一般按自然楼层、自然单元划分施工段；外装饰一般不分段，对于超高层或者工期紧的工程，可以在竖向划分施工段，结合主体进度，在中间楼层穿插插入外墙装饰施工，这种组织方式的关键是成品保护。

3. 垂直施工流向

采用提前穿插施工，就需要在竖向划分若干施工层，施工层穿插的起止位置必须与主体结构施工工作面、裙房施工工作面之间设置最少两个自然楼层隔离，上隔离层止水，下隔离层成品保护，目的是防止成品污染破坏，同时需要考虑垂直运输通道的分界、隔离、保护问题。此种起点流向的优点是可以和主体结构工程进行交叉施工，缩短工期，其缺点是工序之间交叉多，需要考虑施工用水渗漏和雨水问题。

4. 施工起点流向考虑的因素

施工起点流向考虑的因素一般有：工业建筑生产投产顺序、施工过程逻辑关系、施工条件或现场环境、沉降因素等。

1）从投产顺序考虑。拟建项目的投产顺序，是确定施工流向的关键因素，影响后续生产工艺试车投产的部位需要先施工。

2）从现场条件考虑。施工场地的大小，道路布置和施工方案中采用的施工方法和机械也是确定施工起点和流向的主要因素。如土方工程边开挖边余土外运，则施工起点应由离道路远到近的方向进展。

3）从施工过程组织逻辑关系考虑。紧前施工过程的起点流向确定了，紧后施工过程也就随之而定了，图3-8是主桥预应力混凝土连续梁示意图。

【案例3-7】　55＋90＋55m主桥变截面预应力混凝土连续梁0号段采用承台上搭设大直径钢管支架现浇法施工，悬浇段采用挂篮分段施工；边跨直线段长度为8.92（8.84）m，采用支架现浇法施工，合龙段采用挂篮吊架支模浇筑施工。

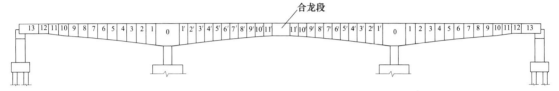

图3-8　主桥预应力混凝土连续梁示意图

4）从施工工艺逻辑关系考虑。例如卷材屋面防水工程施工前，必须在保温层与找平层施工过程完成并干燥后，方可铺贴卷材防水；在大面积铺贴前，需要先施工细部附加层，后大面积施工；考虑每幅卷材长向搭接翘起渗漏隐患，卷材搭接必须顺着水流方向，即由檐口到屋脊方向逆着水流方向铺贴卷材。

5）从沉降等因素考虑。如基础有深浅之分时，应按先深后浅的顺序进行施工。

5. 内装饰的施工起点流向

结合垂直运输的服务半径、住宅的户隔墙划分内装饰工作面，内装饰的施工起点流向一般分为：自上而下、自下而上、自中而下、自上而中四种。

1）室内装饰工程自上而下的施工起点流向，通常是指主体结构工程封顶，做好屋面防水层后，从顶层开始，逐层往下进行。

图3-9（a）所示为水平向下的流向，这种起点流向是在主体结构完成，并做好屋面防

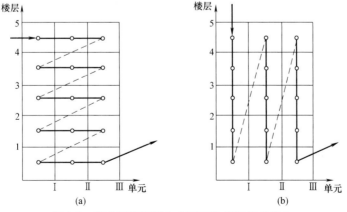

图3-9　室内装饰工程自上而下的施工起点流向

(a) 水平向下的流向；(b) 垂直向下的流向

水层后进行施工，所以不担心沉降、雨期渗漏影响，并且各工序之间交叉少，便于组织施工。其缺点是不能与主体施工穿插搭接，因而工期较长。

图 3-9（b）所示为垂直向下的流向，对于多层住宅，内装饰多以单元为界划分施工段，每单元一个施工段。其优点是减少了装饰后期同层施工洞口堵砌的工序，消除了施工洞口接茬、裂缝等质量缺陷，缺点是工作面小，劳动生产率低。

2）室内装饰工程自下而上的起点流向，是指当主体结构工程施工到 3 层以上时，装饰工程从一层开始，逐层向上进行，其施工流向如图 3-10 所示，有水平向上和垂直向上两种情况。

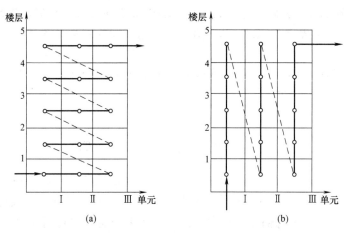

图 3-10　室内装饰工程自下而上的施工起点流向
(a) 水平向上的流向；(b) 垂直向上的流向

3）自中而下再自上而中的起点流向，适用于中、高层建筑的装饰工程，如图 3-11 所示。

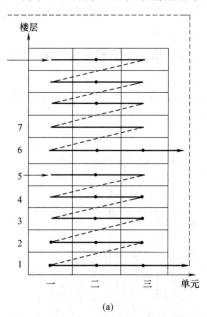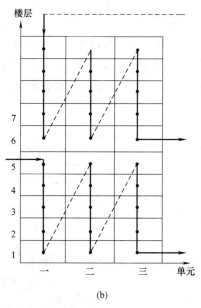

图 3-11　室内装饰工程自中而下再自上而中的起点流向
(a) 水平向下的流向；(b) 垂直向下的流向

除了外装饰可以提前穿插安排，近几年，各房地产开发公司，为了快速完成住宅的交付，通过划分竖向施工段，充分利用了竖向空间，大力推行全工序穿插流水施工，压缩施工工期❶。全工序穿插流水组织方式对成品保护要求较高，见图 3-12 施工工序穿插开展顺序。

【案例 3-8】 某高层建筑采用全工序穿插流水组织方式组织施工，图 3-12 是在已经完成主体结构的相邻 19 个自然楼层中，各工序穿插施工开展的顺序。

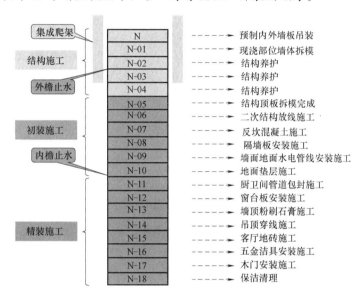

图 3-12 施工工序穿插开展顺序

3.4 施工方法和施工机械的选择

施工方法和施工机械选择时需要从先进、合理、经济的角度出发，以达到提高工程质量、降低工程成本、提高劳动生产率、加快工程进度的目的。

3.4.1 施工方法选择的基本要求

施工方法和施工机械的选择主要根据工程建筑结构特点、质量要求、工期长短、资源供应条件、现场施工条件、施工单位的技术装备水平和管理水平等因素综合考虑。

施工方法选择的基本要求：

1）以主要分部分项工程（工序）为主。

2）满足施工组织的要求。

3）工艺及技术可行。

---

❶ 全工序穿插流水组织缺点：由于穿插施工，结构加载过程中的沉降、二次结构的变形应力不能在装饰前及时释放，容易在装饰完成后出现一些裂缝。

4）能够提高工业化、机械化。

5）多方案对比，择优选择（先进、合理、可行、经济、工期、质量、成本、安全）。

【案例3-9】为某项目模板支撑体系的选择思路。

【案例3-9】 某项目模板支撑体系的选择思路。项目所在地租赁市场主要有：扣件、碗扣式、门式、盘销式、承插型盘扣式等6种脚手架。根据建筑结构形式、荷载情况、周转次数、项目所在地租赁条件进行比对：承插型盘扣式脚手架是目前受力比较理想的支撑体系，租赁费用与扣件脚手架相当，结合项目所在地对扣件式脚手架的限制使用❶，项目部最终确定承插型盘扣式脚手架作为模板支撑体系。

方案确定后，结合现行规范《建筑施工脚手架安全技术统一标准》GB 51210—2016、《建筑施工承插型盘扣式钢管支架安全技术标准》JGJ 231—2021，项目负责人组织技术人员编制了模架专项施工方案。

3.4.2 建筑工程施工方法的选择

建筑工程施工方法是针对建筑工程的主要分部、分项工程而言的，着重研究影响施工全局的重要分部工程，其内容应简明扼要，重点突出。

扫描二维码3-3观看施工方法、施工机具的选择教学视频。

下面列举一些建筑工程中的施工方法。

1. 测量放线

建筑工程的测量放线方案直接影响建筑物的定位、轴线引测、高程传递的正确性，目前轴线引测主要有内控法和外控法，当然两种方法不是孤立的，可以互为验证。

二维码3-3 施工方法、施工机具的选择教学视频

一般高程建筑多采用内控法，见【案例3-10】。

【案例3-10】 该工程定位放线的重点与难点是弧形轴线的定位，依据坐标控制点，使用全站仪进行各轴交点坐标投测。

1）基础定位：基础垫层施工完、在防水层的保护层上放线。先用激光全站仪定出周边轴线位置，再根据周边轴线设置平面控制网，根据平面控制网量测各弧形轴线交点，最后用矢高法弹出弧线形轴线尺寸。

地下二层与地下一层定位放线时先用线锤或经纬仪将周边定位轴线引测上来，作为定位放线基准。

2）主体施工放线：将基础控制轴线引至一层，复核无误后按测量方案布置控制点，在二层结构板面预埋钢板，标识铅垂控制点，再用激光全站仪投测轴线控制点。

上部楼层每六层转换一次基准控制点，以减少高度过大引起的误差，即在二、八、十四层结构板面设置铅垂控制点。楼层铅垂孔预留200mm×200mm的方洞，激光控制点接

---

❶ 多地发文，禁止使用扣件式脚手架，理由是整体性差，存在安全隐患。

上海：2019发文，全市工程项目应采用承插型盘扣式钢管脚手架；

重庆：2019发文，全市建设工程禁止使用扣件式钢管悬挑脚手架；

温州：2020发文，属于超危大工程和参超危大工程的模板支撑架工程，不得采用扣件式钢管支撑体系，必须选用碗扣式、承插盘扣式等定型化工具式支撑体系；

苏州：2021年1月1日起，所有新开工的房屋建筑及市政基础设施工程应使用承插型盘扣式钢管支架。

收板采用有机玻璃，并在板面弹出交叉控制线，以备复核。

控制点设置见图 3-13。

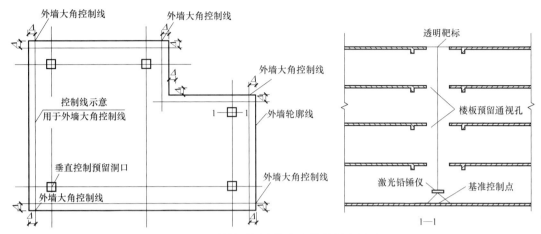

图 3-13 轴线引测内控方案的控制点设置

为减少系统误差及放线失误，楼层放线采用双控，即在建筑外立面大角上弹竖向垂直线，每次用线锤将下层控制线引上，与激光投测放线复核。

3）高程控制：基础施工过程中，在距筏板 500mm 处设标高控制点，每层用钢尺上引抄平。一层墙柱施工完后，在主楼板+0.500 处设高程控制点，作为高程上引基准。然后每六层左右将控制点上移，以利高程的引测，但注意累计误差的闭合。

2. 基坑工程

1）土方开挖

土方开挖方法直接影响地基与基础工程的工程进度和施工成本。目前主要有正铲挖掘机（停机面以下挖土）、反铲挖掘机（停机面以上挖土）、拉铲挖掘机（大面积场地平整）、抓铲挖掘机（水下挖土）4 种挖土机械。在选择时，需要根据土方工程量、施工条件、地质条件、项目所在地租赁市场情况，综合考虑一个满足合同工期的开挖方法。

2）基坑支护

基坑支护方法的选择需要考虑基坑的等级、开挖深度、地质条件等，然后进行方案有效性、安全性、经济性优选，有时候因为基坑周边地质条件、荷载情况不同，需要同时使用多个支护方案，但无论采用几个方案，都必须根据《建筑基坑支护技术规程》JGJ 120—2012 基坑支护内容，对选定方案进行力学核算。下面列举几个基坑支护方法：

（1）土钉墙：开挖深度 12m 内，基坑安全等级二、三级；

（2）逆作拱墙：开挖深度 12m 内，有形成拱的工作面，基坑安全等级二、三级，土质非淤泥土；

（3）水泥土墙：基坑深度 6m 内，基坑安全等级二、三级；

（4）排桩或地下连续墙：基坑安全等级一、二、三级。

3）基坑降水

对于地下水位超过开挖深度的基坑，在基坑开挖之前，必须进行基坑降排水。选择降排水方案时一般要考虑施工现场的地质条件和环境因素，一是要保证基坑内正常施工作业；二是为了防止基坑外的地下水位下降对基坑周围的建筑物、管线、道路造成的各种危害，需要考虑配合使用截水、回灌方案，减少降水对周边环境的影响。

降排水方案必须考虑对地下水的保护。采取封闭降水，有利于保护地下水。当抽水超过 50 万 m^3 时，需要考虑回灌措施，回灌不得污染地下水。

基坑降水的方法选择需要根据涌水量、渗透系数、降水深度等因素选择几个方案，然后进行方案有效性、安全性、经济性比选，为了达到良好的降水效果，有时候需要同时使用多个降水方案。基坑降水方法一般有：

(1) 集水井明排：设置集水井、排水沟，抽出地下水；

(2) 井点降水：管井降水、真空井点降水和喷射井点降水。

3. 主体混凝土结构工程

1) 模板施工

在支模方法选择时，需要根据结构形式、周转次数、复杂程度、市场租赁条件选择几个方案，但无论选定什么方案，都要因地制宜、安全可靠、经济实用。选定的方案必须根据《混凝土结构工程施工规范》GB 50666—2011、《建筑施工脚手架安全技术统一标准》GB 51210—2016、《建筑施工模板安全技术规范》JGJ 162—2008 等相关规范进行模板支撑的承载力、刚度、稳定性计算，并绘制模板图。

(1) 模板类型

① 小钢模散拼散拆：观感差、用工量大，周转次数多；

② 竹（木）胶合板模板：观感较好，周转次数少；

③ 全钢大模板/钢框胶合板模板：观感好，用工较少，一次投入大，周转次数多；

④ 铝合金模板：观感好，用工少，周转次数最多，一次性投入大，有战略储备价值；

⑤ 塑料模板：观感好，用工多，周转次数较多，需要考虑温度引起的变形；

⑥ 特种模板：滑膜、爬模、飞模等，适用于特种工程、高层建筑，机械化程度高。

(2) 模板支撑体系

① 钢管扣件支撑体系，由于租赁市场的扣件的质量鱼龙混杂，再结合扣件式连接方式的固有缺陷，现在有许多地方建设法规，限制使用扣件式脚手架作为支撑体系；

② 碗扣式支撑体系，该脚手架一直没有在建筑工程中推开；

③ 门式脚手架支撑体系，该脚手架一直没有在建筑工程中推开；

④ 盘销式支撑体系，该脚手架一直没有在建筑工程中推开；

⑤ 插接式支撑体系等，目前是模架系统主要推广的支撑体系。

2) 钢筋施工

在现代的土木工程中，无论采取什么受力体系，钢筋混凝土仍然是主要受力材料，其中大量的钢筋工程量需要大量的劳动力，许多工程往往因为钢筋工劳动力的紧张造成工程进度的延期，所以现在开发钢筋绑扎机器人成为行业的热点。

在施工方法的选择中，主要根据需要选择加工、运输、连接、绑扎等方法。钢筋加工方法需要根据企业自身条件和市场情况加以选择，在加工方法中主要是钢筋加工机械的选择；在绑扎方法的选择中，重点是梁柱节点钢筋密集区的处理措施，应力集中处的附加钢筋的设置措施，高强钢筋、预应力钢筋张拉与锚固等，绑扎方法需要根据现场作业条件和钢筋安装复杂程度确定。

（1）钢筋加工

① 现场机械加工：企业有加工机械，用工量大；

② 现场数控加工：用工少，加工精度高，速度快；

③ 成品钢筋加工配送：工业化程度高。

（2）钢筋绑扎

① 预制骨架，现场安装：工期短、用工较少，安装需吊装设备配合；

② 现场绑扎：用工较多，工期较长，不受作业条件限制。

（3）钢筋连接

钢筋连接方法需要根据《钢筋机械连接技术规程》JGJ 107—2016、《钢筋焊接及验收规程》JGJ 18—2012、《混凝土结构工程施工规范》GB 50666—2011 进行放样。

① 机械连接：现场全天候作业，速度快，成本较低；

② 焊接连接：成本低，适用于抗震等级二、三级和非抗震；

③ 绑扎搭接：小直径成本低，大直径成本高。

3）混凝土施工

在现代的土木工程中，混凝土的机械化程度比较高，目前大部分地区采用了集中搅拌，"混凝土罐车＋混凝土泵"水平、垂直运输。

（1）混凝土的运输

混凝土的运输包括水平运输和施工现场垂直运输，需要根据一次浇筑混凝土量、现场条件、市场租赁情况选取。

① 塔式起重机吊运：劳动生产率较低，施工速度不高；

② 固定混凝土泵泵送：速度较快，泵管布置工作量较大；

③ 汽车混凝土泵泵送：速度快，受现场交通运输条件限制，扫描二维码3-4观看汽车混凝土泵的浇筑方法。

二维码3-4　汽车混凝土泵的浇筑方法

（2）混凝土浇筑

混凝土浇筑顺序、施工缝位置、后浇带位置工作班制、振捣范围及方法、养护制度、质量评定及相应机械工具的型号、数量，这些内容需要根据现场条件、工程情况选取。

① 分层浇筑：适合墙、柱等竖向构件，混凝土固定泵、汽车泵；

② 依次浇筑：适合梁板等水平构件，混凝土固定泵、汽车泵；

③ 整体分层浇筑：适合于大体积混凝土，面积不大，汽车泵；

④ 斜面分层浇筑：适合于大体积混凝土，面积大，多台汽车泵。

（3）混凝土振捣

① 振捣棒振捣：竖向结构，厚度较厚的梁、板等结构；

② 平板振捣器振捣：适合厚度不厚的板，构件表面振捣。

（4）混凝土养护

① 覆盖养护：根据天气、气温、混凝土内外温差选择覆盖材料；

② 洒水养护：适合表面积不大的水平构件或不能覆盖的竖向构件；

③ 喷洒养护液养护：是一种绿色施工的节水措施。

4）砌筑工程

随着抗震设防的提高，砖混结构越来越少，换句话说，砌体作为受力承重结构越来越少，所以目前大部分砌筑工程指的是围护结构，多为二次结构。在砌筑工程中，主要需要考虑砌筑砂浆的供应方法、砌体结构的组砌方法等内容，在选择具体方法时，需要根据现场条件、工程情况，结合《砌体结构通用规范》GB 55007—2021 选取。

（1）砌筑砂浆供应方法

① 现场搅拌：地方材料充足、搅拌制度完善；

② 预拌砂浆：占地少、使用方便。2013 年国家发布的《绿色建筑行动方案》提出"大力发展预拌混凝土、预拌砂浆"，将预拌砂浆的发展上升到国家层面。

（2）组砌方法

① 组砌方法：全顺法、全丁法、三顺一丁、梅花丁等；

② 连接构造：构造柱、圈梁；

③ 施工方法：三一砌筑法、铺浆法等。

（3）砌体免开槽施工工法。

4. 主体装配式结构安装

党的十八大提出，要把生态文明建设放在突出地位，努力建设"天蓝、地绿、水净"的美丽中国。装配化建造，能够实现节能、节水、节材、节时、节省人工、大幅减少建筑垃圾和扬尘、环保的目标。

1）装配式结构

现在的装配式民用建筑与 20 世纪的单层工业厂房不同，现在大部分混凝土构件在预制混凝土构件厂家生产，钢结构拆分构件全部在钢构厂家生产，不需要考虑现场预制问题。所以装配结构施工方法的重点就是构件的运输、吊装机械的选择、吊点的布置、预制构件连接方法。

在选择具体方法时，需要分析运输条件、现场条件、构件的重量、构件现场堆放位置、构件安装高度等，核算运输可行性、吊装机械能力、起吊受力分析，确定具体施工方法。

（1）运输线路规划

在钢构件运输时，需要结合运输线路规划运输方案，包括道路限高、途径桥梁载荷、交通高峰、交通管制、施工现场入口方向等；例如上海金融中心，就是由于现场狭窄，在现场入口出现卸车困难。

（2）吊装机械的选择

① 塔式起重机：多用于装配式高层建筑，要求服务半径能够覆盖所有待装配预制构件；

② 汽车吊：多用于装配式多层建筑，行走不便，不可吊物行走；

③ 履带吊：多用于装配式单层工业厂房，起吊能力强，转弯灵活。

（3）构件连接选择

① 混凝土构件：套筒灌浆连接、螺旋箍筋浆锚搭接、波纹管浆锚搭接连接等，由生产厂家与施工单位协商后，在二次设计时确定连接方式；

② 钢构件：焊接、螺栓连接等，由钢结构二次设计单位确定。

2）大跨结构

大跨结构有平面结构体系和空间结构体系两大类。平面结构体系包括平面桁架、空间桁架、平面刚架、拱式结构。空间结构体系包括平板网架结构、网壳结构、悬索结构、斜拉结构、张拉结构等。大跨结构安装方法需要根据《钢结构工程施工规范》GB 50755—2012 要求，进行施工验算。

① 散件组装法：吊装量小，施工速度快，需搭设脚手架；

② 整体提升法：无需脚手架，关键是提升机械的选择；

③ 滑移安装法：搭设少量脚手架，关键是滑移轨道和顶推设备的选择。

5. 屋面工程

屋面工程的主要施工方法就是防水卷材的施工方法选择和各种节点细部、各种接缝的密封方法（扫描二维码 3-5 屋面防水施工），需要根据《屋面工程技术规范》GB 50345—2012 选取。

1）热熔法：适用于高聚物改性沥青卷材（空铺法：底板垫层上铺卷材；点粘法：底板垫层上铺卷材；满粘法：其他与混凝土接触部位）；

2）冷粘法：适用于合成高分子卷材以及厚度 3mm 以下的高聚物改性沥青卷材（自粘法：适用于自粘型卷材；焊接法：适用于 APP 塑料卷材；机械固定法：适用于钢结构屋面等）。

二维码 3-5 屋面防水施工

6. 装饰装修工程

装饰装修包括抹灰工程、门窗工程、吊顶工程、轻质隔墙工程、饰面板（砖）工程、幕墙工程、涂饰工程、裱糊与软包工程，装饰装修工程的施工方法种类繁多，需要根据现场条件、二次装饰设计特点选取。无论选取什么方法，都需要先做样板间，通过业主、设计、监理等单位联合认定后，再全面开展施工。

7. 脚手架工程

根据现场条件、工程情况、项目所在地租赁市场供应情况选取。

1）落地脚手架：地基承载力好的小高层建筑，应有防止脚手架不均匀下沉的措施；

2）悬挑脚手架：小高层及高层建筑，采用悬挑脚手架，应分段搭设，一般每段 5～6 层（小于 20m），且应沿架高与主体结构作拉接固定；

3）附着升降脚手架：高层及超高层建筑，是目前大力推广的脚手架。

8. 垂直运输机械

根据建筑特点、施工组织设计、现场条件、工程情况、租赁市场情况选取。

1）物料提升机：底层建筑，地基承载力好的小高层建筑；

2）塔式起重机：小高层及高层建筑；

3）施工电梯：小高层及高层建筑；

4）爬升施工平台（造楼机）：高层建筑（扫描二维码 3-6 智能集成施工平台）。

二维码 3-6 智能集成施工平台

3.4.3　施工机械选择

1. 施工机械选择原则

1）选择主导工程的施工机械。如地下工程的土方机械，主体结构工程的垂直运输机械，装配式工程的吊装机械等。其中，垂直运输机械的选择直接影响工程的施工进度，一般根据标准层垂直运输量来编制垂直运输量表，然后据此选择垂直运输方式、水平运输方式和垂直机械数量。

2）辅助机械与主导机械配套。例如在土方工程中，运土汽车容量应是挖土机斗容量的倍数；结构安装工程中，运输工具的数量和运输量，应能保证吊装起重机连续工作。

3）减少施工机械的种类和型号。例如，对于工程量小而分散的工程，则应采用多用途机械。

4）多方案经济分析。施工机械选择有多种方案时，在发挥自有机械能力的基础上，需要结合项目所在地租赁市场情况，从经济、技术、工期多维度对比分析各方案的优劣。

2. 垂直运输设备的选择

在土木工程施工中，垂直运输设备的选型、空间规划、平面布置、吊运计划直接关系到施工进度和施工成本。表 3-6 为高层建筑垂直运输设施常用配套方案。

高层建筑垂直运输设施常用配套方案

表 3-6

序次	配套方案	功能配合	优缺点	适用情况
1	施工电梯＋塔机料斗	塔机承担吊装和运送模板、钢筋、混凝土、电梯运送人员和零散材料	优点：直供范围大、综合服务能力强，易调节安排 缺点：集中运送混凝土的效率不高，受大风影响限制	吊装量较大、现浇混凝土量适应塔式起重机能力
2	施工电梯＋塔机＋混凝土泵、布料杆	泵和布料杆输送混凝土，塔机承担吊装和大件材料运输，电梯送人员和零散材料	优点：直供范围大、综合服务能力强、供应能力大，易调节安排 缺点：投资大，费用高	工期紧，工程量大的超高层工程的结构施工阶段
3	施工电梯＋高层井架＋塔机、料斗	电梯运送人员、零散材料、井架送大宗材料、塔机吊装和运送大件材料	优点：直供范围大、综合服务能力强、供应能力大，易调节安排，结构完成后可拆除塔机 缺点：可能出现设备能力利用不足情况	吊装和现浇量较大的工程
4	施工电梯＋塔机、料斗＋塔架	以塔架取代井架，功能配合同 3	同 3，但塔架为可带混凝土斗的物料专用电梯，性能优于高层井架，费用也较高	吊装和现浇量较大的工程

1）垂直运输量。在高层、超高层建筑施工中，垂直运输能力直接影响工程的进度，垂直运输的成品半成品包括：模板、钢筋、混凝土、各种预制构件、砌块、砂浆、门窗和各种装饰材料、水电材料、工具和脚手架等。

2）垂直运输规划。根据施工起点流向，确定各施工段材料、成品、半成品的供应时间。

3）水平运输规划。考虑地面和楼层水平运输的行驶路线，楼面水平运输施工洞口、通道的留设位置，综合考虑运输车、输送泵的型号、数量、服务半径，减少二次搬运。

4）垂直运输设备的选择。常用的垂直运输设备有塔式起重机、施工升降机、混凝土泵等。塔式起重机、混凝土输送泵是主体结构施工的主要垂直运输设备。

（1）塔式起重机的选择

塔式起重机类型的选择应根据建筑物的结构平面尺寸、层数、高度、施工条件及场地周围的环境等因素综合考虑。对于中高层建筑，可选用附着自升式塔式起重机或爬升式塔式起重机，其起重高度随建筑物的施工高度而增加；如果建筑物体积庞大、建筑结构内部又有足够的空间（电梯间、设备间）可选择内爬式塔式起重机。

（2）混凝土输送泵的选择

混凝土输送泵有泵车和固定泵两种，多层结构一般不在现场设地泵，混凝土浇筑时，将泵车开到现场完成混凝土水平和垂直运输，高层结构一般在现场设固定泵。零星混凝土通常需要采用塔式起重机运输方式补充。

【案例 3-11】 某 28 层装配框架结构（一层为 4.5m，顶层为 3.6m，电梯间层高 3m，室内外高差 0.6m，标准层为 3m），总建筑面积 $45 \times 16 \times 28 + 40 = 20200 \mathrm{m}^2$，拟采用 2 台 TC5613 塔式起重机，实行两班工作制，主体标准层每 5 天施工一层。请编制该工程塔式起重机的专项施工方案。

【解析】 TC5613 是上回转、水平臂、小车变幅自升式塔式起重机，额定起重力矩 800kN·m，最大幅度 56m 时起重量 1.3t，最大起重量为 6t，最大起升高度 220m，速度 80m/min，适用于高层及超高层民用建筑。

1. 塔式起重机部署

1）平面布置

本案例项目为一栋装配式框架结构，构件垂直吊装运输量大，采用 2 台 TC5613 附着的方式布置塔式起重机，详见塔式起重机布置平面图 3-14，2 台塔式起重机在工作面上有重叠，需要考虑多塔防碰撞措施。

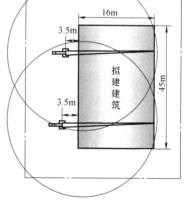

（1）塔机现场定位时考虑相邻塔机的起重臂的臂尖与本塔机标准节距离在 2.5m 以上，塔机工作范围内无高压线。

（2）为避免塔机臂与臂、臂与钢丝绳相碰，在安装时应采取以下规则：

① 起重臂高低错开，高度差为 2m 以上；

② 安装回转限位，使塔机在安全区域内运转；

③ 起重臂、塔尖、平衡臂安装警示灯，避免晚间操作失误。

图 3-14 塔式起重机平面布置

（3）群塔作业运行原则：

① 同步升降原则：相邻塔机应尽可能在规定时间内统一升降，以满足群塔施工协调方案的要求；

② 低塔让高塔原则：高塔均安装在主要位置，工作繁忙，低塔运转时，先观察高塔运行情况后再运行；

③ 后塔让先塔原则：塔机在重叠覆盖区运行时，后进入该区域的塔机要避让先进入该区域的塔机；

④ 动塔让静塔原则：塔机在进入重叠覆盖区运行时，运行塔机应避让该区静止塔机；行走式塔机应避让固定式塔机；

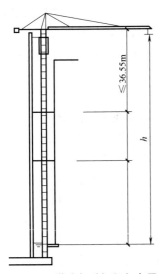

图 3-15　塔式起重机竖向布置

⑤ 轻车让重车原则：在两塔同时运行时，无载荷塔机应避让有载荷塔机。

2）竖向布置

根据 TC5613 塔式起重机说明书 1.3.2.4 条，结合该项目不足 90m 的施工高度，采用 2 个附墙架，此时塔式起重机的最大工作高度可以达到 93.97m，竖向布置见图 3-15。

2. 吊装方案验算

1）服务半径复核

$$L = 38\text{m} \geqslant \sqrt{\frac{B^2}{4} + (A+C)^2} = \sqrt{22.5^2 + (16+3.5)^2}$$

$$= 29.8\text{m}$$

38m 臂长可行，详见图 3-16。

2）起重高度复核

工程檐口高度：$26 \times 3 + 4.5 + 3.6 + 3 + 0.6 = 89.1\text{m}$，采用两次附着主体结构，塔身高度小于 93.67m，可行。附着架以上塔身悬出段不大于 36.55m，使用 31 个塔身标准节。

3）起重量复核

该起重机采用 38m 臂长，其起重量见表 3-7。

该区域最重构件见表 3-8。

起重量 $Q = 3\text{t} > (2.12 + 0.3) \times 1.2 = 2.91\text{t}$，起重量可行。❶

3. 吊装能力验算

一般主体结构每平方米 1.1～1.6 吊次，每台班一般为 50～75 吊次。

$$P = K_1 K_2 Q \times n \qquad (3-1)$$

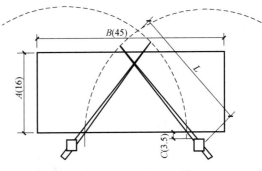

图 3-16　服务半径复核（m）

式中　P——塔式起重机吊装能力；

Q——塔式起重机的最大起重量（t）；

K_1——起重量利用系数，取 0.5～0.9；

K_2——作业时间利用系数，取 0.4～0.7；

n——每小时理论吊次（吊/次），$n = \dfrac{60}{\sum \dfrac{s}{v} + t_n}$；

---

❶　《装配式混凝土结构技术规程》JGJ 1—2014：

6.2.2　预制构件在翻转、运输、吊运、安装等短暂设计状况下的施工验算，应将构件自重标准值乘以动力系数后作为等效静力荷载标准值。构件运输、吊运时，动力系数宜取 1.5；构件翻转及安装过程中就位、临时固定时，动力系数可取 1.2。

6.2.3　预制构件进行脱模验算时，等效静力荷载标准值应取构件自重标准值乘以动力系数后与脱模吸附力之和，且不宜小于构件自重标准值的 1.5 倍。动力系数与脱模吸附力应符合下列规定：1. 动力系数不宜小于 1.2；2. 脱模吸附力应根据构件和模具的实际状况取用，且不宜小于 1.5kN/m²。

s——构件、建筑材料或机具吊运垂直距离（m）；

v——塔式起重机提升速度（m/min）；

t_n——挂钩、脱钩就位以及加速减速等耗用时间（min）。

吊装构件统计表   表 3-7

倍率 \ 幅度(m)	27	29	31	33	35	38
两倍率	3	3	3	2.81	2.61	2.35
四倍率	3.51	3.22	2.97	2.75	2.55	2.29

吊装构件统计表   表 3-8

序号	构件类型	几何特征(mm)	安装半径(m)	构件重量(t)	吊索重量(t)
1	柱(Z_1)	550×550×2800	28	2.12	0.3
2	梁(L_3)	250×650×3600	27.5	1.41	0.5

本案例项目通过测试，每平方米 1.5 吊次，每标准层需要完成的吊次为：

$$N_{标准} = 45 \times 16 \times 1.5 = 1080 \text{ 吊次}$$

2 台 TC5613 塔式起重机两班作业 5 天工期，每台班可以完成 55 吊次，采用 2 台 TC5613 塔式起重机两班作业，可以完成的吊次为：$N_{能力} = 55 \times 2 \times 5 \times 2 = 1100$ 吊次；吊装能力验算可行。

4. 吊点的设计与验算

吊点设计属于装配式结构施工的专项设计，吊点设计包括吊点类型、吊点荷载、构件吊点位置等内容。

1）吊点类型

装配式项目中的预制构件，在脱模、翻转、吊运、安装过程中都需要吊点，在存放和运输环节需要支撑，在安装后需要临时支撑。

图 3-17 为预制楼梯吊点设置的实践照片。

图 3-17 预制楼梯的吊点设置

2）吊点荷载

（1）脱模吊装荷载取值

见《装配式混凝土结构技术规程》JGJ 1—2014 的 6.2.3 条规定。

（2）吊装、安装荷载

见《装配式混凝土结构技术规程》JGJ 1—2014 的 6.2.2 条规定。

3）吊点位置

以叠合板为例，国家标准图集《桁架钢筋混凝土叠合板》15G366-1 中，跨度在 3.9m 以下、宽 2.4m 以下的板设置 4 个吊点，跨度为 4.2～6m、宽 2.4m 以下的板设置 6 个吊点，对于吊点个数的布置是基于叠合板在短暂工况下不产生裂缝为前提进行设置的。

其计算方法来源于《混凝土结构工程施工规范》GB 50666—2011 9.2.3 条，钢筋混凝土和预应力混凝土构件正截面边缘的混凝土法向拉应力，宜满足下式的要求：

$$\sigma_{ct} \leqslant 1.0 f'_{tk} \tag{3-2}$$

叠合板的计算简图按照等代梁计算，分别计算桁架方向和垂直桁架方向，下面以6个吊点的叠合板为例。

垂直于桁架方向的计算简图见图3-18。

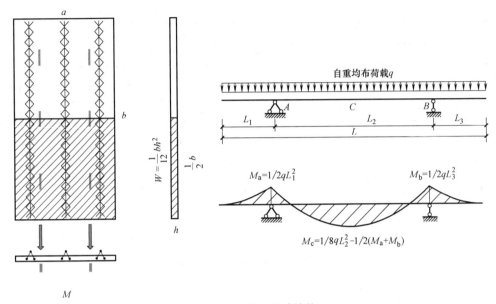

图3-18 叠合楼板的计算简图

当 $M_a = M_b = M_c$ 时，弯矩最小，即 $L_2 = L_3 = 0.207L$，当吊点设置为两个时，吊点距边缘0.207板跨时的布置位置是最合理的。

5.塔式起重机的安装与验收（略）

6.管理计划与措施

1）塔式起重机运行安全管理体系与职责（略）

2）塔式起重机的使用技术措施（略）

3）塔式起重机的使用安全措施（略）

3.5 施工方案的技术经济评价

施工方案技术经济评价是指从技术的可行性和经济的合理性两方面评价，通过科学的计算和分析，选择综合效果最佳的方案。

3.5.1 施工方案技术经济评价的基本步骤

1.确定目标

提出需要解决的具体问题和任务，如基坑边坡支护、现浇混凝土模板搭设、预制钢筋混凝土外墙板吊装等，并明确预期目标或要达到的效果，如工期目标、质量目标、成本目标和安全目标等。

2. 设定施工条件，拟定初始方案

同一个问题的解决可采用不同的方法，为此可以制定出多种不同的方案。拟定施工方案前，要明确施工条件，如可投入施工的作业人员、机械设备、材料资源、供应方式、作业条件等。

3. 施工方案技术分析

围绕施工方案预期实现的功能目标，采取定性分析和定量分析相结合的方法，综合判断施工方案的技术先进性、适用性和可行性。

4. 施工方案经济分析

对技术先进、适用、可行的施工方案，采取定量分析方法进行经济分析，对经济合理性作出判断。

5. 施工方案综合效益分析

在对施工方案进行技术分析与经济分析的基础上，进一步分析施工方案的综合效益，即综合考虑施工方案的"性价比"。需要注意的，由于技术分析与经济分析指标的性质不同、量纲不同，往往不能直接进行比较计算，需要提前对指标进行无量纲化处理，常用的方法有价值工程法。在若干方案中，根据评价值择优选择最佳施工方案。

施工方案技术经济评价流程见图 3-19。

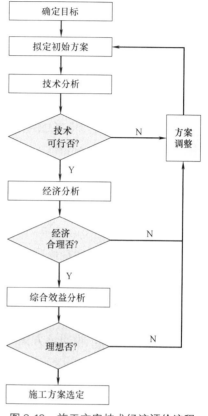

图 3-19　施工方案技术经济评价流程

3.5.2 施工方案的经济评价指标与计算

在对施工方案进行经济效果评价时，主要有费用指标和效益指标。其中，费用指标是指在施工方案实施过程中必须支付的人工、材料、机械等直接费用和现场管理及企业管理等间接费用；效益指标指施工方案实施带来的收益，如业主支付的工程款、合同收入、工期提前奖励等。

下面，介绍施工方案经济评价常用的指标及其计算方法。

1. 静态指标评价法

静态指标评价法，即不考虑资金时间价值因素的评价方法。

1）工期指标。当要求工程尽快完成以便尽早投入生产或使用时，选择施工方案就要在确保工程质量、安全和成本较低的条件下，优先考虑缩短工期。例如采用全工序穿插流水组织方式组织施工，缩短施工工期。

2）机械化指标。在考虑施工方案时应积极扩大机械化施工的范围，降低人工作业强度。

$$施工机械化 = \frac{机械完成的实物工程量}{全部实物工程量} \times 100\% \tag{3-3}$$

3）材料消耗指标。反映若干施工方案的主要材料节约情况。

4）成本降低指标。可以综合反映不同施工方案的经济效果，一般可以降低成本额和降低成本率，常采用降低成本率的方法，即：

$$\gamma_c = \frac{C_0 - C}{C_0} \tag{3-4}$$

式中　γ_c——降低成本率；

　　　C_0——预算成本；

　　　C——计划成本。

5）投资额指标。拟定的施工方案需要增加新的投资时，如购买新的施工机械或设备，则需要增加投资额指标进行比较。

2. 动态指标评价法

动态指标评价法，即考虑资金时间价值因素的评价方法。净现值是考察方案在计算期内获利能力的动态评价指标。方案的净现值是指用一个预定的基准收益率 i_c，把整个计算期内各时点所发生的净现金流量都折现到期初现值。

其一般表达式如下：

$$NPV = \sum_{t=0}^{n} (CI - CO)_t (1 + i_c)^{-t} \tag{3-5}$$

式中　NPV——方案净现值；

　　$(CI-CO)_t$——第 t 时点的净现金流量；

　　　　i_c——基准收益率，可根据企业资金成本确定；

　　　　n——方案实施期，可以年或月做计算单位。

当 $NPV>0$ 时，说明该方案除了能满足基准收益率要求盈利之外，还能得到超额收益，故该方案可行；

当 $NPV=0$ 时，说明该方案基本能满足基准收益率要求的盈利水平，方案勉强可行或有待优化；

当 $NPV<0$ 时，说明该方案不能满足基准收益率要求的盈利水平，方案经济上不可行。

【案例3-12】　某深基坑工程施工工期约为4月，项目部制定的专项施工方案通过了专家论证。施工方案实施过程中，假设每月初需要投入的施工成本分别为100万、150万、120万和80万，工程款按月结算，每月末可获得工程款分别为100万、180万、150万和120万，施工企业预期的月资金收益率为1%，试用净现值法分析该施工方案的可行性。

【答案】　现金流量图如图3-20所示。

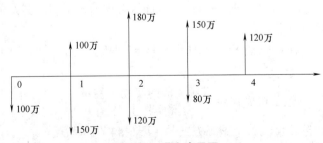

图3-20　现金流量图

$$NPV = \sum_{t=0}^{n} (CI - CO)_t (1 + i_c)^{-t}$$

$$= -100 + \frac{(100-150)}{(1+1\%)} + \frac{(180-120)}{(1+1\%)^2} + \frac{(150-80)}{(1+1\%)^3} + \frac{120}{(1+1\%)^4}$$

$$= 92.572万元 > 0$$

该专项施工方案经济可行。

3. 综合指标评价法

综合指标的计算方法有多种，常用的计算方法是：首先根据多指标中各个指标在评价中重要性的相对程度，分别定出它们的"权值"（W_i），最重要者"权值"最大，再用同一指标依据其在各方案中的优劣程度定出其相应的"指数"（C_{ij}），指标越优其"指数"就越大。设有 m 个方案和 n 种指标，则第 j 方案的综合指标值为：

$$A_i = \sum_{j=1}^{n} w_{ij} c_{ij} \tag{3-6}$$

式中 A_i——第 i 个方案的综合评价值；$i=1，2，3，\cdots，m$；

w_{ij}——第 j 项评价指标的权重系数；$j=1，2，3，\cdots，n$；

c_{ij}——第 i 个方案的第 j 项指标打分；$j=1，2，3，\cdots，n$；

针对拟解决的问题和预期目标，确定施工方案评价指标，根据式（3-6），计算方案的综合指标 A_j 值，综合得分最高的方案为最优方案。

3.6 专项施工方案案例❶

为了便于熟悉和掌握施工方案的编制，在本节中节选了两个实际工程的施工专项方案，由于一个完整的专项方案内容比较多，为了节省篇幅，只节选了部分内容。

【案例3-13】 某住宅小区60号楼脚手架施工方案中型钢悬挑脚手架方案节选。

1. 工程概况

某工程为高层商住两用楼，地下一层，地上十四层，地下一层为停车场，层高4.6m，地上一、二、三层为商场，层高均为5m，四层以上为住宅，层高2.9m。建筑物

---

❶ 《危险性较大的分部分项工程安全管理规定》（住房和城乡建设部【2018】37号令）：

第十条 施工单位应当在危大工程施工前组织工程技术人员编制专项施工方案。实行施工总承包的，专项施工方案应当由施工总承包单位组织编制。危大工程实行分包的，专项施工方案可以由相关专业分包单位组织编制。

第十一条 专项施工方案应当由施工单位技术负责人审核签字、加盖单位公章，并由总监理工程师审查签字、加盖执业印章后方可实施。危大工程实行分包并由分包单位编制专项施工方案的，专项施工方案应当由总承包单位技术负责人及分包单位技术负责人共同审核签字并加盖单位公章。

第十二条 对于超过一定规模的危大工程，施工单位应当组织召开专家论证会对专项施工方案进行论证。实行施工总承包的，由施工总承包单位组织召开专家论证会。专家论证前专项施工方案应当通过施工单位审核和总监理工程师审查。专家应当从地方人民政府住房城乡建设主管部门建立的专家库中选取，符合专业要求且人数不得少于5名。与本工程有利害关系的人员不得以专家身份参加专家论证会。

第十三条 专家论证会后，应当形成论证报告，对专项施工方案提出通过、修改后通过或者不通过的一致意见。专家对论证报告负责并签字确认。专项施工方案经论证需修改通过的，施工单位应当根据论证报告修改完善后，重新履行本规定第十一条的程序。专项施工方案经论证不通过的，施工单位修改后应当按照本规定的要求重新组织专家论证。

总高 48.6m。

2. 脚手架方案设计

根据工程实际情况，确定本工程脚手架方案如下：地下一层至地上三层采用双排落地式脚手架，四层以上采用型钢悬挑脚手架，分两次悬挑，分别在三层、九层顶板上设置工字钢挑梁，四～九层悬挑架高度为 18m，十层以上悬挑架高度为 16.5m。

1）脚手架参数：

悬挑水平钢梁采用 20a 号工字钢，其中建筑物外悬挑段长度 1.5m，建筑物内锚固段长度 2m。锚固压点压环钢筋直径 20mm；楼板混凝土强度等级为 C35。悬挑水平钢梁采用钢丝绳与建筑物拉结，如图 3-21 所示，钢丝绳与悬挑梁连接点距离建筑物 1.3m，钢丝绳垂直高度为 3.3m；钢丝绳安全系数为 6.0。

双排脚手架计算高度按最大搭设高度取为 18m，立杆采用单立杆。搭设尺寸为：立杆的纵距为 1.5m，立杆的横距为 1.05m，立杆的步距为 1.5m；内排架距离墙长度为 0.30m；横向水平杆在上，搭接在纵向水平杆上的横向水平杆根数为 1 根；采用的钢管类型为 φ48.3×3.6；纵向水平杆与立杆连接方式为单扣件；连墙件布置取两步三跨，竖向间距 3m，水平间距 4.5m，采用双扣件连接。

二维码 3-7　悬挑脚手架安全验算计算书

2）根据《建筑施工扣件式钢管脚手架安全技术规范》JGJ 130—2011 进行脚手架安全验算，详细计算过程，扫描二维码 3-7。

3. 构造要求

1）型钢悬挑脚手架构造见图 3-22。

2）U 形钢筋拉环采用冷弯成型。U 形钢筋拉环与型钢间隙应用钢楔或硬木楔楔紧，见图 3-23。型钢悬挑梁固定端应采用 2 个（对）及以上 U 形钢筋拉环与梁板固定，U 形

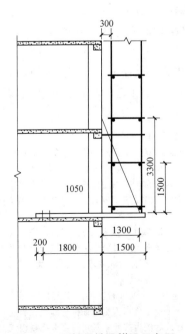

图 3-21　型钢悬挑梁搭设示意图

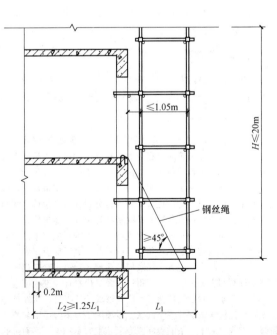

图 3-22　型钢悬挑脚手架构造示意图

钢筋拉环预埋至混凝土梁、板底层钢筋位置，并应与混凝土梁、板底层钢筋焊接或绑扎牢固，并保证 U 形钢筋拉环两侧 30cm 以上锚固长度。其锚固长度应符合现行国家标准《混凝土结构设计规范》GB 50010—2010 中钢筋锚固的规定。U 形钢筋拉环与钢梁间隙应用钢楔或硬木楔楔紧。

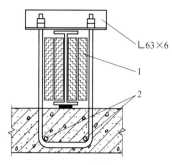

图 3-23　U 形钢筋拉环预埋
1—钢楔或硬木楔；2—楼板下层钢筋

3) 悬挑梁间距应按悬挑架架体立杆纵距设置，每一纵距设置一根。

4) 悬挑架的外立面剪刀撑应自下而上连续设置。

5) 锚固悬挑梁的主体结构混凝土实测强度等级不得低于 C20。

【**案例 3-14**】　施工现场临时用电方案。

1. 工程概况

某住宅小区有 15 栋高层住宅及附属商业及公共建筑组成，总建筑面积约 389328m^2，建筑总高约 93.5m，层高 2.5m、3.0m、3.6m、4.5m 不等，该小区施工用电总电源在施工现场内，供电容量暂定 3 个 630kVA，由建设单位提供，目前，用电回路已基本确定，用电负荷见用电机械设备表。

现场线路布置采用埋地敷设，整个配电系统采用 TN-S 系统敷设，室外分段用总分配电箱接至用电设备，开关箱由末级分配电箱配电，动力和照明分路设置，各大型用电设备做重复接地。

2. 配电线路及电气装置

1) 配电线路

具体布置见《施工临时用电总平面布置图》，配电线路将严格按照《施工现场临时用电安全技术规范》JGJ 46—2005 设置配电线路及其保护设施，在每个施工用电回路分别设置独立的 TN-S 接零保护系统，在配电室总配电箱处作重复接地，并在配电线路中间处及末端处做重复接地，当部分总箱与分箱间距大于 50m 以上时，应增加一组重复接地。接地线应与保护零线（PE 线）可靠连接，不带电金属外壳的用电设备，均与 PE 线可靠连接。❶

专用保护零线由配电室的零线和第一级漏电保护器电源侧零线引出，单独敷设，材料选用黄绿双色铜芯线，其截面要求不小于工作零线，与设备连接的保护零线截面应大于等于 2.5mm^2。接地体采用 DN50 的镀锌钢管或 L50×50 镀锌角钢砸入地下 2.5m，其顶部距地 0.8m。接地体安装完毕后，应做接地电阻测试，并做好记录归档，接地电阻阻值应不大于 10Ω。

2) 防雷系统

在工程施工现场内所有外脚手架，均需安装防雷装置。避雷针采用 2m 长 DN25 镀锌

---

❶ 《施工现场临时用电安全技术规范》JGJ 46—2005，1.0.3　建筑施工现场临时用电工程专用的电源中性点直接接地的 220/380V 三相四线制低压电力系统，必须符合下列规定：1. 采用三级配电系统；2. 采用 TN-S 接零保护系统；3. 采用二级漏电保护系统。

钢管。引下线利用电气连接的设备金属结构体。接地体安装同 TN-S 系统，接地电阻阻值不大于 10Ω。

3）配电装置

该项目施工用电为三级配电两级漏电保护系统，配电装置主要有总配电箱、分配电箱（即二级配电箱）和开关箱（即三级配电箱）三级，分配电箱照明与动力分开。

（1）配电箱（包括总配电箱、分配电箱）和开关箱箱体采用 δ＝2mm 的钢板制作，进、出线口设置在箱底部，且为光滑圆孔。配电箱、开关箱均设 PE 端子板（可与箱体连接），以及加装 N 线端子板（与箱体绝缘），并必须设箱门配锁。

（2）配电开关箱骨架为 L30×30 角钢制作，箱体为全封闭，箱门上方设 100mm 挑檐，以防雨水漏入。根据固定式配电箱开关箱的下底与地面的垂直距离应大于 1.3m、小于 1.5m，移动式的配电箱、开关箱的下底与地面的垂直高度宜大于 0.6m、小于 1.5m 的规范规定，配电箱与开关箱下方设采用 L50×50 角钢制作的支脚，支腿高度固定式为 1.3m，移动式为 0.6m，箱体内外防腐，且外部统一刷黄色调和漆，并设电气标志。

（3）总配电箱的电器配置：设熔断功能总隔离开关 1 个，总漏电保护开关 1 个，下设若干分路，每个分路设熔断功能隔离开关 1 个，漏电开关 1 个，漏电开关具有短路过载、漏电保护功能，其中总路隔离开关和空气开关为三级，分路漏电开关为 4 极（带工作零线），进线为三相四线，出线为三相五线。

（4）分配电箱的电器配置与接线：分配电箱分为照明和动力两种，对于动力分配电箱，考虑到三相负荷及单相用电机具的通用性，设置总隔离开关及空气开关 1 个，若干三相四线动力分路，及一个单相二级动力分路，进出线均为三相五线，单相照明分配电箱，设置三相总隔离开关 1 个，三相空气开关 1 个，下设若干分路，每个分路设置隔离开关、空气开关各 1 个，进线为三相五线，出线为单相三线。

（5）开关箱的电器配置与接线：开关箱是临时用电工程的末级配电装置，根据其负载的不同，其配置分为二种形式，即三相负载型、单相负载型，均设置隔离开关 1 个和具备短路、过载及漏电保护功能的漏电开关 1 个，进出线分别为三相五线和单相三线。

（6）该项目采用二级漏电保护，一级为总配电箱漏电保护，另一级为开关箱漏电保护，根据规范规定，开关箱选用额定漏电动作电流不大于 30mA 漏电开关，对于在特别潮湿场所使用的开关箱，应选用额定漏电动作电流不超过 15mA 的漏电开关，漏电动作时间不超过 0.1s。

根据"二级漏电开关的额定漏电动作电流和漏电动作时间，应作合理配合，使之具有分级分段保护能力以免出现误动作"的原则，总配电箱内漏电开关，宜选用额定漏电动作电流为 50mA（或 100mA）动作时间小于 0.2s 的漏电开关。

二维码 3-8　临时
用电负荷计算书

4）用电负荷计算

扫描二维码 3-8。

5）项目现场临时用电平面布置

见图 3-24。

6）总路及分路配电箱

见图 3-25、图 3-26。

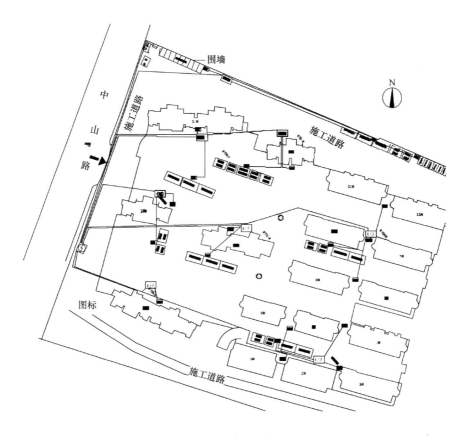

图 3-24 项目现场临时用电平面布置图

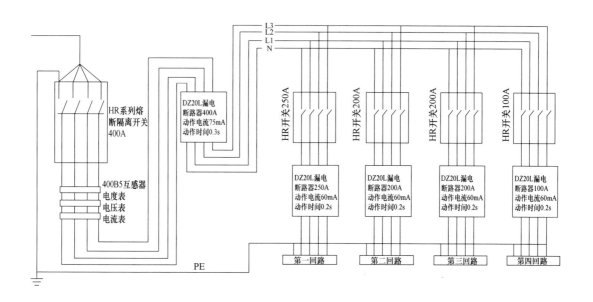

图 3-25 一级配电箱电气及线路布置示意图

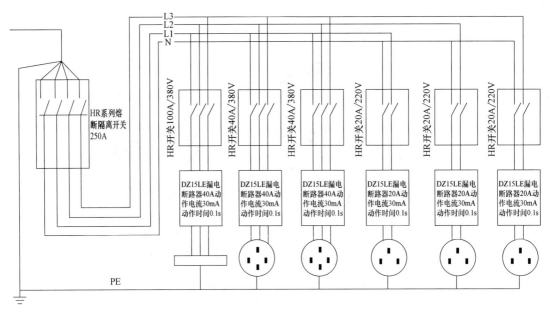

图 3-26　二级配电箱电气及线路布置示意图

3. 安全用电技术措施（略）

思　考　题

3-1　施工方案包括哪些内容？

3-2　何为施工流向？确定施工流向考虑哪些因素？

3-3　何为施工顺序？确定施工顺序考虑哪些因素？

3-4　施工单位应当对于哪些分部（分项）工程编制专项方案？专项施工方案与一般施工方案对比，有哪些不同？

3-5　选择施工方法和施工机械时有哪些基本要求？

3-6　施工方案的技术经济评价有哪些方法？

案　例　题

3-1　案例（2011 年一级建造师考题改）背景资料：某公共建筑工程，建筑面积 22000m²，地下二层，地上五层，层高 3.2m，钢筋混凝土框架结构，大堂一至三层中空，大堂顶板为钢筋混凝土井字梁结构，屋面为女儿墙，屋面防水材料采用 SBS 卷材，某施工总承包单位承担施工任务。合同履行过程中，发生了下列事件：

事件一：施工总承包单位进场后，采购了 110t HRB335 级钢筋，钢筋出厂合格证明材料齐全，施工总承包单位将同一炉罐号的钢筋组批，在监理工程师见证下，取样复试。复试合格后，施工总承包单位在现场采用冷拉方法调直钢筋，冷拉率控制为 3%，监理工程师责令施工总承包单位停止钢筋加工工作。

事件二：施工总承包单位根据《危险性较大的分部分项工程安全管理办法》，会同建设单位、监理单位、勘察设计单位相关人员，聘请了外单位五位专家及本单位总工程师共计六人组成专家组，对《土方及基坑支护工程施工方案》进行论证，专家组提出了口头论证意见后离开，论证会结束。

事件三：施工总承包单位根据《建筑施工模板安全技术规范》JGJ 162—2008，编制了《大堂顶板模板工程施工方案》，并绘制了模板及支架示意图，如图 3-27 所示。监理工程师审查后要求重新绘制。

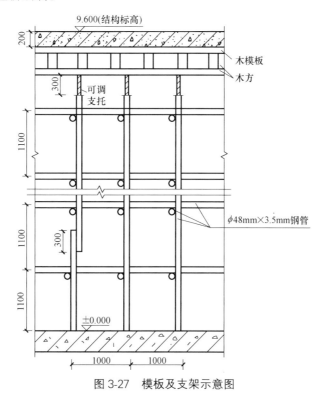

图 3-27　模板及支架示意图

问题：
（1）指出事件一中施工总承包单位做法的不妥之处，分别写出正确做法。
（2）指出事件二中的不妥之处，并分别说明理由。
（3）指出事件三中模板及支架示意图中不妥之处的正确做法。

【答案要点】

1. 事件一

1）不妥之处一：施工总承包单位进场后，采购了 110t HRB335 级钢筋，钢筋出厂合格证明材料齐全，施工总承包单位将同一炉罐号的钢筋组批，在监理工程师见证下，取样复试。

正确做法：钢筋复验应不超过 60t，同时不能与不同时间、批次进场的钢筋进行混批送检，应根据相应的批量进行抽检、见证取样。

2）不妥之处二：施工总承包单位在现场采用冷拉方法调直钢筋，冷拉率控制为 3%。

正确做法：二级钢冷拉率控制为 1%。

2. 事件二

1) 不妥之处一：会同建设单位、监理单位、勘察设计单位相关人员，聘请了外单位五位专家及本单位总工程师共计六人组成专家组。

理由：本单位的总工程师不能加入到专家组成员，专家组人数宜为 5 人以上的单数。

2) 不妥之处二，专家组提出了口头论证意见后离开，论证会结束。

理由：专家组不应该提出口头论证意见后就离开。

3) 危险性较大的分部分项工程安全专项施工方案应由工程项目经理、项目技术负责人或项目专业技术负责工程师进行编制。

4) 并将专家论证通过的专项方案报送监理工程师审核批示。

5) 由施工单位技术负责人组织专项交底会，向建设单位、监理单位、项目经理相关部门、分包单位进行书面交底。

3. 事件三

不妥之处：没有设垫木和底座；未采用 U 形支托，且支托螺杆伸出钢管顶部大于 200mm；未设扫地杆；立杆接长采用搭接，且搭接长度不满足规范规定。

不妥之处的正确做法：

1)《建筑施工模板安全技术规范》JGJ 162—2008 规定：

(1) 钢管立柱底部应设垫木和底座，顶部应设可调支托，U 形支托与楞梁两侧间如有间隙，必须楔紧，其螺杆伸出钢管顶部不得大于 200mm，螺杆外径与立柱钢管内径的间隙不得大于 3mm，安装时应保证上下同心。

(2) 在立柱底距地面 200mm 高处，沿纵横水平方向应按纵下横上的程序设扫地杆，可调支托底部的立柱顶端应沿纵横向设置一道水平拉杆。扫地杆与顶部水平拉杆之间的间距，在满足模板设计所确定的水平拉杆步距要求条件下，进行平均分配确定步距后，在每一步距处纵横向应各设一道水平拉杆。当层高在 8～20m 时，在最顶步距两水平拉杆中间应加设一道水平拉杆；当层高大于 20m 时，在最顶两步距水平拉杆中间应分别增加一道水平拉杆。所有水平拉杆的端部均应与四周建筑物顶紧顶牢。无处可顶时，应于水平拉杆端部和中部沿竖向设置连续式剪刀撑。

(3) 钢管立柱的扫地杆、水平拉杆、剪刀撑采用 ϕ48mm×3.5mm 钢管，用扣件与钢管立柱扣牢。钢管扫地杆、水平拉杆应采用对接，剪刀撑采用搭接，搭接长度不得小于 500mm，用两个旋转扣件分别在离杆端不小于 100mm 处进行固定。

2)《建筑施工扣件式钢管脚手架安全技术规范》JGJ 130—2011 规定：

(1) 单排、双排与满堂脚手架立杆接长除顶层顶步外，其余各层各步接头必须采用对接扣件连接。

(2) 当立杆采用对接接长时，立杆的对接扣件应交错布置，两根相邻立杆的接头不应设置在同步内，同步内隔一根立杆的两个相隔接头在高度方向错开的距离不宜小于 500mm；各接头中心至主节点的距离不宜大于步距的 1/3。

(3) 当立杆采用搭接接长时，搭接长度不应小于 1m，并应采用不少于 2 个旋转扣件固定。端部扣件盖板的边缘至杆端距离不应小于 100mm。

第 4 章　施工进度计划

> **本章要点**：把传统独立成章的施工流水、网络计划归并到该章，突出流水、网络理论是为编制进度计划服务的认知，在流水中增加了全工序穿插施工的内容；主要知识点包括：施工进度目标分解、流水施工的组织、网络计划、施工进度计划的编制、网络进度计划的优化。
>
> **学习目标**：掌握流水施工组织的参数计算及横道图的绘制；掌握双代号网络、时标网络计划的绘制及时间参数的计算；掌握施工进度计划的编制方法；熟悉单代号、搭接网络计划的绘制及时间参数的计算；了解工期优化、费用优化和资源优化三种网络进度计划优化的方法。
>
> **素质目标**：钱学森、华罗庚两位老一辈科学家把网络计划引入我国，通过追忆老一辈科学家回归祖国的故事，激发读者的爱国主义情怀。

施工进度计划就是施工承包企业通过分析项目建造特点，对施工要素（人、机、料、法、环）统筹规划，在充分利用空间、时间的基础上，安排各工序施工的先后顺序，最终实现施工承包合同的工期目标❶。

4.1　施工进度目标分解

为了有效地控制施工进度，首先要将施工进度总目标进行层层分解，一直分解到在施工现场可以直接调度、控制的分部（分项）工程或施工工序。

4.1.1　施工进度目标体系

建设工程施工进度计划的最终目标是保证工程项目按期建成交付。从图 4-1 中可以看出，该公路有项目建成交付使用总目标，还有各单项工程交工动用的分目标以及按承包商、施工阶段和不同计划期划分的分解目标，这些目标共同构成了施工进度目标体系。

---

❶　《建筑施工组织设计规范》GB/T 50502—2009，2.0.8　施工进度计划：为实现项目设定的工期目标，对各项施工过程的施工顺序、起止时间和相互衔接关系所作的统筹策划和安排。

《建设项目工程总承包管理规范》GB/T 50358—2017：

10.2.1　项目进度计划应按合同要求的工作范围和进度目标，制定工作分解结构并编制进度计划。

10.2.2　项目进度计划文件应包括进度计划图表和编制说明。

10.2.3　项目总进度计划应依据合同约定的工作范围和进度目标进行编制。项目分进度计划在总进度计划的约束条件下，根据细分的活动内容、活动逻辑关系和资源条件进行编制。

10.2.4　项目分进度计划应在控制经理协调下，由设计经理、采购经理、施工经理和试运行经理组织编制，并由项目经理审批。

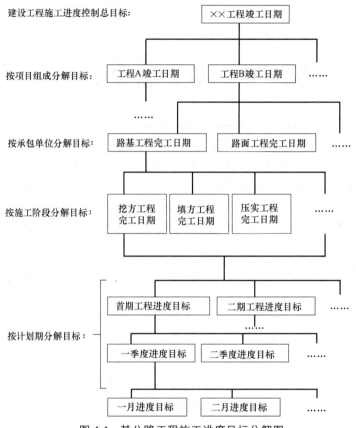

图 4-1　某公路工程施工进度目标分解图

1. 按项目组成分解（PBS）❶

这种分解方式体现项目的组成，反映每个单体的开工和竣工时间。通常可按建设项目、单项工程、单位工程、分部工程和分项工程的次序进行分解。图 4-1 中的工程 A、工程 B 等的竣工时间就是按项目结构分解的进度目标。

2. 按承包单位分解（OBS）

施工进度目标按承包合同结构分解，列出各承包单位的进度目标，明确分工条件，落实承包责任。图 4-1 中路基、路面就分属不同的施工承包单位，这些承包合同的合同工期就属于按承包合同结构分解的进度目标。

3. 按施工阶段分解（WBS）

根据施工项目特点，将施工分成几个阶段，明确每一阶段的进度目标和起止时间。以此作为施工形象进度的控制标志，图 4-1 中的挖方工程、填方工程、压实工程就是路基工程根据不同施工阶段进行的进度目标的分解。

一般按施工阶段分解时，可采用"父码＋子码"的方法编制，图 4-2 中由四位数组成编码，第一位数表示处于第一级的整个项目、第二位数表示处于第二级的子工作单元（或

❶　乐云，蒋卫平，崇丹 . 大型复杂群体项目分解结构（PBS）概念与方法研究——复杂项目管理的第一步是 PBS 而不是 WBS［C］//第八届中国项目管理大会论文集 . 同济大学，2009：59-65.

子项目）的编码、第三位处于第三级的具体工作单元的编码、第四位处于第四级的更细更具体工作单元的编码。

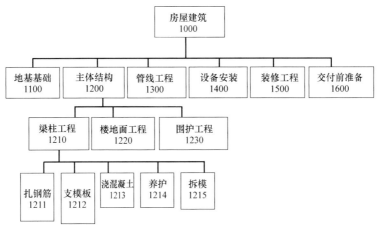

图 4-2 某建筑工程按施工阶段结构分解图

PBS、WBS 和 OBS 就是从项目对象、工作目标和管理组织 3 个维度，分解项目管理的目标，图 4-3 是三个维度分解结构的关系，在这个关系图中，按施工项目组成分解（PBS）是工作划分的基础、承包合同结构分解（OBS）与施工阶段分解（WBS）目标结合，就形成合同关系明确的工作时间顺序关系，即责权明确的进度计划。

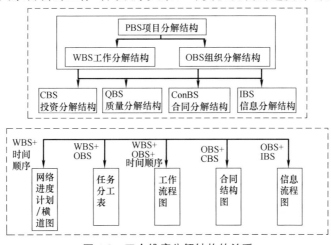

图 4-3 三个维度分解结构的关系

4.1.2 施工进度计划分类

根据编制目的不同，施工进度计划分为控制性施工进度计划和作业性施工进度计划。

扫描二维码 4-1，观看施工进度计划表现形式教学视频。

1. 控制性施工进度计划

它包括施工总进度规划和施工总进度计划，是编制作业性进度计划、其他各种进度计划（如子项目施工进度计划、单体工程施工进度计划等）的依

二维码 4-1 施工进度计划表现形式教学视频

据。其目的是：

1）论证施工总进度目标；

2）施工总进度目标的分解，确定里程碑事件的进度目标。

2. 作业性施工进度计划

它包括月度施工计划和旬施工作业计划，是根据控制性里程碑事件的进度目标为依据进行编制的、直接组织施工作业的计划。其目的是：

1）编制月、旬的人工需求计划；

2）编制月、旬施工机械的需求计划；

3）编制月、旬建筑材料的需求计划；

4）编制月、旬资金的需求计划。

4.1.3　进度计划表现形式

1. 里程碑计划表

里程碑计划是一个目标计划，里程碑计划以目标分解结构（OBS）为基础，表 4-1 为某建筑工程施工里程碑计划。

某建筑工程施工里程碑计划　　　　　　　　　表 4-1

招标内容	时间	2020 年						2021 年						2022 年					
		2月	4月	6月	8月	10月	12月	2月	4月	6月	8月	10月	12月	2月	4月	6月	8月	10月	12月
设计	工程设计	▲																	
	二次设计（含装修）								▲										
建安工程	土石方			▲															
	建安工程（总包、分包）				▲														
	机电安装									▲									
	弱电系统												▲						
设备	空调														▲				
	电梯														▲				
	配电												▲						
材料	主材（钢材、混凝土）			▲															
	装饰材料															▲			

2. 工作量表

表 4-2 是某路桥公司的施工进度工作量表，在表中一般有计划产值和施工完成产值。

3. 横道计划

横道图是以图表的方式来表示各项工作的活动顺序和持续时间，也称成甘特图。如图 4-4、图 4-5 所示。

图 4-4 为某框架结构标准层主体结构施工水平表示图表，图中的横坐标表示流水施工的时间，纵坐标表示施工过程的名称。

图 4-4 与图 4-5 是一个计划，两种表现形式。图 4-5 中的横坐标表示流水施工的时间，纵坐标表示流水施工所处的空间位置，即施工段，斜向线段的水平投影表示各施工过程在对应施工段上的持续时间。

某路桥公司工作量表　　　　　　表 4-2

| 施工单位：＃＃＃路面工程一分部 | | 业主：＊＊＊ | | | | | | | |

| 监理单位：＃＃＃项目管理公司 | | | | 合同工期 | | 13 个月 | | | |

序号	项目	合同金额	计划			施工产值				
			本月	本季	本年	本月	本季	上一年	本年	自开工
100 章	总则	22442764.00	500000.00			50000.00	6481915.00		6481915.00	6481915.00
200 章	路基工程									
300 章	路面工程	261457626.00	10162061.00	32760150.00	223187236.00	10845268.00	16773067.52		16773067.52	16773067.52
400 章	桥梁工程									

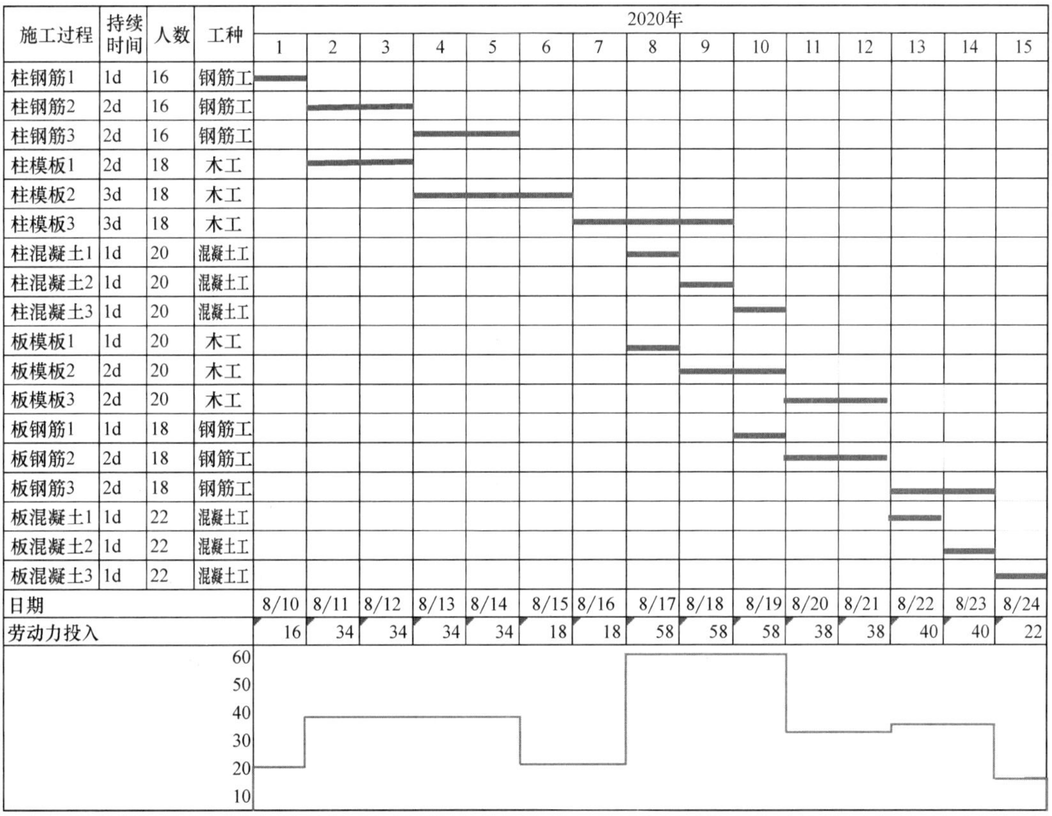

施工过程	持续时间	人数	工种	2020年															
				1	2	3	4	5	6	7	8	9	10	11	12	13	14	15
柱钢筋1	1d	16	钢筋工															
柱钢筋2	2d	16	钢筋工															
柱钢筋3	2d	16	钢筋工															
柱模板1	2d	18	木工															
柱模板2	3d	18	木工															
柱模板3	3d	18	木工															
柱混凝土1	1d	20	混凝土工															
柱混凝土2	1d	20	混凝土工															
柱混凝土3	1d	20	混凝土工															
板模板1	1d	20	木工															
板模板2	2d	20	木工															
板模板3	2d	20	木工															
板钢筋1	1d	18	钢筋工															
板钢筋2	2d	18	钢筋工															
板钢筋3	2d	18	钢筋工															
板混凝土1	1d	22	混凝土工															
板混凝土2	1d	22	混凝土工															
板混凝土3	1d	22	混凝土工															
日期				8/10	8/11	8/12	8/13	8/14	8/15	8/16	8/17	8/18	8/19	8/20	8/21	8/22	8/23	8/24
劳动力投入				16	34	34	34	34	18	18	58	58	58	38	38	40	40	22

图 4-4　水平进度图

4. 垂直图

图 4-6 为公路工程中的垂直图。横轴表示公路里程或工程位置，纵轴为时间，而各分部（项）工程则在对应工程位置以不同的斜线表示。在图中可以辅助表示平面布置图和工程量的分布。垂直图很适合表示公路、隧道等线形工程的总体施工进度，斜率越陡进度越慢，斜率越平进度越快。

5. 斜率图

图 4-7 为某公路分项工程进度计划斜率图，图中纵坐标表示累计完成率，横坐标表示

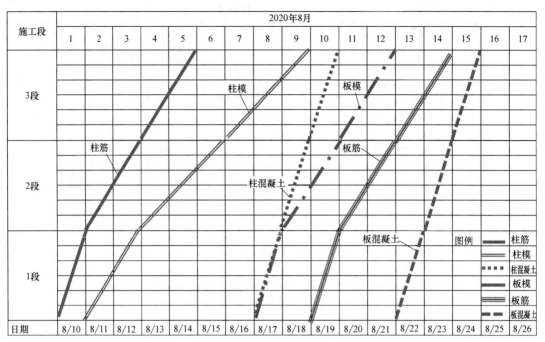

图 4-5　垂直进度图

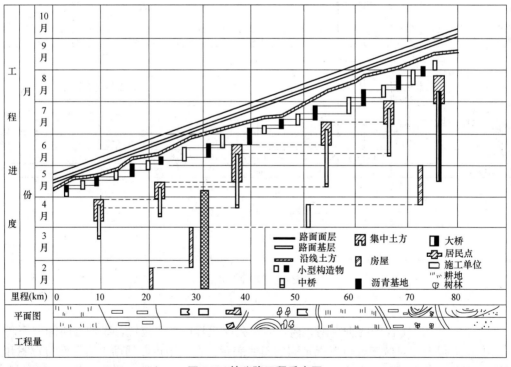

图 4-6　某公路工程垂直图

时间，将各分项工程用不同斜率的折线绘制。斜线的斜率反映进展速度，水平投影的长度表示对应分项工程的持续时间，分项工程间的紧前、紧后关系由斜线的前后位置表示。

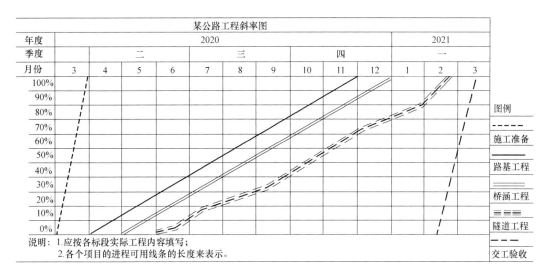

图 4-7　某公路斜率图

6. 工程管理曲线

工程管理曲线是以时间为横轴，以累计完成的工程费用的百分数为纵轴的图表化曲线。图 4-8 为某快速路工程管理曲线。

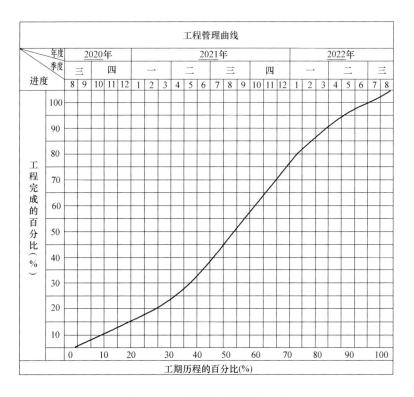

图 4-8　某快速路工程管理曲线

7. 网络计划

图 4-9 为许沟特大桥单代号网络计划图，图 4-10 为双代号网络计划。网络计划图能够直观地反映出各施工过程的先后顺序及前后工作的逻辑关系。

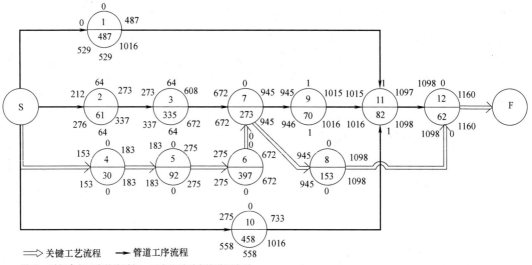

说明：时间含各工序养护时间；工序代号对应横道图序号。

图 4-9　许沟特大桥单代号网络计划

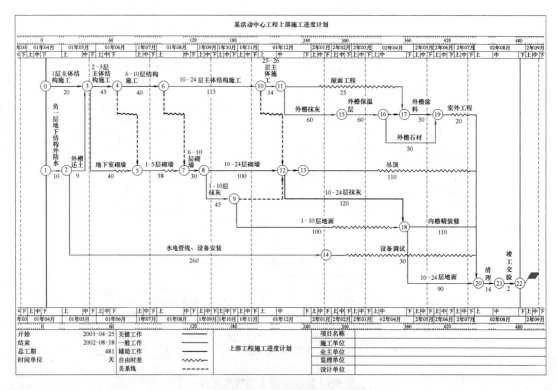

图 4-10　某活动中心工程双代号网络计划

4.2　流水施工的组织

4.2.1　施工的基本组织方式

1. 施工的基本组织方式

考虑工程项目的施工特点、工艺流程、资源利用、平面或空间布置要求，组织施工的方式有依次施工、平行施工和流水施工 3 种，为了能更清楚地说明它们各自的特点，下面通过一个案例直观诠释 3 种组织方式的特点。扫描二维码 4-2，观看施工组织方式教学视频。

二维码 4-2
施工组织方式教学视频

【案例 4-1】　某住宅小区中有 3 栋住宅楼，楼号分别为Ⅰ、Ⅱ、Ⅲ。其基础工程可划分为挖土方、混凝土基础和回填土 3 个施工过程，3 个施工过程对应 3 个专业作业队。挖土方施工队由 8 人组成，混凝土基础施工队由 14 人组成，回填土施工队由 6 人组成。每个施工队完成每栋楼的作业时间均为 3 天。试比较三种组织方式的优劣。

【解析】　图上分析，见图 4-11。

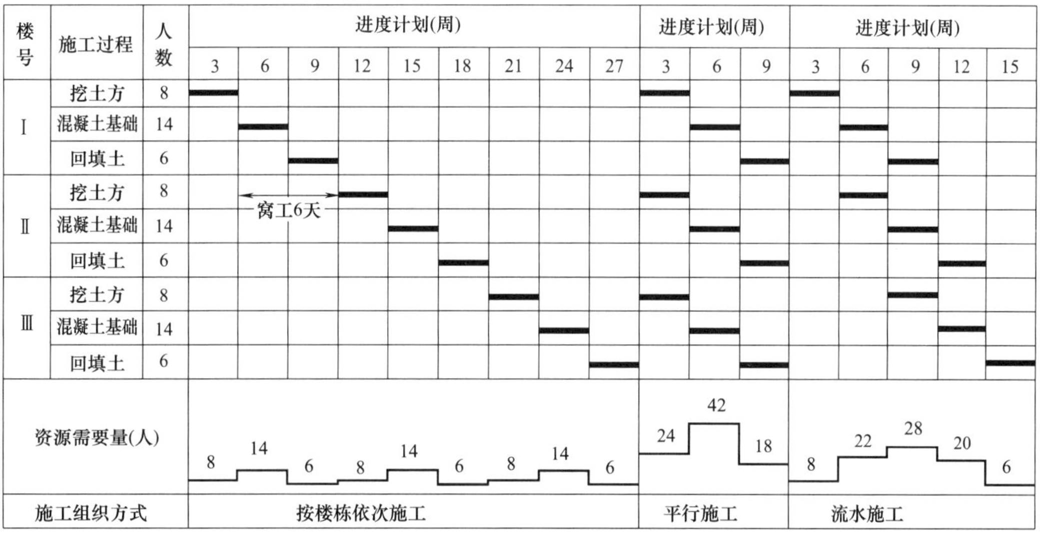

楼号	施工过程	人数	进度计划(周)	进度计划(周)	进度计划(周)
Ⅰ	挖土方	8			
	混凝土基础	14			
	回填土	6			
Ⅱ	挖土方	8	窝工6天		
	混凝土基础	14			
	回填土	6			
Ⅲ	挖土方	8			
	混凝土基础	14			
	回填土	6			
资源需要量(人)			8　14　6　8　14　6　8　14　6	24　42　18	8　22　28　20　6
施工组织方式			按楼栋依次施工	平行施工	流水施工

图 4-11　采用不同组织方式的三栋建筑物基础工程进度计划对比图

1. 依次施工（顺序施工）

依次施工是按照一定的施工顺序，前一个施工过程完成后，后一个施工过程开始施工；或先按一定的施工顺序完成前一个施工段上的全部施工过程后再进行下一个施工段的施工，直到完成所有的施工段上的作业。这种组织方式工期长，图 4-11 中挖土方作业队在第Ⅰ栋楼作业 3 天后，需要等到第 9 天末，才能挖第Ⅱ栋楼土方，窝工 6 天，优点是资源投入较均衡、投入强度低。

因此，依次施工一般适用于场地小、资源供应不足、工作面有限、工期不紧、规模较小的工程，尤其适合安排综合作业队施工，例如住宅小区非功能性的零星工程。

2. 平行施工（同时施工）

平行施工就是组织几个相同的综合作业队，在各施工段上同时开工、齐头并进，这种组织方式工期短，图 4-11 中三栋楼同时挖土方，需要组织 3 个挖土方作业队同时施工，施工 3 天后就没有挖土方工作了，资源投入过度集中，不利于资源的组织供应。

平行施工的组织方式只有在拟建工程任务十分紧迫，工作面允许以及资源能够保证充足供应的条件下才适用，例如火神山医院的建设工程。

3. 流水施工

流水施工是将拟建工程项目的全部建造过程在工艺上分解为若干个施工过程，同时在平面上划分成若干个劳动量大致相等的施工段，在竖向上划分成若干个施工层。然后按照施工过程组织若干个专业工作队按工艺顺序依次投入施工，有相邻逻辑关系的两个专业工作队，在开工时间上最大限度地、合理地搭接起来，保证工程项目施工全过程在时间和空间上，有节奏、连续、均衡地进行作业，直到完成全部工程任务。

这种组织方式工期适中，图 4-11 中三栋楼按序投入专业作业队施工，专业作业队连续、均衡的施工，投入的劳动力、机械设备和材料等资源消耗较为均衡、连续，便于资源供应的组织、管理。

2. 流水施工的优点

土木工程的"流水施工"来源于工业生产中的"流水作业"，但又有所不同。在工业生产中，生产工人和设备的位置是固定的，产品在生产线上进行移动加工，形成加工者与被加工对象之间的相对流动；而在建筑施工过程中，建筑产品的位置固定，生产工人带着材料和机具在空间上移动生产。

在实际工程的施工组织过程中可根据工程自身特点、施工现场条件，决定采用某一种组织方式或同时采用多种组织方式。如群体工程的施工组织，对于单体工程可采用流水施工组织，各单体工程之间可采用平行施工的组织方式。从空间、时间、资源上看，流水施工的组织方式，明显优于依次施工和平行施工。具体表现在以下几个方面：

1）施工作业节奏性、连续性

由于流水施工方式建立了合理的劳动组织，工作班组实现了专业化生产，人员工种比较固定，为提高工人技术水平、改进操作方法以及革新生产工具创造了有利条件。

同时由于专业作业队连续作业，充分利用了工作面，没有窝工现象，机械闲置时间少，增加了有效劳动时间，从而使施工机械和劳动力的生产效率得以充分发挥。

2）资源供应均衡性

在资源使用上，资源投入比较均衡，化解了平行施工资源集中投入现象，有利于资源的采购、组织、存储、供应等工作。

3）工期合理性

由于流水施工作业的节奏性、连续性，各专业作业队能够充分利用工作面，在一定条件下相邻两个施工过程还可以互相搭接，做到尽可能早地开始工作，从而可以大大地缩短工期。

4）施工质量更容易保证

各专业队之间逻辑关系明确，只有紧前作业队提供合格的工作面，紧后作业队才能衔接工作，得到互检的目的，从而使工程质量更容易得到保证和提高，便于推行全面质量管理工作。

5）降低工程成本

由于流水施工资源消耗均衡，便于组织资源供应，使得资源存储合理、利用充分，可以减少用工量和施工临时设施的建造量，从而节约人工费和机械使用费，减少了临时设施费，降低了工程成本。

4.2.2 流水施工的主要参数

组织流水施工时，为了能够清晰表述各施工过程在时间安排和空间布置以及工艺流程等方面的情况，引入一些参数，称之为流水施工参数。流水施工参数一般包括工艺参数、空间参数和时间参数。扫描二维码4-3，观看流水参数计算教学视频。

1. 工艺参数

工艺参数主要是指在组织流水施工时，用以表达流水施工在施工工艺上的开展顺序及其特征的参数，通常包括施工过程数和流水强度两个参数。

1）流水施工过程 n

（1）施工过程分类

根据工艺性质和特点，施工过程一般分为制备类、运输类和建造类三种。制备类就是为制造工程制品和半成品而进行的施工过程；运输类就是把材料、制品运送到工地仓库或在工地进行转运的施工过程；建造类是形成建筑产品的施工过程。

二维码4-3 流水参数计算教学视频

（2）参与流水施工过程的划分

参与流水施工过程划分的粗细程度由实际需要而定，确定参与流水施工过程数应考虑的因素如下：

① 流水施工过程数要划分适当。当编制控制性的施工进度计划时，其施工过程应划分的粗些，例如只列出基础分部、主体分部、装饰分部、屋面分部与机电安装分部工程；当编制实施性的施工进度计划时，其施工过程应划分的具体些，例如主体结构分部的混凝土结构子分部的模板、钢筋、混凝土、预应力等分项工程❶。

对于主导作用的分项工程，往往需要考虑按专业工种组织专业施工队进行施工，为便于掌握施工进度和指导施工，可将分项工程再进一步分解成若干个由专业工种施工的工序作为施工过程。

② 流水施工过程划分与劳动组织及劳动量大小有关。施工现场的专业作业队有的是混合班组，有的是单一工种班组。如木门窗安装、木门窗油漆施工可合也可分，因此施工过程划分与专业作业队有关。劳动量较小的施工过程，可与其他施工过程合并，有利于组织流水施工。

③ 制备类和运输类施工过程一般不占用施工对象的工作面，在流水施工时不必列入，只有占用施工对象的工作面并影响工期时，才列入。例如，对于装配式钢筋混凝土结构，在现场预制，构件的预制过程就列入流水。

---

❶ 《建筑工程施工质量验收统一标准》GB 50300—2013，附录B 建筑工程的分部工程、分项工程划分。

④ 在组织流水施工时，建造类施工过程占用施工对象的空间，直接影响工期的长短，所以多列入流水施工，但有些施工过程不参与流水组织更有利，则不列入。换句话，组织流水施工时，只要安排好主导施工过程（即工程量大、持续时间长）连续均衡，非主导施工过程（即工程量小、持续时间短）可以安排穿插不连续施工。

2）流水强度 V

流水强度是指某施工过程（专业工作队）在单位时间内所完成的工程量（如浇筑混凝土施工过程每工作班能浇筑多少立方米混凝土），也称为流水能力或生产能力，一般用 V 表示。

（1）机械施工过程的流水强度

$$V_i = \sum_{i=1}^{x} R_i S_i \qquad (4-1)$$

式中　V_i——投入施工过程 i 的机械施工流水强度；

R_i——第 i 种施工机械的台数；

S_i——投入该施工过程中第 i 种施工机械的产量定额；

x——用于同一施工过程的主导施工机械种类数。

（2）人工操作施工过程的流水强度

$$V_i = R_i S_i \qquad (4-2)$$

式中　V_i——投入施工过程 i 的人工操作流水强度；

R_i——投入施工过程 i 的作业队人数；

S_i——投入施工过程 i 的作业队平均人工产量定额。

2. 空间参数

组织流水施工时，用以表达流水施工在空间布置上划分的个数，称为空间参数。它包括工作面、施工段和施工层。

1）工作面（A）

工作面是指工人或机械进行施工活动的作业空间。工作面的形成有的是工程一开始就形成的，如基槽开挖，也有一些工作面的形成是随着前一个施工过程结束而形成的。

工作面确定的合理与否，直接影响专业工作队的生产效率，施工段上的工作面必须大于最小工作面，最小工作面是指施工队（班组）为保证安全生产和充分发挥劳动效率所必需的工作面。表 4-3 为主要工种的参考最小工作面参考值。

主要工种最小工作面参考值　　　　　　　　　　　　表 4-3

工作项目		每个技工的最小作业空间
砌筑		6～8m/人
模板	梁	7～8m/人
	柱	0.15～0.25m²/人
	板	20～25m²/人
	墙	12～18m²/人

续表

工作项目		每个技工的最小作业空间
钢筋	梁	$8\sim10m$/人
	柱	$0.6\sim0.7m^2$/人
	板	$30\sim35m^2$/人
现浇混凝土	柱	$0.15\sim0.25m^2$/人
	梁	$2\sim3m$/人
	板	$10\sim12m^2$/人
	墙	$2\sim3m$/人
抹灰	外墙	$15\sim20m^2$/人
	内墙	$20\sim26m^2$/人
	顶棚	$18\sim20m^2$/人
	楼地面	$30\sim40m^2$/人
卷材防水		$20\sim25m^2$/人
门窗安装		$7\sim12m^2$/人

2）施工段数（m）

为了有效地组织流水施工，通常将施工对象在平面或空间上划分成若干个劳动量大致相等的工作面，这些工作面一般只安排一个专业作业队作业，各专业作业队按照工艺逻辑顺序依次进入，这些工作面称为施工段或流水段。

（1）划分施工段的目的

土木工程体形庞大，将其划分成若干个施工段，不同的专业作业队就可以在不同的施工段上平行施工，组织流水施工时，安排各专业作业队按一定的时间顺序从一个施工段转移到另一个施工段进行连续施工，既消除窝工，又互不干扰。

（2）划分施工段的原则

① 施工段的分界应尽可能与结构界限吻合，宜设在伸缩缝、温度缝、沉降缝和单元分界处等；没有上述结构分区，可将其设在门窗洞门处，以减少施工缝的二次施工规模和数量，有利于结构的整体性。

② 各个施工段上的劳动量（或工程量）应大致相等，相差幅度不宜超过10%～15%，保证在专业作业队人数不变的情况下，在各段上的持续时间相等。

③ 为充分发挥工人（或机械）生产效率，不仅要满足专业工种对最小工作面的要求，还要使施工段所能容纳的劳动人数（或机械台数）满足最小劳动组合要求❶。

④ 施工段数目要适宜，对于某一项工程，若施工段数过多，则每段上的工程量就较少，势必要减少班组人数，降低施工速度，拖长工期。

⑤ 划分施工段时，应根据主导施工过程进行划分，主导施工过程是指劳动量较大或技术复杂，直接影响总工期的施工过程，如现浇钢筋混凝土结构的支模工程就是主导施工

---

❶ 所谓最小劳动组合，就是指为保证某一施工活动能够正常进行所必须的最低限度的班组人数及其合理劳动组合。如砖墙砌筑施工，技工、壮工的比例也以 2:1 为宜。

过程。

⑥ 施工段的划分还应考虑垂直运输机械服务半径和水平运输方式的影响。一般用塔式起重机时分段可多些，用井架、人货两用电梯等固定式垂直运输机械时，分段应与其经济服务半径相适应，以免增加楼面水平运输，即不经济又可能引起楼面交通不畅。

⑦ 当有层间关系时，为使各专业作业队能连续施工（即各专业作业队完成第一段后，立即转入第二施工段作业，施工完第一层的最后一段，立即转入第二层的第一段），每层的施工段数应满足：$m \geqslant n$；当有间歇、搭接时间时，则应满足式（4-3）的要求。

$$m \geqslant n + \frac{\sum Z_1}{K} + \frac{Z_2}{K} - \frac{\sum C}{K} \qquad (4\text{-}3)$$

式中　$\sum Z_1$——同一施工层内的各个施工过程间的技术、组织间歇时间之和；

　　　Z_2——层间间歇；

　　　$\sum C$——同一施工层内的各个施工过程间的搭接时间之和；

　　　K——流水步距。

（3）施工段数 m 与施工过程数 n 的关系

见【案例 4-2】。

【案例 4-2】 已知某二层工程，有三个施工过程分别为 A、B、C，每个施工过程由 1 个专业作业队作业，其工艺逻辑顺序为 A→B→C。每个施工过程在各施工段上的作业时间均为 2 周。请对比分析施工段数 m 与施工过程数 n 的关系。

【解析】 1）当 $m=n$ 时，即每层划分 3 个施工段，其进度计划安排如图 4-12 所示。

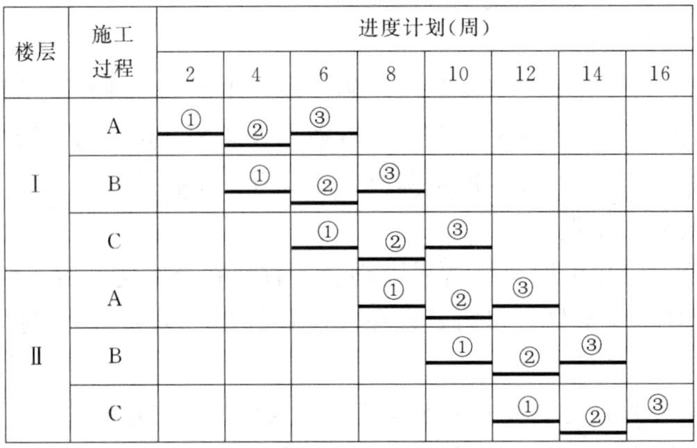

楼层	施工过程	进度计划(周)							
		2	4	6	8	10	12	14	16
I	A	①	②	③					
	B		①	②	③				
	C			①	②	③			
II	A				①	②	③		
	B					①	②	③	
	C						①	②	③

图 4-12　当 $m=n$ 时的进度安排

从图 4-12 中可以看出，专业作业队连续施工，工作面也得到充分利用。例如 A 施工过程的专业作业队依次在 3 个施工段连续工作，在第 6 周末完成一层③段的作业后，第 7 周转入二层①段施工。

2）当 $m>n$ 时，假设每层划分 4 个施工段，其进度计划安排如图 4-13 所示。

从图 4-13 可以看出，专业作业队连续施工，工作面有空闲。第 6 周末一层的第①段 C 工作完成了作业，第 7 周二层①段具备 A 施工过程专业作业队进入施工，但 A 施工过程的专业作业队还在一层第④段施工，换句话说，此时二层第①段工作面闲置。这种施工段的空闲，有时也是必要的，可以利用施工段闲置时间完成其他准备工作，例如弹线定

楼层	施工过程	进度计划（周）									
		2	4	6	8	10	12	14	16	18	20
I	A	①	②	③	④						
	B		①	②	③	④					
	C			①	②	③	④				
II	A					①	②	③	④		
	B						①	②	③	④	
	C							①	②	③	④

图 4-13 当 $m > n$ 时的进度安排

位、备料等。

3）当 $m < n$ 时，假设每层划分 2 个施工段，其进度计划安排如图 4-14 所示。

楼层	施工过程	进度计划（周）						
		2	4	6	8	10	12	14
I	A	①	②					
	B		①	②				
	C			①	②			
II	A			窝工2周	①	②		
	B					①	②	
	C						①	②

图 4-14 当 $m < n$ 时的进度安排

从图 4-14 中可以看出，专业作业队不能连续施工，出现窝工现象。例如 A 工作第 4 周末就完成了一层②段的施工作业，第 5 周一层①段 C 工作即将开始，只有等 C 工作第 6 周在第①段结束后，A 施工过程专业作业队才能进入二层①段作业，出现 A 施工过程专业工作队窝工 2 周。

结论：当组织楼层结构的流水施工时，既要满足分段流水，也要满足分层流水。即专业作业队做完第一段后，能立即转入第二段；做完第一层的最后一段，能立即转入第二层的第一段……因此就要求分层又分段的施工对象满足 $m \geq n$，才能保证连续施工不窝工。

当不分层时，施工段数的确定不受此约束。同时注意 m 不能过多，否则，可能不满足最小工作面要求，材料、人员、机具操作空间过于集中，影响效率和效益，且易发生事故。

3）施工层数（r）

为满足专业工种对作业高度的限制，通常将施工项目在竖向上划分为若干操作层，这些操作层均称为施工层。一般施工层数用 r 表示。

施工层的划分，要结合工程项目的具体情况来确定。如砌筑工程的施工层高度一般为1.2~1.4m，即一步脚手架的高度作为一个施工层；室内抹灰、木装修、油漆、玻璃和水电安装等，一般按自然楼层划分施工层。

3. 时间参数

在组织流水施工时，用以表达流水施工在时间安排上的参数，主要有流水节拍、流水步距、流水工期、间歇时间、平行搭接时间5种。

1）流水节拍（t）

流水节拍是指从事某一施工过程的专业工作队（组）在一个施工段上的工作持续时间，它表明流水施工的速度和节奏性。流水节拍与单位时间的资源供应量成反比，同时，流水节拍也是区别流水施工组织方式的特征参数。

同一施工过程的流水节拍，主要与所采用的施工方法、施工机械、投入施工的工人数、机械台数、工作班次等因素有关。有时，为了均衡施工和减少转移施工段时消耗的工时，可以适当调整流水节拍，其数值为半个班的整数倍。

流水节拍（持续时间）的确定方法：

（1）定额计算法

利用公式套用定额进行计算，此时流水节拍的计算公式如下：

$$t_{ij}=\frac{Q_{ij}}{S_i n_{ij} b_{ij}}=\frac{Q_{ij} H_i}{n_{ij} b_{ij}} \tag{4-4}$$

式中　t_{ij}——第 i 施工过程在第 j 施工段上的流水节拍（持续时间）；

Q_{ij}——第 i 施工过程在第 j 施工段上的工程量（m^3、m^2、t 等）；

S_i——第 i 施工过程的人工或机械产量定额（m^3/工日、m^2/工日、t/工日或 m^3/台班、m^2/台班、t/台班）；

H_i——第 i 施工过程的人工或机械时间定额（工日/m^3、工日/m^2、工日/t 或台班/m^3、台班/m^2、台班/t）；

n_{ij}——第 i 施工过程在第 j 施工段上的专业作业队人数或机械台数；

b_{ij}——第 i 施工过程在第 j 施工段上的每天工作班制。

有时，也可在确定 t_{ij} 后，反算某施工过程的班组人数（或机械台数）。

① 劳动量的计算公式如下：

$$P_{ij}=\frac{Q_{ij}}{S_{ij}} \tag{4-5}$$

或　　　　　　　　　　$$P_{ij}=Q_{ij} \cdot H_i \tag{4-6}$$

式中　P_{ij}——第 i 施工过程在第 j 施工段上的劳动量、台班量（工月或台班）。

【案例4-3】　某单层工业厂房独立基础人工挖土量为 3240m^3，查其劳动定额为3.9m^3/工日，试计算完成基坑挖土所需的劳动量。

【解析】

$$P_{ij}=\frac{Q_{ij}}{S_{ij}}=\frac{3240}{3.9}=831 \text{ 工日}$$

【案例 4-4】 某工程基础挖土采用 W—100 型反铲挖土机,挖方量为 3500m^3,查其产量定额为 $120\text{m}^3/\text{台班}$,计算挖土机所需的台班量。

【解析】

$$P_{ij} = \frac{Q_{ij}}{S_{ij}} = \frac{3500}{120} = 29.2 \text{ 台班,取 } 30 \text{ 个台班。}$$

当某一施工过程是由两个或两个以上不同分项工程合并而成时,其总劳动量应按下式计算:

$$P_{总} = \sum_{i=1}^{n} P_i = P_1 + P_2 + \cdots + P_n \qquad (4\text{-}7)$$

【案例 4-5】 某钢筋混凝土基础工程,其支设模板、绑扎钢筋、浇筑混凝土 3 个施工过程的工程量分别为 1200m^2、10t、500m^3,查劳动定额其时间定额分别为 0.253 工日$/\text{m}^2$、5.28 工日$/\text{t}$、0.833 工日$/\text{m}^3$,试计算完成钢筋混凝土基础所需劳动量。

【解析】

$$\begin{aligned}
P_{基础} &= P_{模} + P_{筋} + P_{混凝土} \\
&= 1200 \times 0.253 + 10 \times 5.28 + 500 \times 0.833 \\
&= 772.9 \text{ 工日}
\end{aligned}$$

当某一施工过程是由同一工种、但不同做法、不同材料的若干个分项工程合并组成时,应先按式(4-8)计算其综合产量定额,再求其劳动量。

$$\overline{S} = \frac{\sum\limits_{i=1}^{n} Q_i}{\sum\limits_{i=1}^{n} P_i} = \frac{Q_1 + Q_2 + \cdots + Q_n}{P_1 + P_2 + \cdots + P_n} = \frac{Q_1 + Q_2 + \cdots + Q_n}{\dfrac{Q_1}{S_1} + \dfrac{Q_2}{S_2} + \cdots + \dfrac{Q_n}{S_n}} \qquad (4\text{-}8\text{a})$$

$$\overline{H} = \frac{1}{S} \qquad (4\text{-}8\text{b})$$

式中　　$\overline{S}$——某施工过程的综合产量定额;

　　　　$\overline{H}$——某施工过程的综合时间定额;

　　$\sum\limits_{i=1}^{n} Q_i$——总工程量($\text{m}^3$、$\text{m}^2$、$\text{m}$、$\text{t}$ 等);

　　$\sum\limits_{i=1}^{n} P_i$——总劳动量(工日或台班);

Q_1、$Q_2 \cdots Q_n$——同一施工过程的各分项工程的工程量;

S_1、$S_2 \cdots S_n$——与 Q_1、$Q_2 \cdots Q_n$ 相对应的产量定额。

【案例 4-6】 某工程,其外墙面装饰有干粘石、贴饰面砖、刹假石三种做法,其工程量分别是 684.5m^2、428.7m^2、208.3m^2;采用的产量定额分别是 $4.17\text{m}^2/\text{工日}$、$2.53\text{m}^2/\text{工日}$、$1.53\text{m}^2/\text{工日}$。计算它们的综合产量定额及外墙面装饰所需的劳动量。

【解析】

$$\overline{S}=\frac{Q_1+Q_2+\cdots+Q_n}{\dfrac{Q_1}{S_1}+\dfrac{Q_2}{S_2}+\cdots+\dfrac{Q_n}{S_n}}=\frac{684.5+428.7+208.3}{\dfrac{684.5}{4.17}+\dfrac{428.7}{2.53}+\dfrac{208.3}{1.53}}=2.81\text{m}^2/\text{工日}$$

$$P_{外墙装饰}=\frac{\sum\limits_{i=1}^{3}Q}{\overline{S}}=\frac{684.5+428.7+208.3}{2.81}=470.3\text{ 工日}$$

② 施工过程持续时间的计算

施工过程持续时间是根据施工过程需要的劳动量以及配备的劳动人数或机械台数，计算施工过程的持续时间，其计算公式如下：

$$t_{ij}=\frac{P_{ij}}{n_{ij}b_{ij}} \tag{4-9}$$

从上述公式可知，要计算确定某施工过程持续时间，除确定的 P_{ij} 外，还必须先确定 n_{ij} 及 b_{ij}。

施工人数 n 的确定：在实际工作中，既要满足最小劳动组合人数的要求（它是劳动组合人数的最低限度），又要满足最小工作面的要求（它是空间容纳最多人数的限度），不能仅仅通过增加作业人数缩短工期，否则会由于工作面的限制影响劳动效率，且容易发生安全事故。

施工段上最多人数＝施工段工作面／每个工人所需的最小工作面。

施工机械台数 n 的确定：施工机械台数还必须考虑施工现场的具体条件、机械要求工作面、机械效率、机械维修、保养等因素，计算符合实际的机械台数。

工作班数 b 的确定：当工期、劳动力配置、施工机械配置允许，施工对象无连续作业的要求时，通常采用一班制（在建筑业施工实践中往往采用 1.25 班制即 10h）。当工期较紧或为了提高施工机械的使用率及加快机械的周转使用，或施工对象要求连续作业时，某些施工过程可考虑二班甚至三班制施工。有些为了给第二天连续施工创造条件，安排夜班进行，即采用两班制；当工期较紧或工艺上要求连续施工，或为了提高施工机械的使用率，某些项目可考虑采用三班制施工，如大体积混凝土浇筑，为了满足不留施工缝，常采用两班制或三班制施工。采用多班制施工，必然增加赶工的费用，在市区施工，还存在夜间扰民问题。因此，在安排多班制施工时，应该结合绿色施工要求综合考虑。

【案例 4-7】 某工程砌筑砖墙，需要劳动量为 110 工日，采用一班制工作，每班出勤人数为 22 人（其中砌筑工 10 人，普工 12 人），试计算完成该砌筑工程的施工持续时间。

【解析】

$$t_{ij}=\frac{P_{ij}}{n_{ij}b_{ij}}=\frac{110}{22\times1}=5\text{ 工月}$$

【案例 4-8】 某住宅共有四个单元，划分四个施工段，其基础工程的施工过程为：①挖土方，②垫层，③绑钢筋，④浇混凝土，⑤砌砖基，⑥回填土。各施工过程的工程量、产量定额、专业队人数见表 4-4。试计算各施工过程流水节拍。

某基础工程参数 表 4-4

	工程量	产量定额	人数(台数)
挖土方	795	65	1 台
垫层	57	—	—
绑钢筋	10815	450	4
浇混凝土	231	1.5	20
砌砖基	365	1.25	25
回填土	345	—	—

【解析】 根据施工过程之间的关系，确定施工顺序。由于垫层和回填土的工程量较少，为简化流水，将②、⑥施工过程作为间歇处理，各预留一天，该基础施工过程数取 $n=4$，根据工艺关系，该基础工程的施工顺序为：挖土方→绑钢筋→浇混凝土→砌砖基。

由于基础工程没有层间关系，m 取值没有限制，但根据题意有四个单元，为了利用工程的特点自然分段，组织等节拍流水，该案例把工程施工段划分为 4 段，即取 $m=4$。

采用定额计算法，取一班制，计算各施工过程的流水节拍表 4-5。

某基础工程流水节拍计算 表 4-5

施工过程	每个施工段劳动量(台班/工日)	流水节拍(天)
挖土方	795/(4×65)=3	3/(1×1)≈3
绑钢筋	10815/(4×450)=6	6/(4×1)=1.5
浇混凝土	231/(4×1.5)=38.5	38.5/(20×1)≈2
砌砖基	365/(4×1.25)=73	73/(25×1)≈3

（2）三时估算法

对某些采用新技术、新工艺的施工过程，往往缺乏定额，此时可采用"三时估算法"，即：

$$t_{ij}=\frac{a+4c+b}{6} \tag{4-10}$$

式中 t_{ij}——i 施工过程在 j 施工段的流水节拍；

a——i 施工过程完成 j 施工段工程量的最乐观时间（即按最顺利条件估计的最短时间）；

c——i 施工过程完成 j 施工段工程量的最可能时间（即按正常条件估计的正常时间）；

b——i 施工过程完成 j 施工段工程量的最悲观时间（即按最不利条件估计的最长时间）。

【案例 4-9】 某工作最短估计时间是 5 天，最长估计时间是 10 天，最可能估计时间是 6 天。根据三时估算法，该工作的持续时间是（6.5）天❶。

---

❶ 2019 一级建造师考题，$t=(5+4×6+10)/6=6.5$。

（3）工期计算法

对于有工期要求的工程，可采用工期计算法（也叫倒排进度法）。其方法是首先将一个工程对象划分为几个施工阶段，根据规定工期，估计出每一阶段所需要的时间，然后将每一施工阶段划分为若干个施工过程，并在平面上划分为若干个施工段（在竖向上划分施工层），再确定每一施工过程在每一施工阶段的持续时间及工作班制，即可确定出各施工过程在各施工段（层）上的作业时间，即流水节拍，再确定施工人数或机械台数。计算公式如下：

$$t_{ij}=\frac{T_{ij}}{m} \tag{4-11}$$

式中　T_{ij}——i 施工过程在 j 施工段的要求工期；

　　　　m——施工对象划分的施工段数。

如果按上述公式计算出来的结果，超过了现有的人数或机械台数生产能力，则调整资源供给，或从技术上、组织上采取减少资源消耗的措施，例如组织平行立体交叉流水施工，提高混凝土早期强度及采用多班组、多班制的施工等。

【案例 4-10】　某公路工程铺路面所需劳动量为 520 个工日，要求在 15 天内完成，划分 3 个施工段组织施工，作业队在每段的持续时间相等，采用一班制施工，试求：（1）每一段路面施工持续时间；（2）每班工人数。

【解析】

（1）$t=\dfrac{T}{m}=\dfrac{15}{3}=5$ 工日；（2）$n_{ij}=\dfrac{P_{ij}}{t_{ij}b_{ij}}=\dfrac{520/3}{5\times1}=34.7$，取 35 人。

2）流水步距（$K_{i,i+1}$）

流水步距是指相邻两个施工过程的专业作业队相继投入同一施工段开始工作的最小时间间隔（包括技术间歇时间、组织间歇时间、搭接时间），通常用符号 $K_{i,i+1}$ 表示 $i+1$ 工作开始与 i 工作开始的时间间隔。

流水步距的大小取决于相邻施工过程流水节拍的大小，以及施工技术、工艺、组织要求。一般情况下（成倍节拍流水施工除外），流水步距的数目取决于施工过程数，如果施工过程数为 n 个，则流水步距为 $n-1$ 个。流水步距的大小直接影响工期，在施工段不变的情况下，流水步距小，则工期短；反之，则工期长。

（1）确定流水计算步距的方法

确定流水计算步距的方法有图上分析法、最大差法，其中"大差法"（也叫潘特考夫斯基法）计算比较简单。

"大差法"可概括为"累加数列错位相减取大差"，即"把同一施工过程在各施工段上的流水节拍依次累加形成数列，两相邻施工过程累加形成的数列错位相减后得出一个新数列，新数列中的最大者即为这两个相邻施工过程间的流水步距"。

（2）确定流水步距的基本要求

① 流水步距是以各施工段上的施工过程工艺顺序保持不变为前提；

② 流水步距应能满足主导专业作业队连续作业；

③ 各施工过程之间如果有技术组织间歇或平行搭接的要求时，计算出的流水步距还应加上间歇或减去平行搭接时间后，方为最终的时间间隔。

【案例 4-11】　（2021 年二级建造师考题改）某新建职业技术学校工程，由教学楼、实验楼、办公楼及 3 栋相同的公寓楼组成，均为钢筋混凝土现浇框架结构。施工组织设计中，针对 3 栋公寓楼组织流水施工，各施工过程流水节拍参数见表 4-6。

流水施工参数表　　　　　　　　　表 4-6

编号	施工过程	流水节拍	与前序工作的关系
A	土方开挖与基础	3	
B	地上结构	5	与施工过程 A 搭接 1 周
C	砌筑与安装	5	与施工过程 B 有 2 周的间歇
D	装饰装修及收尾	4	

问题：绘制流水施工横道图。

【解析】 该案例背景的流水组织是以每栋楼为施工段，组织栋间流水。在绘制流水进度图前，需要先采用大差法求取计算流水步距，再结合搭接、间歇综合计算最终的流水步距，然后根据施工过程的逻辑关系绘制横道图。

1）累加数列。将各施工过程在每段上的流水节拍累加，各施工过程的累加数列为：

A：3，(3+3)=6，(6+3)=9；

B：5，(5+5)=10，(10+5)=15；

C：5，(5+5)=10，(10+5)=15；

D：4，(4+4)=8，(8+4)=12。

2）错位相减取大值。相邻两个施工过程中的后续过程的累加数列向后错一位再相减，并在结果中取最大值，即为相邻两个施工过程的流水步距。

（1）计算 $K_{A,B}$

$$\begin{array}{rrrr} 3 & 6 & 9 & \\ -)\quad & 5 & 10 & 15 \\ \hline 3 & 1 & -1 & -15 \end{array}$$

$$K_{A,B}=\max\{3,1,-1,-15\}=3 \text{ 天}$$

（2）计算 $K_{B,C}$

$$\begin{array}{rrrr} 5 & 10 & 15 & \\ -)\quad & 5 & 10 & 15 \\ \hline 5 & 5 & 5 & -15 \end{array}$$

$$K_{B,C}=\max\{5,5,5,-15\}=5 \text{ 天}$$

（3）计算 $K_{C,D}$

$$\begin{array}{rrrr} 5 & 10 & 15 & \\ -)\quad & 4 & 8 & 12 \\ \hline 5 & 6 & 7 & -12 \end{array}$$

$$K_{C,D} = \max\{5,6,7,-12\} = 7 \text{ 天}$$

3）考虑搭接及间隔时间，则各施工过程间的最终流水步距为：

（1）$K_{A,B} = K_{A,B} + \sum Z_1 - \sum C = 3 + 0 - 1 = 2$ 周；

（2）$K_{B,C} = K_{B,C} + \sum Z_1 - \sum C = 5 + 2 - 0 = 7$ 周；

（3）$K_{C,D} = K_{C,D} + \sum Z_1 - \sum C = 7 + 0 - 0 = 7$ 周。

4）绘制流水施工横道图见图 4-15。

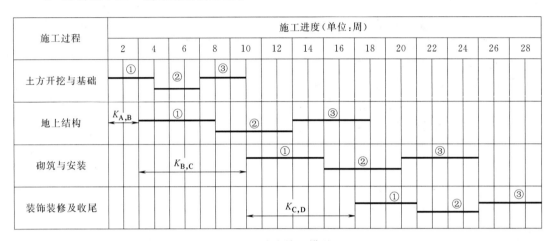

图 4-15   流水施工横道图

注：①②③为流水段标识，该案例背景指的是 3 栋公寓楼。

3）流水工期（T）

流水工期是指从第一个专业作业队开始施工到最后一个专业作业队完成施工任务为止所需的时间。一般采用下式计算：

$$T = \sum K_{i,i+1} + T_n \tag{4-12}$$

式中 T——流水施工工期；

$\sum K_{i,i+1}$——流水步距之和；

T_n——最后一个施工过程在各施工段上的持续时间之和。

流水工期 T 的计算公式也因不同的流水施工组织形式而异，后面将详细介绍。

4）间歇时间（Z）

间歇时间是根据工艺、技术要求或组织安排，留出的等待时间。按间歇的性质，可分为技术间歇和组织间歇；按间歇的部位，可分为施工过程间歇和层间间歇。

（1）技术间歇时间

技术间歇时间是指在组织流水施工时，为了保证工程质量，由施工规范规定的或施工工艺要求的在相邻两个施工过程之间必须留有的间隔时间。例如，混凝土浇筑后的养护时间、砂浆抹面的干燥时间、油漆面的干燥时间等。

（2）组织间歇时间

组织间歇时间是因为组织原因，两相邻施工过程在规定流水步距之外所增加的间隔时间。例如，混凝土浇筑之前的隐蔽验收，需要根据图纸检查钢筋及预埋件的时间属于组织间歇时间。

在组织流水施工时，技术间歇和组织间歇可以统一考虑，一般用$\sum Z_1$表示，但是两者的概念和内涵是不同的。

（3）层间间歇时间（Z_2）

由于技术或组织方面的原因，层与层之间需要间歇的时间，一般用Z_2表示。实际上，层间间歇就是位于两层之间的技术间歇或组织间歇。

5）搭接时间C

搭接时间是指相邻两个施工过程同时在同一施工段上工作的重叠时间，通常用C表示。

一般情况下，相邻两个施工过程的专业施工队在同一施工段上的关系是前后衔接关系，即前者全部结束，后者才能开始。但有时为了缩短工期，在工作面允许的前提下，也可以在前者完成部分工作，满足后者对工作面要求的前提下，提前插入，两者在同一施工段上平行搭接施工。

4.2.3 流水施工组织的分类

1. 按流水施工组织的对象分类

根据组织流水施工的工程对象，流水施工可划分为分项工程流水、分部工程流水、单位工程流水和群体工程流水，其中最重要的是分部工程流水施工。

1）分项工程流水。它是在一个专业工种内部组织起来的流水施工，即一个工作队（组）依次在各施工段进行连续作业的施工方式。如木工作业队依次在各施工段上连续完成支模工作。

2）分部工程流水。它是在一个分部工程内部各分项工程之间组织起来的流水施工，即由若干个在工艺上存在逻辑关系的作业队（组）依次连续不断地在各施工段上重复完成各自的工作，直到所有作业队完成所有施工段上的所有施工作业为止。例如钢筋混凝土工程由支模板、扎钢筋、浇筑混凝土三个分项工程组成，木工、钢筋工、混凝土工三个专业队组依次在各施工段上完成各自的工作。

3）单位工程流水施工。它是在一个单位工程内部各分部工程之间组织起来的流水施工，即所有专业作业队依次在一个单位工程的各分部工程作业，直至完成该单位工程全部分部工程的作业为止。

4）群体工程流水。俗称大流水施工，它是指为完成群体工程而组织起来的全部单位工程的流水。如一个住宅小区建设、一个工业厂区建设等所组织的流水施工中，是在多个单位工程之间的流水施工。

2. 按流水节拍的特征分类

根据流水节拍的特征，可分为有节奏流水和无节奏流水两种，如图 4-16 所示。扫描二维码 4-4，观看流水组织方式（上）教学视频。

图 4-16 流水施工组织分类

二维码 4-4 流水组织方式（上）教学视频

4.2.4　流水施工组织的步骤

在建筑工程施工组织过程中，流水施工组织方式是最科学、最有效的组织方法。流水施工组织使施工生产活动连续、均衡、有节奏，工作面能够得到合理利用，节约了时间，实现了专业化生产，有利于缩短工期、提高工程质量、降低工程成本、充分发挥施工技术水平和管理水平。流水施工组织的步骤有：

1）收集资料、熟悉施工图。

2）划分施工段。将拟建工程在平面上划分为劳动量大致相等的若干个施工作业面，并确定施工段的施工先后顺序。

3）划分施工过程。首先把拟建工程的整个建造过程分解成若干个施工过程或工序，确定施工过程的工艺顺序，如木工支梁板模板→钢筋工绑扎梁板钢筋。

4）确定每一施工过程在各施工段上的持续时间（即流水节拍）。根据各施工段劳动量及作业班组人数或机械数等资源供给，计算各专业作业队在各施工段上的作业时间。

5）组织主要施工过程的专业施工队伍在施工段上连续、均衡地施工。主要施工过程是指工程量大、施工持续时间较长的施工过程，其他次要施工过程，可考虑与相邻施工过程合并或安排合理穿插施工。

6）相邻的施工过程按施工工艺要求，尽可能组织平行搭接施工。在工作面及资源供给条件允许的情况下，除必要的技术与组织间歇外，相邻的施工过程应最大限度地安排在不同的施工段上平行搭接施工，以达到缩短工期的目的。

4.2.5　不同施工流水组织方式

1. 有节奏流水施工组织

1）全等节拍流水

每一施工过程在各施工段的流水节拍相同，且各施工过程相互之间的流水节拍也相等，如图 4-17 所示。

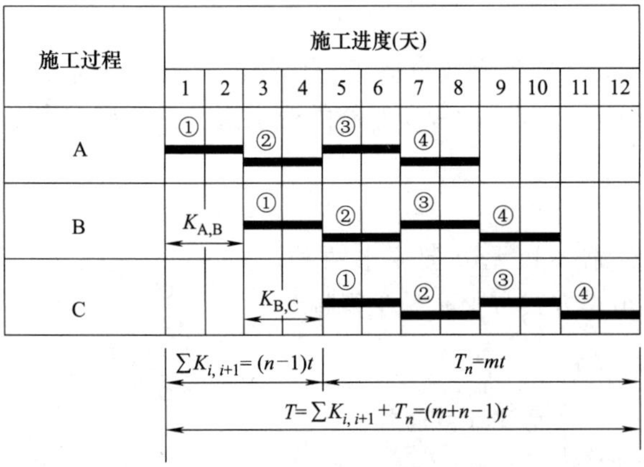

（1）全等节拍流水施工的特点

① 同一施工过程在各施工段上流水节拍相等，不同施工过程的流水节拍彼此也相等；

② 各施工过程之间的流水步距不一定相等，因为施工过程之间有技术组织间歇时间或搭接时间，所以 $K_{i,i+1}=t+Z_{i,i+1}-C_{i,i+1}$；

③ 专业作业队能够连续施工，同时相邻专业作业队在同一施工段上也能按照工艺顺序作业，工作面没有空闲。

图 4-17　全等节拍流水施工进度计划

（2）工期计算

工期可按下式计算：

$$T=(m+n-1)t+\sum Z_1-\sum C \tag{4-13}$$

各施工过程之间除了存在施工过程间歇外，还存在层间间歇时，每层的施工段数应满足公式（4-12）要求，其计算工期为：

$$T=(m\times r+n-1)t+\sum Z_1-\sum C \tag{4-14}$$

【案例 4-12】　某砖混结构住宅工程的基础工程，分两段组织施工，各分项工程施工过程及劳动量见表 4-7 所示，已知垫层混凝土和条形基础混凝土浇筑后均需养护 1 天后方可进行下一道工序施工。

问题：

（1）试述等节奏流水施工的特点与组织过程。

（2）为了保证工作队连续作业，试确定流水步距、施工段数、计算工期。

（3）绘制流水施工进度表。

（4）若基础工程工期已规定为 15 天，试组织等节奏流水施工。

某砖混结构住宅楼基础工程劳动量一览表　　　　　表 4-7

序号	施工过程	劳动量（工日）	专业作业队人数
1	基槽土方开挖	184	35
2	垫层混凝土浇筑	28	
3	条基钢筋绑扎	24	14
4	条基混凝土浇筑	60	
5	砖基础墙砌筑	106	18
6	基槽回填土	46	14
7	室内地坪回填土	40	

【解析】

1）等节奏流水施工的特点与组织过程

（1）等节奏流水施工的特点

所有的施工过程在各个施工段上的流水节拍均相等（是一个常数）。

（2）组织全等节拍流水施工的要点

① 把流水对象（项目）划分为若干个施工过程；

② 把流水对象（项目）划分为若干个工程量大致相等的施工段（区）；

③ 通过调节专业作业队人数使其他施工过程的流水节拍与主导施工过程的流水节拍相等；

④ 各专业队依次、连续地在各施工段上完成同样的作业；

⑤ 如果允许，各专业队的工作可以适当地搭接起来。

2）根据案例背景，应组织等节奏流水施工

（1）确定施工过程

由于混凝土垫层的劳动量较小，故将其与相邻的基槽挖土合并为一个施工过程"基槽挖土、垫层浇筑"；将工程量较小的钢筋绑扎与混凝土浇筑合并为一个施工过程"混凝土基础"；将工种相同的基槽回填土与室内地坪回填土合并为一个施工过程"回填土"。

（2）确定主导施工过程的专业作业队人数与流水节拍

本工程中，基槽挖土、混凝土垫层的合并劳动量最大，是主导施工过程。根据工作面、劳动组合和资源情况，该专业作业队人数确定为 35 人，将其填入表 4-5。其流水节拍根据式（4-9）中 $t_{ij}=\dfrac{P_{ij}}{n_{ij}b_{ij}}$，并取两个工作班制，计算：$t=\dfrac{184+28}{35\times2}\approx3$ 天。

（3）确定其他施工过程的专业作业队人数

因为组织等节奏流水施工，即各个施工过程的流水节拍均为 3 天，所以可由式（4-9）反算其他施工过程的专业作业队人数（均按两个工作班考虑），计算后还应验证是否满足最小工作面、劳动组合和资源情况的要求。经计算分别为 14 人、18 人和 14 人，将他们也填入表 4-7。

（4）计算工期

$T=(m\times r+n-1)K+\sum Z_2+Z_1-\sum C=(2\times1+4-1)\times3+(1+1)+0-0=17$ 天

3）绘制流水施工进度计划表

如图 4-18 所示。

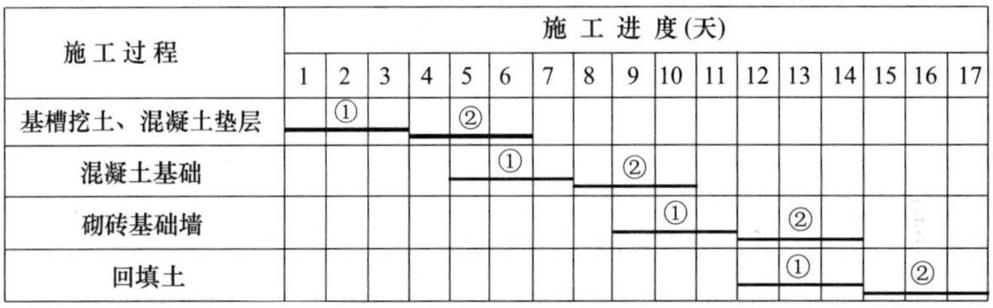

施工过程	施工进度(天)																
	1	2	3	4	5	6	7	8	9	10	11	12	13	14	15	16	17
基槽挖土、混凝土垫层		①				②											
混凝土基础					①					②							
砌砖基础墙									①					②			
回填土													①			②	

图 4-18　某砖混住宅基础工程流水施工进度计划

4）若基础工程工期已规定为 15 天，按等节奏流水组织施工计算

（1）确定流水节拍

按 $T=(m\times r+n-1)K+\sum Z_1+Z_2-\sum C$ 反算如下：

$$t=\frac{T-\sum Z_1-Z_2+\sum C}{m\times r+n-1}=\frac{15-(1+1)-0+0}{2\times1+4-1}=2.6\text{ 天，取 }2.5\text{ 天}$$

（2）确定各施工过程的专业作业队人数

根据式（4-9）反算各施工过程的专业作业队人数，并验证是否满足最小工作面和劳动组合等的要求。经计算分别为 42 人、17 人、21 人和 17 人。

（3）计算工期

$T=(m\times r+n-1)K+\sum Z_1+Z_2-\sum C=(2\times1+4-1)\times2.5+(1+1)+0-0=14.5$ 天，满足规定工期要求。

（4）绘制流水施工进度计划表

如图 4-19 所示。

值得注意的是：等节奏流水施工比较适用于分部工程流水，尤其是施工过程较少的分部工程，而对于一个单位工程，因其施工过程数较多，要使所有的施工过程的流水节拍都相等几乎是不可能的，所以单位工程一般不宜组织等节奏流水施工。

施工过程	施工进度（天）														
	1	2	3	4	5	6	7	8	9	10	11	12	13	14	15
基槽挖土、混凝土垫层	①		②												
混凝土基础				①			②								
砌砖基础墙								①			②				
回填土											①			②	

图 4-19 某基础工程流水施工进度计划

2）异节拍流水

异节拍流水：每一施工过程在各施工段的流水节拍相同，但各施工过程相互之间的流水节拍不一定相等。扫描二维码 4-5，观看流水组织方式（下）教学视频。

在实际工程中，往往由于各方面的原因（如工程性质、复杂程度、劳动量、技术、组织等），采用相同的流水节拍来组织施工是困难的。如某些施工过程要求尽快完成；或者某些施工过程工程量过少；或者某些施工过程的工作面受到限制，不能投入较多的人力、机械，而使得流水节拍较大，因而会出现各细部流水的流水节拍不等的情况，此时便可采用异节奏流水施工的组织形式来组织施工较易实现，这是由于同一施工过程可根据实际情况确定一致的流水节拍是容易的，如图 4-20 所示。异节奏流水施工又可分为异步距异节拍流水和等步距异节拍流水两种。

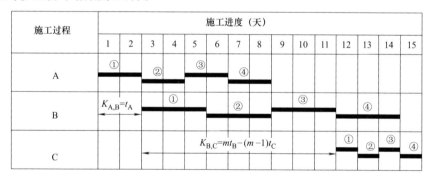

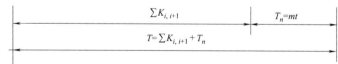

图 4-20 异节拍流水施工进度计划

（1）异步距异节拍流水

① 异步距异节拍流水的特点。由图 4-20 可以看出，异节拍流水施工具有以下特点：

a. 同一施工过程在各施工段流水节拍相等，不同施工过程的流水节拍不相等或不全相等；

b. 各施工过程之间的流水步距一般不相等。

② 流水步距的确定。流水步距的确定分两种情况：

a. 当 $t_i < t_{i+1}$ 时：$K_{i,i+1} = t_i$ 　　　　　　　　　　　（4-15）

二维码 4-5　流水组织方式（下）教学视频

b. 当 $t_i > t_{i+1}$ 时：$K_{i,i+1} = mt_i - (m-1)t_{i+1}$　　　　　　　　　　　（4-16）

【案例 4-13】 某住宅小区共六栋楼，每栋楼为一个施工段，施工过程划分为基础工程、主体工程、装修工程和室外工程 4 项，每个施工过程的流水节拍分别为 20 天、60 天、40 天、20 天，试组织流水施工。

【解析】 由已知条件可知本工程适宜组织异节拍流水施工。其中 $n=4$，$m=6$。

流水节拍为：$t_1 = 20d$，$t_2 = 60d$，$t_3 = 40d$，$t_4 = 20d$。

流水步距为：

因 $t_1 < t_2$，故 $K_{1,2} = 20d$；

因 $t_2 > t_3$，故 $K_{2,3} = mt_2 - (m-1)t_3 = 6 \times 60 - (6-1) \times 40 = 160d$；

因 $t_3 > t_4$，故 $K_{3,4} = mt_3 - (m-1)t_4 = 6 \times 40 - (6-1) \times 200 = 140d$。

其计算工期为：

$$T = \sum K_{i,i+1} + T_n + \sum Z_1 - \sum C = (20+160+140) + 20 \times 6 = 440d$$

流水施工进度表如图 4-21 所示。

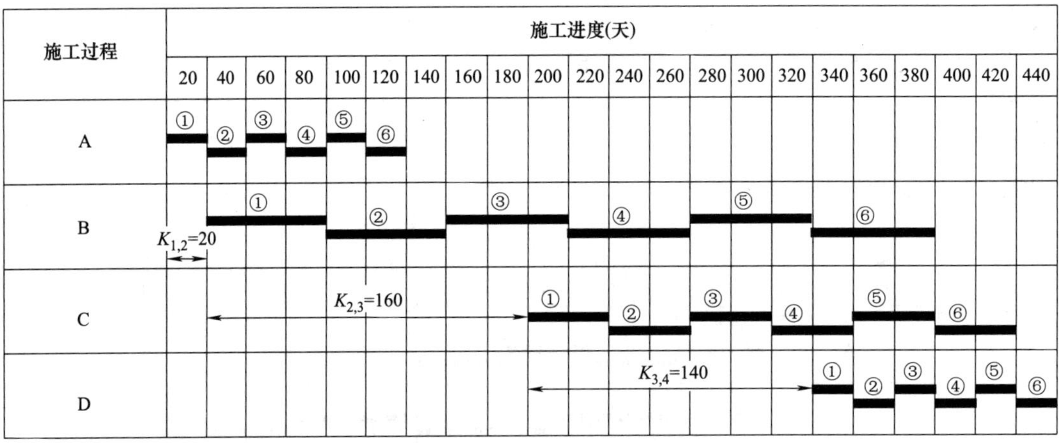

图 4-21　流水施工进度计划

（2）等步距异节拍流水

等步距异节拍流水也称成倍节拍流水，同一个施工过程的流水节拍都相等，不同施工过程的流水节拍相同或互为倍数，专业作业队的流水步距等于流水节拍的最大公约数。

等步距异节拍流水的实质是：在流水施工组织时，不是以施工过程作为流水的对象，而是以各专业作业队作为流水的对象。若工期要求较紧且现场条件允许的情况下，可采用此种组织方式通过增加专业作业队或施工机械的措施加快施工进度。

① 等步距异节拍流水施工的特点

a. 同一个施工过程的流水节拍均相等，而不同施工过程的节拍不等，但同为某一常数的倍数；

b. 流水步距相等，且等于各施工过程流水节拍的最大公约数；

c. 专业工作队总数大于施工过程数；

d. 每个专业工作队都能够连续施工；

e. 若没有间歇要求，可保证各工作面均不停歇。

② 组织等步距异节拍流水组织的步骤

a. 计算流水步距 K

流水步距等于流水节拍的最大公约数，即 $K = \max(t_i、t_j、\cdots\cdots)$　　　　　(4-17)

b. 确定每个施工过程的专业工作队个数 b

每个施工过程需组建的专业作业队数可按下式计算：

$$b_i = t_i / k$$　　　　　(4-18)

式中　b_i——第 i 个施工过程的专业作业队数目；

　　　t_i——第 i 个施工过程的流水节拍。

c. 确定施工过程数

加快成倍节拍流水的组织方式，类似于全等节拍流水施工，是由 $\sum b_i$ 个专业作业队组成的流水步距为 K 的流水施工，施工过程数目取施工队数之和 $\sum b_i$。

d. 确定施工段数

$$m \geqslant \sum b_i + (\sum Z_1 + Z_2 - \sum C)/K$$　　　　　(4-19)

e. 计算总工期

$$T = (m \times r + \sum b_i - 1)K + \sum Z_1 - \sum C$$　　　　　(4-20)

【案例 4-14】　以【案例 4-13】中工程为例，试对其组织成倍节拍流水施工。

【解析】

1）确定流水步距：$K = \max(20，60，40，20) = 20d$。

2）专业施工队数：$b_1 = 20/20 = 1$、$b_2 = 60/20 = 3$、$b_3 = 40/20 = 2$、$b_4 = 20/20 = 1$，则总的施工队数为 $\sum b_i = 1 + 3 + 2 + 1 = 7$ 队。

3）计算总工期：$T = (m + \sum b_i - 1)K = (6 + 7 - 1) \times 20 = 240d$。

4）进度计划表如图 4-22 所示。

施工过程	施工队编号	施工进度(天)											
		20	40	60	80	100	120	140	160	180	200	220	240
A	1	①	②	③	④	⑤	⑥						
B	1		①		④								
	2			②		⑤							
	3				③		⑥						
C	1				①		③		⑤				
	2					②		④		⑥			
D	1						① ② ③ ④ ⑤ ⑥						

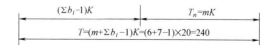

$$T = (m + \sum b_i - 1)K = (6 + 7 - 1) \times 20 = 240$$

图 4-22　等步距异节拍流水施工进度计划

对比【案例 4-13】，通过组织等步距异节拍流水，工期缩短 200 天。

需要说明的是：等步距异节拍流水的组织方式，与采用"两班制""三班制"的组织方式不同。"两班制""三班制"的组织方式，通常是指同一个专业作业队在同一施工段上连续作业 16 小时（"两班制"）或 24 小时（"三班制"）；或安排两个专业作业队在同一施工段上各作业 8 小时累计 16 小时（"两班制"），或安排三个专业作业队在同一施工段上各作业 8 小时累计 24 小时（"三班制"）。因而，在进度计划上反映出的流水节拍应为原流水节拍的 1/2（"两班制"）或 1/3（"三班制"）。而等步距异节拍流水的组织方式，是将增加的专业作业队与原专业作业队分别以交叉的方式安排在不同的施工段上进行作业，因而其流水节拍不发生变化。

③ 等步距异节拍流水在线型工程中的应用

等步距异节拍流水施工比较适用于线型工程的施工。线型工程是指单向延伸的土木工程，如道路、管道、沟渠、堤坝和地下通道等。这类工程沿长度方向分布，作业队可匀速施工，一般采用流水线法组织施工。

其步骤为：

a. 划分施工过程，确定其数目 n。

b. 确定主导施工过程。

c. 确定主导施工过程每个班次的施工速度 v，按 v 值设计其他施工过程的细部流水施工速度，并使两者相配合协调。

d. 确定相邻两作业队开始施工的时间间隔 K，当两队流水速度相等时，则各相邻作业队之间的 K 均相等。

e. 计算流水工期 T。线型工程流水工期 T 可按下式计算：

$$T=(n-1)K+L/v \tag{4-21}$$

有间歇时：

$$T=(n-1)K+\frac{L}{v}+\sum Z_1-\sum C \tag{4-22}$$

式中　K——流水步距，一个段落上的持续时间；

n——流水施工的施工过程数；

L——工程的全长（km 或 m）；

v——作业队的施工速度（km/d 或 m/d）。

如果限定工期 T_1，则平行流水的数量 E_n 为：

$$E_n=\frac{T-(n-1)K}{T_1-(n-1)K} \tag{4-23}$$

或

$$m=\frac{L}{v\cdot[T_1-(n-1)K]} \tag{4-24}$$

式中　E_n——平行流水的数量；

T_1——限定的施工期限；

m——线形工程分成的段落数目，$m\leqslant3$ 时采用二班或三班制进行施工，不必划分施工段。

【案例 4-15】　某管道工程限定工期为 $T_1=120d$，作业队施工速度 $v=0.2km/d$，管线长度 $L=40km$，分 A、B、C、D、E 五个施工过程作业，流水步距 $K=5d$，试组织线形工程流水施工进度。

【解析】

1）计算线形工程流水工期 T：

$$T=(n-1)K+L/v=(5-1)\times5+40/0.2=220d$$

2）限定工期120d，则平行流水的数量 E_n 为：

$$E_n=\frac{T-(n-1)K}{T_1-(n-1)K}=\frac{220-20}{120-20}=2$$

3）该管道工程的流水施工进度计划如图4-23所示。

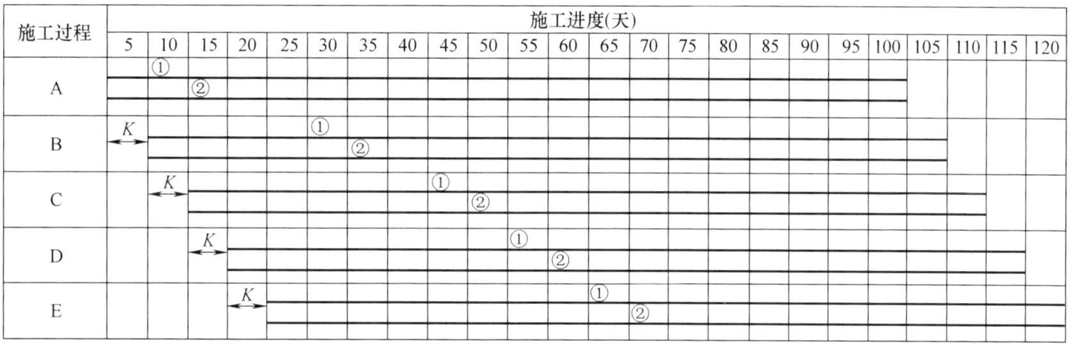

施工过程	施工进度(天)																							
	5	10	15	20	25	30	35	40	45	50	55	60	65	70	75	80	85	90	95	100	105	110	115	120
A		①	②																					
B	K					①	②																	
C		K							①	②														
D			K									①	②											
E				K										①	②									

图4-23 某管道工程流水施工进度计划图

2. 无节奏流水组织

在工程实践当中，经常由于工程特点、结构形式、施工条件等不同，使得各施工段上的工程量存在较大差异，同时各专业作业队的劳动效率相差较大，导致同一施工过程在各施工段上的流水节拍不等，不同施工过程之间的流水节拍也彼此不等，这种没有任何规律的流水节拍组织方式称为无节奏流水。

组织无节奏流水施工的关键在于确定合理的流水步距，既能保证专业作业队的连续作业，又能使相邻专业作业队能够最大限度搭接起来，既不出现工艺超前现象，又能紧密衔接，见图4-24。

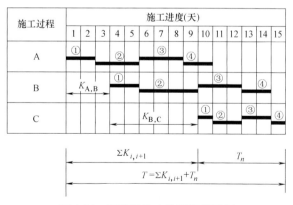

图4-24 无节奏流水施工进度计划

1）无节奏流水施工的特点

（1）不同施工过程的流水节拍不相等，同一施工过程在各个施工段上的流水节拍也不等。

（2）各专业专业作业队仍能连续施工，无窝工现象。

（3）流水步距彼此不尽相等。

2）无节奏流水施工的流水步距计算

一般采用"大差法"计算。

【案例4-16】　（2016一级建造师考题改）背景资料：某综合楼工程，地下3层，地上20层，总建筑面积68000m²。装修施工单位将地上标准层（F6～F20）划分为三个施工段组织流水施工，各施工段上均包含三个施工工序，其流水节拍如表4-8所示：

标准层装修施工流水节拍参数一览表（时间单位：周）　　　　表4-8

流水节拍		施工过程		
		工序①	工序②	工序③
施工段	F6～F10	4	3	3
	F11～F15	3	4	6
	F16～F20	5	4	3

问题：在答题卡上相应位置绘制标准层装修的流水施工横道图。

【答案】　根据案例背景，应组织无节奏流水施工。

1）计算流水步距

（1）求 $K_{①,②}$

$$
\begin{array}{rrrr}
4 & 7 & 12 & \\
-)\quad & 3 & 7 & 11 \\
\hline
4 & 4 & 5 & -11
\end{array}
$$

$$K_{①,②}=\max\{4,4,5,-11\}=5 \text{ 天}$$

（2）求 $K_{②,③}$

$$
\begin{array}{rrrr}
3 & 7 & 11 & \\
-)\quad & 3 & 9 & 12 \\
\hline
3 & 4 & 2 & -12
\end{array}
$$

$$K_{②,③}=\max\{3,4,2,-12\}=4 \text{ 天}$$

2）计算工期：$T=\sum K_{i,i+1}+\sum t_n+\sum Z_1-\sum C=(5+4)+12=21$ 周

3）绘制流水施工进度见图4-25所示。

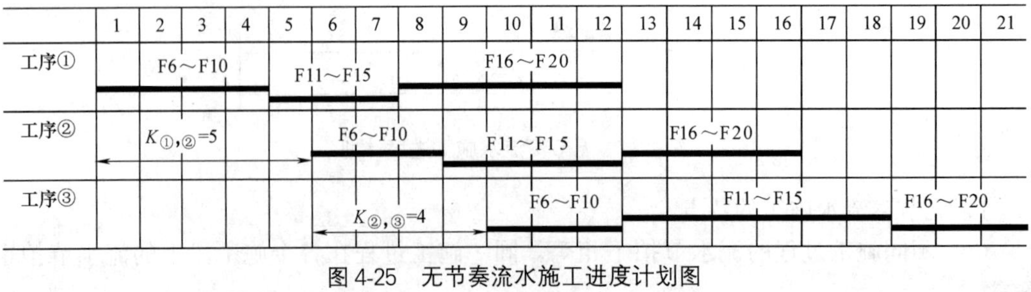

图4-25　无节奏流水施工进度计划图

3. 有层间关系的流水组织

多个施工层流水施工的组织，要考虑在第一个施工层组织流水后，以后各层何时开始，各层开始的时间要受到空间和时间两方面限制❶。每项工程具体受到哪种限制，取决于其流水段数及流水节拍的特征，一般可根据一个施工层的施工过程持续时间的最大值 $\max\sum t_i$ 与流水步距及间歇时间总和的大小进行判别：

1）当 $\max\sum t_i$ 小于一个施工层（$\sum K_{i,i+1}+K'+Z_2+\sum Z_1-\sum C$）时，除一层以外的各施工层施工只受空间限制，可按层间工作面连续来安排下一层第一个施工过程，其他施工过程均按已定步距依次施工。各施工队都能连续作业。

2）当 $\max\sum t_i$ 等于一个施工层（$\sum K_{i,i+1}+K'+Z_2+\sum Z_1-\sum C$）时，流水安排同1），但只有 $\max\sum t_i$ 施工过程的施工队可以连续作业。

上述两种情况的流水工期：

$$T=r(\sum K_{i,i+1}+\sum Z_1-\sum C)+(r-1)(K'+Z_2)+\sum t_n \qquad (4-25)$$

3）当 $\max\sum t_i$ 大于一个施工层（$\sum K_{i,i+1}+K'+Z_2+\sum Z_1-\sum C$）时，$\max\sum t_i$ 施工过程的施工队可以连续作业，其他施工过程可依次按与该施工过程的步距关系安排作业，若 $\max\sum t_i$ 值同属几个施工过程，则其相应的施工队均可以连续作业。该情况下的流水工期：

$$T=\sum K_{i,i+1}+\sum Z_1-\sum C+(r-1)\max\sum t_i+\sum t_n \qquad (4-26)$$

【案例 4-17】　某两层钢筋混凝土结构工程有 A、B、C 三个施工过程组成，划分为 4 个施工段，施工顺序 A→B→C，已知每层每段的施工持续时间（天）为 A：3、3、2、2；B：4、2、3、2；C：2、2、2、3，试计算工期，并绘制流水施工进度计划表。

【解析】　根据案例背景条件，该工程应组织无节奏流水施工。

1）确定流水步距

楼层	施工过程	累加数列,错位相减,取大差							
一层	A_1	3	6	8	10				
	B_1		4	6	9	11			$K_{A,B}=3$
	C_1			2	4	6	9		$K_{B,C}=5$
二层	A_2			3	6	8	10		$K'=2$
	B_2				4	6	9	11	$K_{A,B}=3$
	C_2					2	4	6	9	$K_{B,C}=5$

2）判别式 $\max\sum t_i=11>\sum K_{i,i+1}+K'+Z_2+\sum Z_1-\sum C=(3+5)+2=10$

具有 $\max\sum t_i$ 的 B 施工过程的施工队可以连续作业，所以先安排 B 工作，其他施工过程可依次按与 B 施工过程的步距关系安排作业。

3）计算工期

$$T=\sum K_{i,i+1}+\sum Z_1-\sum C+(r-1)\max\sum t_i+\sum t_n=(3+5)+(4-1)\times11+9=28\ 天$$

4）绘制流水施工进度计划表，如图 4-26 所示。

---

❶　所谓空间限制，是指前一个施工层任何一个施工段工作未完，则后面施工层的竖向对应施工段就没有施工的空间；所谓时间限制，是指任何一个施工队未完成前一施工层的工作，则后一施工层就没有作业人员。

施工过程	施工进度(天)																											
	1	2	3	4	5	6	7	8	9	10	11	12	13	14	15	16	17	18	19	20	21	22	23	24	25	26	27	28
A1		①			②		③		④			①			②			③		④								
B1	$K_{A,B}=3$				①			②			③		④			①			②			③		④				
C1				$K_{B,C}=5$						①		②	③							①		②		③			④	
A2											K'	①			②		③		④									
B2																①			②			③		④				
C2																		①			②			③			④	

图 4-26　施工进度计划表

结论：由图 4-26 所示，如果只考虑层间相邻工作步距，如虚线所示，B 施工过程在第一施工层和第二施工层 14 天处冲突，所以需要先安排最长的 B 施工过程在第二施工层第一段在第 15 天投入工作，其他依据 B 工作的进度，根据相邻步距展开。

4.3　网络计划

4.3.1　网络计划技术概述

1965 年由华罗庚教授把网络计划技术引入我国，当时称为"统筹法"。网络计划的现行国家标准为《网络计划技术》GB/T 13400.1～3❶，行业标准为《工程网络计划技术规程》JGJ/T 121—2015。

扫描二维码 4-6，观看网络计划概述教学视频。

1. 网络计划的分类

按不同的分类原则，将网络计划划分为不同的类别，如表 4-9 所示。

二维码 4-6
网络计划概述教学视频

网络计划分类表　　　　　　　　　　表 4-9

分类原则	类别	特点描述
按编制的对象和范围分	局部网络计划	以拟建工程的某一分部工程或某一施工阶段为对象编制而成
	单位工程网络计划	以一个单位工程为对象编制而成
	总体网络计划	以整个建设项目或一个大型的单项工程为对象编制而成
按工作性质分	肯定型网络计划	工作、工作之间的逻辑关系和工作持续时间都肯定
	非肯定型网络计划	工作、工作之间的逻辑关系和工作持续时间三者中至少有一项不肯定
按表示方法分	双代号网络计划	以箭线及其两端节点的编号表示工作
	单代号网络计划	以节点及编号表示工作，箭线仅表示工作之间的逻辑关系

---

❶ 《网络计划技术第 1 部分：常用术语》GB/T 13400.1—2012；《网络计划技术第 2 部分：网络图画法的一般规定》GB/T 13400.2—2009；《网络计划技术第 3 部分：在项目管理中应用的一般程序》GB/T 13400.3—2009。

续表

分类原则	类别	特点描述
按有无时间坐标分	时标网络计划	有时间坐标的网络计划
	非时标网络计划	无时间坐标的网络计划
按工作衔接特点分类	普通网络计划	工作间关系均按首尾衔接关系绘制的网络计划
	搭接网络计划	前后工作之间存在搭接关系
	流水网络计划	能够反映流水施工特点的网络计划

2. 网络计划的优缺点

对比网络图与横道图（也称甘特图）两种进度计划的表现方式，网络图具有如下优缺点：

1）优点

（1）从工程整体出发，统筹安排，全面而明确地表达各项工作开展的先后顺序，并能反映出各项工作间相互制约和相互依赖的关系。

（2）通过时间参数的计算，找出关键工作和关键线路，确定各工作的机动时间，便于管理人员抓住主要矛盾，合理安排人力、物力和资源投入，确保按期按质竣工的前提下，达到降低成本的目的。

（3）通过网络计划的优化，可以在若干个可行方案中找出最优方案。

（4）在网络计划的执行过程中，通过时间参数的计算，可知某一施工过程的提前或推迟完成对其他施工过程及总工期的影响程度，便于管理人员及时采取措施对计划进行有效监督和控制。

（5）可以利用计算机完成网络计划的绘制、计算、调整和优化，关联 BIM 模型后，能够实现进度计划数字化管理（广联达 BIM5D、鲁班工场）。

2）缺点

表达计划不直观、不形象，从图上很难清晰地看出流水作业的情况；对于无时间坐标的普通网络计划，无法绘制劳动力和资源需要量曲线。此外，网络计划对计划编制人员的专业水平要求较高。

4.3.2　双代号网络计划

1. 双代号网络图的组成

双代号网络图由工作、节点和线路三个基本要素组成❶。

---

❶ 《工程网络计划技术规程》JGJ/T 121—2015：

2.1.3　工作：计划任务按需要粗细程度划分而成的、消耗时间或资源的一个子项目或子任务。

2.1.4　虚工作：既不耗用时间，也不耗用资源的虚拟的工作。双代号网络计划中，表示前后工作之间的逻辑关系；单代号网络计划中，表示虚拟的起始工作或结束工作。

2.1.7　节点：网络图中箭线端部的圆圈或其他形状的封闭图形。在双代号网络计划中，表示工作开始或完成的时刻；在单代号网络计划中，表示一项工作或虚工作。

2.1.19　线路：网络图中从起点节点开始，沿箭线方向连续通过一系列箭线（或虚箭线）与节点，最后达到终点节点所经过的通路。

2.1.10　双代号网络图：以箭线及其两端节点的编号表示工作的网络图。

1）工作

（1）工作表示方法

工作用一条箭线与其两端的节点来表示（图 4-27），工作名称写在箭线上面，持续时间写在箭线下面；箭头表示工作的结束，箭尾表示工作的开始；箭线的长短与持续时间不成比例（时标网络图除外）；箭线的方向表示工作的行进方向，应保持自左向右的总方向，并应以水平线为主，斜线和竖线为辅。

就某项工作而言，紧靠其前面的工作称为紧前工作，紧靠其后面的工作称为紧后工作，与之平行的工作称为平行工作（图 4-28）。

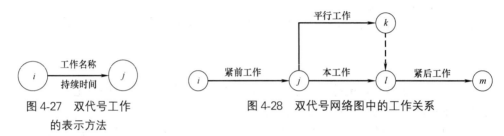

图 4-27　双代号工作　　　　　　　图 4-28　双代号网络图中的工作关系
　　　的表示方法

（2）工作分类

根据工程性质、规模大小确定工作的范围，可以是分项工程、分部工程、单位工程或工程项目。一般而言，控制性计划，工作分解到分部工程，实施性计划分解到分项工程。

工作根据其完成过程中需要消耗时间和资源的程度不同可划分为三种类型：

① 既消耗时间又消耗资源的工作，如砌墙、绑扎钢筋、浇筑混凝土等；

② 只消耗时间而不消耗资源的工作，如油漆干燥、混凝土养护；

③ 既不耗用时间，也不耗用资源的虚工作，仅仅用来表示相邻前后工作之间的逻辑关系，称为"虚工作"，通常用虚箭线表示，如图 4-29中的 3-4 工作。

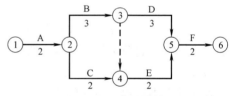

图 4-29　双代号网络图

2）节点

节点是双代号网络计划中工作开始或完成的时间点，它既不消耗时间，也不消耗资源。

（1）节点分类

① 起始节点：网络图的第一个节点，表示一项任务的开始；

② 终点节点：网络图的最后一个节点，表示一项任务的完成；

③ 中间节点：网络图中除起点节点和终点节点以外的其他节点。

（2）节点编号

网络图中的每一个节点都要编号，编号原则如下：

① 编号从起始节点开始，用正整数从小到大，依次编向终点节点；

② 一般采用连续编号法，也可采用奇数编号法（如 1，3，5……），或偶数编号法（如 2，4，6……），或间隔编号法（如 1，5，10，15……）等；

③ 每一条箭线，箭头的编号必须大于箭尾的编号；

④ 在一个网络图中，不允许出现重复编号，一对编号只表示一项工作，例如图 4-29

中的 2-3 工作就是 B 工作。

3) 线路

网络图中从起点节点开始,沿箭线方向连续通过箭线与节点,最后到达终点节点所经过的通路称为线路。

(1) 线路时间

线路时间是指完成网络计划图中某条线路的全部工作所必需的总持续时间,它代表该线路的计算工期。现以图 4-29 为例,说明线路条数和线路时间。

图 4-29 中,共有三条线路,线路总时长分别为:

第 1 条,①→②→③→⑤→⑥,$T_1=10d$;

第 2 条,①→②→③→④→⑤→⑥,$T_2=9d$;

第 3 条,①→②→④→⑤→⑥,$T_3=8d$。

(2) 线路分类

根据线路持续时间的不同,可将线路分为关键线路和非关键线路两种。

关键线路是指网络图中从起始节点到终点节点的线路中持续时间最长的线路,其线路时间代表整个网络图的计算总工期。在同一网络图中,关键线路至少有一条,关键线路上的工作为关键工作,一般以粗箭线或双箭线突出标注,图 4-29 中,线路①→②→③→⑤→⑥。

除了关键线路之外,其余线路都是非关键线路。

2. 双代号网络图的绘制

正确的绘制网络图的前提是正确表达工作间的逻辑关系,并遵守绘图的基本原则。

1) 逻辑关系的表达

(1) 逻辑关系种类

在网络计划中,各项工作之间的先后顺序关系称为逻辑关系。逻辑关系可分为工艺逻辑关系和组织逻辑关系。

① 工艺逻辑关系

对某一具体的分部工程而言,当确定了施工方法以后,则该分部工程的各个施工过程的先后顺序一般是固定的,例如土模素混凝土条形基础的施工工艺关系一般为:开挖沟槽→浇筑混凝土垫层→浇筑混凝土条形基础→回填土,工艺逻辑关系是确定的、先后顺序是客观固化的。

② 组织关系

在施工组织主观安排中,由于劳动力、机具、材料或工期等影响,各施工过程之间必然存在安排上的先后,这种关系是在保证施工质量、安全和工期的前提下,人为安排的顺序关系,是可变的。例如钢筋工可以先去第一施工段作业,也可以先去第二施工段作业。

(2) 逻辑关系的表达

网络图中工作间常见的逻辑关系表达方法如表 4-10 所示。

工作间常见的逻辑关系表达方法 表 4-10

序号	工作间的逻辑关系	网络图的表达方法	
		双代号网络图	单代号网络图
1	A、B 两项工作,依次施工	○—A→○—B→○	Ⓐ→Ⓑ

序号	工作间的逻辑关系	网络图的表达方法	
		双代号网络图	单代号网络图
2	A、B、C 三项工作,同时开始施工		
3	A、B、C 三项工作,同时结束施工		
4	A、B、C 三项工作,A 完成后,B、C 才能开始		
5	A、B、C 三项工作,C 只能在 A、B 完成后才能开始		
6	A、B、C、D 四项工作,A、B 完成后,C、D 才能开始		
7	A、B、C、D 四项工作,A 完成后 C 才能开始,A、B 完成后 D 才能开始		

续表

序号	工作间的逻辑关系	网络图的表达方法	
		双代号网络图	单代号网络图
8	A、B、C、D、E 五项工作，A、B 完成后 D 才能开始，B、C 完成后 E 才能开始	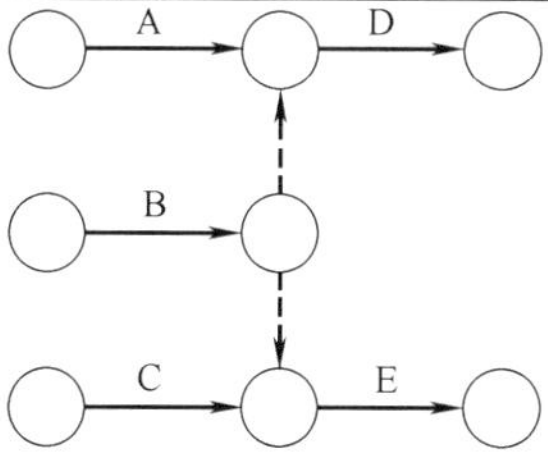	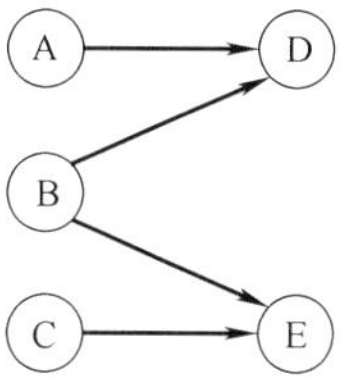
9	A、B、C、D、E 五项工作，A、B、C 完成后 D 才能开始，B、C 完成后 E 才能开始	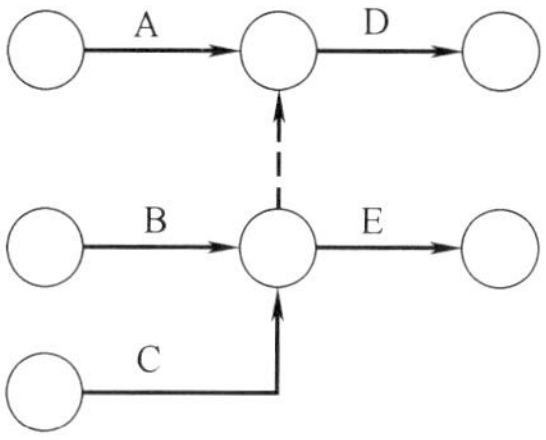	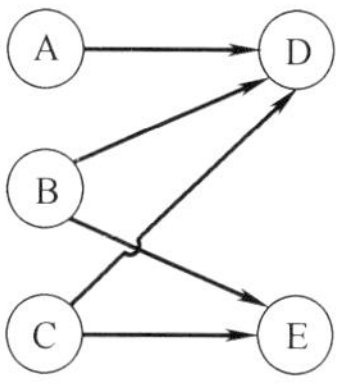
10	A、B 两项工作，按三个施工段进行流水施工	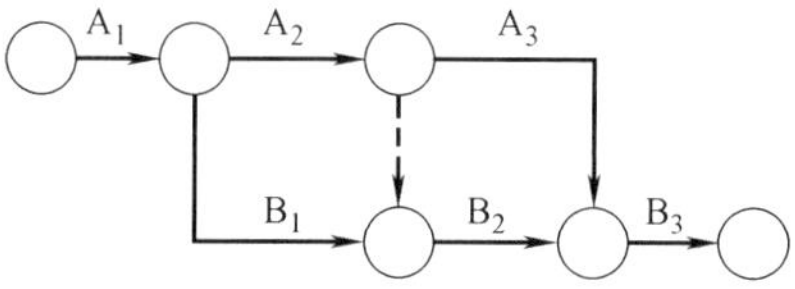	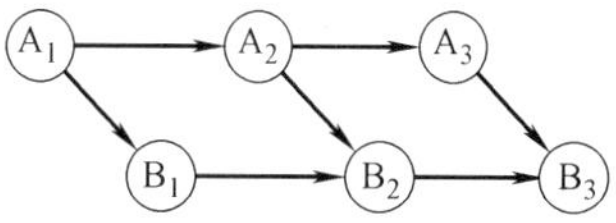

2）绘图的基本原则

绘制双代号网络图时，需要正确地表达各工作间的逻辑关系并遵循《工程网络计划技术规程》JGJ/T 121—2015 中有关绘图的基本规则。具体规则如下：

① 图 4-30 中②→③→④→⑤→②，形成了一个循环回路，必须杜绝。

② 图 4-31 中 i-j 双向箭头或无箭头的连线，不允许。

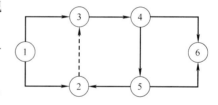

图 4-30　出现循环回路的网络图

(a)　　　　　　　　　　(b)

图 4-31　箭线的错误画法

（a）带有双向箭头的连线；（b）无箭头的连线

③ 图 4-32 出现没有箭头节点、没有箭尾节点的箭线，不允许。

(a)　　　　　　　　　　(b)

图 4-32　没有箭头节点和没有箭尾节点的箭线

（a）无箭头节点的箭线；（b）无箭尾节点的箭线

④ 图 4-33 中，当起点节点有多条外向箭线或终点节点有多条内线箭线时，可采用母线法绘制。

⑤ 图 4-34 中，当箭线交叉不可避免时，可用过桥法或指向法表示。

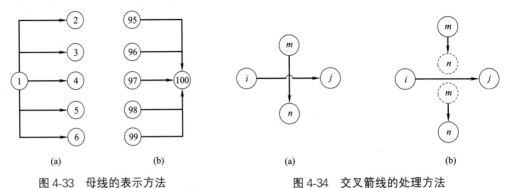

图 4-33　母线的表示方法

（a）起点节点母线画法；（b）终点节点母线画法

图 4-34　交叉箭线的处理方法

（a）过桥法；（b）指向法

⑥ 图 4-35 中，只允许出现一个起点节点和终点节点。

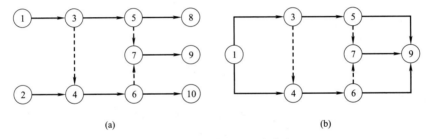

图 4-35　起点节点和终点节点

（a）表达错误的网络图；（b）表达正确的网络图

⑦ 图 4-36 中，不允许出现编号相同的节点或工作。

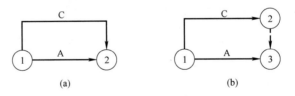

图 4-36　重复编号的工作示意图

（a）表达错误的网络图；（b）表达正确的网络图

3）绘图基本方法

（1）工程网络图的排列方法

① 按施工段排列法

它是将同一施工段上的各项工作排列在同一水平方向上的方法，用以突出表示工作面的连续作业，如图 4-37 所示。

② 按工种排列法

它是将同一工种和各项工作排列在同一水平方向上的方法，用以突出表示工种的连续

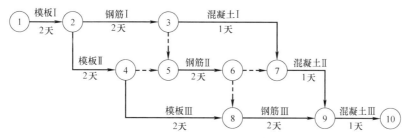

图 4-37 按施工段排列法示意图

作业，如土模素混凝土条形基础按工种排列法绘制网络图，如图 4-38 所示。

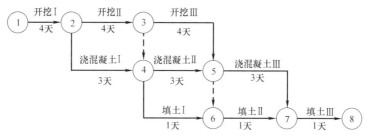

图 4-38 按工种排列法示意图

③ 按楼层排列法

它是将同一楼层的各项工作排列在同一水平方向上的方法，如某工程室内抹灰的网络计划按楼层组织自上而下的作业，如图 4-39 所示。

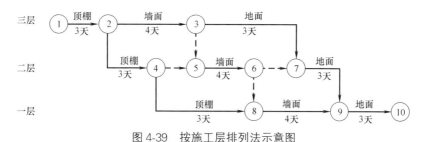

图 4-39 按施工层排列法示意图

④ 其他排列法

除按上述几种排列方法外，还有按施工单位（或专业）排列法、按栋号排列法等，实际工作中应根据具体情况进行选择使用。

（2）正确使用"断路法"

由于绘图过程中，经常出现无逻辑关系的工作建立了逻辑关系，尤其对于双进双出的节点处。所以绘制完成后，必须检查工作的逻辑关系是否正确，如果出现多余逻辑关系，可采用"断路法"把多余逻辑关系断开。

如图 4-40 所示，浇筑混凝土Ⅰ与支模板Ⅱ、混凝土Ⅱ与支模板Ⅲ无逻辑关系，但由于绘图的原因，出现了逻辑关系表达上的错误。

图 4-41 采用"横向断路法"修正了错误逻辑关系。"横向断路法"是在横向（水平）方向用虚箭线切断无逻辑关系的各项工作，主要用于无时间坐标的网络图中。

图 4-42 采用"纵向断路法"修正了错误逻辑关系。"纵向断路法"是在纵向（竖直）方向用虚箭线切断无逻辑关系的各项工作，主要用于时标网络图中。

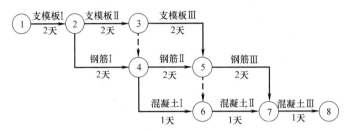

图 4-40　某钢筋混凝土工程双代号网络图

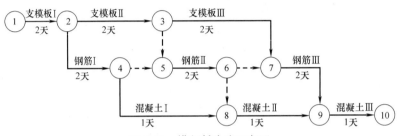

图 4-41　横向断路法示意图

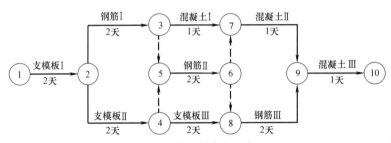

图 4-42　纵向断路法示意图

（3）双代号网络图的绘制步骤

扫描二维码 4-7，观看双代号网络图绘制教学视频。

双代号网络图的绘图步骤如下：

① 任务分解，确定施工过程；

② 确定完成任务计划的全部施工过程及其逻辑关系；

③ 确定每一施工过程的持续时间，编制各项施工过程之间的逻辑关系表；

④ 根据施工过程逻辑关系表，绘制并检查网络图。

二维码 4-7　双代号网络图绘制教学视频

【案例 4-18】　根据表 4-11 中各项工作的逻辑关系，绘制双代号网络图。

某工程各项工作逻辑关系表　　　　　　　　　　　　　表 4-11

序号	本工作	紧前工作	紧后工作	工作持续时间
1	A	无	B、C	3
2	B	A	D、E	2

序号	本工作	紧前工作	紧后工作	工作持续时间
3	C	A	E、F	1
4	D	B	G	3
5	E	B、C	G、H	8
6	F	C	H	4
7	G	D、E	I	4
8	H	E、F	I	6
9	I	G、H	无	5

【解析】 根据表 4-11 中逻辑关系，绘制网络图的步骤如下：

（1）先绘制无紧前工作的 A 工作；

（2）绘制 A 的紧后工作 B、C；

（3）绘制 B 的紧后工作 D、E；

（4）绘制 C 的紧后工作 F，因为其紧后工作还有 E，故需在 E 前加节点⑤，通过两个虚箭线与 B、C 建立逻辑关系；

（5）绘制 D 的紧后工作 G，因为 G 的紧前工作还有 E，E 的紧后还有工作 H，故需在 E 后增加节点⑥，通过两个虚箭线与 G、H 工作建立逻辑关系；

（6）绘制 F 的紧后工作 H，因为 H 的紧前工作还有 F，通过⑧节点把 H 的紧前逻辑关系会合；

（7）最后绘制以 G 和 H 为紧前工作的工作 I。

根据以上步骤绘制出网络图的草图后，从结束节点开始，由右向左逆向逐项检查网络图的逻辑关系是否正确，无误后再进行布局的调整，使整个网络条理清楚、布局合理，绘制出正式的网络图，并进行节点编号，如图 4-43 所示。

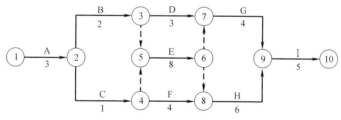

图 4-43 双代号网络图编制示例

3. 双代号网络计划时间参数计算

1）双代号网络计划时间参数

双代号网络计划的时间参数包括工作持续时间、工作六时间参数、节点时间参数和网络计划工期等，习惯用 D_{i-j} 表示工作的持续时间，计算方法同流水节拍，在此不再赘述。

（1）工作六时间参数

① 工作最早开始时间：在紧前工作和有关时限约束下，$i-j$ 工作有可能开始的最早时刻，用符号 ES_{i-j} 表示；

② 工作最早完成时间：在紧前工作和有关时限约束下，$i-j$ 工作有可能完成的最早

时刻，用符号 EF_{i-j} 表示；

③ 工作最迟开始时间：在不影响任务按期完成和有关时限约束下，$i-j$ 工作最迟必须开始的时刻，用符号 LS_{i-j} 表示；

④ 工作最迟完成时间：在不影响任务按期完成和有关时限约束下，$i-j$ 工作最迟必须完成的时刻，用符号 LF_{i-j} 表示；

⑤ 总时差：在不影响计算总工期和有关时限的前提下，$i-j$ 工作可以利用的机动时间，用符号 TF_{i-j} 表示；

⑥ 自由时差：在不影响其紧后工作最早开始时间和有关时限的前提下，$i-j$ 工作可以利用的机动时间，用符号 FF_{i-j} 表示。

（2）节点时间参数

① 节点最早时间 ET_i：以 i 节点为开始节点的各项工作最早开始时间；

② 节点最迟时间 LT_i：以 i 节点为完成节点的各项工作最迟完成时间。

（3）网络计划工期❶

① 计算工期：根据网络计划时间参数计算所得到的工期，用符号 T_c 表示。

② 要求工期：委托人所提出的指令性工期，用符号 T_r 表示。

③ 计划工期 T_p：在要求工期和计算工期的基础上综合考虑需要和可能而确定的工期，用符号 T_p 表示。

时间参数的计算方法有很多种，如分析计算法、图上计算法、表上计算法和电算法等。本书主要介绍图上计算法（分为工作计算法和节点计算法）。

2）工作计算法❷

按工作计算法计算时间参数，时间参数的图上标注方式见图 4-44。

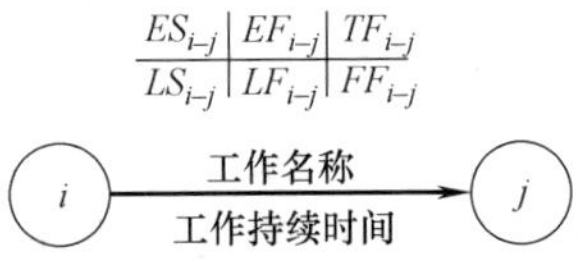

（1）工作时间参数与工期的计算

① 工作最早开始时间（ES_{i-j}）

a. 以起点节点 i 为箭尾节点的工作 $i-j$，当未规定其最早开始时间 ES_{i-j} 时，其值等于零，即：

$$ES_{i-j}=0 \tag{4-27}$$

b. 工作 $i-j$ 的最早开始时间 ES_{i-j} 应从网络计划的起点节点开始顺着箭线方向依次逐项计算：

$$ES_{i-j}=\max\{ES_{h-i}+D_{h-i}\} \tag{4-28}$$

式中　D_{h-i}——工作 $i-j$ 的各项紧前工作 $h-i$ 的持续时间；

　　　ES_{h-i}——工作 $i-j$ 的各项紧前工作 $h-i$ 的最早开始时间。

② 工作最早完成时间（EF_{i-j}）

工作 $i-j$ 的最早完成时间 EF_{i-j} 等于本工作的最早开始时间与持续时间之和，即：

$$EF_{i-j}=ES_{i-j}+D_{i-j} \tag{4-29}$$

图 4-44　工作计算法的时间
参数标注形式

---

❶ 《工程网络计划技术规程》JGJ/T 121—2015，网络计划的各类工期的概念见术语和符号 2.1.29-2.1.31。

❷ 《工程网络计划技术规程》JGJ/T 121—2015，4.3.1　按工作计算法计算时间参数应符合下列规定：

1. 计算工作时间参数应在确定各项工作的持续时间之后进行。虚工作可视同工作进行计算，其持续时间应为零。

2. 工作时间参数的计算结果应分别标注。

③ 网络计划的工期

a. 计算工期（T_c）。网络计划的计算工期等于所有无紧后工作的最早完成时间的最大值，即：

$$T_c = \max\{EF_{i-n}\} \tag{4-30}$$

式中　n——表示网络计划的终点节点。

b. 计划工期（T_p）。网络计划的计划工期是指按要求工期和计算工期确定的作为实施目标的工期，通常标注在终点节点的右侧，并用方框框起来。计划工期分两种情况：

a) 当已规定要求工期 T_r 时，则 $T_p \leqslant T_r$；

b) 当未规定要求工期 T_r 时，则 $T_p = T_c$。

④ 工作最迟完成时间（LF_{i-j}）

a. 以终点节点（$j = n$）为箭头节点的工作，最迟完成时间 LF_{i-n}，应按下式计算：

$$LF_{i-n} = T_p \tag{4-31}$$

b. 工作 $i-j$ 的最迟完成时间 LF_{i-j} 应从网络计划的终点节点开始，逆着箭线方向依次逐项计算：

$$LF_{i-j} = \min\{LF_{j-k} - D_{j-k}\} \tag{4-32}$$

式中　LF_{j-k}——工作 $i-j$ 的各项紧后工作 $j-k$ 的最迟完成时间；

　　　D_{j-k}——工作 $i-j$ 的各项紧后工作 $j-k$ 的持续时间。

⑤ 工作最迟开始时间（LS_{i-j}）

工作 $i-j$ 的最迟开始时间等于本工作的最迟完成时间减去本工作的持续时间，即：

$$LS_{i-j} = LF_{i-j} - D_{i-j} \tag{4-33}$$

⑥ 工作总时差（TF_{i-j}）

工作 $i-j$ 的总时差 TF_{i-j} 等于本工作的最迟开始时间与最早开始时间之差；或本工作的最迟完成时间与最早完成时间之差，即：

$$TF_{i-j} = LS_{i-j} - ES_{i-j} \quad 或 \quad TF_{i-j} = LF_{i-j} - EF_{i-j} \tag{4-34}$$

⑦ 工作自由时差（FF_{i-j}）

a. 当工作 $i-j$ 有紧后工作 $j-k$ 时，其自由时差应按下式计算：

$$FF_{i-j} = \min\{ES_{j-k}\} - EF_{i-j} \tag{4-35}$$

式中　ES_{j-k}——工作 $i-j$ 的紧后工作 $j-k$ 的最早开始时间。

b. 以终点节点为箭头节点的工作，其自由时差应按下式计算：

$$FF_{i-n} = T_p - T_c \tag{4-36}$$

（2）工作计算法示例

扫描二维码 4-8，观看双代号网络图时间参数计算教学视频。

【案例 4-19】 采用图上计算法计算图 4-45 所示的双代号网络图中各工作的时间参数并标注在图上，指出网络图的计算工期。

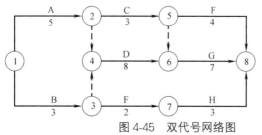

图 4-45　双代号网络图

$$\frac{ES_{i-j} \mid EF_{i-j} \mid TF_{i-j}}{LS_{i-j} \mid LF_{i-j} \mid FF_{i-j}}$$

二维码 4-8　双代号网络图时间参数计算教学视频

【解析】

1）计算工作的最早开始时间

按式（4-27）和式（4-28）计算图中各工作的最早开始时间，结果如下：

$ES_{1-2}=0$

$ES_{1-3}=0$

$ES_{2-5}=ES_{1-2}+D_{1-2}=0+5=5$

$ES_{3-7}=ES_{1-3}+D_{1-3}=0+3=3$

$ES_{4-6}=\max\{ES_{2-4}+D_{2-4},ES_{3-4}+D_{3-4}\}=\max\{5+0,3+0\}=5$

$ES_{5-8}=ES_{2-5}+D_{2-5}=5+3=8$

$ES_{6-8}=\max\{ES_{4-6}+D_{4-6},ES_{5-6}+D_{5-6}\}=\max\{5+8,8+0\}=13$

$ES_{7-8}=ES_{3-7}+D_{3-7}=3+2=5$

2）计算工作的最早完成时间

按式（4-29）计算图中各工作的最早完成时间，结果如下：

$EF_{1-2}=ES_{1-2}+D_{1-2}=0+5=5$

$EF_{1-3}=ES_{1-3}+D_{1-3}=0+3=3$

$EF_{2-5}=ES_{2-5}+D_{2-5}=5+3=8$

$EF_{3-7}=ES_{3-7}+D_{3-7}=3+2=5$

$EF_{4-6}=ES_{4-6}+D_{4-6}=5+8=13$

$EF_{5-8}=ES_{5-8}+D_{5-8}=8+4=12$

$EF_{6-8}=ES_{6-8}+D_{6-8}=13+7=20$

$EF_{7-8}=ES_{7-8}+D_{7-8}=5+3=8$

3）计算网络计划的工期

按式（4-30）计算，则网络计划的计算工期为：

$T_c=\max\{EF_{5-8},EF_{6-8},EF_{7-8}\}=\max\{12,20,8\}=20$

本案例无要求工期，则 $T_p=T_c=20$。

将工期标注在终点节点的右侧，并用方框框起来。

4）计算工作的最迟完成时间

按式（4-31）和式（4-32）计算各工作的最迟完成时间，结果如下：

$LF_{7-8}=T_p=20,LF_{6-8}=T_p=20$

$LF_{5-8}=T_p=20$

$LF_{4-6}=LF_{6-8}-D_{6-8}=20-7=13$

$LF_{2-5}=\min\{LF_{5-6}-D_{5-6},LF_{5-8}-D_{5-8}\}=\min\{13-0,20-4\}=13$

$LF_{1-3}=\min\{LF_{3-4}-D_{3-4},LF_{3-7}-D_{3-7}\}=\min\{5-0,17-2\}=5$

$LF_{1-2}=\min\{LF_{2-5}-D_{2-5},LF_{2-4}-D_{2-4}\}=\min\{13-3,5-0\}=5$

5）计算工作的最迟开始时间

按式（4-33）计算各工作的最迟开始时间，结果如下：

$LS_{1-2}=LF_{1-2}-D_{1-2}=5-5=0$

$LS_{1-3}=LF_{1-3}-D_{1-3}=5-3=2$

$LS_{2-5}=LF_{2-5}-D_{2-5}=13-3=10$

$$LS_{3-7}=LF_{3-7}-D_{3-7}=17-2=15$$
$$LS_{4-6}=LF_{4-6}-D_{4-6}=13-8=5$$
$$LS_{5-8}=LF_{5-8}-D_{5-8}=20-4=16$$
$$LS_{6-8}=LF_{6-8}-D_{6-8}=20-7=13$$
$$LS_{7-8}=LF_{7-8}-D_{7-8}=20-3=17$$

6）计算工作的总时差

按式（4-34）计算各工作的总时差，结果如下：

$$TF_{1-2}=LS_{1-2}-ES_{1-2}=0-0=0$$
$$TF_{1-3}=LS_{1-3}-ES_{1-3}=2-0=2$$
$$TF_{2-5}=LS_{2-5}-ES_{2-5}=10-5=5$$
$$TF_{3-7}=LS_{3-7}-ES_{3-7}=15-3=12$$
$$TF_{4-6}=LS_{4-6}-ES_{4-6}=5-5=0$$
$$TF_{5-8}=LS_{5-8}-ES_{5-8}=16-8=8$$
$$TF_{6-8}=LS_{6-8}-ES_{6-8}=13-13=0$$
$$TF_{7-8}=LS_{7-8}-ES_{7-8}=17-5=12$$

7）计算工作的自由时差

按式（4-35）和式（4-36）从网络计划的终点节点开始自右向左依次计算工作的自由时差，结果如下：

$$FF_{5-8}=T_{p}-EF_{5-8}=20-12=8$$
$$FF_{6-8}=T_{p}-EF_{6-8}=20-20=0$$
$$FF_{7-8}=T_{p}-EF_{7-8}=20-8=12$$
$$FF_{4-6}=ES_{6-8}-EF_{4-6}=13-13=0$$
$$FF_{3-7}=ES_{7-8}-EF_{3-7}=5-5=0$$
$$FF_{2-5}=\min\{ES_{5-8},ES_{6-8}\}-EF_{2-5}=\min\{8,13\}-8=0$$
$$FF_{1-2}=\min\{ES_{2-5},ES_{4-6}\}-EF_{1-2}=\min\{5,5\}-5=0$$
$$FF_{1-3}=\min\{ES_{3-7},ES_{4-6}\}-EF_{1-3}=\min\{3,5\}-3=0$$

至此，时间参数计算结果结束，将时间参数标注在每项工作的上边，结果见图4-46。

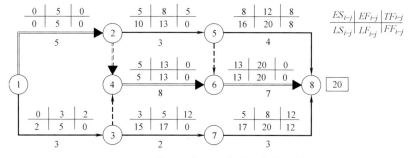

图 4-46 双代号网络图工作时间参数计算图

3）节点计算法

（1）节点最早开始时间（ET_i）

① 起点节点 i 的最早时间 ET_i，当未规定最早时间时，其值应等于零，即：

$$ET_i = 0 \tag{4-37}$$

② 节点 i 的最早时间 ET_i，应从网络计划的起点节点开始，顺着箭线方向依次逐项计算：

$$ET_j = \max\{ET_i + D_{i-j}\} \tag{4-38}$$

式中　D_{i-j}——$i-j$ 工作的持续时间。

（2）网络计划的工期

① 网络计划的计算工期 T_c 等于网络计划终点节点的最早时间，按下式计算：

$$T_c = ET_n \tag{4-39}$$

式中　n——网络计划的终点节点。

② 网络计划的计划工期 T_p 的计算分两种情况确定，即：

a. 当已规定要求工期 T_r 时，则 $T_p \leqslant T_r$；

b. 当未规定要求工期 T_r 时，则 $T_p = T_c$。

（3）节点最迟开始时间（LT_i）

① 终点节点 n 的最早时间 LT_n，应按网络计划的计划工期 T_p 确定，即：

$$LT_n = T_p \tag{4-40}$$

② 节点 i 的最迟时间 LT_i，应从网络计划的终点节点开始，逆着箭线方向依次逐项计算：

$$LT_i = \min\{LT_j - D_{i-j}\} \tag{4-41}$$

式中　LT_j——工作 $i-j$ 的箭头节点 j 的最迟时间。

（4）工作时间参数的计算

工作时间参数的计算可以通过对节点时间参数的分析得到。

① 工作 $i-j$ 的最早开始时间 ES_{i-j} 应按下式计算：

$$ES_{i-j} = ET_i \tag{4-42}$$

② 工作 $i-j$ 的最早完成时间 EF_{i-j} 应按下式计算：

$$EF_{i-j} = ET_i + D_{i-j} \tag{4-43}$$

③ 工作 $i-j$ 的最迟完成时间 LF_{i-j} 应按下式计算：

$$LF_{i-j} = LT_j \tag{4-44}$$

④ 工作 $i-j$ 的最迟开始时间 LS_{i-j} 应按下式计算：

$$LS_{i-j} = LT_j - D_{i-j} \tag{4-45}$$

【案例 4-20】（2019 年一级建造师考题改）某工程网络计划图 4-47，工作 D 的最迟开始时间是第（　　）天。

【解析】　根据公式 $LS_{i-j} = LT_j - D_{i-j}$ 计算，$LS_D = 12 - 4 = 8$。

⑤ 工作 $i-j$ 的总时差 TF_{i-j} 应按下式计算：

$$TF_{i-j} = LT_j - ET_i - D_{i-j} \tag{4-46}$$

⑥ 工作 $i-j$ 的自由时差 FF_{i-j} 应按下式计算：

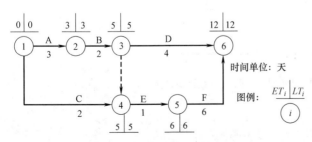

图 4-47　某工程网络计划节点参数

$$FF_{i-j}=ET_j-ET_i-D_{i-j} \tag{4-47}$$

【案例 4-21】　采用图上计算法计算图 4-48 中节点时间参数。

【解析】　根据公式 $ET_j=\max\{ET_i+D_{i-j}\}$ 计算，计算结果见图 4-48。

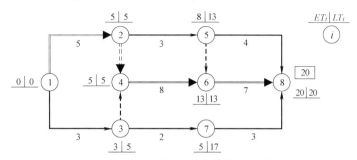

图 4-48　双代号网络图节点参数及计算结果

4）关键工作和关键线路

（1）关键线路和关键工作❶

从网络计划的起始节点到终点节点的线路中持续时间最长的线路，称为关键线路，图 4-48 中，①→②→④→⑥→⑧就是关键线路，在同一网络图中，关键线路至少有一条，关键线路上的工作称为关键工作。

当 $T_p=T_c$ 时，关键工作总时差等于零，图 4-48 中，关键工作①-②，②-④，④-⑥，⑥-⑧的总时差为零。也可以说，当 $T_p=T_c$ 时，由总时差为零的工作组成的线路，是关键线路。

（2）确定关键线路的方法

确定关键线路的方法有多种，除了前面介绍的比较线路长短和计算总时差外，再介绍两种简便的确定关键线路的方法。

① 破圈法

从网络计划的起点到终点顺着箭线方向，对每个节点进行考察，凡遇到节点有两个以上的内向箭线时，都可以按线路段工作时间长短，采取留长去短而破圈，从而得到关键线路。

【案例 4-22】　用破圈法找出图 4-49 所示网络图中的关键线路。

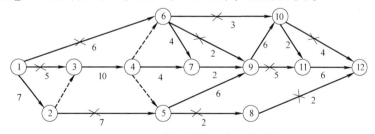

图 4-49　双代号网络图破圈法示例

❶ 《工程网络计划技术规程》JGJ/T 121—2015；

2.1.34　关键工作：网络计划中机动时间最少的工作。

2.1.35　关键线路：双代号网络计划中，由关键工作组成的线路或总持续时间最长的线路；单代号网络计划中，由关键工作组成，且关键工作之间的间隔时间为零的线路或总持续时间最长的线路。

【解析】　通过考察节点③、⑤、⑥、⑦、⑨、⑩、⑪、⑫，去掉每个节点内向箭线所在线路段工作时间之和较短的工作，余下的工作即为关键工作，如图 4-49 中关键线路有三条：

第一条：①→②→③→④→⑤→⑨→⑩→⑪→⑫；

第二条：①→②→③→④→⑥→⑦→⑩→⑪→⑫；

第三条：①→②→③→④→⑦→⑨→⑩→⑪→⑫。

② 标号法

标号法是一种快速寻求网络计划计算工期和关键线路的方法。标号法利用节点计算法的基本原理，对网络计划中的每个节点进行标号，利用标号值确定计算工期和关键线路。

【案例 4-23】　用标号法确定图 4-50 所示网络计划的计算工期和关键线路。

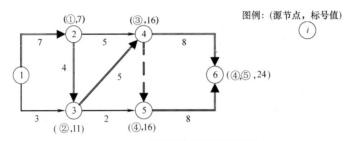

图 4-50　双代号网络图标号法示例

【解析】

1）确定节点标号值 b_j

（1）网络计划起点节点的标号值为零。图 4-50 中节点①的标号值为零，即：

$$b_1 = 0 \qquad (4\text{-}48)$$

（2）其他节点的标号值等于以该节点为完成节点的各项工作的开始节点标号值加其持续时间所得之和的最大值，即：

$$b_j = \max\{b_i + D_{i-j}\} \qquad (4\text{-}49)$$

式中　b_j——工作 $i-j$ 的完成节点 j 的标号值；

b_i——工作 $i-j$ 的开始节点 i 的标号值；

节点的标号宜用双标号法，即用源节点号 a 作为第 1 标号，计算值作为第 2 标号 b_j。各节点标注方式见图 4-50。

2）确定计算工期

网络计划的计算工期就是终点节点的计算值。本例计算工期为 24。

3）确定关键线路

自终点节点开始，逆着箭线跟踪源节点，本例中，从终点节点⑥逆向跟踪源节点，可得两条关键线路：

第一条：①→②→③→④→⑤→⑥；

第二条：①→②→③→④→⑥。

【案例 4-24】　（2015 建造师考题改）背景资料：某群体工程，主楼地下二层，地上八层，总建筑面积 26800m^2，现浇钢筋混凝土框剪结构。建设单位分别与施工单位、监理单位按照《建筑工程施工合同（示范文本）》GF-2013-0201、《建设工程监理合同（示范文本)》GF-2012-0202 签订了施工合同和监理合同。合同履行过程中，发生了下列事件。

事件一：监理工程师在审查施工组织总设计时，发现其总进度计划部分仅有网络图和编制说明。监理工程师认为该部分内容不全，要求补充完善。

事件二：某单位工程的施工进度计划网络图如图 4-51 所示。因工艺设计采用某专利技术，工作 F 需要工作 B 和工作 C 完成以后才能开始施工。监理工程师要求施工单位对进度计划网络图进行调整。

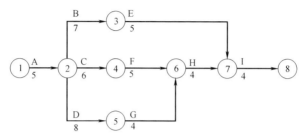

图 4-51 施工进度计划网络图

事件三，施工过程中发生索赔事件如下：

（1）由于项目功能调整变更设计，导致工作 C 中途出现停歇，持续时间比原计划超出 2 个月，造成施工人员窝工损失 13.6 万元/月×2 月＝27.2 万元；

（2）当地发生百年一遇大暴雨引发泥石流，导致工作 E 停工、清理恢复施工共闲时 3 个月，造成施工设备损失费用 8.2 万元，清理和修复工程费用 24.5 万元。

针对上述（1）、（2）事件，施工单位在有效时限内分别向建设单位提出 2 个月、3 个月的工期索赔，27.2 万元、32.7 万元的费用索赔（所有事项均与实际相符）。

事件四：某单体工程会议室主梁跨度为 10.5m，截面尺寸为 450mm×900mm。施工单位按规定编制了模板工程专项方案。

问题：

（1）事件一中，施工单位对施工总进度计划还需补充哪些内容？

（2）绘制事件二中调整后的施工进度计划网络图（双代号），指出其关键线路（用工作表示），并计算其总工期（单位：月）。

（3）事件三中，分别指出施工单位提出的两项工期索赔和两项费用索赔是否成立，并说明理由。

【答案与解析】

1）施工总进度计划的内容包括：编制说明，施工总进度计划表（图），分期（分批）实施工程的开、竣工日期及工期一览表，资源需要量及供应平衡表等。

2）工艺设计采用某专利技术，工作 F 需要工作 B 和工作 C 完成以后才能开始施工，见图 4-52。（关键线路及工期通过标号法或者破圈法，过程略）

（1）网络图中关键线路有两条：A→B→F→H→I 和 A→D→G→H→I；

（2）总工期：T＝5＋7＋5＋4＋4＝25 月 或 T＝5＋8＋4＋4＋4＝25 月。

3）两项工期索赔和两项费用索赔情况。

（1）工期索赔：索赔不成立。因为 C 为非关键工作，总时差为 1 个月，设计变更后导致工期延误 2 个月，对总工期影响只有 1 个月，所以，C 工作的工期索赔只能为 1 个月。

费用索赔：索赔成立。C 工作索赔费用 27.2 万元合理。因为设计变更是非承包商原

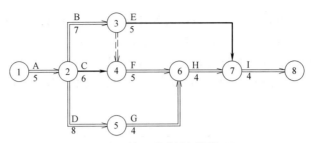

图 4-52　施工进度计划网络图

因导致的承包商自身经济损失，承包商有权对建设单位提出费用索赔。

（2）工期索赔：索赔不成立。E 工作索赔 3 个月的工期不合理。因为 E 为非关键工作，总时差为 4 个月，不可抗力导致了工期延误 3 个月，延误时长未超过总时差，所以工期索赔不成立。

费用索赔：索赔不成立。E 工作索赔 32.7 万元费用不合理。在 32.7 万元中，有 8.2 万元是不可抗力导致施工设备损失的费用。在不可抗力后，施工单位的人员和机械损失，需要施工单位自己承担。而 24.5 万元的清理和修复费用是可以索赔的，因为在不可抗力后的清理和工程修复费用，由建设单位承担。

4.3.3　单代号网络图

单代号网络图又称"工作节点网络图"，是网络计划的另一种表达方法，具有绘图简单、逻辑关系明确、易于修改等特点。

1. 单代号网络图的组成

单代号网络图是由节点、箭线和线路三个基本要素组成❶。

1）节点

单代号网络图中每一个节点表示一项工作，节点所表示的工作名称、持续时间和工作代号均标注在节点内，如图 4-53 所示。

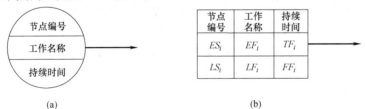

(a)　　　　　　　　　　　　　(b)

图 4-53　单代号网络图工作的表示方法

(a) 圆节点表示方法；(b) 矩形节点表示方法

2）箭线

单代号网络图中，箭线表示工作之间的逻辑关系及开展方向，箭线可画成水平直线、折线或斜线。单代号网络图中没有虚箭线。

3）线路

与双代号网络图中线路的含义相同，单代号网络图的线路是指从网络计划的起点节点

---

❶ 《工程网络计划技术规程》JGJ/T 121—2015，2.1.11　单代号网络图：以节点及该节点编号表示工作，以箭线表示工作之间逻辑关系的网络图。

出发,沿箭线方向连续通过一系列箭线与节点,最后达到终点节点所经过的通路。其中持续时间最长的线路为关键线路,其余为非关键线路。

2. 单代号网络图的绘制

1)单代号网络图的绘制规则

单代号网络图应只有一个起点节点和一个终点节点;当网络图中有多项起点节点或多项终点节点时,应在网络图的两端分别设置一项虚拟节点❶,作为该网络图的起点节点(S_t)和终点节点(F_{in}),如图 4-54 所示。

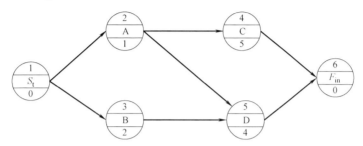

图 4-54 单代号网络图虚拟节点示意图

2)单代号网络图绘制示例

【案例 4-25】 根据表 4-12 中各项工作的逻辑关系,绘制单代号网络图。

各项工作逻辑关系表 表 4-12

工作代号	A	B	C	D	E	F	G	H
紧前工作	—	—	A	AB	B	CD	D	DE
紧后工作	CD	DE	F	FGH	H	—	—	—
持续时间	3	2	5	7	4	4	10	6

【解析】 本题的绘制结果如图 4-55 所示。

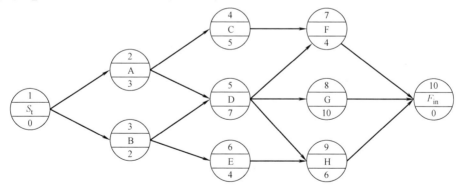

图 4-55 单代号网络图的绘制示例

---

❶ 《工程网络计划技术规程》JGJ/T 121—2015,2.1.8 虚拟节点:在单代号网络图中,当有多项起始工作或多项结束工作时,为便于计算而虚设的起点节点或终点节点的统称。5.2.6 单代号网络图应只有一个起点节点和一个终点节点;当网络图中有多项起点节点或多项终点节点时,应在网络图的两端分别设置一项虚拟节点,作为该网络图的起点节点(S_t)和终点节点(F_{in})。

3. 单代号网络计划时间参数计算

单代号网络计划时间参数标注形式见图 4-56。

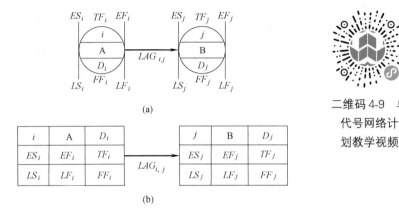

(a)

(b)

图 4-56　单代号网络计划时间参数的标注

(a) 形式一；(b) 形式二

二维码 4-9　单
代号网络计
划教学视频

单代号网络计划比双代号网络计划的时间参数多了一个相邻两项工作间的时间间隔（$LAG_{i,j}$）参数，其他参数相同。扫描二维码 4-9，观看单代号网络计划教学视频。

1）工作最早开始时间（ES_i）

（1）当起点节点 i 的最早开始时间 ES_i 无规定时，按下式计算：

$$ES_i = 0 \tag{4-50}$$

（2）工作 i 的最早开始时间 ES_i 应从网络计划的起点节点开始顺着箭线方向依次逐项计算：

$$ES_i = \max\{ES_h + D_h\} = \max\{EF_h\} \tag{4-51}$$

式中　D_h——工作 i 的各项紧前工作 h 的持续时间；

ES_h——工作 i 的各项紧前工作 h 的最早开始时间；

EF_h——工作 i 的各项紧前工作 h 的最早完成时间。

2）工作最早完成时间（EF_i）

工作 i 的最早完成时间 EF_i 按下式计算，即：

$$EF_i = ES_i + D_i \tag{4-52}$$

3）网络计划的工期

（1）网络计划的计算工期按下式计算：

$$T_c = EF_n \tag{4-53}$$

式中　EF_n——终点节点 n 的最早完成时间。

（2）网络计划的计划工期分两种情况确定，即：

a. 当已规定要求工期 T_r 时，则 $T_p \leqslant T_r$；

b. 当未规定要求工期 T_r 时，则 $T_p = T_c$。

4）相邻两项工作间的时间间隔（$LAG_{i,j}$）

（1）相邻两项工作 i 和 j 之间的时间间隔 $LAG_{i,j}$ 按下式计算：

$$LAG_{i,j} = ES_j - EF_i \tag{4-54}$$

（2）终点节点与其紧前工作的时间间隔为：

$$LAG_{i,n}=T_{\mathrm{p}}-EF_i \tag{4-55}$$

5）工作总时差（TF_i）

（1）终点节点所代表工作 n 的总时差 TF_n 应按下式计算：

$$TF_n=T_{\mathrm{p}}-EF_n \tag{4-56}$$

（2）工作 i 的总时差 TF_i 应从网络计划的终点节点开始，逆着箭线方向依次逐项计算：

$$TF_i=\min\{TF_j+LAG_{i,j}\} \tag{4-57}$$

6）工作自由时差（FF_i）

（1）终点节点所代表的工作 n 的自由时差 FF_n 按下式计算：

$$FF_n=T_{\mathrm{p}}-EF_n \tag{4-58}$$

（2）其他工作 i 的自由时差 FF_i 按下式计算：

$$FF_i=\min\{LAG_{i,j}\} \tag{4-59}$$

7）工作最迟完成时间（LF_i）

（1）终点节点所代表的工作 n 的最迟完成时间 LF_n 按下式计算：

$$LF_n=T_{\mathrm{p}} \tag{4-60}$$

（2）其他工作 i 的最迟完成时间按下列公式计算：

$$LF_i=\min\{LS_j\} \text{ 或 } LF_i=EF_i+TF_i \tag{4-61}$$

式中　LS_j——工作 i 的各项紧后工作 j 的最迟开始时间。

8）工作最迟开始时间（LS_i）

工作 i 的最迟开始时间 LS_i 按下式计算：

$$LS_i=LF_i-D_i \text{ 或 } LS_i=ES_i+TF_i \tag{4-62}$$

9）关键工作和关键线路的确定❶

（1）关键工作的确定

单代号网络计划关键工作的确定方法与双代号网络计划相同，即总时差最小的工作为关键工作。

（2）关键线路的确定

在单代号网络计划中，从始至终所有工作之间的时间间隔均为零的线路为关键线路。

【案例 4-26】 计算图 4-57 所示单代号网络图的时间参数，并找出关键工作和关键线路。

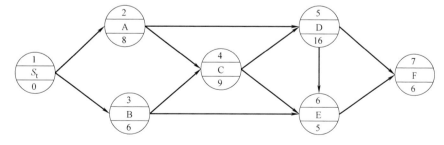

图 4-57　单代号网络图

---

❶ 《工程网络计划技术规程》JGJ/T 121—2015，2.1.35　关键线路：单代号网络计划中，由关键工作组成，且关键工作之间的间隔时间为零的线路或总持续时间最长的线路。

【解析】 根据计算公式，计算各项工作的时间参数，结果如图 4-58 所示，关键工作为 A、C、D、E、F，关键线路为①→②→④→⑤→⑥→⑦。

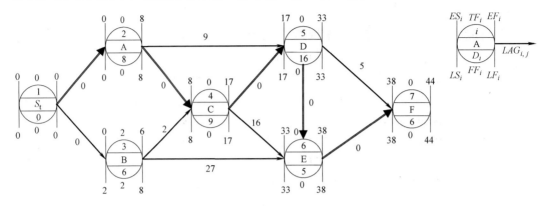

图 4-58 单代号网络图时间参数计算示例

4.3.4 时标网络计划

双代号时标网络计划是以时间坐标为尺度编制的网络计划。扫描二维码 4-10，观看时标网络计划教学视频。

二维码 4-10 时标网络计划教学视频

1. 绘制规定

时标网络计划的绘制必须遵循《工程网络计划技术规程》JGJ/T 121—2015 中的规定，具体如下：

1）双代号时标网络计划应以水平时间坐标为尺度表示工作时间，时标的单位应根据需要在绘制网络计划之前确定；

2）双代号时标网络计划中的实箭线表示工作，虚箭线表示虚工作，波形线表示工作的自由时差；

3）双代号时标网络计划中的节点中心必须对准相应时标位置，虚工作必须以垂直方向的虚箭线表示，有自由时差时用波形线表示。

2. 时间参数的确定

1）最早时间的确定

（1）每条箭线箭尾节点中心所对应的时间值，即为工作的最早开始时间；

（2）箭线实线部分右端或箭头节点中心所对应的时间值，即为工作的最早完成时间。

2）双代号时标网络计算工期的确定

计算工期为终点节点与起点节点所在位置的时间值之差。

3）自由时差的确定

双代号时标网络计划中，工作的自由时差为工作的箭线中波形线部分在坐标轴上的水平投影长度。

4）总时差的计算

双代号时标网络计划中，工作的总时差应自右至左逐个进行计算。

（1）以终点节点为箭头节点的工作，总时差应按网络计划的计划工期 T_p 计算确定：

$$TF_{i-n} = T_p - EF_{i-n} \tag{4-63}$$

（2）其他工作 $i-j$ 的总时差按下式计算：

$$TF_{i-j} = \min\{TF_{j-k} + FF_{i-j}\} \tag{4-64}$$

式中 TF_{j-k}——工作 $i-j$ 的紧后工作 $j-k$ 的总时差。

5）工作最迟时间的计算

双代号时标网络计划中工作的最迟开始时间和最迟完成时间，按下列公式计算：

$$LS_{i-j} = ES_{i-j} + TF_{i-j} \tag{4-65}$$

$$LF_{i-j} = EF_{i-j} + TF_{i-j} \tag{4-66}$$

6）关键线路的确定

在双代号时标网络计划中，自始至终不出现波形线的线路为关键线路。

3. 绘制示例

【案例 4-27】 将网络图 4-59 绘制成时标网络图。

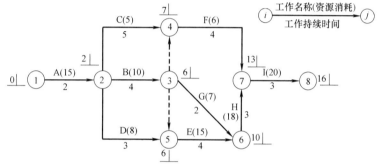

图 4-59 双代号网络图

【解析】 间接绘制步骤如下：

（1）计算各节点的最早时间（或各工作的最早时间）并标注在图上；

（2）按节点的最早时间将各节点定位在时标上；

（3）根据工作连接各节点，实线长度不足以到达该工作的箭头节点时，用波形线补足，并在末端绘出箭头；

（4）虚工作以垂直方向的虚箭线表示，有自由时差时加波形线表示。

绘制完成的时标网络计划如图 4-60 所示。

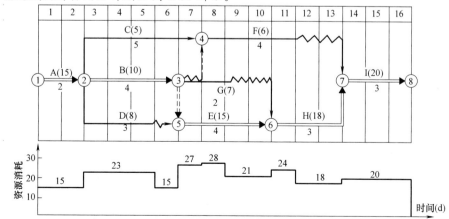

图 4-60 时标网络图

4.3.5 单代号搭接网络计划

二维码 4-11 搭接网络计划教学视频

单代号搭接网络计划是前后工作之间有多种逻辑关系的肯定型网络计划，它是将单代号网络图与搭接施工有机结合的一种网络计划表达方法。单代号搭接网络计划的绘图规则与前述普通单代号网络计划基本相同，只是增加了搭接关系。一般情况下，搭接网络需要增加虚拟的起始节点和终点节点。扫描二维码 4-11，观看搭接网络计划教学视频。

1. 搭接关系

相邻两项工作之间的搭接关系主要有完成到开始、开始到开始、完成到完成、开始到完成及混合五种搭接关系，具体如下：

1）完成到开始的关系（FTS）

相邻两项工作间的时距 FTS，指的是前项工作的完成 FTS 时间后，后项工作才能开始，如图 4-61 所示。

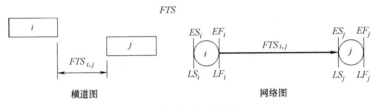

横道图　　　　　　　　　　　　网络图

图 4-61　完成到开始的关系（FTS）

例如在修堤坝时，一定要等土堤自然沉降后才能修护坡，筑土堤与修护坡之间的等待时间就是 FTS 时距。

2）开始到开始的关系（STS）

相邻两项工作关系相继开始的时距 STS，指的是前项工作开始 STS 时间后，后项工作才能开始，如图 4-62 所示。

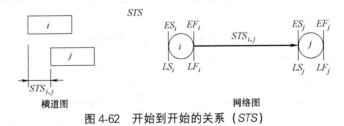

横道图　　　　　　　　　　　　网络图

图 4-62　开始到开始的关系（STS）

例如在道路工程中，当路基铺设工作开始一段时间后，为路面浇筑工作创造一定条件，路面浇筑工作即可开始，路基铺设工作的开始时间与路面浇筑工作的开始时间之间的差值就是 STS 时距。

3）完成到完成的关系（FTF）

相邻两项工作之间相继完成的时距 FTF，指的是前项工作完成 FTF 时间后，后项工作才能完成，如图 4-63 所示。

例如路基铺设工作的进展速度小于路面浇筑工作的进展速度时，须考虑为路面浇筑工作留有充分的工作面，否则，路面浇筑工作就将因没有工作面而无法进行。路基铺设工作

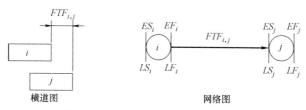

图 4-63 完成到完成的关系（*FTF*）

的完成时间与路面浇筑工作的完成时间之间的差值就是 *FTF* 时距。

4）开始到完成的关系（*STF*）

相邻两项工作间的时距 *STF*，指的是前项工作开始 *STF* 时间后，后项工作才能完成，如图 4-64 所示。

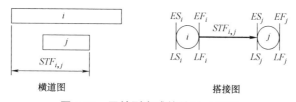

图 4-64 开始到完成的关系（*STF*）

例如，井点降水工作必须在主体结构施工到地上三层时，才能停止降水工作。

5）混合搭接关系

当两项工作之间同时存在上述四种关系中的两种约束关系，就是混合搭接关系。例如工作 *i* 和工作 *j* 之间可能同时存在 *STS* 时距和 *FTF* 时距，或同时存在 *STF* 时距和 *FTS* 时距等，如图 4-65 所示。

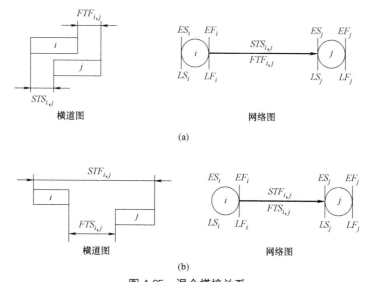

图 4-65 混合搭接关系
（a）既有 *STS* 又有 *FTF*；（b）既有 *STF* 又有 *FTS*

例如在沉井施工中，井点降水工作在沉井即将到达沉井预定标高处即开始井点降水（*STS*），在沉井混凝土封底，并达到一定强度后停止降水（*FTF*）。

2. 时间参数计算

图 4-66 为单代号搭接网络计划时间参数的标注形式。

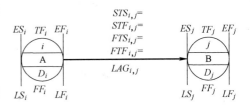

图 4-66　单代号搭接网络计划
时间参数标注形式

1) 时间参数计算方法

(1) 工作最早时间参数的计算

① 计算最早时间参数是从起点节点开始依次进行，只有紧前工作计算完毕，才能计算本工作。

② 计算工作最早时间的步骤：

a. 凡与起点节点相连的工作最早开始时间都为零，即：

$$ES_i = 0 \tag{4-67}$$

b. 紧后 j 工作的最早时间的计算公式：

$$FTS: ES_j = EF_i + FTS_{i,j} \tag{4-68}$$

$$STS: ES_j = ES_i + STS_{i,j} \tag{4-69}$$

$$FTF: EF_j = EF_i + FTF_{i,j} \tag{4-70}$$

$$STF: EF_j = ES_i + STF_{i,j} \tag{4-71}$$

c. 当中间工作的最早开始时间计算为负值时，应将该工作与起点节点用虚箭线相连接，并确定其时距为 $STS = 0$。

d. 当有两种以上的时距（或者有两项或两项以上紧前工作）限制工作间的逻辑关系时，应按不同情况分别进行计算其最早时间，并取最大值。

e. 当中间工作的计算最早完成时间大于终点节点的最早完成时间时，应用虚箭线将该工作与终点节点相连接，并确定其时距为 $FTF = 0$。

(2) 相邻两项工作时间间隔的计算

在搭接网络计划中，相邻两项工作 i 和 j 在满足时距之外，还有多余的时间间隔 $LAG_{i,j}$ 存在，见图 4-67。

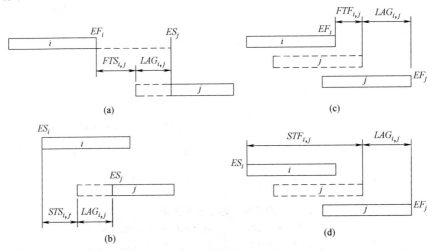

图 4-67　单代号搭接网络图的 $LAG_{i,j}$ 表达示例

(a) FTS 搭接情形；(b) STS 搭接情形；(c) FTF 搭接情形；(d) STF 搭接情形

时间间隔因搭接关系不同而其计算也不同，可按下列公式计算：

$$FTS：LAG_{i,j}=ES_j-EF_i-FTS_{i,j} \quad (4\text{-}72)$$

$$STS：LAG_{i,j}=ES_j-ES_i-STS_{i,j} \quad (4\text{-}73)$$

$$FTF：LAG_{i,j}=EF_j-EF_i-FTF_{i,j} \quad (4\text{-}74)$$

$$STF：LAG_{i,j}=EF_j-ES_i-STF_{i,j} \quad (4\text{-}75)$$

当存在混合搭接关系时：

$$LAG_{i,j}=\min\begin{bmatrix}ES_j-EF_i-FTS_{i,j}\\ES_j-ES_i-STS_{i,j}\\EF_j-EF_i-FTF_{i,j}\\EF_j-ES_i-STF_{i,j}\end{bmatrix} \quad (4\text{-}76)$$

（3）工作最迟时间的计算

搭接网络计划的工作最迟时间计算与确定方法与前述普通单代号网络计划相同，不再累述。需要注意的是当某项工作的最迟完成时间大于计划工期时，应将该工作与终点节点用虚箭线相连，并重新计算其最迟完成时间。

（4）工作自由时差与总时差的计算

搭接网络计划的工作自由时差与总时差的计算与确定方法与前述普通单代号网络计划相同，不再累述。

（5）关键工作和关键线路的确定

① 在单代号搭接网络计划中，总时差最小的工作为关键工作；

② 在单代号搭接网络计划中，从起点节点开始到终点节点均为关键工作，且所有工作的时间间隔均为零的线路应为关键线路。

2）时间参数计算示例

【案例4-28】 计算图4-68所示单代号搭接网络计划的时间参数，并找出关键线路。

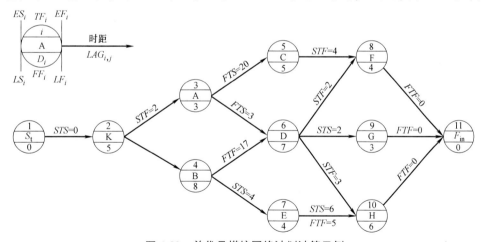

图4-68 单代号搭接网络计划计算示例

【解析】

1）工作最早时间的计算

虚拟的起点节点 S_t：$ES_{St}=0$，　　　　　　　　$EF_{St}=ES_{St}+D_{St}=0+0=0$

K 工作：$ES_K = ES_{St} + STS_{St,K} = 0 + 0 = 0$, $EF_K = ES_K + D_K = 0 + 5 = 5$

A 工作：$EF_A = ES_K + STF_{K,A} = 0 + 2 = 2$, $ES_A = EF_A - D_A = 2 - 3 = -1$

因按时距计算 ES_A 为负值，故应将 A 工作与起点节点相连，确定时距 $STS = 0$。则 A 工作就有两项紧前工作，ES 值取最大值，$ES_A = \max(0, -1) = 0$，$EF_A = ES_A + D_A = 0 + 3 = 3$。

其他工作的计算见表 4-13。

搭接网络其他工作早时间参数的计算　　　　　　　　表 4-13

工作名称	紧前工作	时距	最早开始时间	最早完成时间
B	K	/	$ES_B = EF_K = 5$	$EF_B = ES_B + D_B = 5 + 8 = 13$
C	A	$FTS_{A,C} = 20$	$ES_C = EF_A + FTS_{A,C} = 3 + 20 = 23$	$EF_C = ES_C + D_C = 23 + 5 = 28$
D	A B	$FTS_{A,D} = 3$ $FTF_{B,D} = 17$	$ES_D = EF_A + FTS_{A,D} = 3 + 3 = 6$ $ES_D = EF_D - D_D = 30 - 7 = 23$ $ES_D = \max\{6, 23\} = 23$	$EF_D = ES_D + D_D = 6 + 7 = 13$ $EF_D = EF_B + FTF_{B,D} = 13 + 17 = 30$ $EF_D = ES_D + D_D = 23 + 7 = 30$
E	B	$STS_{B,E} = 4$	$ES_E = ES_B + STS_{B,E} = 5 + 4 = 9$	$EF_E = ES_E + D_E = 9 + 4 = 13$
F	C D	$STF_{C,F} = 4$ $STF_{D,F} = 2$	$ES_F = EF_F - D_F = 27 - 4 = 23$ $ES_F = EF_F - D_F = 25 - 4 = 21$ $ES_F = \max\{23, 21\} = 23$	$EF_F = ES_C + STF_{C,F} = 23 + 4 = 27$ $EF_F = ES_D + STF_{D,F} = 23 + 2 = 25$ $EF_F = EF_F + D_F = 23 + 4 = 27$
G	D	$STS_{D,G} = 2$	$ES_G = ES_D + STS_{D,G} = 23 + 2 = 25$	$EF_G = ES_G + D_G = 25 + 3 = 28$
H	D E	$STF_{D,H} = 3$ $STS_{E,H} = 6$ $FTF_{E,H} = 5$	$ES_H = EF_H - D_H = 26 - 6 = 20$ $ES_H = ES_E + STS_{E,H} = 9 + 6 = 15$ $ES_H = EE_E - D_H = 18 - 6 = 12$ $ES_H = EF_H - D_H = 26 - 6 = 20$	$EF_H = ES_D + STS_{D,H} = 23 + 3 = 26$ $EF_H = ES_E + D_H = 15 + 6 = 21$ $EF_H = EF_E + FTF_{E,H} = 13 + 5 = 18$ $EF_H = \max\{26, 21, 18\} = 26$

F、G、H 三个工作均为结束工作，$EF_F = 27$，$EF_G = 28$，$EF_H = 26$，中间工作 D 的最早完成时间值为 $EF_D = 30$，将 D 工作的⑥节点与终点节点用虚箭线连接，其时距确定为 $FTF = 0$，此时，虚拟终点节点的 $ES_终 = EF_终 = EF_D = 30$。

2）计算工期的确定

与终点节点相联系的工作的最早完成时间的最大值为搭接网络计划的计算工期 T_c；本例中，$T_c = \max\{EF_D, EF_F, EF_G, EF_H\} = \max\{30, 27, 28, 26\} = 30$。

3）相邻工作时间间隔的计算

$LAG_{St,K} = LAG_{St,A} = 0$

$LAG_{K,A} = EF_A - ES_K - STF_{K,A} = 3 - 0 - 2 = 1$

$LAG_{K,B} = ES_B - EF_K = 5 - 5 = 0$

$LAG_{A,C} = ES_C - EF_A - FTS_{A,C} = 23 - 3 - 20 = 0$

……

$LAG_{E,H} = \min\{ES_H - ES_E - STS_{E,H}, EF_H - EF_E - FTF_{E,H}\}$
             $= \min\{20 - 9 - 6, 26 - 13 - 5\} = 5$

……

$LAG_{H,Fin} = EF_{Fin} - EF_H - FTF_{H,Fin} = 30 - 26 - 0 = 4$

4）工作最迟时间的计算（略）

搭接网络计划工作 i 的总时差 TF_i 的计算同单代号网络计划。需要注意的是：当某项工作的最迟完成时间大于计划工期时，应将该工作与终点节点用虚箭线相连，并重新计算其最迟完成时间。

本例中的 C 工作，$LS_C = LF_F - STF_{C,F} = 30 - 4 = 26$，$LF_C = LS_C + D_C = 26 + 5 = 31 > T_p = 30$，这是不符合逻辑的，所以应把节点 C 与终点节点用虚箭线连接起来，确定时距为 $FTF = 0$。

当然，也可以利用下面两个公式，通过总时差计算工作最迟时间：

$$\begin{cases} LF_i = EF_i + TF_i \\ LS_i = ES_i + TF_i \end{cases}$$

5）工作总时差与自由时差的计算

搭接网络计划工作 i 的总时差 TF_i 和自由时差 FF_i 的计算可以用下面两个公式，通过时间间隔进行计算：

$$\begin{cases} TF_i = \min\{TF_j + LAG_{i,j}\} \\ FF_i = \min\{LAG_{i,j}\} \end{cases}$$

图 4-69 为上述计算的结果。

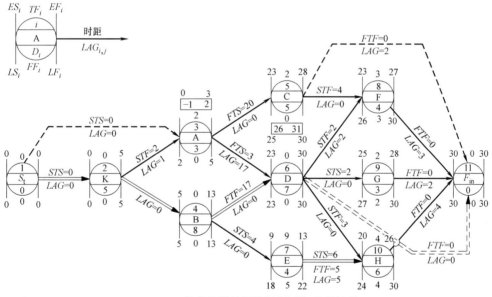

图 4-69　单代号搭接网络计划时间参数计算

6）关键工作和关键线路

图 4-69 中的关键线路为：①→②→④→⑥→⑪，用双箭线标出。关键工作是 K、B、D。

4.4　施工进度计划的编制

工程建设是一个系统工程，要完成一项建设工程必须协调好人、机、料、法、环五个施工生产要素。工期目标是工程建设的核心目标，对于工程总承包项目，需要根据施工执行计划编制施工进度计划，合理安排人、财、物的供给。

根据工程建设需要，编制项目控制性进度计划和项目的作业性进度计划，施工进度计划包括施工总进度计划、单项工程进度计划和单位工程进度计划❶。

1. 编制施工进度计划的依据

根据《建筑施工组织设计规范》GB/T 50502—2009 规定，施工进度计划作为组织设计的组成部分，主要依据施工部署确定的项目施工总目标进行编制❷。在《建设项目工程总承包管理规范》GB/T 50358—2017、《建设工程项目管理规范》GB/T 50326—2017 中，施工进度计划的编制依据主要体现在合同文件上，见表 4-14。

项目管理规范中的编制依据   表 4-14

《建设项目工程总承包管理规范》GB/T 50358—2017	《建设工程项目管理规范》GB/T 50326—2017
7.3.3 编制施工进度计划的依据宜包括下列主要内容： 1. 项目合同； 2. 施工执行计划； 3. 施工进度目标； 4. 设计文件； 5. 施工现场条件； 6. 供货计划； 7. 有关技术经济资料	9.2.1 项目进度计划编制依据应包括下列主要内容： 1. 合同文件和相关要求； 2. 项目管理规划文件； 3. 资源条件、内部与外部约束条件

在《建设工程施工合同（示范文本）》GF-2017-0201 中，在 7.1 施工组织设计条款的基础上，施工进度计划的编制和修改又独立以 7.2 款的形式重复❸，体现了其在合同中的重要性。

---

❶ 《建设工程项目管理规范》GB/T 50326—2017，9.2.2 控制性进度计划可包括以下种类：

1. 项目总进度计划；

2. 分阶段进度计划；

3. 子项目进度计划和单体进度计划；

4. 年（季）度计划。

作业性进度计划可包括下列种类：

1. 分部分项工程进度计划；

2. 月（周）进度计划。

《建设项目工程总承包管理规范》GB/T 50358—2017：

7.3.1 施工组应根据施工执行计划组织编制施工进度计划，并组织实施和控制。

7.3.2 施工进度计划应包括施工总进度计划、单项工程进度计划和单位工程进度计划。施工总进度计划应报项目发包人确认。

❷ 《建筑施工组织设计规范》GB/T 50502—2009：

4.3.1 施工总进度计划应按照项目总体施工部署的安排进行编制。

5.3.1 单位工程施工进度计划应按照施工部署的安排进行编制。

6.3.1 分部（分项）工程或专项工程施工进度计划应按照施工安排，并结合总承包单位的施工进度计划进行编制。

❸ 《建设工程施工合同（示范文本）》GF-2017-0201，7.2.1 施工进度计划的编制：

承包人应按照第 7.1 款（施工组织设计）约定提交详细的施工进度计划，施工进度计划的编制应当符合国家法律规定和一般工程实践惯例，施工进度计划经发包人批准后实施。施工进度计划是控制工程进度的依据，发包人和监理人有权按照施工进度计划检查工程进度情况。

综上，施工进度计划编制依据可概括为：

（1）工程项目承包合同及招标投标书、施工图纸、工程项目概预算资料和劳动、机械台班定额；

（2）现场自然条件和环境；

（3）公司的劳力状况、机具设备能力、物资供应条件等主要资源用量；

（4）公司技术和管理水平，采用的主要施工方案及措施、顺序、流水段划分等；

（5）业主要求以及国家、地方现行规范、规程和有关技术规定。

2. 施工进度计划的内容❶

各个阶段计划内容均应包括以下几个方面：编制说明、主要实物工程量、劳动力使用计划、主要材料采购、计划、主要机械设备使用计划等。施工计划编制做到主线明确、层次分明，关键环节突出，可操作性强。

施工进度计划不仅是单纯的进度安排，而且载有资源。根据执行计划所消耗的各类资源预算值，按照每项具体任务的工作周期展开并进行资源分配。

1）进度计划文件

在《建设项目工程总承包管理规范》GB/T 50358—2017 第 10.2.2 条文说明中，列举了项目进度计划文件的内容：

（1）进度计划图表，可选择采用单代号网络图、双代号网络图、时标网络计划和隐含有活动逻辑关系的横道图。进度计划图表中宜包括测量基准、计划进度基准曲线及资源配置。

（2）进度计划编制说明，包括进度计划编制依据、计划目标、关键线路说明、资源要求、外部约束条件、风险分析和控制措施❷。

2）进度计划内容符合性核查

（1）合同中规定的目标和主要控制点是否明确；

（2）项目工作分解结构是否完整并符合项目范围要求；

（3）设计、采购、施工和试运行之间交叉作业是否合理；

（4）进度计划与外部条件是否衔接；

（5）对风险因素的影响是否有防范对策和应对措施；

（6）进度计划提出的资源要求是否能满足；

（7）进度计划与质量、安全和费用计划等是否协调。

4.4.1　施工进度计划的编制程序

施工进度计划是在既定施工方案的基础上，根据合同工期和各种资源条件，按照施工过程的先后顺序，解决生产要素在时间、空间上的安排。其目的是实现工期目标，为劳动力和各种资源需求量的计划提供依据。图 4-70 是施工进度计划的编制程序。

1. 收集编制依据资料

主要收集工程施工图纸、工程承包合同、施工策划、当地气候条件、资源供给条件等

---

❶ 《建设工程项目管理规范》GB/T 50326—2017，9.2.3　各类进度计划应包括下列内容：1. 编制说明；2. 进度安排；3. 资源需求计划；4. 进度保证措施。

❷ 风险分析包括经济风险、技术风险、环境风险和社会风险等。控制措施包括组织措施、经济措施和技术措施。

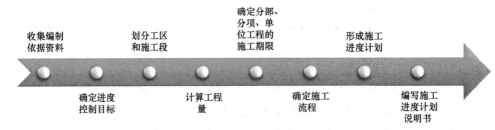

图 4-70　施工进度计划的编制程序

资料，分析项目任务的构成和施工客观条件，尽可能对施工中可能发生的问题做出预案。

这里的施工策划主要是指施工单位对项目施工的总体部署、施工阶段划分、施工方法的选择、工艺流程的论证、施工顺序的优化等。

2. 确定进度控制目标

根据施工承包合同约定确定施工进度总目标，然后将施工进度总目标进行层层分解，形成施工进度控制目标，见本章 4.1 相关内容。

3. 划分工区和施工段

根据工程内容和施工方案，将工程任务划分为几个工区或施工段，见本章 4.2 节相关内容。工程任务划分，由项目的规模和复杂程度，以及施工组织的需要决定，每个施工过程都要有明确的作业内容、有实物工程量和形象进度目标，完成情况判别标志明确。划分工区和施工段的目的就是为了分解施工目标，规划施工顺序，组织流水施工作业，实现进度目标。

4. 计算工程量

对业主提供的工程量清单进行分析汇总后，估算分区、分段的工程量。目前，随着 BIM 技术的推广应用，分区、分段提取实物工程量易如反掌，理论上 BIM 模型统计的实物工程量无误差，数字化技术的应用为进度计划的精细化管理提供了有力支撑。

5. 确定分部、分项、单位工程的施工期限

确定分部、分项、单位工程的施工期限，其实质就是确定施工过程所需要的作业时间，也就是各施工过程的持续时间，这是对计划进行定量分析的基础。一般需要套用企业施工定额，再考虑一定的外围因素影响，确定各施工过程的持续时间，见本章 4.2 节相关内容。持续时间不是一成不变的，可以结合工期、资源供应情况进行调整。

例如：工作 A、B 平行施工，假定 A 为非关键工作，B 为关键工作，若为了加快关键工作 B，可以把工作 A 的部分资源抽调一部分给工作 B，缩短工作 B 的持续时间，得到缩短工期的目的，当然，工作 A 的持续时间会因为资源供应问题而延长，但不得影响工期。这就是通过改变资源配给改变持续时间的方法，目的是压缩工期。

6. 确定施工流程

将分部、分项、单位工程的所有施工过程，依次列成表格，编排序号，列出各项工作之间的逻辑关系（工艺制约关系、组织制约关系），依据施工顺序和逻辑关系确定并优化施工流程：

1）对工程项目进行合理排序

如果一个施工项目可以分成若干个流水段，每个流水段都要经过相同的若干施工过

程，每个施工过程在各个流水段上的施工时间又不完全相同，施工工艺顺序一般是不可改变的，但流水段投入施工的顺序是可变的，不同的投入施工顺序工期是不同的，找出总工期最短的最优流水次序，是施工流程、流向优化的内容。

2）顺序作业调整为搭接作业

前一道施工过程完成了一部分，后一施工过程就插入施工，在满足最小工作面要求条件下，前后工序在同一流水段上搭接作业，缩短了工期。前后工序投入施工的时间间隔（流水步距）越小，施工的搭接程度越高，总工期就越短，但空间管理的难度就越大。这个穿插、搭接也是施工流程优化的内容。

7. 形成施工进度计划

依据优化的施工流程绘制施工进度计划，进度计划表现形式根据业主要求或企业编制规范选择，可以选择里程碑表、工作量表、横道计划、网络计划中的一种或几种表现形式。在计划的基础上，各专业要编制材料、人员、机械等进场计划，场地使用计划，资源分配计划，还要考虑环境等相应影响因素。

8. 编写施工进度计划说明书

进度计划编制说明包括进度计划编制依据、计划目标、关键线路说明、资源要求、外部约束条件、风险分析和控制措施。

4.4.2　施工总进度计划的编制

项目施工总进度计划是以建设项目或群体工程为对象，是对全工地的所有单位工程施工活动进行的时间安排。即根据施工部署的要求，合理确定工程项目施工的先后顺序、开工和竣工日期、施工期限和它们之间的搭接关系。因此，正确地编制施工总进度计划是保证各项目以及整个建设工程按期交付使用、充分发挥投资效益、降低建筑工程成本的重要条件。

施工总进度计划的内容❶应包括：编制说明，施工总进度计划表（图），分期（分批）实施工程的开工、竣工日期，工期一览表等。这里需要说明的是，对于项目总承包工程，总进度计划不仅仅是施工安排，还需要考虑设计及采购环节。

1. 施工总进度计划的编制原则

1）合理安排各单位工程的施工顺序，保证在劳动力、物资以及资源消耗量最少的情况下，按规定工期完成施工任务。

2）处理好配套建设安排，充分发挥投资效益。在工业建设项目施工安排时，要认真研究生产车间和辅助车间之间、原料与成品之间、动力设施和加工部门之间、生产性建筑

---

❶ 《建设项目工程总承包管理规范》GB/T 50358—2017，10.2.3 项目总进度计划包括下列主要内容：

1. 表示各单项工程的周期，以及最早开始时间、最早完成时间、最迟开始时间和最迟完成时间，并表示各单项工程之间的衔接；

2. 表示主要单项工程设计进度的最早开始时间和最早完成时间，以及初步设计或基础工程设计完成时间；

3. 表示关键设备、材料的采购进度计划，以及关键设备、材料运抵现场时间；关键设备、材料主要是指供货周期长和贵重材质的设备和材料；

4. 表示各单项工程施工的最早开始时间和最早完成时间，以及主要单项施工分包工程的计划招标时间；

5. 表示各单项工程试运行时间，以及供电、供水、供汽和供气时间，包括外部供给时间和内部单项（公用）工程向其他单项工程供给时间。

和非生产性建筑之间的施工先后顺序，有意识地做好协调配套；民用建筑要解决好供水、供电、供暖、通信、市政、交通等工程的同步建设。

3）区分各项工程的轻重缓急，分批开工，分批竣工，把工艺调试在前的、占用工期较长的、工程难度较大的项目排在前面组织流水施工，既要保证重点，又要实现连续、均衡的施工。

4）充分考虑当地气候条件，尽可能减少冬雨期施工的附加费用。如大规模土方和深基础施工应避开雨期，现浇混凝土结构应避开冬期，高空作业应避开台风期等。

5）总进度计划的安排还应遵守技术法规、标准，符合安全、文明施工的要求，并应尽可能做到各种资源的均衡供应。

二维码 4-12 总
进度计划
教学视频

2. 施工总进度计划的编制

扫描二维码 4-12，观看总进度计划教学视频。

施工总进度计划需要根据建设需要确定分期分批建设方案。对于民用建筑需要根据销售计划（商品房）确定分期建设计划；对于工业建筑需要根据工业生产工艺流程确定分期分批建设方案。无论民用建筑还是工业建筑，施工总进度计划的主要编制内容❶见图 4-71。

图 4-71 施工总进度计划的主要编制内容

1）列出工程项目一览表，计算工程量

施工总进度计划主要起控制总工期的作用，因此项目划分不宜过细，可按照确定的主要工程项目的开展顺序排列，一些附属项目、辅助工程及临时设施可以合并列出。

在工程项目一览表的基础上，计算各主要项目的实物工程量。将计算的工程量填入统一的工程量汇总表中，见表 4-15。

工程项目工程量汇总表   表 4-15

工程项目分类	工程项目名称	结构类型	建筑面积	幢数	概算投资	主要实物工程量								
						场地平整	土方工程	桩基工程	…	砖石工程	钢筋混凝土工程	…	装饰工程	…
			1000m²	个	万元	1000m²	1000m³	1000m³		1000m³	1000m³		1000m³	
全工地性工程														
主体项目														

❶ 《建设工程项目管理规范》GB/T 50326—2017，9.2.5 编制进度计划的步骤应按下列程序：1. 确定进度计划的目标、性质和任务；2. 进行工作分解；3. 收集编制依据；4. 确定工作的起止时间及里程碑；5. 处理各工作之间的逻辑关系；6. 编制进度表；7. 编制进度说明书；8. 编制资源需要量及供应平衡表；9. 报有关部门批准。

续表

工程项目分类	工程项目名称	结构类型	建筑面积	幢数	概算投资	主要实物工程量							
						场地平整	土方工程	桩基工程	…	砖石工程	钢筋混凝土工程	…	装饰工程	…
			$1000m^2$	个	万元	$1000m^2$	$1000m^3$	$1000m^3$		$1000m^3$	$1000m^3$		$1000m^3$	
辅助项目														
永久住宅														
临时建筑														
	合计													

2）确定各单位工程的工期目标

根据分期分批建设方案，参考定额（或指标）资料确定各单位工程的工期目标，单位工程的工期目标的影响因素主要有投资额、建筑结构特征、现场地形地质、周围环境、施工单位能力、项目所在地资源供应能力等。常用的定额资料有以下几种：

（1）《建筑安装工程工期定额》TY 01-89—2016；

（2）万元、十万元投资工程量、劳动力及材料消耗扩大指标；

（3）概算指标或扩大结构定额；

（4）标准设计或已建房屋、构筑物的资料。

3）确定各单位工程的开工、竣工时间和相互搭接关系

根据施工部署及单位工程工期目标，合理安排各个单位工程的施工顺序和衔接关系，确定各单位工程的开工、竣工时间。例如对于商品房根据销控满足分期验收交付；对于工业建筑做到土建施工、设备安装合理衔接，实现早日试生产。

4）编制施工总进度计划

施工总进度计划可使用文字说明、里程碑表、工作量表、横道计划、网络计划等方法。作业性进度计划必须采用网络计划方法或横道计划方法。横道图计划表达施工总进度计划时，项目的排列可按施工总体方案所确定的工程展开程序排列横道图，并标明各施工项目开工、竣工时间及其施工持续时间，图 4-72 为"Microsoft Project"编制的某住宅项目二期三标段施工总进度计划。

采用时标网络图表达施工总进度计划，不仅比横道图更加直观明了，而且还可以表达出各施工项目之间的逻辑关系，通过算法编程更利于对进度计划进行调整、优化、资源数量统计，输出图表等。图 4-73 为某住宅小区的时标网络计划。

5）施工总进度计划的调整和修正

施工总进度计划编制完后，尚需检查各单位工程的施工开始、结束时间和施工顺序是否合理，总工期是否满足规定的要求，劳动力、材料及设备需要量是否出现较大的波动等。

某住宅小区二期工程第三标段施工总进度计划表

代码	名称	计划时长	最早开始	最早结束
	所有任务			
1	施工准备	10	2003-02-10	2003-02-19
2	5号楼地基与基础工程	20	2003-02-18	2003-03-09
3	5号楼主体结构	60	2003-03-10	2003-05-08
4	5号楼建筑屋面	20	2003-05-09	2003-05-28
5	5号楼建筑装修装饰	90	2003-05-29	2003-08-26
6	5号楼建筑给排水及电气	189	2003-02-21	2003-08-28
7	5号楼零星工程及其他	8	2003-08-27	2003-09-03
8	7/9号楼地基与基础工程	20	2003-02-12	2003-03-03
9	7/9号楼主体结构	72	2003-02-25	2003-05-07
10	7/9号楼建筑屋面	30	2003-04-26	2003-05-25
11	7/9号楼建筑装修装饰	100	2003-05-11	2003-08-18
12	7/9号楼建筑给排水及电气	186	2003-02-15	2003-08-19
13	7/9号楼零星工程及其他	10	2003-08-20	2003-08-29
14	10/12号楼土方开挖与基础工程	20	2003-02-20	2003-03-11
15	10/12号楼主体结构	72	2003-03-05	2003-05-15
16	10/12号楼建筑屋面	30	2003-05-04	2003-06-02
17	10/12号楼建筑装修装饰	95	2003-05-19	2003-08-21
18	10/12号楼建筑给排水及电气	180	2003-02-23	2003-08-31
19	10/12号楼零星工程及其他	10	2003-08-22	2003-08-31
20	11/13号楼地基与基础工程	20	2003-02-12	2003-03-03
21	11/13号楼主体结构	72	2003-02-25	2003-05-07
22	11/13号楼建筑屋面	30	2003-04-26	2003-05-25
23	11/13号楼建筑装修装饰	95	2003-05-11	2003-08-13
24	11/13号楼建筑给排水及电气	183	2003-02-15	2003-08-16
25	11/13号楼零星工程及其他	8	2003-08-14	2003-08-21
26	工程竣工资料及整理归档	200	2003-02-10	2003-08-28
27	工程扫尾及清理	5	2003-09-01	2003-09-05
28	竣工验收及移交	2	2003-09-06	2003-09-07

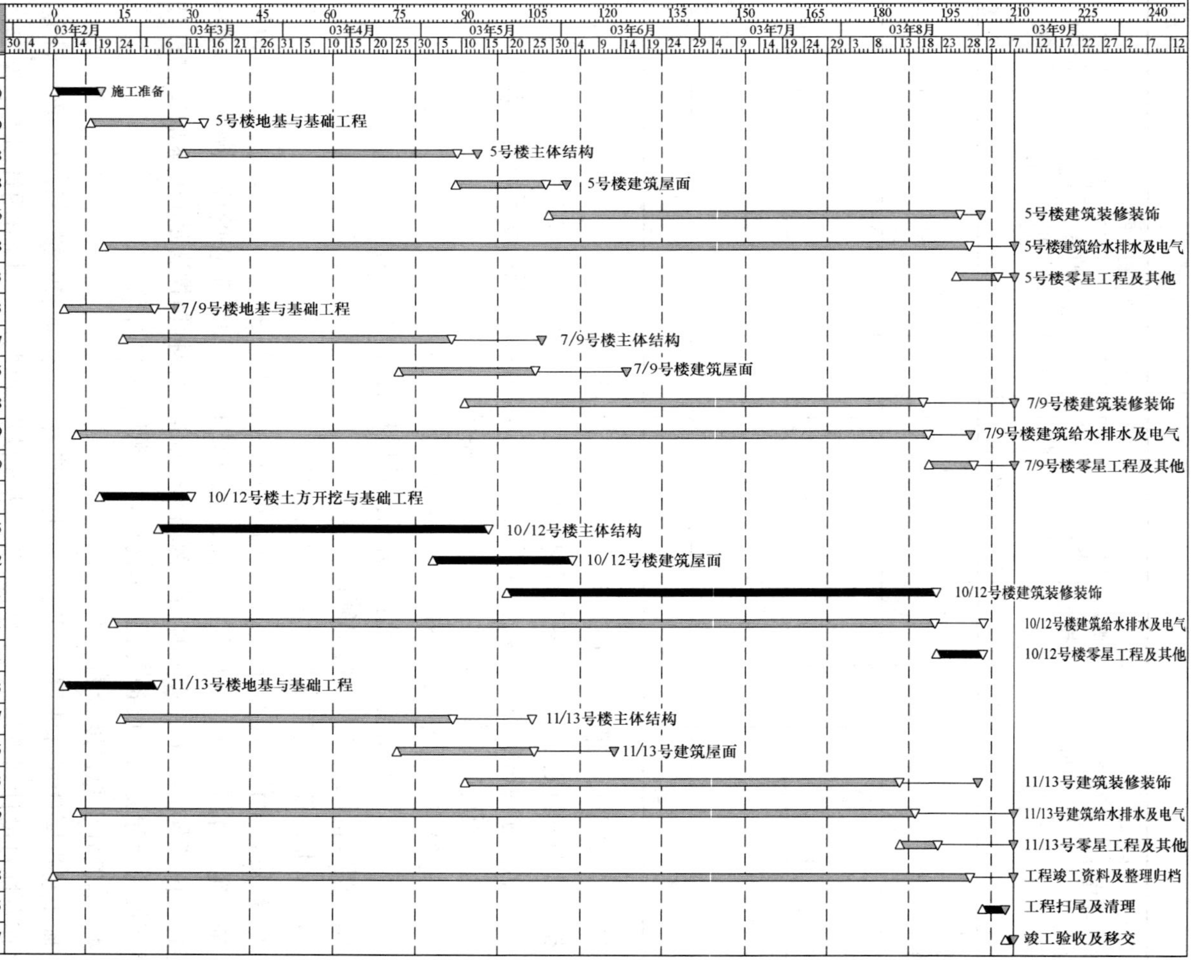

图4-72　某住宅项目二期三标段施工总进度计划

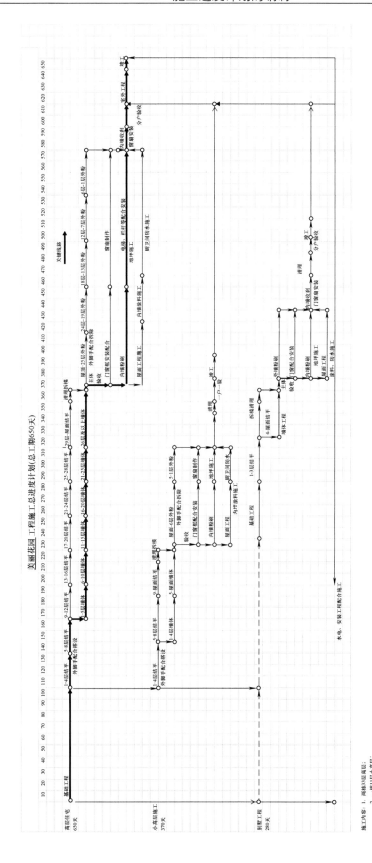

图 4-73 某住宅小区的时标网络计划

　　利用资源需要量动态曲线分析项目资源需求量是否均衡，若曲线上存在较大的高峰或低谷，则表明在该时间里各种资源的需求量变化较大，需要调整和修正一些单位工程的施工速度或开竣工时间，增加或缩短某些分项工程（或施工项目）的施工持续时间，在施工工艺允许的情况下，还可以改变施工方法和施工组织，消除资源用量高峰或谷低，使各个时期的资源需求量尽量达到均衡。

4.4.3　单位工程施工进度计划

　　对于不同土木工程，单位工程的划分标准不同，建筑工程一般把具备独立施工条件并能形成独立使用功能的建筑物或构筑物作为一个单位工程；市政路桥一般把建设单位招标文件确定的每一个独立合同的标的作为一个单位工程；在公路工程合同段中，具有独立施工条件和结构功能的工程划分为单位工程。表 4-16 为建筑工程、城市道路桥梁、公路工程单位工程与分部工程的划分。

建筑工程、城市道路桥梁、公路工程单位工程与分部工程的划分　　　　表 4-16

	建筑工程	城镇道路工程	城市桥梁工程	公路一般建设项目	公路特大斜拉桥、特大悬索桥
单位工程	具备独立施工条件并能形成独立使用功能的建筑物或构筑物为一个单位工程	建设单位招标文件确定的每一个独立合同应为一个单位工程	建设单位招标文件确定的每一个独立合同应为一个单位工程	1）路基工程（每 10km 或每标段）； 2）路面工程（每 10km 或每标段）； 3）桥梁工程（每座或每合同段）； 4）隧道工程（每座或每合同段）； 5）绿化工程（每合同段）； 6）声屏障工程（每合同段）； 7）交通安全设施（每 20km 或每标段）	1）塔及辅助、过渡墩（每个）； 2）锚碇（每个）； 3）上部钢结构制作与防护； 4）上部结构浇筑与安装； 5）桥面系，附属工程及桥梁总体
分部及分项	《建筑工程施工质量验收统一标准 GB 50300—2013》附录 B	《城镇道路工程施工与质量验收规范》CJJ 1—2008 表 18.0.1	《城市桥梁工程施工与质量验收规范》CJJ 2—2008 表 23.0.1	《公路工程质量检验评定标准　第一册土建工程》JTG F80/1—2017 表 A-1	《公路工程质量检验评定标准　第一册土建工程》JTG F80/1—2017 表 A-2

　　单位工程施工进度计划是根据单位工程的合同工期目标，对各施工过程的施工顺序、起止时间和相互衔接关系所做的统筹策划和安排。

　　1. 单位工程施工进度计划的作用

　　单位工程施工进度计划是单位工程施工部署在时间上的体现，反映了施工顺序和各施工阶段的进展情况，其作用有：

　　1）控制单位工程的施工进度，保证在规定工期内完成符合质量要求的单位工程；

　　2）为编制季度、月度生产作业计划提供依据；

　　3）是编制各项资源需用量计划和施工准备工作计划的依据。

　　2. 单位工程施工进度计划的编制

　　单位工程施工进度计划的编制是在确定了施工部署和施工方案的基础上，根据合同工期和各种资源供应条件，按照合理施工顺序组织施工，各施工过程从开工到竣工的时间安排通过图表的形式表现出来。

1) 编制依据

（1）经过审批的建筑总平面图、单位工程全套施工图、地质地形图、工艺设计图、设备及其基础图，采用的各种标准图等技术资料；

（2）施工组织总设计的有关规定；

（3）合同工期及开工、竣工日期要求；

（4）施工条件、资源供应条件及分包单位情况等；

（5）主要分部（分项）工程的施工方案；

（6）施工工期定额；

（7）其他有关要求和资料，如工程合同等。

2) 表示方法

一般工程施工进度计划画横道图即可，对工程规模较大、工序比较复杂的工程宜采用网络图表示。

（1）横道图：用横道图表示的施工进度计划如表 4-17 所示。

单位工程施工进度计划　　　　　　　　表 4-17

序号	施工过程		工程量		劳动定额	劳动量（工日）		机械（台班）		工作班制	每班人数	持续时间（天）	施工进度 ××××年											
													××××年×月						××××年×月					
	分部工程名称	分项工程名称	单位	数量		计算	实际	机械名称	台班数				2	4	6	8	10	12	2	4	6	8	10	12
1																								
2																								
3																								
…																								

从表 4-17 中可以看出，它由左、右两部分组成。左边部分列出分部（分项）工程名称、工程量、劳动定额、劳动量或机械台班量、每天工作班次、每班工人（台）数及工作持续时间等，右边部分是从规定的开工之日起到竣工之日止的进度日历图表，用横道表示各分部（分项）工程的起止时间和相互间的搭接配合关系，其下面汇总每天的资源需要量，绘出资源需要量的动态曲线，其中的方格根据需要可以是一格表示一天或表示若干天。图 4-74 某道路桥梁工程施工进度计划横道图。

由于横道图的编制比较简单直观，因此，我国施工单位大多习惯于横道图表示施工进度计划。但是，当工程项目分项较多时，工序、工种搭接关系较复杂时，横道图就难以体现主要矛盾，尤其是在执行计划过程中，某个项目由于某种原因提前或拖后，对其他项目所产生的影响难以分清，不能及时抓主要矛盾，而网络图则可以克服这些缺点。

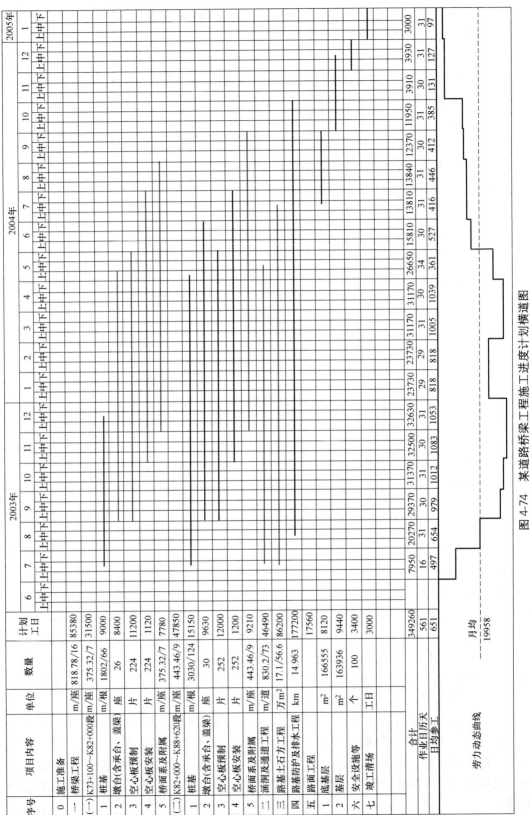

序号	项目内容	单位	数量	计划工日
0	施工准备			
一	桥梁工程			
(一)	K73+100～K82+000段	m/座	818.78/16 375.32/7	85380 31500
1	桩基	m/根	1802/66	9000
2	墩台(含承台、盖梁)	座	26	8400
3	空心板预制	片	224	11200
4	空心板安装	片	224	1120
5	桥面系及附属	m/座	375.32/7	7780
(二)	K82+000～K88+620段	m/座	443.46/9	47850
1	桩基	m/根	3030/124	15150
2	墩台(含承台、盖梁)	座	30	9630
3	空心板预制	片	252	12000
4	空心板安装	片	252	1200
5	桥面系及附属	m/座	443.46/9	9210
二	涵洞及通道工程	m/道	830.2/73	46490
三	路基土石方工程	万m²	17.1/56.6	86200
四	路基防护及排水工程	km	14.963	177200
五	路面工程			17560
1	底基层	m²	166555	8120
2	基层	m²	163936	9440
六	安全设施等	个	100	3400
七	竣工清场	工日		3000
	合计			349260
	作业日历天			561
	日均参工			651

月均 19958　劳力动态曲线

图4-74　某道路桥梁工程施工进度计划横道图

（2）网络图：网络图表示的施工进度，可以通过对各类参数的计算，找出关键线路，选择最优方案，而且各工序间的逻辑关系明确，有利于进度计划的控制及调整。图 4-75 为某建筑工程总控制性网络进度计划。

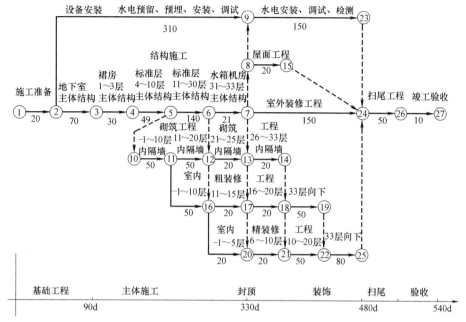

图 4-75　某建筑工程总控制性网络进度计划

3. 编制步骤

单位工程施工进度计划的编制步骤见图 4-76。扫描二维码 4-13，观看单位工程进度计划教学视频。

图 4-76　单位工程施工进度计划的编制步骤

二维码 4-13　单位工程进度计划教学视频

1）划分施工过程

编制单位工程施工进度计划时，首先将拟建单位工程划分为若干个施工过程，并结合施工方法、施工条件、劳动组织等因素，进行调整或合并。

划分施工过程时，应注意的问题有：

（1）施工过程划分的粗细程度。对于控制性施工进度计划，施工过程可以划分得粗一些，通常只列出分部工程，如基础工程、主体工程、屋面工程和装饰工程。对于实施性施工进度计划，就需要划分的细一些，应明确到分项工程、验收批，以满足指导施工作业的要求。如屋面工程应划分为找平层、隔汽层、保温层、防水层等分项工程。

（2）施工过程的划分要结合所选择的施工方案。如结构安装工程，若采用分件吊装方法，则施工过程的名称、数量和内容及其吊装顺序应按构件来确定；若采用综合吊装方法，则施工过程应按施工单元（节间或区段）来确定。

（3）避免施工过程划分过细，重点不突出。对于在同一时间内由同一专业作业队施工的过程可以合并，如钢结构工业厂房中的钢支撑油漆、钢柱油漆等可合并为钢构件油漆施工过程。对于次要的、零星的分项工程可合并为"其他工程"；有些虽然重要但工程量不大的施工过程也可与相邻的施工过程合并，如垫层可与挖土合并为一项。

（4）水、暖、电、卫和设备安装等专业工程不必细分具体内容，由各专业施工队自行编制进度计划，分别组织施工，而在单位工程施工进度计划中只反映出这些工程与土建工程的配合关系即可。

（5）所有施工过程应按施工顺序列成表格，编排序号避免遗漏或重复，其名称和编号可参考现行的施工定额手册上的项目编码。

2）计算工程量

工程量计算应根据施工图纸据实计算，直接套用施工预算的工程量时，尤其是工程量清单工程量，注意清单工程量与实际工程量的区别。计算工程量应注意以下几个问题：

（1）工程量单位应与采用的企业劳动定额中相应项目的单位一致，以便在计算资源需用量时可直接套用定额，不再进行换算。

（2）计算工程量时应结合选定的施工方法和安全技术要求，使计算所得工程量与施工实际情况相符合。例如，挖土时是否放坡、坡度大小，是否加工作面、其尺寸取多少，是否使用支撑加固，开挖方式是单独开挖、分块开挖还是整片开挖，这些施工方法直接影响到土方工程量的计算。

（3）结合施工组织的要求，分区、分段、分层计算工程量，以便组织流水作业。若每层、每段上的工程量相等或相差不大时，可平均计取工程量。

（4）注意区分工程量清单计算规则下的工程量与实体工程量的区别。

3）套用企业定额确定劳动量和机械台班量

在计算劳动量和机械台班时，应该套用企业消耗定额，无企业定额可参考国家或地方颁发的统一定额，但必须结合本单位工人的技术等级、实际施工操作水平、施工机械情况和施工现场条件等进行调整，体现企业的实际生产能力，使计算出来的劳动量、机械台班量符合实际需要，为编制切实可行的施工进度计划打下基础。

4）确定施工过程的持续时间

根据劳动量、流水组织方式、作业班组人数、最小工作面、作业班次计算各施工过程的持续时间，详见4.2.2节流水节拍的计算。

5）初排施工进度

编制施工进度计划的初始方案步骤：安排主导施工过程的施工进度→安排其余施工过程，且应尽可能配合主导施工过程并最大限度地搭接→施工进度计划的初步方案。

每个施工过程的施工起止时间应根据施工工艺顺序及组织顺序确定，为了能够指导施工，一般根据工程特点需要先编制分部工程施工进度计划，然后根据分部工程施工进度计划再编制单位工程施工进度计划。

6）施工进度计划的调整

调整施工进度计划应注意的因素：

（1）整体进度是否满足工期要求，持续时间、起止时间是否合理。

（2）技术、工艺、组织是否合理，各施工过程之间的相互衔接穿插是否符合施工工艺和安全生产的要求。

（3）各主要资源的需求关系是否与供给相协调，劳动力的安排是否均衡。

应当指出，土木工程施工是一个复杂的生产过程，受到周围客观条件影响的因素很多，因此在编制施工进度计划时，应尽可能地分析施工条件，对可能出现的困难要有预见性，使计划既符合客观实际，又留有适当余地，以免计划安排不合理而难以执行。

【**案例 4-29**】　某工程主体为 17 层现浇钢筋混凝土框架结构，采用筏板基础。按建设单位的要求，该工程的施工工期为 2006 年 3 月 15 日至 2007 年 11 月 30 日，经公司结合现有的先进施工技术和项目管理水平，确定工期目标为 2007 年 9 月 30 日前交付使用。施工过程中，按照先基础，后主体，中间穿插电气、暖卫预留、预埋工作的原则，然后是装饰装修，最后是水电、通风以及消防安装调试工作，工程施工进度计划详见图 4-77。

【**解析**】　本工程分为基础工程、主体结构、屋面及装饰工程三个阶段施工。遵循先地下后地上、先主体后围护、先土建后设备安装、先结构后装饰的施工组织顺序。

1）施工工艺顺序

（1）基础工程：放线→挖土→地基处理→褥垫层→筏板基础→回填土；

（2）主体主导工序：绑扎柱钢筋→支柱、梁、板模板→绑梁、板钢筋→浇柱、梁、板、楼梯混凝土，墙体砌筑和门窗安装穿插施工；

（3）屋面工程：保温层施工并找坡→找平层→卷材防水层；

（4）装饰工程与设备安装：采用全工序穿插施工。

2）调整与优化

（1）基础阶段施工：放线、机械挖土、地基处理、褥垫层施工、绑扎筏板基础钢筋、支设筏板基础模板、浇筑筏板基础混凝土、回填土八个施工过程。

在土方开挖 11 天后，发现地基与原地勘报告不一致，经设计和地勘部门验槽，认为地质条件不能满足地基设计承载力要求，通过设计和地勘部门研究确定，拟采用 CFG 桩处理地基。施工单位不得不对原施工进度计划进行工期变更（索赔），增加地基处理的工期，重新编制施工进度计划。

变更后各施工过程持续时间计算见表 4-18。

其中放线、挖土方工作已按原计划完成了一部分，根据原计划挖土方还需要 5 天完成。增加 CFG 桩处理地基、褥垫层两个施工过程不参与流水（处理地基后的静载试验及褥垫层施工的特点，组织不分段、不搭接施工），只能进行依次施工。

所以八个施工过程只有绑扎筏板基础钢筋、支设筏板基础模板、浇筑筏板基础混凝土、回填土四个施工过程参与流水，即 $n=4$。由于基础施工不存在施工层问题，所以 m、n 的关系不限制，这里取 $m=3$；组织等节拍流水，见表 4-18：$K=t=3$。

调整后，基础工程流水工期为：$T=(m+n-1)K+t_{挖土}+t_{CFG桩}+t_{褥垫层}=(3+4-1)\times3+5+4+2=29$ 天，基础工程流水施工进度计划如图 4-78 所示。

（2）**主体结构施工**：包括搭设脚手架、绑扎柱钢筋、支设柱模板、浇筑柱混凝土、支设梁（板）模板、绑扎梁（板）钢筋、浇筑梁（板）混凝土、拆模板、砌筑墙体和门窗安装。其中搭设脚手架、拆模板、砌筑墙体和门窗安装四个施工过程，只根据工艺要求进行有效的穿插或搭接施工即可，不纳入流水。

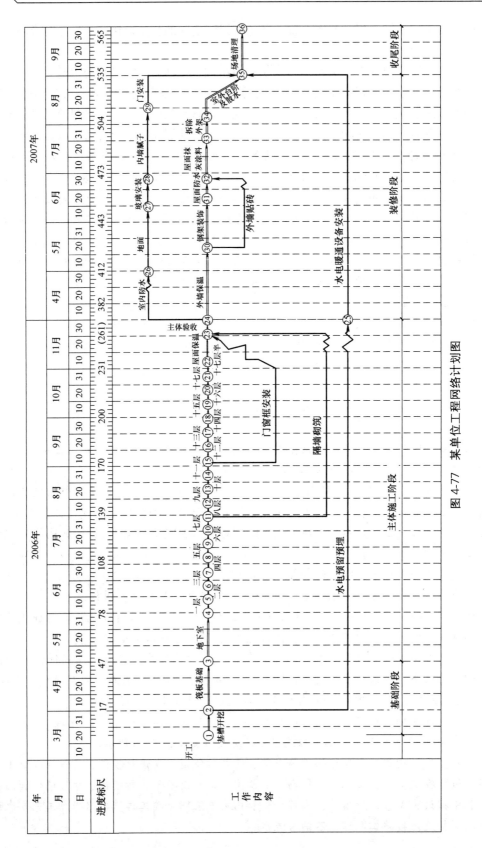

图 4-77 某单位工程网络计划图

某工程基础和主体工程流水节拍计算表　　　　　　表 4-18

序号	施工过程 n	单位	劳动量 P（工日或台班）	班制 b	施工段数 m	流水节拍（t）	人或机械数 n	计算过程	备注
				基础工程					
1	机械挖土方	台班	10	2	1	**5**	1		不参与流水
2	CFG 桩处理地基	工日	79	2	1	**4**	10	$t=\dfrac{P}{mnb}$	不参与流水
3	褥垫层施工	工日	30	1	1	**2**	15		不参与流水
4	绑扎筏板钢筋	工日	109	1	3	3	**12**		
5	基础模板	工日	82	1	3	3	**9**		
6	基础混凝土	工日	98	1	3	3	**11**	$n=\dfrac{P}{mtb}$	
7	回填土	工日	149	1	3	3	**17**		
				主体工程					
8	脚手架	工日	310	2	3	**3**	20		不参与流水
9	柱筋	工日	140	1	3	**4**	12		
10	柱、梁、板模板	工日	1300	2	3	**9**	25		
11	柱混凝土	工日	210	2	3	**1**	50	$t=\dfrac{P}{mnb}$	
12	梁、板钢筋	工日	743	2	3	**5**	25		
13	梁、板混凝土	工日	942	2	3	**3**	50		
14	拆模	工日	370	1	3	**5**	25		不参与流水
15	砌墙	工日	1200	1	3	**8**	50		不参与流水

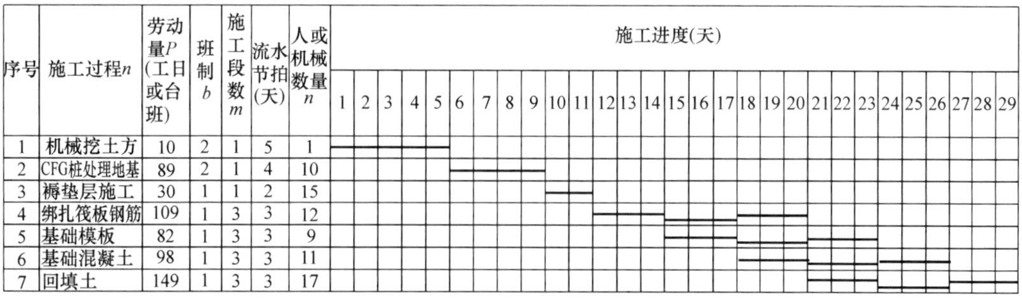

序号	施工过程 n	劳动量 P（工日或台班）	班制 b	施工段数 m	流水节拍（天）	人或机械数量 n	施工进度（天）
1	机械挖土方	10	2	1	5	1	
2	CFG桩处理地基	89	2	1	4	10	
3	褥垫层施工	30	1	1	2	15	
4	绑扎筏板钢筋	109	1	3	3	12	
5	基础模板	82	1	3	3	9	
6	基础混凝土	98	1	3	3	11	
7	回填土	149	1	3	3	17	

图 4-78　基础工程流水施工进度计划

　　所以十个施工过程只有绑扎柱钢筋、支柱模板、浇筑柱混凝土、支梁（板）模板、绑扎梁（板）钢筋、浇筑梁（板）混凝土六个施工过程参与流水，由于存在层间关系，所以要求 $m \geqslant n$，如果 $m \geqslant 6$ 将导致工作面太小，不利于提高劳动生产率，所以上述六个施工过程需要根据工艺特点进行施工过程的合并，绑扎柱钢筋和绑扎梁（板）钢筋实际是一个施工队，支柱模板和支梁（板）模板实际是一个施工队，现浇混凝土实际上也是一个施工队，现在我们就对绑钢筋、支模板、浇混凝土三个施工过程组织流水施工即可。

　　该工程划分为 3 个施工段，17 个施工层，以保证相应的工作队在施工段与施工层间组织有节奏、连续、均衡的施工。其中第一施工段为 1～5 轴，第二施工段为 5～10 轴；第三施工段为 11～15 轴。

　　需要说明的是，框架柱施工工艺是绑钢筋→支模板→浇筑混凝土，梁板的施工工艺是支模板→绑钢筋→浇筑混凝土，存在顺序的不一致。经过分析，可按图 4-79 所示的方法组织。

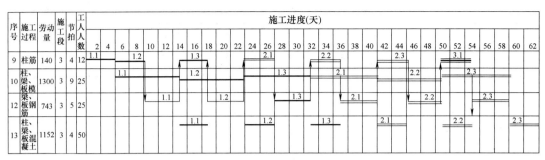

图 4-79　某框架结构工程主体阶段施工进度计划

（3）装饰工程施工：按自上而下的施工顺序进行，要求工序搭接合理，并尽可能与主体结构工程安排交叉作业，可以结合水、暖、电、电梯、空调等工程组织全工序穿插施工❶，以缩短工期。

由于工期较紧，内装修采用穿插施工方案，具体安排是：在7、8层设置隔水层，在主体完成至第8层时，利用竖向自然楼层施工段从第6层至第1层穿插施工，安排楼地面、顶棚抹灰、内墙抹灰，顺序为楼面→天棚抹灰→内墙抹灰，在抹灰前平行搭接门窗安装。主体全部完成并完成屋面防水施工后开始施工外墙装饰并穿插进行从17层到7层的楼地面、顶棚抹灰、内墙抹灰施工。最后完成楼梯面层后，从上到下进行玻璃、油漆、喷白工程。

3）调整优化网络计划图（略）

4.4.4　分部工程网络计划

在编制分部工程网络计划时，要在单位工程对该分部工程限定的进度目标时间范围内，既考虑各施工过程之间的工艺关系，又考虑其组织关系，尽可能组织主导施工过程流水施工，并且还应注意网络图的构图。

【案例 4-30】某写字楼工程，地下1层，地上5层，建筑面积5900m²，建筑物总高度为21.3m。主体为现浇钢筋混凝土框架-剪力墙结构，基础采用现浇钢筋混凝土筏板基础，筏板基础厚600mm，基底标高为-5.300m，基础下做1.0m厚的三七灰土垫层处理地基。根据水文、地质勘查报告，该工程需要基坑降水和支护，通过方案比较，确定采用深井井点降水和土钉墙支护。

该工程主要分为基础工程、主体工程、屋面工程和装饰工程四个分部工程。

1）基础工程

本工程基础工程施工主要包括深井井点降水、机械挖土、土钉墙支护、三七灰土地基处理、筏板基础垫层、筏板基础绑筋、筏板基础支模、浇筑筏板基础混凝土、地下工程防水、回填土等。分三个施工段组织流水施工，其中井点降水不分段。基础工程网络计划如图4-80所示。

---

❶　全工序穿插施工是在主体施工的同时，将后续施工过程分层穿插施工，实现主体结构、二次结构、室内装修、水暖电安装、外立面装饰组织穿插流水施工，形成空间立体交叉作业，每个施工工序由一个专业施工队伍负责施工，总包合理协调分配劳动力，组织整体大穿插施工，从而达到专业人员流水作业，提高工作效率，稳定施工质量，缩短工期，节约成本，实现精细化管理的目的。

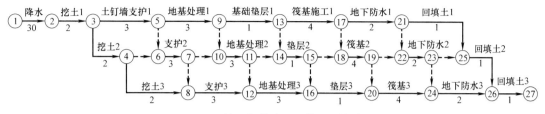

图 4-80 某工程基础工程施工网络计划

2）主体工程

本工程主体工程施工主要包括绑扎柱、墙钢筋，支柱、墙模板，浇筑柱、墙混凝土，支梁、板模板，绑扎梁、板钢筋，浇筑梁、板混凝土，地下室及一层分三个施工段组织流水施工，二至五层由于面积缩小分两个施工段组织流水施工。其标准层网络计划草图如图 4-81 所示。

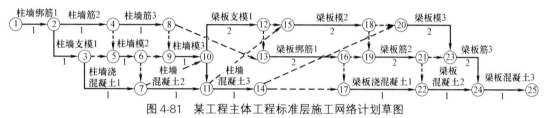

图 4-81 某工程主体工程标准层施工网络计划草图

3）屋面工程

本工程屋面工程施工主要包括保温层、找平层、防水层、保护层，不划分流水段，组织依次施工。屋面工程网络计划如图 4-82 所示。

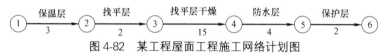

图 4-82 某工程屋面工程施工网络计划图

4）装饰工程

本工程装饰工程网络计划如图 4-83 所示。

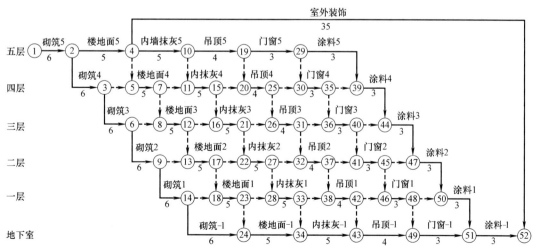

图 4-83 某工程装饰工程施工网络计划图

二维码 4-14　网络进度计划优化的教学视频

4.5　进度计划的优化

编制好的网络进度初始计划，只是一种可行方案，不一定是比较合理的或最优的方案。要使计划如期实施，获得更佳的经济效果，就需要结合实际工况对初始网络计划不断的优化，所以进度计划的管理需要动态管理。

《工程网络计划技术规程》JGJ/T 121—2015 规定，网络计划的优化应按选定目标（工期目标、费用目标和资源目标），在满足既定约束条件下，通过不断改进网络计划，寻求满意方案。

网络计划优化一般包括工期优化、费用优化和资源优化。

扫描二维码 4-14，观看网络进度计划优化的教学视频。

4.5.1　工期优化

1. 工期优化概念

工期优化以压缩计算工期，寻求最优网络计划方案为目标。工期优化一般通过压缩关键线路的持续时间来压缩计算工期。

2. 工期优化步骤

工期优化的步骤和方法如下：

1）确定初始网络计划的关键线路、关键工作及计算工期。

2）确定按要求工期应缩短的时间 ΔT：

$$\Delta T = T_c - T_r \qquad (4\text{-}77)$$

3）确定各关键工作能够缩短的持续时间。

4）在关键线路上，根据下列条件选择优先压缩其持续时间的关键工作：

（1）缩短持续时间对质量和安全影响不大的工作；

（2）有充足备用资源的工作；

（3）缩短持续时间所需增加费用最少的工作；

（4）选择为多条关键线路共有的关键工作。

5）压缩选择的关键工作的持续时间，重新计算网络计划的计算工期。

6）当计算工期仍超过要求工期时，根据压缩方案继续压缩关键工作的持续时间，直到满足工期要求或已不能再缩短为止。

7）当所有关键工作的持续时间都已达到最短持续时间而工期仍不能满足要求时，应对计划的原技术、组织方案进行调整。

8）如果仍不能满足要求工期时，需要重新论证要求工期，并反馈给要求人。

3. 压缩网络计算工期时应注意的问题

（1）在压缩网络计划工期的过程中，当出现多条关键线路时，必须将各条关键线路的持续时间同时缩短同一数值，否则不能达到缩短工期的目的。

（2）在压缩关键工作的持续时间时，不能将关键工作缩短成非关键工作。

（3）在压缩关键工作的持续时间时，必须注意由于关键线路长度的缩短，非关键线路有可能成为关键线路，因此有时需同时缩短非关键线路上有关工作的持续时间，才能达到缩短工期的要求。

4. 工期优化示例

【案例 4-31】 已知双代号网络计划如图 4-84 所示，图中箭线下方括号外数字为正常持续时间，括号内数字为最短持续时间；箭线上方括号内数字为考虑各种因素后的优选系数，若同时缩短多个关键工作，则优选系数之和（称为组合优选系数）最小者应优先选择。假定要求工期为 100 天，试进行工期优化。

【解析】 1）用标号法求出在正常持续时间下的关键线路及计算工期，如图 4-85 所示。

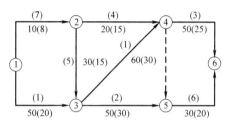

图 4-84　初始网络计划

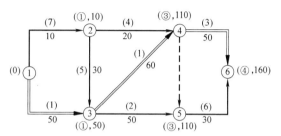

图 4-85　找出关键线路并确定计算工期

2）要求压缩的时间：

$$\Delta T = T_c - T_r = 160 - 100 = 60 \text{ 天}$$

3）应优先压缩关键线路中优选系数最小的工作①→③和工作③→④，如图 4-86 所示。此时，工作①→③压缩成非关键工作，故减少压缩值，使之恢复为关键工作，如图 4-87 所示。

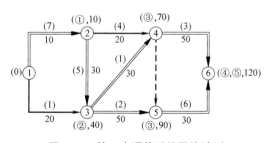

图 4-86　第一次调整后的网络计划

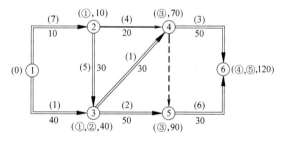

图 4-87　第二次调整后的网络计划

4）由于计算工期仍大于要求工期，需继续压缩，有四个压缩方案：

（1）压缩工作①→②、①→③，组合优选系数为 7+1=8；

（2）压缩工作②→③、①→③，组合优选系数为 5+1=6；

（3）压缩工作③→⑤、④→⑥，组合优选系数为 2+3=5；

（4）压缩工作⑤→⑥、④→⑥，组合优选系数为 3+6=9。

工作③→⑤、④→⑥压缩优选系数最小，工作③→⑤持续时间压缩到 30，工作④→⑥同时压缩 20 天，重新计算网络计划工期，如图 4-88 所示，工期达到 100 天，满足要求工期。

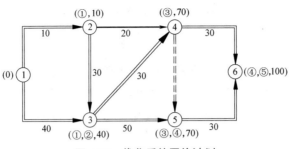

图 4-88　优化后的网络计划

4.5.2　费用优化

1. 费用优化概念

费用优化又称工期-费用优化，是寻求工程总成本最低时的工期安排。

1）工期与费用关系

工程施工的总费用由直接费和间接费两部分组成，直接费包括人工费、材料费、机械使用费及措施费等，间接费包括施工管理所需的费用。一般而言，在一定范围内，直接费用随工期的延长而减少，而间接费用则随工期的延长而增加，如图 4-89 所示。把两种费用曲线叠加起来就形成总费用曲线，这条曲线呈现两头高中间低的特点，最低点所对应的工期 T_0 为成本最低的最优工期。

2）工作持续时间与费用关系

根据各工作的性质不同，工作持续时间与

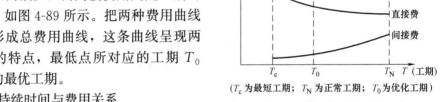

（T_c 为最短工期；T_N 为正常工期；T_0 为优化工期）

图 4-89　工程费用与工期关系示意图

费用关系有两种类型，一种是连续型变化关系，另一种是非连续型变化关系。

（1）连续型变化关系

有些工作的直接费用随持续时间的变化而连续变化，这种关系被称为连续型变化关系，如图 4-90 所示，通常把工作持续时间每缩短单位时间而增加的直接费称为直接费用率，计算公式如下：

$$\Delta C_{i-j} = \frac{CC_{i-j} - CN_{i-j}}{DN_{i-j} - DC_{i-j}} \tag{4-78}$$

式中　ΔC_{i-j}——工作 $i-j$ 的直接费用率；

$\quad\quad CC_{i-j}$——将工作 $i-j$ 缩短为最短持续时间后，完成该工作所需的直接费用；

$\quad\quad CN_{i-j}$——在正常条件下，完成工作 $i-j$ 所需的直接费用；

$\quad\quad DN_{i-j}$——工作 $i-j$ 的正常持续时间；

$\quad\quad DC_{i-j}$——工作 $i-j$ 的最短持续时间。

（2）非连续型变化关系

直接费用和工作持续时间不连续的变化，这种关系被称为非连续型变化关系，如图 4-91 所示，它只是几个离散的点，每一个点对应一个方案，增加施工机械台数属于这种情况。

例如，某土方开挖工程，采用三种不同的开挖机械，其费用和持续时间见表 4-19，表中的三种不同机械中选择，在图 4-91 中就是三点。

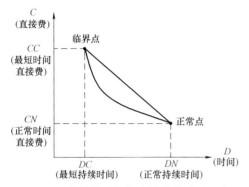

图 4-90 工作持续时间与直接费的关系示意图　　图 4-91 非连续型的时间-直接费关系示意图

时间及费用表　　　　　　　　　　表 4-19

机械类型	A	B	C
持续时间(天)	8	12	15
费用(天)	7200	6100	4800

2. 费用优化的步骤

1）确定正常持续时间下的关键工作、关键线路和计算工期；

2）计算各项工作的直接费用率；

3）在网络计划中找出直接费用率（或组合直接费用率）最低的一项或一组关键工作，作为压缩对象；

4）压缩一项或一组关键工作，压缩值必须符合不能压缩成非关键工作；

5）计算增加的直接费用 C_i；

6）考虑工期变化带来的间接费及其他损益，在此基础上计算总费用；

7）重复上述第 3）至第 6）的步骤，直至找不到小于间接费率的压缩对象为止。此时的工期即为总费用最低的最优工期。

3. 费用优化实例

【案例 4-32】 已知网络计划如图 4-92 所示，图中箭线上方括号外为工作正常持续时间的直接费用，括号内为最短持续时间的直接费用（以千元为单位）；箭线下方括号外为工作的正常持续时间，括号内为最短持续时间。已知间接费率为 0.12 千元/天，试对该网络计划进行费用优化。

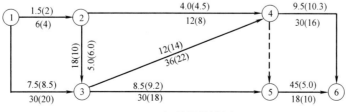

图 4-92 初始网络计划

【解析】

1）正常作业条件下的网络计划工期、关键线路和总直接费、间接费和总费用。

（1）计算工期：如图 4-93 所示计算工期为 96 天，关键线路为①→③→④→⑥；

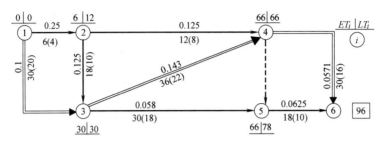

图 4-93　初始网络计划的工期、关键线路和直接费率

（2）总直接费：每项工作正常持续时间的直接费相加得 52.5 千元；

（3）总间接费：0.12 千元/天×96＝11.52 千元；

（4）总费用：52.5＋11.52＝64.02 千元。

2）计算各项工作的直接费率

$$\Delta C_{1-2} = \frac{CC_{1-2} - CN_{1-2}}{DN_{1-2} - DC_{1-2}} = \frac{2.0 - 1.5}{6 - 4} = 0.25 \text{ 千元/天}$$

表 4-20 为其他工作的直接费率计算结果。

各工作的直接费用率参数表

表 4-20

工作编码 $i-j$	正常工期		最短工期		直接费用率 ΔC_{i-j}（千元/天）
	持续时间 DN_{i-j}（天）	直接费用 CN_{i-j}（千元）	持续时间 DC_{i-j}（天）	直接费用 CC_{i-j}（千元）	
①→②	6	1.5	4	2	0.25
①→③	30	7.5	20	8.5	0.1
②→③	18	5.0	10	6.0	0.125
②→④	12	4.0	8	4.5	0.125
③→④	36	12	22	14	0.143
③→⑤	30	8.5	18	9.2	0.058
④→⑥	30	9.5	16	10.3	0.0571
⑤→⑥	18	4.5	10	5.0	0.0625

3）第一次压缩

在关键线路上选择直接费率最低的工作 4—6（ΔC_{1-2}＝0.057 千元/天＜0.12 千元/天）作为被压缩对象。已知关键工作 4—6 的持续时间最多可缩短 14 天，而工作 5—6 的总时差只有 12 天，因此第一次只能压缩 12 天，工作 4—6 的持续时间压缩至 18 天，见图 4-94。

计算第一次压缩后网络计划的总直接费、间接费和总费用：

（1）总直接费：52.5＋12×0.057＝53.184 千元；

（2）总间接费：0.12×84＝10.08 千元；

（3）总费用：53.184＋10.08＝63.264 千元。

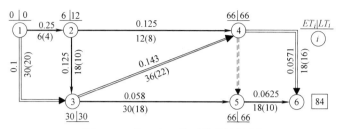

图 4-94　第一次压缩后的网络计划

4）第二次压缩

通过第一次缩短后，在图 4-94 中关键线路变成两条，即①→③→④→⑥和①→③→④→⑤→⑥。若继续压缩，两条关键线路必须同时同数值压缩，其中，压缩关键工作 1—3 的直接费率最低（$\Delta C_{1-3}=0.1$ 千元/天<0.12 千元/天），将其作为被压缩对象。工作 1-3 持续时间可允许缩短 10 天，但考虑工作 1—2 和 2—3 的总时差只有 6 天（12－0－6＝6 或 30－18－6＝6），因此工作 1-3 持续时间只能压缩 6 天，持续时间压缩至 24 天，见图 4-95。

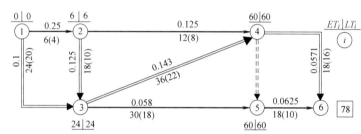

图 4-95　第二次压缩后的网络计划

计算第二次压缩后网络计划的总直接费、间接费和总费用：

（1）总直接费：$53.184+6\times0.1=53.784$ 千元；

（2）总间接费：$0.12\times78=9.36$ 千元；

（3）总费用：$53.784+9.36=63.144$ 千元。

5）第三次压缩

通过第二次缩短后，在图 4-95 中关键线路变成四条，即①→③→④→⑥、①→③→④→⑤→⑥、①→②→③→④→⑥和①→②→③→④→⑤→⑥。其中，同时压缩关键工作 4—6 和 5—6 的组合直接费率最小（$\Delta C_{4-6}+\Delta C_{5-6}=0.0571+0.0625=0.1196$ 千元/天<0.12 千元/天）。

由于工作 4—6 持续时间只能允许再缩短 2 天，故将工作 4—6 和 5—6 的持续时间同时压缩 2 天，此时工作 4—6 已压缩至最短持续时间，将其直接费率改写为无穷大，见图 4-96。

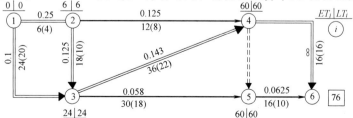

图 4-96　第三次压缩后的网络计划

计算第三次压缩网络计划后的总直接费、间接费和总费用：

（1）总直接费：$53.784+2\times(0.0571+0.0625)=54.0232$ 千元；

（2）总间接费：$0.12\times76=9.12$ 千元；

（3）总费用：$54.0232+9.12=63.1432$ 千元。

至此，网络计划已压缩至极限工期，费用优化结束。

4.5.3　资源优化

一项工程任务所需的资源总量是不变的，资源优化的目标不是减少资源总量，而是通过调整计划中某些工作投入作业的开始时间，使资源供应均衡。在资源优化过程中，通常将一项工作在单位时间内所需的某种资源数量称为资源强度（用 r_{i-j} 表示）；将网络计划中各项工作在某一单位时间内所需某种资源数量之和称为资源需用量（用 R_t 表示）；将单位时间内可供使用的某种资源的最大数量称为资源限量（用 R_a 表示）。

资源优化的内容有"资源有限，工期最短"和"工期固定，资源均衡"两种。

1. "资源有限，工期最短"的优化

"资源有限，工期最短"的优化是当日资源需用量超过资源限量时，通过改变工作的最早开始时间或最早结束时间，缓解资源需求高峰压力。

1）基本假设

（1）优化过程中，不改变工作间的逻辑关系；

（2）优化过程中，不改变各工作的持续时间；

（3）除规定可中断的工作外，一般不允许中断工作，应保持其连续作业；

（4）各项工作的资源需求强度为常数。

2）优化的步骤

（1）计算网络计划各个时段的资源需用量；

（2）从计划开始日期起，逐个检查各个时段资源需用量 R_t 是否超过资源限量 R_a，如果在整个工期内都满足 $R_t\leqslant R_a$，网络计划优化即完成，否则进行计划调整；

（3）分析超过资源限量的时段，确定新的安排顺序，计算工期最短增量。

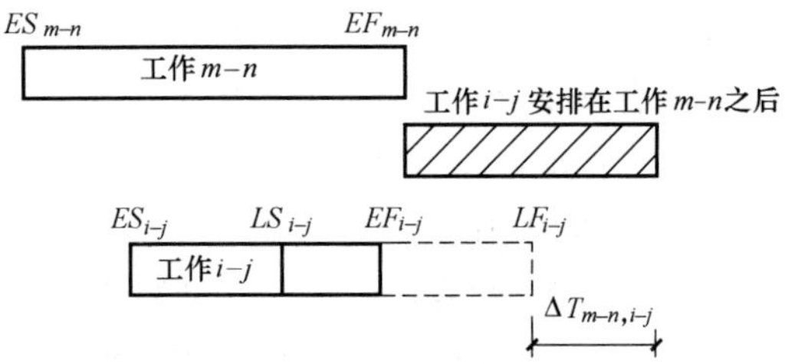

图 4-97　工作 $i-j$ 与工作 $m-n$ 的排序

如果在资源超限时段有两项平行作业的工作 $i-j$ 和工作 $m-n$，为降低资源需用量，现将工作 $i-j$ 安排在工作 $m-n$ 之后进行，如图 4-97 所示，则工期延长值为：

$$\Delta T_{m-n,i-j}=EF_{m-n}+D_{i-j}-LF_{i-j}=EF_{m-n}-(LF_{i-j}-D_{i-j})=EF_{m-n}-LS_{i-j}$$

$$即：\Delta T_{m-n,i-j}=EF_{m-n}-LS_{i-j} \tag{4-79}$$

式中　$\Delta T_{m-n,i-j}$——在超过资源限量的时段中，工作 $i-j$ 排在工作 $m-n$ 之后工期的延长时间。

如果在该时段内有几项工作平行作业，对平行作业的工作进行两两排序，即可得出若干个 $\Delta T_{m-n,i-j}$，选择其中最小的 $\Delta T_{m-n,i-j}$，将相应的工作 $i-j$ 安排在工作 $m-n$ 之后进行，既可降低该时段的资源需用量，又使网络计划的工期延长最短。

（4）绘制调整后的网络计划，重复以上步骤，直到满足要求。

【案例 4-33】　已知网络计划如图 4-98 所示。图中箭线上方为工作资源强度，箭线下方为持续时间，若资源限量为 $R_a = 12$，试对其进行"资源有限，工期最短"的优化。

【解析】

1）计算每日资源需用量，如图 4-99 所示。至第 4 天，$R_4 = 13 > R_a = 12$，故需进行调整。

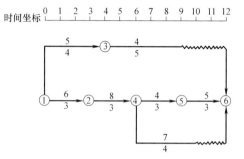

图 4-98　初始网络计划

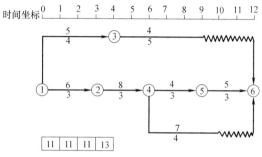

图 4-99　计算 R_t

2）第一次调整。资源超限时段内有工作 1—3、2—4 两项，分别计算 EF、LS 得：

$$EF_{1-3} = 4 \qquad LS_{1-3} = 3$$
$$EF_{2-4} = 6 \qquad LS_{2-4} = 3$$

（1）方案一：工作 1—3 移 2—4 后

$$\Delta T_{2-4,1-3} = EF_{2-4} - LS_{1-3} = 6 - 3 = 3$$

（2）方案二：工作 2—4 移 1—3 后

$$\Delta T_{1-3,2-4} = EF_{1-3} - LS_{2-4} = 4 - 3 = 1$$

3）先考虑工期增加量较小的第二方案，绘出其网络计划如图 4-100 所示。

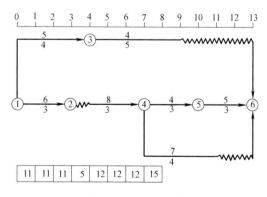

图 4-100　网络计划

4）计算资源需用量至第 8 天，$R_8 = 15 > R_a = 12$，故需进行第二次调整。资源超限时段内的工作有 3—6、4—5 和 4—6 三项，分别计算 EF、LS 得：

$$EF_{3-6} = 9 \qquad LS_{3-6} = 8$$

$$EF_{4-5}=10 \qquad LS_{4-5}=7$$
$$EF_{4-6}=11 \qquad LS_{4-6}=9$$

根据式（4-79），确定 $\Delta T_{m-n,i-j}$ 最小值，只需要找到 $\min\{EF_{m-n}\}$ 和 $\max\{LS_{i-j}\}$，即为最佳方案。由上计算结果可知，$\min\{EF_{m-n}\}$ 为工作 3—6，$\max\{LS_{i-j}\}$ 为工作④—⑥，则选择工作 4—6 安排在工作 3—6 之后进行，工期增加最小：

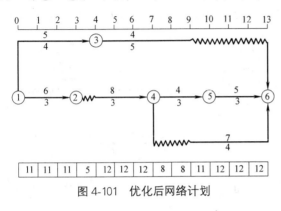

$$\Delta T_{3-6,4-6}=EF_{3-6}-LS_{4-6}=9-9=0$$

此时工期没有增加，仍为 13 天，再计算每天资源需用量，均能满足要求，图 4-101 所示的网络计划即为优化后网络计划。

图 4-101　优化后网络计划

2．"工期固定，资源均衡"的优化

"工期固定，资源均衡"的优化是在保持工期不变的条件下，调整计划安排，使资源用量尽可能均衡的过程。"工期固定，资源均衡"的优化方法有多种，如方差值最小法、极差值最小法、削高峰法等，这里仅介绍方差值最小的优化方法。

1）资源均衡的指标

（1）不均衡系数 K

$$K=\frac{R_{\max}}{R_m} \tag{4-80}$$

式中　$R_{\max}$——最大的资源需用量；

R_m——资源需用量的平均值。

$$R_m=\frac{1}{T}(R_1+R_2+R_3+\cdots+R_t)=\frac{1}{T}\sum_{t=1}^{T}R_t \tag{4-81}$$

K 值越接近于 1，资源均衡性越好，K 一般要求不大于 2，$K<1.5$ 最好。

（2）方差值 σ^2

$$\sigma^2=\frac{1}{T}\sum_{t=1}^{T}(R_t-R_m)^2 \tag{4-82}$$

σ^2 值越小，资源均衡性越好。

2）方差值最小法优化的基本原理

利用网络计划初始方案，计算网络计划的自由时差，通过调整非关键工作的开始时间，从而改变日资源需用量，达到削峰填谷降低方差的目的，从而达到资源均衡目的。

为简化计算，式（4-82）可变换为：

$$\sigma^2=\frac{1}{T}\sum_{t=1}^{T}R_t^2-R_m^2 \tag{4-83}$$

由式（4-83）可以看出，T 及 R_m 皆为常数，欲使 σ^2 为最小，只需 $\sum_{t=1}^{T}R_t^2$ 为最小值。即：

$$W=\sum_{t=1}^{T}R_t^2=R_1^2+R_2^2+\cdots+R_t^2=\min$$

假设工作 i、j 第 m 天开始，第 n 天结束，日资源需用量为 $r_{i,j}$。将工作 i、j 右移一天，则该计划第 m 天的资源需用量 R_m 将减少 $r_{i,j}$，第（$n+1$）天资源需用量 R_{n+1} 将增加 $r_{i,j}$。这时，W 值的变化量（与移动前的差值）为：

$$\Delta W = \left[(R_m - r_{i,j})^2 + (R_{n+1} + r_{i,j})^2\right] - \left[R_m^2 + R_{n+1}^2\right]$$
$$= 2r_{i,j}(R_{n+1} - R_m + r_{i,j})$$

显然，$\Delta W < 0$ 时，表示 σ^2 减小，即：

$$R_{n+1} + r_{i,j} \leqslant R_m \tag{4-84}$$

则调整有效，工作 i，j 可向右移动一天。

若 $\Delta W > 0$ 时，表示 σ^2 增加，不能向右移一天，此时，还要考虑右移多天（在总时差允许的范围内），计算各天的 ΔW 的累计值 $\sum \Delta W$，如果 $\sum \Delta W \leqslant 0$，即：

$$\left[(R_{n+1} + r_{i,j}) + (R_{n+2} + r_{i,j}) + \cdots\right] \leqslant \left[R_m + R_{m+1} + \cdots\right] \tag{4-85}$$

则将工作右移至该天。

3）方差值最小法优化的步骤

（1）按最早时间绘制时标网络计划，标明关键线路，判别非关键工作的时差。

（2）计算日资源需用量，绘制资源动态曲线。

（3）调整顺序。调整宜自网络计划终点节点开始，按工作的完成节点的编号值从大到小的顺序进行调整。对有同一个完成节点的多项工作，则先调整开始时间较迟的工作。每次右移一天，判定其有效性，直至不能右移为止。如此进行直到起点节点，调整结束。

（4）按上述方法进行第二次、第三次调整，直至所有工作的位置都不能再右移为止。

【案例 4-34】 已知某网络计划如图 4-102 所示，箭线上方数字为资源强度，箭线下方数字为持续时间。试对该网络计划进行"工期固定，资源均衡"的优化。

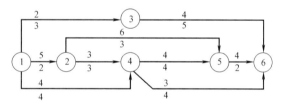

图 4-102 初始网络计划

【解析】

1）绘制时标网络图

计算日资源需用量，绘制资源用量动态曲线，如图 4-103 所示。

2）对初始网络计划调整

（1）从终点节点开始，逆着箭线进行。以终点节点⑥为完成节点的工作有 3—6、4—6、5—6，而工作 5—6 为关键工作，因而调整工作 3—6、4—6，又因工作 4—6 的开始时间较工作 3—6 为迟，先调整工作 4—6。

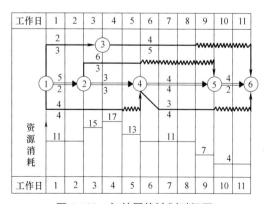

图 4-103 初始网络计划时标图

将工作 4—6 右移 1 天，则 $R_{10}+r_{4,6}=4+3=7<R_6=11$，可右移；

将工作 4—6 再右移 1 天，则 $R_{11}+r_{4,6}=4+3=7<R_7=11$，可右移；

故工作 4—6 可右移 2 天，工作 4—6 调整后的时标图如图 4-104 所示。

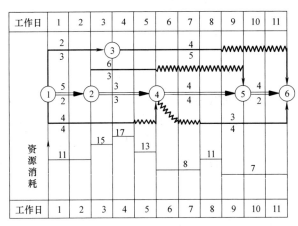

图 4-104 工作 4—6 调整后的时标图

（2）调整工作 3—6。

将工作 3—6 右移 1 天，则 $R_9+r_{3,6}=7+4=11<R_4=17$，可右移；

将工作 3—6 再右移 1 天，则 $R_{10}+r_{3,6}=7+4=11<R_5=13$，可右移；

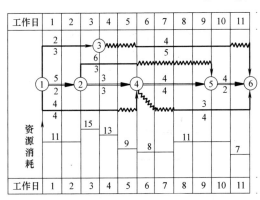

图 4-105 工作 3—6 调整后的时标图

将工作 3—6 再右移 1 天，则 $R_{11}+r_{3,6}=7+4=11>R_6=8$，不可右移；

故工作 3—6 可右移 2 天，工作 3—6 调整后的时标图如图 4-105 所示。

（3）以节点⑤为完成节点的工作有 2—5、4—5，而工作 4—5 为关键工作，只能调整工作 2—5。

将工作 2—5 右移 1 天，则 $R_6+r_{2,5}=8+6=14<R_3=15$，可右移；

将工作 2-5 再右移 1 天，则 $R_7+r_{2,5}=8+6=14>R_4=13$，不可右移；

将工作 2—5 再右移 1 天，则 $R_8+r_{2,5}=11+6=17>R_5=9$，不可右移；

将工作 2—5 再右移 1 天，则 $R_9+r_{2,5}=11+6=17>R_6=8+6=14$，不可右移；

故工作 2—5 可右移 1 天，工作 2—5 调整后的时标图如图 4-106 所示。

（4）以节点④为完成节点的工作有 1—4、2—4，而工作 2—4 为关键工作，只能调整工作 1—4。

将工作 1—4 右移 1 天，则 $R_5+r_{1,4}=9+4=13>R_1=11$，不可右移；

故工作 1—4 不可右移。

（5）分别对以节点③、②为完成节点的工作进行调整，可以看出，都不能右移，则第一遍调整完毕。

（6）同理进行第二遍调整。

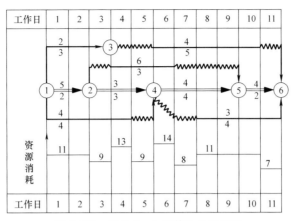

图 4-106　工作 2－5 调整后的时标图

工作 3－6 可右移 1 天，其他工作均不可再移动。故优化完毕，如图 4-107 所示。

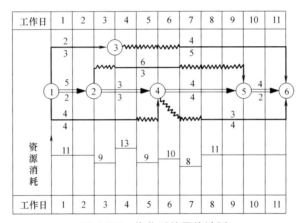

图 4-107　优化后的网络计划

3）比较优化前后网络计划的不均衡系数

（1）计算初始网络计划的不均衡系数

$$R_m = \frac{11 \times 5 + 15 + 17 + 13 + 7 + 4 \times 2}{11} = 10.45$$

$$K = \frac{R_{\max}}{R_m} = \frac{17}{10.45} = 1.63 > 1.5$$

（2）计算优化后网络计划的不均衡系数

$$R_m = \frac{11 \times 6 + 9 \times 2 + 13 + 10 + 8}{11} = 10.45$$

$$K = \frac{R_{\max}}{R_m} = \frac{13}{10.45} = 1.24 < 1.5$$

（3）不均衡系数降低率为

$$\frac{1.63 - 1.24}{1.63} \times 100\% = 23.93\%$$

4）比较优化前后的方差值

（1）初始方案的方差值

$$\sigma^2 = \frac{1}{11} \times (11^2 \times 5 + 15^2 + 17^2 + 13^2 + 7^2 + 4^2 \times 2) - 10.45^2 = 15.25$$

（2）优化方案的方差值

$$\sigma^2 = \frac{1}{11} \times (11^2 \times 6 + 9^2 \times 2 + 13^2 + 10^2 + 8^2) - 10.45^2 = 1.80$$

（3）方差降低率

$$\frac{15.25 - 1.80}{15.25} \times 100\% = 88.20\%$$

案 例 题

4-1 某分部工程由Ⅰ、Ⅱ、Ⅲ三个施工过程组成，流水节拍均为 3 天，已知Ⅰ、Ⅱ过程之间可搭接 1 天施工，但第Ⅲ施工过程完后需养护一天，下一层才能开始，试组织三层的流水施工。

4-2 某二层现浇钢筋混凝土工程，其框架平面尺寸为 15m×144m，沿长度方向每隔 48m 留伸缩缝一道。已知：$t_模 = 4$ 天，$t_筋 = 4$ 天，$t_{混凝土} = 2$ 天，层间技术间歇（混凝土浇筑后的养护时间）为 2 天，试组织异步距异节拍流水施工，并绘制流水施工进度计划表。

4-3 把 4-2 题组织成等步距异节拍流水施工。

4-4 某分部工程由 A、B、C 三个施工过程组成，分三段组织流水施工，已知流水节拍分别为 6 天、3 天、3 天，且 B、C 两个施工过程之间有 2 天的组织间歇时间，试组织一流水施工。

4-5 已知某分部工程由四个施工过程组成，分四段组织流水施工，流水节拍分别为3 天、4 天、2 天和 4 天，第 2 个施工过程和第 3 个施工过程之间有 1 天的技术间歇时间，试组织流水施工。

4-6 某分部工程划分为 A、B、C、D、E 五个施工过程，分四段组织流水施工，其流水节拍见表 4-21，且施工过程 C 完成后需有 1 天的技术间歇时间，试确定各施工过程间流水步距，计算工期，并绘制流水施工进度计划表。（单位：天）

题 4-6 用表   表 4-21

施工过程 \ 施工段	①	②	③	④
A	3	2	3	2
B	3	1	5	4
C	4	4	3	3
D	2	3	4	1
E	3	5	2	4

4-7 某两层的分部工程划分为 A、B、C 三个施工过程，分四段组织施工，各施工过程的流水节拍见表 4-22，已知施工过程 B 完成后需有 2 天的组织间歇时间，且层间间歇时间为 1 天，试组织流水施工。（单位：天）

题 4-7 用表　　　　　　　　　　表 4-22

施工过程 ＼ 施工段	①	②	③	④
A	2	3	2	1
B	3	1	2	2
C	4	2	3	8

4-8　根据表 4-23 中各工作之间的逻辑关系，绘制双代号网络图，并进行时间参数的计算，标出关键线路。（单位：天）

题 4-8 用表　　　　　　　　　　表 4-23

工作名称	A	B	C	D	E	F	G	H	I	J	K	L	M
紧前工作	—	A	A	A	B	C	B,C,D	F,G	E	E,G	I,J	H,I,J	K,L
持续时间	5	7	5	7	6	7	6	5	6	5	4	5	4

4-9　根据表 4-24 中各工作之间的逻辑关系，绘制单代号网络图，并进行时间参数的计算，标出关键线路。（单位：天）

题 4-9 用表　　　　　　　　　　表 4-24

工作名称	A	B	C	D	E	F	G	H	I	J	K
紧前工作	—	A	A	B	B	E	A	D,C	E	F,G,H	I,J
持续时间	5	6	8	5	7	6	5	8	5	6	4

4-10　根据表 4-25 中各工作之间的逻辑关系，按最早时间绘制双代号时间坐标网络图，并进行时间参数的计算，标出关键线路。

题 4-10 用表　　　　　　　　　　表 4-25

工作名称	A	B	C	D	E	F	G	H	I
紧前工作	—	—	A	B	B	A,D	E	C,E,F	G
持续时间	3	6	4	6	3	6	5	6	3

4-11　【2011年二级建造师考题改】背景资料：某广场地下车库工程，建筑面积18000m²。建设单位和某施工单位根据《建设工程施工合同（示范文本）》GF—99-0201签订了施工承包合同，合同工期210天。工程实施过程中发生了下列事件：施工单位将施工作业划分为 A、B、C、D 四个施工过程，分别由指定的专业作业队进行施工，每天一班工作制，组织无节奏流水施工，流水施工参数见表 4-26。

题 4-11 用表　　　　　　　　　　表 4-26

施工过程 ＼ 施工段数	A	B	C	D
Ⅰ	2	6	5	2
Ⅱ	2	2	5	3
Ⅲ	2	6	2	5
Ⅳ	3	2	2	4

问题：

（1）事件一中，列式计算 A、B、C、D 四个施工过程之间的流水步距分别是多少天？

（2）事件一中，列式计算流水施工的计划工期是多少天？能否满足合同工期的要求？

【解析】

1）流水步距计算（大差法）

施工过程						流水步距
A 施工过程累加数列	2	4	8	11		
B 施工过程累加数列		6	8	14	16	$K_{A,B}=2$
C 施工过程累加数列			5	10	12	14	$K_{B,C}=6$
D 施工过程累加数列				2	5	10	14	$K_{C,D}=8$

2）流水工期

$T=\sum K_{i,i+1}+T_n=(2+6+8)+(2+3+5+4)=30$ 周，即 210 天，合同工期为 210 天，所以满足合同工期要求。

4-12 **【2018 年一级建造师考题】** 某高校图书馆工程，地下二层，建筑面积为 $35000\mathrm{m}^2$，现浇钢筋混凝土框架结构，部分屋面为正向抽空四角锥网架结构，施工单位与建设单位签订了施工总承包合同，合同工期为 21 个月。在工程开工前，施工单位按照收集编制依据、划分施工过程（段）、计算劳动量、优化并绘制正式进度计划图等步骤编制了施工进度计划，并通过了总监理工程师的审查与确认，项目部在开工后进行了进度检查，发现施工进度拖延，其部分检查结果，如图 4-108 所示。

项目部为优化工期，通过改进装饰装修施工工艺，使其作业时间缩短为 4 个月，据此调整的进度计划通过了总监理工程师的确认。管道安装按照计划进度完成后，因甲供电缆电线未按计划进场，导致电缆电线按照工程最早时间推迟了 1 个月，施工单位按照规定提出索赔工期 1 个月。

问题：（1）单位工程进度计划编制步骤还应包括哪些内容？

（2）根据图 4-108 中信息，剩下的计算工期是多少？管道安装施工过程的总时差和自由时差分别是多少？除工期优化外，进度网络计划的优化目标还有哪些？

（3）监理工程师的建议是否合理？网架安装方法还有哪些？网架高空散装法施工的特点还有哪些？

（4）施工单位提出的工期索赔是否成立？并说明理由。

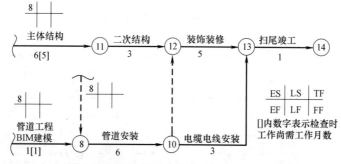

图 4-108 某高校图书馆项目进度计划检查图（时间单位：月）

【解析】

1）单位工程进度计划的编制步骤：划分施工段→确定施工顺序→计算工程量→计算机械台班需用量→确定持续时间→绘制施工进度初始计划。

2）图 4-108 工程总工期为 22 个月；管道安装施工过程的自由时差为 0 个月，总时差为 1 个月；除工期优化外，进度网络计划的优化目标还有资源优化、费用优化。

3）监理工程师的建议合理；网架安装方法：滑移法、整体吊装法、整体提升法、整体顶升法。网架高空散装法脚手架用量大，工期较长，需占建筑物场内用地，且技术上有一定难度。

4）施工单位提出的工期索赔不成立。理由：电缆电线未按计划进场，导致电缆电线安装工程推迟了 1 个月，属于建设单位责任，但是电缆电线安装工作有 2 个月的总时差，延误 1 个月不影响工期，所以工期索赔不成立。但如果有窝工，造成费用损失，可以索赔增加的费用。

第5章 施工准备

本章要点：施工准备内容，原始资料的调查与图纸会审，施工准备工作计划，施工现场暂设工程，施工现场临时供电、供水。

学习目标：结合规范、标准掌握施工现场暂设工程的配置与计算；结合规范、标准掌握现场临时供电、供水的配置与计算方法；熟悉施工准备工作计划的内容；了解原始资料的调查与图纸会审。

素质目标：培养"凡事预则立，不预则废"的职业素养。

施工准备是正式施工前，根据施工开展顺序和主要工程项目施工方法，所做的各项施工准备工作，其目的是为正式开工创造必要的条件。施工准备工作既有阶段性，又有连续性，因此施工准备工作必须有计划、有步骤、分期分阶段地进行，并贯穿整个建造过程的始终。

5.1 施工准备内容

施工准备包括技术准备、现场准备和资金准备❶，本书增加了组织准备内容。施工准备工作的具体内容，视该工程具体情况及其已具备的条件而异。只有按照施工项目的特点拟定具体的、分阶段的施工准备工作，才能为施工创造必要的条件。施工准备工作内容见图 5-1。

5.1.1 组织准备

组织准备包括组建项目部，签订项目管理目标责任书，集结精干的施工队伍；同时，还应该包括建立健全各项管理制度，职业培训和技术交底工作等。

1) 组建项目经理部。项目经理部组织机构形式应根据施工项目的规模、复杂程度、专业特点、人员素质和地域范围确定，大中型项目宜设置矩阵式；远离企业管理层的大中型项目宜设置事业部式；小型项目设置直线职能式。单位工程项目部通常配置项目经理、

---

❶ 《市政工程施工组织设计规范》GB/T 50903—2013：
4.4.1 施工准备应根据施工总体部署确定。
4.4.2 施工准备应包括技术准备、现场准备及资金准备等，并应符合下列要求：
1. 技术准备应包括技术资料准备及工程测量方案等。
2. 现场准备应包括现场生产、生活及办公等临时设施的安排与计划。
3. 资金准备应包括资金使用计划及筹资计划等，并结合图表形式辅助说明。

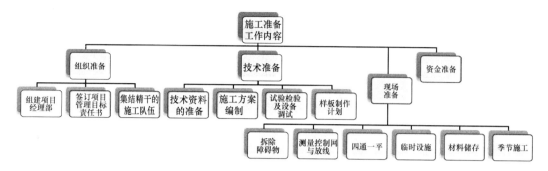

图 5-1 施工准备工作内容

技术员、施工员、质检员、安全员、资料员等。

2）签订项目管理目标责任书，落实项目经理责任制❶。

3）集结精干的施工队伍。建筑安装工程施工队伍主要有基本队伍、专业和外包施工队伍三种类型。基本施工队伍是建筑施工企业组织施工生产的基础力量。土建工程施工一般采用混合施工班组较好，其特点是工人以专业工种为主，便于组织专业化施工，劳动效率高，便于组织流水施工。

专业施工队伍承担专业化比较强、机械化比较高的专业工作，例如基坑支护，脚手架搭设，土方挖运，吊装运输，钢筋焊接，消防、空调、通信等机电设备安装工程等。

一些专业性较强的工程也可以外包给其他专业单位来完成，例如建筑智能化工程，外包给专业队伍，有利于保证施工质量。

5.1.2 技术准备

技术准备应包括施工所需技术资料准备、施工方案编制计划、试验检验及设备调试工作计划、样板制作计划等。

1. 技术资料准备：

1）场地平整方案、排水、防洪措施；

2）临时水、电、气来源及其引入方案；

3）原材料检测、混凝土（砂浆）配合比方案；

4）编制新技术、新材料、新工艺、新结构的现场试制试验计划；

5）对外协调计划；与城市规划（定位、验线）、环卫（渣土外运）、城管（临街工程占道）、交通（城市道路开口）、供电（施工用电增容）、供水（开口及装表）、消防（消防通道）、市政（污水排放）等政府部门接洽，尽早办理申请手续和批准手续。

---

❶ 《建设工程项目管理规范》GB/T 50326—2017：

4.5.1 项目管理目标责任书应在项目实施之前，由组织法定代表人或其授权人与项目管理机构负责人协商制定。

4.5.2 项目管理目标责任书应属于组织内部明确责任的系统性管理文件，其内容应符合组织制度要求和项目自身特点。

4.5.3 编制项目管理目标责任书应依据下列信息：1. 项目合同文件；2. 组织管理制度；3. 项目管理规划大纲；4. 组织经营方针和目标；5. 项目特点和实施条件与环境。

4.5.5 组织应对项目管理目标责任书的完成情况进行考核和认定，并根据考核结果和项目管理目标责任书的奖惩规定，对项目管理机构负责人和项目管理机构进行奖励或处罚。

2. 主要分部（分项）工程和专项工程在施工前应单独编制施工方案，施工方案可根据工程进展情况，分阶段编制完成，对需要编制的主要施工方案应制定编制计划。

3. 试验检验及设备调试工作计划应根据现行规范、标准中的有关要求及工程规模、进度等实际情况制定。

4. 样板制作计划应根据施工合同或招标文件的要求并结合工程特点制定。

5.1.3　现场准备

现场准备应根据现场施工条件和工程实际需要，准备现场生产、生活等临时设施。现场准备主要内容包括如下。

1. 施工现场的围挡与封闭管理

为了施工方便和行人安全，应采用符合当地市容管理要求的围护结构将施工区域围起来，并在主要出入口处设置标牌，标明工地名称、施工单位、工地负责人等内容❶。

1）现场围挡

（1）市区主要路段的工地应设置高度不小于 2.5m 的封闭围挡；

（2）一般路段的工地应设置高度不小于 1.8m 的封闭围挡；

（3）围挡应坚固、稳定、整洁、美观。

2）封闭管理

（1）施工现场进出口应设置大门，并应设置门卫值班室；

（2）应建立门卫值守管理制度，并应配备门卫值守人员；

（3）施工人员进入施工现场应佩戴工作卡；

（4）施工现场出入口应标有企业名称或标识，并应设置车辆冲洗设施；大门口处应设置公示标牌，主要内容应包括：工程概况牌、消防保卫牌、安全生产牌、文明施工牌、管理人员名单及监督电话牌、施工现场总平面图。

2. 测量控制网的设置

按照设计单位提供的建筑总平面图和城市规划部门给定的建筑红线桩或轴线控制桩及标准水准点进行测量控制网的设置，在施工现场范围内建立平面控制网、标高控制网，并对其桩位进行保护，建立建筑物、构筑物的定位轴线、其他轴线及土方开挖线等。

测量放线是确定拟建工程的平面位置和标高的关键环节，施测前应对测量仪器、钢尺等进行检验校正，对规划部门给定的红线桩或轴线控制桩和水准点进行校核，如发现问题，应及时书面通知建设单位。建筑红线的控制桩应由建设单位组织规划部门进行验收，防止压、超红线，放线报验单如表 5-1 所示。

扫描二维码 5-1，观看施工准备概述教学视频。

二维码 5-1　施工准备概述教学视频

---

❶ 《建筑施工安全检查标准》JGJ 59—2011，3.2.2　文明施工检查评定保证项目应包括：现场围挡、封闭管理、施工场地、材料管理、现场办公与住宿、现场防火。一般项目应包括：综合治理、公示标牌、生活设施、社区服务。
《建设工程施工现场环境与卫生标准》JGJ 146—2013，3.0.8　施工现场应实行封闭管理，并应采用硬质围挡。市区主要路段的施工现场围挡高度不应低于 2.5m，一般路段围挡高度不应低于 1.8m。围挡应牢固、稳定、整洁。距离交通道路口 20m 范围内占据道路施工设置的围挡，其 0.8m 以上部分应采用通透性围挡，并应采取交通疏导和警示措施。

施工测量放线报验单 表 5-1

工程名称：_____ 编号：_____

致：_____（监理单位）
我单位已完成_____（工程或部位的名称）的放线工作，经自检合格，清单如下，请予查验。
专职测量人员岗位证书编号：
测量设备鉴定证书编号：
附件：测量放线依据材料及放线成果

工 程 部 位 或 名 称	放 线 内 容	备 注

承包单位（章）：_____
项目经理：_____
日期：_____

专业监理工程师审查意见：

☐ 查验合格
☐ 纠正差错后再报

项目监理机构（章）：_____
专业监理工程师：_____
日期：_____

注：本表由承包单位填报，一式四份，送监理机构审核后，建设、承包单位各一份，监理单位两份（其中报城建档案馆一份）。

3. 施工条件

拆除施工范围内的一切地上、地下妨碍施工的障碍物，通常是由建设单位来完成❶，但有时也委托施工单位完成。拆除障碍物时，必须摸清底细，以防发生事故。架空线路、地下自来水管道、污水管道、燃气管道、电力与通信电缆等的拆除，必须与有关部门取得联系，并办好相关手续后方可进行；现场内的树木应报园林部门批准后方可砍伐；拆除房屋时必须在水源、电源、气源等截断后进行。

施工场地要达到四通一平的条件，"四通"包括施工用水、用电、通信、道路，"一平"指的是场地平整。场内外运输的接驳、施工用主干道的设置直接影响施工资源的供

---

❶《建设工程施工合同（示范文本）》GF—2017-0201，2.4.2 提供施工条件。除专用合同条款另有约定外，发包人应负责提供施工所需要的条件，包括：
（1）将施工用水、电力、通信线路等施工所必需的条件接至施工现场内；
（2）保证向承包人提供正常施工所需要的进入施工现场的交通条件；
（3）协调处理施工现场周围地下管线和邻近建筑物、构筑物、古树名木的保护工作，并承担相关费用；
（4）按照专用合同条款约定应提供的其他设施和条件。
《建设工程施工现场环境与卫生标准》JGJ 146—2013：
4.2.1 施工现场的主要道路应进行硬化处理。裸露的场地和堆放的土方应采取覆盖、固化或绿化等措施。
4.3.1 施工现场应设置排水沟或沉淀池，施工污水应经沉淀处理达到排放标准后，方可排入市政污水管网。
4.3.3 施工现场临时厕所的化粪池应进行防渗漏处理。
4.3.4 施工现场存放的油料和化学溶剂等物品应设置专用库房，地面应进行防渗漏处理。

应；施工场地除了四通一平外，还应具备下列条件：

(1) 施工现场的主要道路及材料加工区地面应进行硬化处理；

(2) 施工现场道路应畅通，路面应平整坚实；

(3) 施工现场应有防止扬尘措施；

(4) 施工现场应设置排水设施，且排水通畅无积水；

(5) 施工现场应有防止泥浆、污水、废水污染环境的措施；

(6) 施工现场应设置专门的吸烟处，杜绝乱扔烟头引发火灾；

(7) 温暖季节应有绿化布置。

4. 临时设施

施工现场所需的各种生产、办公、生活、福利等临时设施，均应报请规划、市政、消防、交通、环保等有关部门审查批准，并按批准的施工平面布置图中确定的位置、尺寸搭设，不得乱搭乱建。

1) 现场办公与住宿

(1) 施工作业、材料存放区与办公、生活区应划分清晰，并应采取相应的隔离措施；

(2) 在建工程内、伙房、库房不得兼作宿舍；

(3) 宿舍、办公用房的防火等级应符合规范要求❶；

(4) 宿舍应设置可开启式窗户，床铺不得超过2层，通道宽度不应小于0.9m；

(5) 宿舍内住宿人员人均面积不应小于$2.5m^2$，且不得超过16人；

(6) 冬季宿舍内应有采暖和防一氧化碳中毒措施；

(7) 夏季宿舍内应有防暑降温和防蚊蝇措施；

(8) 生活用品应摆放整齐，环境卫生应良好。

2) 生活设施

(1) 应建立卫生责任制度并落实到人；

(2) 食堂与厕所、垃圾站、有毒有害场所等污染源的距离应符合规范要求❷；

(3) 食堂必须有卫生许可证，炊事人员必须持身体健康证上岗；

(4) 食堂使用的燃气罐应单独设置存放间，存放间应通风良好，并严禁存放其他物品；

(5) 食堂的卫生环境应良好，且应配备必要的排风、冷藏、消毒、防鼠、防蚊蝇等设施；

(6) 厕所内的设施数量和布局应符合规范要求；

(7) 厕所必须符合卫生要求；

(8) 必须保证现场人员饮水卫生；

---

❶ 《建设工程施工现场消防安全技术规范》GB 50720—2011：

4.2.1.1 建筑构件的燃烧性能等级应为A级。当采用金属夹芯板材时，其芯材的燃烧性能等级应为A级。

4.2.2.1 发电机房、变配电房、厨房操作间、锅炉房、可燃材料库房及易燃易爆危险品库房的建筑构件燃烧性能等级应为A级。

4.2.3.2 会议室、文化娱乐室等人员密集的房间应设置在临时用房的第一层，其疏散门应向疏散方向开启。

❷ 《施工现场临时建筑物技术规范》JGJ/T 188—2009：

5.3.3.1 食堂与厕所、垃圾站等污染源的距离不宜小于15m，且不应设在污染源的下风侧。

（9）应设置淋浴室，且能满足现场人员需求；

（10）生活垃圾应装入密闭式容器内，并应及时清理。

3）消防与安保

建立消防、保安等组织机构，制定有关的规章制度和防火、保安措施。

5. 安装调试施工机具，做好建筑材料、构配件等的存放工作

按照施工机具的需要量及供应计划，组织施工机具进场，并安装在施工平面图规定的地点或加工棚内。固定的机具就位后，应做好搭棚、接通电源水源、保养和调试工作。所有施工机具都必须在正式使用之前进行检查和试运转，以确保正常使用。

1）材料的进场

为了确保工程质量和施工安全，施工物资进场验收和使用时，还应注意以下几个问题：

（1）无出厂合格证明或没有按规定进行复验的原材料、不合格的建筑构配件，一律不得进场和使用，严格执行施工物资的进场检查验收制度，杜绝假冒低劣产品进入施工现场。

（2）施工过程中要注意查验各种材料、构配件的质量和使用情况，对不符合质量要求、对原试验检测品种有怀疑的，应提出复检或化学检验的要求。

（3）现场配制的混凝土、砂浆、防水材料、耐火材料、绝缘材料、保温隔热材料、防腐蚀材料、润滑材料以及各种掺合料、外加剂等，使用前均应由试验室试配，并制定出相应的操作、检验标准后方可使用。

（4）进场的机械设备，必须进行开箱检查验收，产品的规格、型号、生产厂家和地点、出厂日期等，必须与设计要求完全一致。

2）材料存放

按照建筑材料、构配件和制品的需要及供应计划，分期分批地组织进场，并按施工平面图规定的位置和存放方式存放，材料存放要点：

（1）建筑材料、构件、料具应按总平面布局进行码放。

（2）材料应码放整齐，并应标明名称、规格等。

（3）施工现场材料码放应采取防火、防锈蚀、防雨等措施。

（4）建筑物内施工垃圾的清运，应采用器具或管道运输，严禁随意抛掷。

（5）易燃易爆物品应分类储藏在专用库房内，并应制定防火措施。

6. 季节性施工准备

1）冬期施工准备工作的主要内容包括各种热源设备、保温材料的贮存和供应、司炉工等特种人员的培训、砂浆（混凝土）的各项测温工作、施工完工项目的保暖防冻、给水排水管道等设施的保温防冻、防止施工道路积冰、落实预防煤气中毒安全教育、消防措施等准备工作。

冬期施工条件差、施工质量不容易保证，同时还要增加施工费用。因此尽量安排冬期施工费用增加不多、比较容易保证施工质量的施工项目，不安排冬期施工费用增加较多、不易保证质量的项目。

2）雨期施工准备

合理安排雨期施工项目，尽量把不宜在雨期施工的土方、基础工程安排在雨期到来之

前完成，并预留出一定室内工作面，以备雨天室外无法施工时转入室内施工。做好施工现场排水、施工道路的维护工作。做好施工物资的贮运保管、施工机具设备的保护等防雨措施，加强雨期施工安全教育，落实安全措施。

3）夏季施工准备

夏季气温高，干燥，应编制夏季施工方案及采取的技术措施，做好防雷、避雷工作，此外还必须做好施工人员的防暑降温工作。

5.1.4 资金准备

根据施工总进度计划编制物资采购计划，根据物资采购计划编制资金使用计划，见表5-2。

资金使用计划 表5-2

项目名称：＊＊＊项目

资金使用计划						
序号	承包人	承包单价	承包范围	累计完成工作量	合同支付比例	支付金额
				1	2	3＝1＊2

5.2 原始资料的调查与图纸会审

原始资料是施工组织设计、施工方案编制的重要依据之一。对工程所涉及的自然条件和技术经济条件调查的范围、内容等应根据拟建工程的规模、性质、复杂程度、工期等情况确定。调查时，除了从建设单位、勘察设计单位等相关单位收集资料外，还应进行实地勘测，向当地居民了解情况。对调查、收集到的资料应注意分析研究、整理归纳，对其中特别重要的资料，必须复查其数据的真实性和可靠性。

5.2.1 原始资料的调查

1. 对建设单位与设计单位的调查

建设单位与设计单位调查的项目见表5-3。

建设单位和设计单位调查的项目 表5-3

序号	调查单位	调查内容	调查目的
1	建设单位	建设项目设计任务书、有关文件； 建设项目性质、规模、生产能力； 主要工艺设备名称及生产工艺流程、供应时间； 建设期限、开工时间、交工先后顺序、竣工投产时间； 总概算投资、年度建设计划； 施工准备工作的内容、安排、工作进度表	施工依据； 项目施工部署； 制定主要工程施工方案； 规划施工总进度； 安排年度施工计划； 确定占地范围规划施工总平面

序号	调查单位	调查内容	调查目的
2	设计单位	建设项目总平面规划:项目建筑规模、建筑、结构、装修概况、总建筑面积、占地面积、单位工程个数; 工程地质勘察资料、地形测量图; 水文勘察资料; 设计进度安排; 生产工艺设计、特点	规划施工总平面图,规划生产施工区、生活区、安排大型临建工程; 规划施工总进度; 计算平整场地土石方量、确定基坑支护、降水方案、确定地基、基础的施工方案

2. 自然条件调查分析

自然条件调查包括对建设地区的气象资料、场地地形、地质、水文、周围民宅的坚固程度及其居民的健康状况等项调查。为编制现场计划、制定施工方案、制定各项技术组织措施、制定冬雨期施工措施、施工平面规划布置等提供依据。如地上建筑物的拆除、高压电线路的迁移、地下构筑物的拆除和各种管线的迁移等工作。自然条件调查的项目见表 5-4。

自然条件调查的项目 表 5-4

序号	项目	调查内容	调查目的
		1 气象资料	
(1)	气温	全年各月平均温度;最高温度月份,最低温度月份;冬天、夏季室外计算温度;霜、冻、冰雹期;小于 −3℃、0℃、5℃ 的天数,起止日期	防暑降温;全年正常施工天数;冬期施工措施;预估混凝土、砂浆强度增长曲线
(2)	降雨	雨季起止时间、全年降水量、日最大降水量;全年雷暴天数、时间	雨期施工措施;现场排水、防洪;防雷
(3)	风	主导风向及频率(风玫瑰图);大于或等于 8 级风的全年天数、时间	布置临时设施;高空作业及吊装措施
		2 工程地质、地形	
(1)	地形	区域地形图、工程位置地形图; 工程建设地区的城市规划,控制桩、水准点的位置; 勘察文件、地形特征等	选择施工用地、合理布置施工总平面图; 计算现场平整土方量; 障碍物及数量、拆迁和清理施工现场
(2)	地质	钻孔布置图;地质剖面图(各层土的特征、厚度);土质稳定性:滑坡、流砂;地基土各项物理力学指标(天然含水量、孔隙比、渗透性、压缩性指标、塑性指数、地基承载力);软弱土、膨胀土、湿陷性黄土分布情况;最大冻结深度;防空洞、枯井、土坑、古墓、洞穴、地基土破坏情况;地下沟渠管网、地下构筑物	土方施工方法的选择、地基处理方法;基础、地下结构施工措施;障碍物拆除计划;基坑支护、开挖方案设计
(3)	地震	抗震设防烈度的大小	对地基、结构影响,施工注意事项

序号	项目	调查内容	调查目的
		3　工程水文地质	
（1）	地下水	最高、最低水位及时间；流向、流速、流量；水质分析；抽水试验、测定水量	土方施工、基础施工方案的选择；降低地下水位方法、措施；判定侵蚀性质及施工注意事项；使用、饮用地下水的可能性
（2）	地面水（地面河流）	邻近的江河、湖泊及距离；洪水、平水、枯水时期，其水位、流量、流速、航道深度，通航可能性；水质分析	临时给水；航运组织；水工工程
（3）	周围环境及障碍物	施工区域现有建筑物、构筑物、沟渠、水流、树木、土堆、高压输变电线路等；邻近建筑坚固程度及其中人员工作、生活、健康状况	及时拆迁、拆除、保护工作；合理布置施工平面；合理安排施工进度

3. 技术经济条件调查分析

其包括地方建筑材料供应情况，构件生产企业情况以及它们的生产能力，地方资源供应情况，地区交通运输条件，水电气供应条件及其他能源，主要施工设备租赁状况，建设地区社会劳动力供应等调查，见表 5-5～表 5-10。

地方建筑材料及构件生产企业情况调查　　　　表 5-5

序号	企业名称	产品名称	规格质量	单位	生产能力	供应能力	生产方式	出厂价格	运距	运输方式	单位运价	备注

注：1. 企业名称按照构件厂、木工厂、金属结构厂、商品混凝土厂、砂石厂、建筑设备厂、砖、瓦、石灰厂等填列；
　　2. 资料来源：当地计划、经济、建筑主管部门；
　　3. 调查明细：落实地方建筑材料及建筑预制构配件供应。

地方资源情况调查　　　　表 5-6

序号	材料名称	产地	储存量	质量	开采（生产）量	开采费	出厂价	运距	运费	供应可能性

注：1. 材料名称栏按照块石、碎石、砾石、砂、工业废料（包括冶金矿渣、炉渣、电站粉煤灰）填列；
　　2. 调查目的：落实地方资源准备工作。

地区交通运输条件调查　　　　表 5-7

序号	项目	调查内容
1	铁路	邻近铁路专用线、车站至工地的距离及沿途运输条件、站场卸货线路长度，起重能力和储存能力，装载单个货物的最大尺寸，重量的限制，运费、装卸费和装卸力量
2	公路	主要材料产地至工地的公路等级，路面构造宽度及完好情况，允许最大载重量，途经桥涵等级，允许最大载重量、沿途架空电线高度；当地专业机构及附近村镇能提供的装卸、运输能力、汽车的数量及运输效率、费用；当地有无汽车修配厂、修配能力及至工地距离、路况
3	水运	货源、工地至邻近河流、码头渡口的距离，道路情况；洪水、枯水期和封冻期通航的最大船只及吨位；码头装卸能力，最大起重量，增设码头的可能性，渡口的渡船能力、能为施工提供的能力、费用

注：调查目的：选择施工运输方式及拟定施工运输计划。

水、电、气供应条件调查   表 5-8

序号	项目	调查内容
1	给水排水	与当地现有水源连接的可能性(可供水量、接管地点、管径、管材、埋深、水压、水质、水费、至工地距离);临时供水源、水量、水质、取水方式、至工地距离;利用永久排水设施的可能性(施工排水走向、距离、坡度,有无洪水影响,现有防洪设施、排洪能力)
2	供电通信	电源位置(允许供电容量、电压、导线截面、距离、接线地点、至工地距离),建设单位、施工单位自有发电、变电设备的情况;利用邻近电信设备的可能性,计算机等自动化办公设备和线路等弱电接入的可能性
3	供气	蒸汽来源(可供能力、数量、接管地点、管径、埋深、至工地距离)、供气价格;建设单位、施工单位自有供气能力、投资费用;建设单位提供压缩空气、氧气的能力,至工地的距离

注:1. 资料来源:当地城建、供电、水厂等单位及建设单位;
　　2. 调查目的:选择给水排水、供电、供气方式。

大宗材料、特殊材料及主要设备调查   表 5-9

序号	项目	调查内容	调查目的
1	大宗材料	结构用钢筋、钢材订货的规格、牌号、强度等级、数量和到货时间; 混凝土、砂浆订货的品种、强度等级、数量和使用时间; 砌块订货的规格、牌号、强度等级、数量和使用时间	确定临时设施和堆放场地; 确定混凝土、砂浆供应方式; 确定进场时间和堆放场地
2	特殊材料	需要的品种、规格、数量(例如膜结构的膜材);试制、加工和供应情况(例如索膜结构的索);进口材料和新材料	签订加工和供应合同;签订外贸合同
3	主要设备	主要工艺设备的名称、规格、数量和供货单位;分批和全部到货时间	确定临时设施和堆放场地;拟定防雨措施

建设地区社会劳动力和生活设施的调查   表 5-10

序号	项目	调查内容	调查目的
1	社会劳动力	少数民族地区的风俗习惯;当地能提供的劳动力人数、技术水平、工资费用和来源	拟定劳动力计划安排临时设施
2	房屋设施	必须在工地居住的单身人数和户数;能作为施工用的现有的房屋栋数、每栋面积、结构特征、总面积、位置、水、暖、电、卫、设备状况	确定现有房屋为施工服务的可能性;安排临时设施
3	周围环境	主副食品供应,日用品供应,文化教育,消防治安等机构能为施工提供的支援能力;邻近医疗单位至工地的距离,可能就医情况;当地公共汽车、邮电服务情况;周围是否存在有害气体,污染情况,有无地方病	安排职工生活基地,解除后顾之忧

5.2.2 图纸会审

1. 图纸会审工作流程

1)熟悉图纸:施工单位收到拟建工程的施工图纸和有关设计资料后,应尽快组织各专业有关工程技术人员熟悉本专业的有关图纸,了解设计要求及施工应达到的技术标准。

2)自审:在熟悉图纸的基础上,由总承包单位的土建与水、暖、电等专业,共同核对图纸,汇总自审图纸记录。随着 BIM 技术的应用及推广,越来越多的施工单位开始普及 BIM 技术，BIM 技术中的碰撞检查是检查各专业施工图纸错、碰、漏非常好的方法。

3) 会审：施工图纸会审由建设单位或委托监理单位组织，一般由建设单位、监理单位、设计单位、施工单位参加。会审时，首先由设计单位主要设计人员向与会者说明拟建工程的设计依据、意图和功能，并对特殊结构、新材料、新工艺和新技术的选用和设计进行说明；然后施工单位根据自审图纸的记录，提出问题、疑问和建议，最后形成"图纸会审记录"。记录一般由施工单位整理，参加会议的单位共同会签、盖章。图纸会审记录见表 5-11。

图纸会审记录 表 5-11

工程编号：_____

工程名称			会审日期及地点		
建筑面积		结构类型		专业	
主持人					
记录内容					
建设单位签章 代表：		设计单位签章 代表：	施工单位签章 代表：		监理单位签章 代表：

2. 施工图纸的会审重点

1) 基础部分。应核对建筑、结构、设备施工图纸中有关基础预留洞的标高、位置尺寸；地下室的排水方向；变形缝及人防出口的做法；防水体系的节点做法；特殊基础形式做法等。

2) 主体部分。主体结构各层的砌块、砂浆、混凝土构件的强度等级是否标注；梁板柱的平法标注是否齐全，节点配筋做法的可施工性；阳台、雨篷、挑檐等悬挑结构的锚固要求及细部做法；楼梯间的构造；卫生间的构造；设备图与土建图预留洞口尺寸、位置关系是否一致等。

3) 屋面及装修部分。主要关注屋面防水节点做法；内外墙和地面等所用装饰材料及工程做法；核对结构标高与建筑标高是否满足工程做法的要求；结构施工设置的预埋件、预留洞的位置、尺寸和数量是否满足装饰工程做法的要求；防火、保温、隔热、防尘、高级装修等材料的地域性；四新的可施工性等。

3. 设计技术资料核查

设计图纸及其他技术资料核查主要考虑以下问题：

1) 设计图纸是否符合国家有关的技术规范要求，例如建筑节能、城市规划、卫生、防火及城市美化等方面的要求。

2) 核对图纸与说明书是否齐全，有无矛盾，有无遗漏，建筑、结构、设备安装等图纸之间有无冲突。

3) 核对主要轴线、尺寸、位置、标高有无错误和遗漏。

4) 总平面图的建筑物坐标位置与单位工程建筑平面是否一致。

5) 基础设计与实际地质是否相符，建筑物与地下构筑物及管线之间有无矛盾。

6）工业项目的生产工艺流程和技术要求是否与配套投产的先后次序吻合。

7）设计中所采用的特殊材料、配件、构件等建设区域的供应能力。

8）审查设计是否考虑了施工的需要，各种结构的承载力、刚度和稳定性是否满足设置内爬、附着、固定式塔式起重机等使用的要求。

9）对设计技术资料有什么合理化建议及意见。

5.3 施工准备工作计划

1. 施工准备工作计划的编制

为了落实各项施工准备工作，加强检查和监督，必须根据各项施工准备的内容、时间，编制施工准备工作计划，如表 5-12 所示。

施工准备工作计划表 表 5-12

序号	施工准备项目	简要内容	负责单位	负责人	起止时间		备注
					月　日	月　日	

2. 开工报告

施工准备工作是根据施工条件、工程规模、技术复杂程度来制定的。对一般的单项工程需具备以下准备工作方能开工。

1）施工许可证已获政府主管部门批准❶。

2）征地拆迁工作能满足工程进度的需要。

3）施工组织设计已获总监理工程师批准。

4）现场管理人员已到位，机具、施工人员已进场，主要工程材料已落实。

5）进场道路、水、电、通信等已满足开工要求。

6）质量管理、技术管理和质量保证的组织机构已建立。

7）质量管理、技术管理制度已制定。

8）专职管理人员和特种作业人员已取得资格证、上岗证。

上述条件满足后，应该及时填写开工申请报告，并报总监理工程师审批，施工现场质量管理检查记录见表 5-13，工程开工报审表见表 5-14。

---

❶ 《建筑工程施工许可管理办法》（根据住房和城乡建设部令 2021 第 52 号令修改）第四条建设单位申请领取施工许可证，应当具备下列条件，并提交相应的证明文件：

（一）依法应当办理用地批准手续的，已经办理该建筑工程用地批准手续。

（二）依法应当办理建设工程规划许可证的，已经取得建设工程规划许可证。

（三）施工场地已经基本具备施工条件，需要征收房屋的，其进度符合施工要求。

（四）已经确定施工企业。按照规定应当招标的工程没有招标，应当公开招标的工程没有公开招标，或者肢解发包工程，以及将工程发包给不具备相应资质条件的企业的，所确定的施工企业无效。

（五）有满足施工需要的资金安排、施工图纸及技术资料，建设单位应当提供建设资金已经落实承诺书，施工图设计文件已按规定审查合格。

（六）有保证工程质量和安全的具体措施。施工企业编制的施工组织设计中有根据建筑工程特点制定的相应质量、安全技术措施。建立工程质量安全责任制并落实到人。专业性较强的工程项目编制了专项质量、安全施工组织设计，并按照规定办理了工程质量、安全监督手续。

施工现场质量管理检查记录　　　　　　　表 5-13

开工日期：

工程名称		施工许可证(开工证)			
建设单位		项目负责人			
设计单位		项目负责人			
监理单位		总监理工程师			
施工单位		项目经理		技术负责人	

序号	项目	内容
1	现场质量管理制度	
2	质量责任制	
3	主要专业工种操作上岗证书	
4	分包方资质与对分包单位的管理制度	
5	施工图审查情况	
6	地质勘察资料	
7	施工组织设计、施工方案及审批	
8	施工技术标准	
9	工程质量检验制度	
10	搅拌站及计量设置	
11	现场材料、设备存放与管理	

检查结论：	总监理工程师 (建设单位项目负责人)　　　　年　　月　　日

工程开工报审表　　　　　　　表 5-14

工程名称：＿＿＿＿＿＿＿＿　　　　　　　　　　　　　　　　　　　编号：＿＿＿＿＿＿＿＿

致：＿＿＿＿＿＿＿＿＿＿＿＿(监理单位)

　　我方承担的＿＿＿＿＿＿＿＿＿＿准备工作已完成。　　　　　　□

　　一、施工许可证已获政府主管部门批准；　　　　　　　　　　　□

　　二、征地拆迁工作能满足工程进度的需要；　　　　　　　　　　□

　　三、施工组织设计已获总监理工程师批准；　　　　　　　　　　□

　　四、现场管理人员已到位，机具、施工人员已进场，主要工程材料已落实；　　□

　　五、进场道路及水、电、通信等已满足开工要求；　　　　　　　□

　　六、质量管理、技术管理和质量保证的组织机构已建立；　　　　□

　　七、质量管理、技术管理制度已制定；　　　　　　　　　　　　□

　　八、专职管理人员和特种作业人员已取得资格证、上岗证。　　　□

　　特此申请，请核查并批准开工。

　　　　　　　　　　　　　　　承包单位(章)：＿＿＿＿＿＿＿＿＿＿

　　　　　　　　　　　　　　　项目经理：＿＿＿＿＿＿＿　日期：＿＿＿＿＿＿

审查意见：　　　　　　　　　　项目监理机构：＿＿＿＿＿＿＿＿＿＿

　　　　　　　　　　　　　　　总监理工程师：＿＿＿＿＿＿　日期：＿＿＿＿＿

　　注：本表由承包单位填报，一式四份，送监理机构审核后，建设、承包单位各一份，监理单位两份（其中报城建
　　　　档案馆一份）。

5.4 施工现场暂设工程

在工程正式开工之前，应按照工程项目施工准备工作计划，本着有利施工、方便生活、勤俭节约和安全使用的原则，统筹规划，合理布局，及时完成施工现场的暂设工程。暂设工程一般有：

1）工地加工厂：混凝土搅拌站、混凝土预制厂、材料加工厂、钢筋加工厂等。

2）工地仓库：水泥库、设备库、材料库、施工机械库等。

3）工地运输：厂内外道路、铁路、运输工具等。

4）办公及福利设施：生活福利、办公房、宿舍、食堂、医务所等用房。

二维码 5-2 施工现场暂设工程教学视频

5）工地临时供水：临时性水泵房、水井、水池、供水管道、消防设施等。

6）工地临时供电：临时性用电、变电所等。

扫描二维码 5-2，观看施工现场暂设工程教学视频。

5.4.1 工地加工厂

1. 加工厂的类型和结构

工地加工厂类型主要有：钢筋混凝土预制构件加工厂、模板加工车间、钢筋加工厂、金属结构构件加工厂和机械修理车间等，对于公路、桥梁路面工程还需有沥青混凝土加工厂。工地加工厂的结构形式，应根据使用情况和当地条件而定，一般不采用混凝土屋盖，推荐采用拆装式活动房屋❶。

2. 加工厂面积的确定

1）对于混凝土搅拌站、混凝土预制构件厂、钢筋加工厂等，其建筑面积可按下式计算：

$$F = \frac{K_1 Q}{K_2 TS} = \frac{K_1 Q f}{K_2} \tag{5-1}$$

式中　F——加工厂的建筑面积（m^2）；

　　　K_1——加工量的不均衡系数，一般取 $K_1 = 1.3 \sim 1.5$；

　　　Q——加工总量（m^3 或 t）；

　　　T——加工总时间（月）；

　　　S——每平方米加工厂面积上的月平均加工产量定额 $[m^3/(m^2 \cdot 月)$ 或 $t/(m^2 \cdot 月)]$ 确定；

---

❶　《施工现场临时建筑物技术规范》JGJ/T 188—2009：

3.0.7　临时建筑不宜采用钢筋混凝土楼面、屋面结构；严禁采用钢管、毛竹、三合板、石棉瓦等搭设简易的临时建筑物；严禁将夹芯板作为活动房的竖向承重构件使用。

3.0.9　活动房主要承重构件的设计使用年限不应小于 20 年，并应有生产企业、生产日期等标志。活动房构件的周转使用次数不宜超过 10 次，累计使用年限不宜超过 20 年。当周转使用次数超过 10 次或累计使用年限超过 20 年时，应进行质量检测，合格后方可继续使用。

K_2——临时加工厂建筑面积或占地面积的有效利用系数，一般取 $K_2=0.6\sim0.7$；

f——临时加工厂完成单位加工产量所需的建筑面积定额（m^2/m^3 或 m^2/t），可查表 5-15。

临时加工厂所需面积参考指标 表 5-15

加工厂名称	年产量		单位产量所需建筑面积	占地总面积（m^2）	备注
	单位	数量			
混凝土搅拌站	m^3	3200	0.022（m^2/m^3）	按砂石堆场考虑	400L 搅拌机 2 台
		4800	0.021（m^2/m^3）		400L 搅拌机 3 台
		6400	0.020（m^2/m^3）		400L 搅拌机 4 台
临时混凝土预制场	m^3	1000	0.25（m^2/m^3）	2000	生产屋面板和中小型梁板柱等，配有蒸养设施
		2000	0.20（m^2/m^3）	3000	
		3000	0.15（m^2/m^3）	4000	
		4000	0.125（m^2/m^3）	＜6000	
钢筋加工厂	t	200	0.35（m^2/t）	280～560	加工、成型、焊接
		500	0.25（m^2/t）	380～750	
		1000	0.2（m^2/t）	400～800	
		2000	0.15（m^2/t）	450～900	
金属结构构件厂（包括一般铁件）			年产 500t,10m^2/t 年产 1000t,8m^2/t 年产 2000t,6m^2/t 年产 3000t,5m^2/t		按一批加工数量计算

2）其他各类作业棚、机修车间、机械停放场等占地面积参考表 5-16 和表 5-17 确定。

现场作业棚所需面积指标 表 5-16

序号	加工棚名称	单位	面积
1	模板加工棚	m^2	6×9、6×12、9×12 三种标准周转加工棚,占地为作业棚的 2～3 倍
2	钢筋加工棚	m^2	6×12、9×12、18×30 三种标准周转加工棚,占地为作业棚的 3～4 倍
3	搅拌棚	m^2/台	10～18,目前大部分城市严禁现场设置搅拌棚
4	混凝土固定泵(图 5-2)	m^2/台	30～50
5	卷扬机棚	m^2/台	6～12
6	空压机房(固定)	m^2/台	9～15
7	焊工房	m^2	20～40
8	电工房	m^2	15
9	电锯房	m^2	40,小圆锯 1 台
10	白铁工房	m^2	20
11	油漆工房	m^2	20
12	机、钳工修理房	m^2	20
13	发动机房	m^2/kW	0.2～0.3
14	水泵房	m^2/台	3～8

图 5-2　混凝土固定泵

现场机修站、停放场所需面积参考指标　　　　表 5-17

序号	施工机械名称	所需场地（m²/台）	存放方式	检修间所需建筑面积	
				内容	数量（m²）
1	一、起重、土方机械类 塔式起重机	200～300	露天	10～20 台设 1 个检修台位（每增加 20 台增设 1 个检修台位）	200 （增加 150）
2	履带式起重机	100～125	露天		
3	履带式正铲反铲、拖式铲运机、轮胎式起重机	75～100	露天		
4	推土机、压路机	25～35	露天		
5	汽车式起重机	20～30	露天或室内		
6	二、运输机械类 汽车（室内）　　（室外）	20～30 40～60	一般情况下室内不小于 10%	每 20 台设 1 个检修台位（每增加 1 个检修台位）	170 （增加 160）
7	平板拖车	100～150			
8	三、其他机械类 搅拌机、卷扬机 电焊机、电动机 水泵、空压机、油泵、少先吊等	4～6	一般情况下，室内占 30%，露天占 70%	每 50 台设 1 个检修台位（每增加 1 个检修台位）	50 （增加 50）

5.4.2　工地仓库及材料堆场

1. 仓库的类型和结构

1）仓库的类型

施工用仓库按其用途分为以下几种：

（1）转运仓库：设在火车站、码头附近用来转运货物；

（2）中心仓库：用以储存整个工程项目工地、地域性施工企业所需的材料；

（3）现场仓库（包括堆场）：专为某项工程服务的仓库，一般建在现场；

（4）加工厂仓库：加工厂原材料及成品半成品储存库。

2）仓库的结构形式

（1）露天仓库：用于堆放不受自然条件影响的材料，如砂、石、混凝土构件等；

（2）库房：用于堆放易受自然条件影响的材料，如金属材料、水泥、五金材料、易燃、易碎品等。

2. 仓库面积的确定

$$A = \varphi \times m \tag{5-2}$$

式中　φ——系数（m^2/人，m^2/万元），参考表 5-18；

　　　m——计算基础数（生产工人数，全年计划工作量）。

按系数计算仓库面积表　　　　　　　　　表 5-18

序号	名称	计算基础数 m	单位	系数 φ
1	仓库（综合）	按工地全员	m^2/人	0.7～0.8
2	水泥库	按当年水泥用量的 40%～50%	m^2/t	0.7
3	其他仓库	按当年工作量	m^2/万元	2～3
4	五金杂品库	按在建建筑面积计算	m^2/100m^2	0.5～1
5	土建工具库	按高峰年(季)平均人数	m^2/人	0.10～0.20
6	水暖器材库	按年在建建筑面积	m^2/100m^2	0.20～0.40
7	电器器材库	按年在建建筑面积	m^2/100m^2	0.3～0.5
8	化工油漆危险品仓库	按年建安工作量	m^2/万元	0.1～0.15
9	脚手板、模板	按年建安工作量	m^2/万元	0.5～1

3. 材料堆场、仓库面积的确定

$$F = \frac{q}{PK_2} \tag{5-3}$$

式中　F——材料堆场或仓库面积（m^2）；

　　　q——单位工程材料储备量，$q = \frac{nQ}{T}K_1$；

　　　n——储备天数，参考表 5-19；

　　　Q——计划期内使用材料总量；

　　　T——使用材料计划的天数；

　　　P——每平方米材料储备定额，参考表 5-19；

　　　K_1——材料消耗不均衡系数，参考表 5-19；

　　　K_2——面积利用系数，参考表 5-19。

常用材料堆场、仓库面积参考指标　　　　　　表 5-19

序号	材料名称	单位	参考储备天数 n	材料消耗不均衡系数 K_1	每平方米储备定额 P	堆置高度 m	堆场、仓库面积利用系数 K_2	仓库类型
1	砂、石(机械堆置)	m^3	15～30	1.4	2.4	2.5	0.8	露天
2	水泥	t	30～40	1.3～1.5	1.3～1.5	1.5	0.65	水泥库
3	钢筋(直)	t	30～60	1.4	1.8～2.5	1.2	0.6	钢筋棚
4	钢筋(盘)	t	30～60	1.4	1～1.5	1.2	0.6	钢筋棚
5	钢筋成品	t	30～60	1.5	1～1.5	1.0	0.8	钢筋棚
6	模板	m^3	3～7	1.2	4～6	1.2	0.7	模板加工棚

【案例 5-1】 某工程拟储备两层钢筋量，高峰用量为基础层＋地下一层＝366.11＋182.1＝548.21t，请计算堆放钢筋成品棚的占地面积。

【解析】

基础：$F = \frac{q}{PK_2} = \frac{366.11}{1.5 \times 0.8} = 305\mathrm{m}^2$

地下一层：$F = \frac{q}{FK_2} = \frac{182.1}{1.5 \times 0.8} = 152\mathrm{m}^2$

布置两个堆放成品钢筋的场所：

（1）基础部分的钢筋露天堆放，在基础混凝土垫层施工结束后，露天堆放在塔式起重机服务半径范围内现场安全的空闲区域；

（2）地下一层的钢筋堆放在钢筋成品棚，钢筋成品棚的尺寸为 25m×6m，见图 5-3。

5.4.3 工地运输

大型建设项目，在项目可行性研究阶段就需要考虑施工现场材料运输问题，运输方式直接影响工程成本。施工工地的运输方式有铁路运输、公路运输、水路运输等，在选择运输方式时，应考虑各种影响因素，如运量、运距、运费、货物性质、运输路况、运输条件、自然条件等。

一般情况下，当货运量大且距国家铁路较近时，宜铁路运输；当地势复杂且附

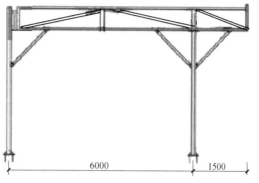

图 5-3 标准化钢筋成品棚（mm）

近又没有铁路时，考虑汽车运输；当货运量不大且运距较近时，宜采用汽车运输；有水运条件的尽量采用水运，水运费用最低。

5.4.4 办公、生活福利设施

1. 办公、生活福利设施❶

1）办公设施

（1）办公用房宜包括办公室、会议室、资料室、档案室等。

（2）办公用房室内净高不应低于 2.5m。

（3）办公室的人均使用面积不宜小于 4m²，会议室使用面积不宜小于 30m²。

---

❶《施工现场临时建筑物技术规范》JGJ/T 188—2009：

5.1.3 餐厅、资料室应设在临时建筑的底层，会议室宜设在临时建筑的底层。

5.1.4 办公用房、宿舍宜采用活动房，围挡宜选用彩钢板。

5.1.5 临时建筑的体形宜规整，应有自然通风和采光，并应满足节能要求。

5.1.6 临时建筑外窗可开启面积不应小于整窗面积的 30%，并应有良好的气密性、水密性和保温隔热性能。办公用房和宿舍的窗地面积比不宜小于 1/7。

5.1.7 严寒和寒冷地区外门应采取防寒措施。夏热冬暖和夏热冬冷地区的外窗宜设置外遮阳。

《建设工程施工现场消防安全技术规范》GB 50720—2011：

4.2.1 办公用房、宿舍的防火设计应符合下列规定：1. 建筑构件的燃烧性能应为 A 级，当采用金属夹芯板材时，其芯材的燃烧性能等级应为 A 级；2. 层数不应超过 3 层，每层建筑面积不应大于 300m²；3. 层数为 3 层或每层建筑面积大于 200m² 时，应至少设置 2 部疏散楼梯，房间疏散门至疏散楼梯的最大距离不应大于 25m；4. 单面布置用房时，疏散走道的净宽度不应小于 1m；双面布置用房时，疏散走道净宽度不应小于 1.5m。5. 疏散楼梯的净宽度不应小于疏散走道的净宽度；6. 宿舍房间的建筑面积不应大于 30m²，其他房间的建筑面积不宜大于 100m²；7. 房间内任一点至最近疏散门的距离不应大于 15m，房门的净宽度不应小于 0.8m；房间超过 50m² 时，房门净宽度不应小于 1.2m；8. 隔墙应从楼地面基层隔断至顶板基层底面。

4.2.3 其他防火设计应符合下列规定：1. 宿舍、办公用房不应与厨房操作间、锅炉房、变配电房等组合建造；2. 会议室、娱乐室等人员密集房间应设置在临时用房的一层，其疏散门应向疏散方向开启。

2）宿舍设施

（1）宿舍内应保证必要的生活空间，人均使用面积不宜小于 $2.5m^2$，室内净高不应低于 2.5m，每间宿舍居住人数不宜超过 16 人。

（2）宿舍内应设置单人铺，层铺的搭设不应超过 2 层。

（3）宿舍内宜配置生活用品专柜，宿舍门外宜配置鞋柜或鞋架。

3）食堂设施

（1）食堂宜采用单层结构，顶棚宜采用吊顶。

（2）食堂应设置独立的操作间、售菜（饭）间、储藏间和燃气罐存放间。

（3）操作间应设置冲洗池、清洗池、消毒池、隔油池；地面应做硬化和防滑处理❶。

（4）食堂应配备必要的排风设施和消毒设施；制作间油烟应处理后对外排放。

（5）食堂应设置密闭式泔水桶。

4）厕所、盥洗室、浴室设施

（1）施工现场应设置自动水冲式或移动式厕所。

（2）厕所的厕位设置应满足男厕每 50 人、女厕每 25 人设 1 个蹲便器，男厕每 50 人设 1m 长小便槽的要求；蹲便器间距不小于 900mm，蹲位之间宜设置隔板，隔板高度不低于 900mm。

（3）盥洗间应设置盥洗池和水嘴；水嘴与员工的比例为 1：20，水嘴间距不小于 700mm。

（4）淋浴间的淋浴器与员工的比例为 1：20，淋浴器间距不小于 1000mm。

（5）淋浴间应设置储衣柜或挂衣架。

（6）厕所、盥洗室、淋浴间的地面应做硬化和防滑处理。

5）文体活动室

施工现场宜单独设置文体活动室，使用面积不宜小于 $50m^2$。

2. 办公、生活福利设施建筑面积的确定

建筑施工工地人数确定后，即可由式（5-4）确定建筑面积：

$$S = N \times P \qquad (5-4)$$

式中　S——所需确定的建筑面积（m^2）；

　　　N——使用人数；

　　　P——建筑面积参考指标（m^2/人），可参照表 5-20 计算。

行政、生活福利临时建筑面积参考指标（m^2/人）　　　　　表 5-20

序号	临时房屋名称	指标使用方法	参考指标
1	办公室	按使用人数	3～4
2	工人休息室	按工地平均人数	0.15
3	食堂	按高峰年平均人数	0.5～0.8
4	浴室	按高峰年平均人数	0.07～0.10
5	宿舍（单层床）	按工地住人数	3.5～4.0
	（双层床）	按工地住人数	2.0～2.5
6	医务室	按高峰年平均人数	0.05～0.07
7	厕所	按工地平均人数	0.15～0.07
8	其他公用房	按高峰年平均人数	0.05～0.10

---

❶ 《建设工程施工现场环境与卫生标准》JGJ 146—2013，5.1.12　食堂应设置独立的制作间、储藏间，门扇下方应设不低于 0.2m 的防鼠挡板。制作间灶台及其周边应采取易清洁、耐擦洗措施，墙面处理高度应大于 1.5m，地面应做硬化和防滑处理，并应保持墙面、地面整洁。

5.5 施工现场临时供水

建筑工地临时用水主要包括三种类型：生产用水、生活用水和消防用水。工地临时供水设计内容主要包括：计算用水量、选择水源、设计配水管网。扫描二维码 5-3，观看施工现场临时用水教学视频。

二维码 5-3 施工现场临时用水教学视频

5.5.1 确定用水量

1. 生产用水

生产用水包括工程施工用水和施工机械用水。

1）工程施工用水量

$$q_1 = K_1 \sum \frac{Q_1 \cdot N_1}{t} \times \frac{K_2}{8 \times 3600} \tag{5-5}$$

式中 q_1——施工用水量（L/s）；

     K_1——不可预见的施工用水系数（1.05～1.15）；

     Q_1——日施工工序工程量；

     N_1——施工工序用水定额，见表 5-21；

     t——每天工作班次；

     K_2——施工用水不均匀系数，施工工程用水取 1.5，施工生产企业用水取 1.25。

施工用水（N_1）参考定额   表 5-21

序号	用水对象	单位	耗水量(N_1)	备注
1	混凝土养护(自然养护)	L/m³	200～400	
2	混凝土养护(蒸汽养护)	L/m³	500～700	
3	冲洗模板	L/m²	5	
4	砌砖工程全部用水	L/m³	150～250	
5	抹灰工程全部用水	L/m²	30	
6	硅酸盐砌块	L/m³	300～350	
7	抹面	L/m²	4～6	未包括调制用水
8	楼地面	L/m²	190	
9	搅拌砂浆	L/m³	300	
10	上水管道工程	L/m	98	
11	下水管道工程	L/m	1130	

2）施工机械用水量（一般施工现场可不考虑该项用水）

$$q_2 = K_1 \sum \frac{Q_2 \cdot N_2}{t} \frac{K_3}{8 \times 3600} \tag{5-6}$$

式中 q_2——施工机械用水量（L/s）；

     K_1——未预见的施工用水系数（1.05～1.15）；

     Q_2——同一种机械台数（台）；

     N_2——施工机械用水定额；

K_3——施工机械用水不均衡系数，运输机械取 2.0，动力设备取 1.05～1.5。

2. 生活用水

生活用水包括施工现场生活用水和生活区生活用水。

1）施工现场生活用水量

$$q_3 = \frac{P_1 \cdot N_3 \cdot K_4}{t \times 8 \times 3600} \tag{5-7}$$

式中　q_3——施工现场生活用水量（L/s）；

　　　P_1——施工现场高峰昼夜人数（人）；

　　　N_3——施工现场生活用水定额，一般为 20～60L/（人·班），主要视项目所在地气候而定；

　　　K_4——施工现场生活用水不均衡系数，取 1.3～1.5；

　　　t——每天工作班数（班）。

2）生活区生活用水量（一般施工现场生活用水不考虑该项用水）

$$q_4 = \frac{P_2 \cdot N_4 \cdot K_5}{24 \times 3600} \tag{5-8}$$

式中　q_4——生活区生活用水量（L/s）；

　　　P_2——生活区居民人数（人）；

　　　N_4——生活区昼夜全部生活用水定额（每一居民每昼夜 100～120L）；

　　　K_5——生活区用水不均衡系数，取 2.0～2.5。

3. 消防用水量

临时消防用水量 q_5 分为临时室外消防用水量与临时室内消防用水量。临时用房的临时室外消防用水量不应小于表 5-22 的规定。在建工程的临时室外消防用水量不应小于表 5-23 的规定，在建工程的临时室内消防用水量不应小于表 5-24 的规定。❶

---

❶ 《建设工程施工现场消防安全技术规范》GB 50720—2011：

5.3.1 施工现场或其附近应设置稳定、可靠的水源，并应能满足施工现场临时消防用水的需要。消防水源可采用市政给水管网或天然水源。当采用天然水源时，应采取确保冰冻季节、枯水期最低水位时顺利取水的措施，并应满足临时消防用水量的要求。

5.3.2 临时消防用水量应为临时室外消防用水量与临时室内消防用水量之和。

5.3.3 临时室外消防用水量应按临时用房和在建工程的临时室外消防用水量的较大者确定，施工现场火灾次数可按同时发生 1 次确定。

5.3.4 临时用房建筑面积之和大于 1000m² 或在建工程单体体积大于 10000m³ 时，应设置临时室外消防给水系统。当施工现场处于市政消火栓 150m 保护范围内且市政消火栓的数量满足室外消防用水量要求时，可不设置临时室外消防给水系统。

5.3.7 施工现场的临时室外消防给水系统的设置应符合下列要求：

1. 给水管网宜布置成环状；

2. 临时室外消防给水主干管的管径，应根据施工现场临时消防用水量和干管内水流计算速度计算确定，且不应小于 $DN100$；

3. 室外消火栓沿在建工程、临时用房、可燃材料堆场及其加工场均匀布置，与在建工程、临时用房和可燃材料堆场及其加工场的外边线距离不应小于 5m；

4. 消火栓的间距不应大于 120m；

5. 消火栓的最大保护半径不应大于 150m。

5.3.8 建筑高度大于 24m 或单体体积超过 30000m³ 的在建工程，应设置临时室内消防给水系统。

5.3.17 施工现场临时消防给水系统应与施工现场生产、生活给水系统合并设置，但应设置将生产、生活用水转为消防用水的应急阀门。应急阀门不应超过 2 个，且应设置在易于操作的场所，并设置明显标识。

临时用房的临时室外消防用水量 表 5-22

临时用房的建筑面积之和	火灾延续时间(h)	消火栓用水量(L/s)	每支水枪最小流量(L/s)
1000m²≤面积≤5000m²	1	10	5
面积>5000m²	1	15	5

在建工程的临时室外消防用水量 表 5-23

在建工程(单体)体积	火灾延续时间(h)	消火栓用水量(L/s)	每支水枪最小流量(L/s)
10000m³<体积≤30000m³	1	15	5
体积>30000m³	2	20	5

在建工程的临时室内消防用水量 表 5-24

建筑高度、在建工程体积(单体)	火灾延续时间(h)	消火栓用水量(L/s)	每支水枪最小流量(L/s)
24m<建筑高度≤50m 或 30000m³<体积≤50000m³	1	10	5
建筑高度>50m 或体积>50000m³	1	15	5

4. 确定总用水量

由于生产用水、生活用水和消防用水不可能同时使用，故在确定总用水量 Q 时，不能简单地相加，根据《建设工程施工现场消防安全技术规范》GB 50720—2011 第 5.3.17 条施工现场临时消防给水系统应与施工现场生产、生活给水系统合并设置的规定，一般可分为以下两种情形考虑：

1）当 $q_1+q_2+q_3+q_4 \leqslant q_5$ 时：$Q=q_5$ (5-9)

2）当 $q_1+q_2+q_3+q_4 > q_5$ 时：$Q=q_1+q_2+q_3+q_4$ (5-10)

最后计算出的总用水量，还应增加 10%，以补偿管网的漏水损失。

5.5.2 水源选择

建筑工地临时供水水源，有供水管道和天然水源供水两种方式，尽可能利用现场附近居民区现有的供水管道供水，只有当工地附近没有现成的供水管道或现有给水管道无法使用以及给水管道供水量难以满足使用要求时，才使用天然水源（如江河、水库、泉水、井水等）供水。

5.5.3 设计配水管网

1. 确定供水系统

一般工程项目的施工用水尽量利用拟建项目的永久性供水系统，只有在永久性供水系统不具备时，才修建临时供水系统。在临时供水时，如水泵不能连续抽水，则需设置贮水构筑物（如蓄水池、水塔或水箱）❶。其容量以每小时消防用水决定，但不得少于 10~20m³。

---

❶ 《建设工程施工现场消防安全技术规范》GB 50720—2011：

5.3.12 设置临时室内消防给水系统的在建工程，各结构层均应设置室内消火栓接口及消防软管接口，并应符合下列规定：

1. 消火栓接口及软管接口应设置在位置明显且易于操作的部位。

2. 消火栓接口的前端应设置截止阀。

3. 消火栓接口或软管接口的间距，多层建筑不应大于50m，高层建筑不应大于30m。

5.3.13 在建工程结构施工完毕的每层楼梯处应设置消防水枪、水带及软管，且每个设置点不应少于2套。

5.3.14 高度超过100m的在建工程，应在适当楼层增设临时中转水池及加压水泵。中转水池的有效容积不应少于10m³，上、下两个中转水池的高差不宜超过100m。

2. 确定供水管径

根据工地总用水量，按式（5-11）计算干管管径：

$$D = \sqrt{\frac{4Q \times 1000}{\pi \cdot v}} \tag{5-11}$$

式中 D——配水管内径（mm）；

Q——计算总用水量（L/s）；

v——管网中的水流速度（m/s）；可参照表 5-25。

临时水管经济流速表 表 5-25

序号	管径	流速 V(m/s)	
		正常时间	消防时间
1	支管 $D < 100mm$	2	2
2	生产消防管 $D = 100 \sim 300mm$	1.3	> 3.0
3	生产消防管 $D > 300mm$	1.5~1.7	5.5
4	生产用水管 $D > 300mm$	1.5~5.5	3.0

3. 给水管材选择

依据计算管径选择临时给水管，目前使用的管材主要有三大类。第一类是金属管，如内搪塑料的热镀铸铁管、钢管、不锈钢管；第二类是复塑金属管，如钢塑复合管，铝塑复合管等。第三类是塑料管，如 PVC-U、PE 管，见表 5-26。

室外埋地给水管材选用表 表 5-26

序号	管材名称	管材规格
1	硬聚氯乙烯（PVC-U）埋地给水管	公称外径：DN63　DN75　DN90　DN110　DN125　DN160　DN200　DN225　DN250　DN315　DN355　DN400　DN450　DN500　DN630　DN710　DN800； 宜采用公称压力等级为 PN1.00MPa、PN1.25MPa、PN1.60MPa 产品； 管材线膨胀系数：0.07mm/m℃；同材质管件；自熄
2	聚乙烯(PE)给水管（PE80、PE100）	公称外径：DN63　DN75　DN90　DN110　DN125　DN140　DN160　DN180　DN200　DN225　DN250　DN280　DN315　DN355　DN400　DN450　DN500　DN560　DN630　DN710　DN800； 系统工作压力：$p_s \leqslant 0.6$MPa 宜采用 S6.3 或 S5 系列； 管材线膨胀系数：0.20mm/m℃；同材质管件； 低温抗冲性能优良，易燃
3	钢丝网骨架塑料（聚乙烯）复合给水管（钢丝网塑管）	公称直径：DN50　DN63　DN75　DN90　DN110　DN140　DN160　DN200　DN225　DN250　DN315　DN355　DN400　DN450　DN500　DN560　DN630； 聚乙烯(PE)管件
4	球墨铸铁给水管（含离心铸造、金属型离心铸造、连续铸造成型产品）	公称直径：DN50　DN65　DN80　DN100　DN125　DN150　DN200　DN250　DN300　DN350　DN400　DN450　DN500　DN600　DN700　DN800　DN900　DN1000　DN1100　DN1200

5.5.4   工地临时用水计算实例

【**案例 5-2**】 某住宅小区，建筑面积为 21.3 万 m^2，最高建筑为 33 层（女儿墙距室外地坪 95.6m），根据施工总进度计划确定出施工高峰和用水高峰在第三季度，主要工程量和施工人数如下：日最大混凝土浇筑量为 2000m^3，施工现场高峰人数 1300 人，临时用房 3850m^2，试计算现场总用水量和管径。（施工现场处于市政消火栓 150m 保护范围内，且市政消火栓的数量满足室外消防用水量要求）

【**解析**】 1. 施工工程用水量计算

查表 5-21，混凝土养护用水 N_1 取 350L/m^3。其他系数取值：$K_1=1.05$，$K_2=1.5$，每天工作班数取 $t=1$。

$$q_1=K_1\sum\frac{Q_1\cdot N_1}{t}\times\frac{K_2}{8\times3600}$$

$$=1.05\times\frac{(2000\times350)}{1}\times\frac{1.5}{8\times3600}=38.3L/s$$

2. 施工机械用水量计算

本工程没有使用用水机械，不考虑施工机械用水，故 $q_2=0L/s$。

3. 施工现场生活用水量计算

取 $N_3=100L/$人，$K_4=1.4$，取每天平均工作班数，$t=1.5$。

$$q_3=\frac{P_1\times N_3\times K_4}{t\times8\times3600}=\frac{1300\times100\times1.4}{1.5\times8\times3600}=4.2L/s$$

4. 生活区生活用水量计算（该施工现场没有规模生活住宅小区，不考虑该项用水）

5. 消防用水量计算

根据本工程背景：建筑面积为 21.3 万 m^2，最高建筑为 33 层（女儿墙距室外地坪 95.6m），临时用房 3850m^2。查表 5-22~表 5-24 取值。同时该工程现场必须单独设置临时室内消防给水系统。

1）临时室外消防用水量

（1）临时用房：1000m^2<3850m^2<5000m^2，查表 5-22，临时室外消防用水量 $q_5'=$ 10L/s。

（2）在建建筑物体积：95.6×213000/33=617054.5m^3>30000m^3，查表 5-23，临时室外消防用水量 $q_5'=20L/s$。

（3）根据《建设工程施工现场消防安全技术规范》GB 50720—2011 第 5.3.3 条：临时室外消防用水量应按临时用房和在建工程的临时室外消防用水量的较大者确定，施工现场火灾次数可按同时发生 1 次确定。

临时室外消防用水量 $q_5'=20L/s$。

2）在建工程的临时室内消防用水量

该建筑的建筑面积为 21.3 万 m^3，最高建筑为 33 层（女儿墙距室外地坪 95.6m），体积大于 50000m^3、建筑高度大于 50m，查表 5-24，在建工程的临时室内消防用水量 $q_5''=$ 15L/s。

3）消防用水量

根据《建设工程施工现场消防安全技术规范》GB 50720—2011 5.3.2 临时消防用水量应为临时室外消防用水量与临时室内消防用水量之和。

消防用水量 $q_5 = q_5' + q_5'' = 20 + 15 = 35 \text{L/s}$。

6. 总用水量计算

$q_1 + q_2 + q_3 + q_4 = 38.3 + 0 + 4.2 + 0 = 42.5 \text{L/s} > q_5 = 35 \text{L/s}$，取 $Q = 42.5 \text{L/s}$，考虑漏水损失，$Q = 1.1 \times 42.5 = 46.8 \text{L/s}$。

7. 管径计算

取 $v = 1.5 \text{m/s}$，代入公式（5-11）：

$$D = \sqrt{\frac{4Q \times 1000}{\pi \cdot v}} = \sqrt{\frac{4 \times 46.8 \times 1000}{3.14 \times 1.5}} = 199.4 \text{mm}$$

查表 5-26，选 $D = 200 \text{mm}$ 硬聚氯乙烯（PVC-U）埋地给水管。

5.6　施工现场临时供电

二维码 5-4　施工现场临时用电（上）教学视频

建筑工地临时供电包括：计算用电总量、选择电源、确定变压器、确定导线截面面积并布置配电线路。

施工现场临时用电设备在 5 台及以上或设备总容量在 50kW 及以上者，应编制用电组织设计。施工现场临时用电组织设计内容必须满足相关规范规定❶。

扫描二维码 5-4，观看施工现场临时用电（上）教学视频。

5.6.1　工地总用电量计算

建筑工地用电量包括动力用电和照明用电两类，可按式（5-12）计算总用电量。

$$P = \phi \left(K_1 \frac{\sum P_1}{\cos\varphi} + K_2 \sum P_2 + K_3 \sum P_3 + K_4 \sum P_4 \right) \tag{5-12}$$

---

❶ 《施工现场临时用电安全技术规范》JGJ 46—2005：

3.1.2　施工现场临时用电组织设计应包括下列内容：

1. 现场勘测；

2. 确定电源进线、变电所或配电室、配电装置、用电设备位置及线路走向；

3. 进行负荷计算；

4. 选择变压器；

5. 设计配电系统：

1) 设计配电线路，选择导线或电缆；

2) 设计配电装置，选择电器；

3) 设计接地装置；

4) 绘制临时用电工程图纸，主要包括用电工程总平面图、配电装置布置图、配电系统接线图、接地装置设计图；

6. 设计防雷装置；

7. 确定防护措施；

8. 制定安全用电措施和电气防火措施。

3.1.4　临时用电组织设计及变更时，必须履行"编制、审核、批准"程序，由电气工程技术人员组织编制，经相关部门审核及具有法人资格企业的技术负责人批准后实施。变更用电组织设计时应补充有关图纸资料。

3.1.5　临时用电工程必须经编制、审核、批准部门和使用单位共同验收，合格后方可投入使用。

一般建筑工地现场多采用一班制或两班制，少数采用三班制，因此综合考虑动力用电约占总用电量的 90%，室内外照明用电约占 10%，则式（5-12）可简化为：

$$P=1.1\left(K_1\frac{\sum P_1}{\cos\varphi}+K_2\sum P_2+0.1P\right)=1.24\left(K_1\frac{\sum P_1}{\cos\varphi}+K_2\sum P_2\right) \qquad (5-13)$$

式中　　　　　P——计算总用电量（kW）；

　　　　　　　φ——未预计施工用电系数（1.05~1.1）；

K_1、K_2、K_3、K_4——需要系数，见表 5-27；

　　　　　　　P_1——电动机额定功率（kW）；

　　　　　　　P_2——电焊机额定容量（kV·A）；

　　　　　　　P_3——室内照明容量（kW）；

　　　　　　　P_4——室外照明容量（kW）；

　　　　　$\cos\varphi$——电动机的平均功率因数，施工现场最高为 0.75~0.78，一般为 0.65~0.75。

需要系数（K）值　　　　　　　　　　　表 5-27

用电名称	数量	K	数值	备注
电动机	3~10 台	K_1	0.7	如施工中需用电热时,应将其用电量计算进去。为使计算接近实际,式中各项用电根据不同性质分别计算
	11~30 台		0.6	
	30 台以上		0.5	
加工厂动力设备			0.5	
电焊机	3~10 台	K_2	0.6	
	10 台以上		0.5	
室内照明		K_3	0.8	
室外照明		K_4	1.0	

5.6.2　选择电源

临时供电电源通常有：完全由工地附近的电力系统供电；没有电力系统时，完全由自备临时发电站供给。最经济的方案是，将附近的高压电，经设在工地的变压器降压后，引入工地。

5.6.3　确定变压器

变压器的功率可由式（5-14）计算：

$$P_{变}=K\left(\frac{\sum P_{\max}}{\cos\varphi}\right) \qquad (5-14)$$

式中　$P_{变}$——变压器的功率（kV·A）；

　　$\sum P_{\max}$——施工区的最大计算用电负荷（kW）；

　　　K——功率损失系数，取 1.05；

　　$\cos\varphi$——功率因数。

根据计算所得容量，即可查有关资料选择变压器的型号和额定容量。

5.6.4 配电室布置

配电室布置应满足《施工现场临时用电安全技术规范》JGJ 46—2005 规范相关规定❶。

5.6.5 确定配电导线截面面积

配电导线要正常工作，必须具有足够的力学强度（防止受拉或机械性损伤而折断），还必须耐受因电流通过所产生的温升，并且使得电压损失在允许范围内，因此，选择配电导线截面积，必须满足机械强度、允许电流和允许电压降三方面的要求。通常先根据负荷电流的大小选择导线截面，然后再以机械强度和允许电压降进行复核。

5.6.6 布置配电线路

配电线路的布置方案有枝状、环状和混合式三种，主要根据用户用电位置、相邻永久性供电线路的情况而定。3～10kV 的高压线路宜采用环状，380/220V 的低压线路可用枝状。一般有下列规定：

1）在建工程（含脚手架）的周边与外电架空线路的边线之间的最小安全操作距离应符合表 5-28 规定。

最小安全操作距离   表 5-28

外电线路电压等级(kV)	<1	1～10	35～110	220	330～500
最小安全距离	4.0	6.0	8.0	10	16

注：上、下脚手架的斜道不宜设在有外电线路的一侧。

2）施工现场的机动车道与外电架空线路交叉时，架空线路的最低点与路面的最小垂直距离应符合表 5-29 规定。

最小垂直距离   表 5-29

外电线路电压等级(kV)	<1	1～10	35
最小安全距离	6.0	7.0	7.0

3）起重机严禁越过无防护设施的外电架空线路作业。在外电架空线路附近吊装时，起重机的任何部位或被吊物边缘在最大偏斜时与架空线路边线的最小安全距离应符合表 5-30 规定。

---

❶ 《施工现场临时用电安全技术规范》JGJ 46—2005，6.1.4 配电室布置应符合下列要求：

1. 配电柜正面的操作通道宽度，单列布置或双列背对背布置不小于 1.5m；双列面对面布置不小于 2m；2. 配电柜后面的维护通道宽度，单列布置或双列面对面布置不小于 0.8m，双列背对背布置不小于 1.5m，个别地点有建筑物结构凸出的地方，则此点通道宽度可减少 0.2m；3. 配电柜侧面的维护通道宽度不小于 1m；4. 配电室的顶棚与地面的距离不低于 3m；5. 配电室内设置值班或检修室时，该室边缘距配电柜的水平距离大于 1m，并采取屏障隔离；6. 配电室内的裸母线与地面垂直距离小于 2.5m 时，采用遮栏隔离，遮栏下面通道的高度不小于 1.9m；7. 配电室围栏上端与其正上方带电部分的净距不小于 0.075m；8. 配电装置的上端距顶棚不小于 0.5m；9. 配电室内的母线涂刷有色油漆，以标志相序；以柜正面方向为基准，其涂色符合表 6.1.4 规定；10. 配电室的建筑物和构筑物的耐火等级不低于 3 级，室内配置砂箱和可用于扑灭电气火灾的灭火器；11. 配电室的门向外开，并配锁；12. 配电室的照明分别设置正常照明和事故照明。

起重机与架空线路的最小安全距离 表 5-30

电压(kV) 安全距离(m)	<1	10	35	110	220	330	500
沿垂直方向	1.5	3.0	4.0	5.0	6.0	7.0	8.5
沿水平方向	1.5	5.0	3.5	4.0	6.0	7.0	8.5

4）施工现场开挖沟槽边缘与外电埋地电缆沟槽边缘之间的距离不得小于 0.5m。

5）当达不到第 1）～4）条中的规定时，必须采取绝缘隔离防护措施，并应悬挂醒目的警告标志。

（1）架设防护设施时，必须经有关部门批准，采用线路暂时停电或其他可靠的安全技术措施，并应有电气工程技术人员和专职安全人员监护；

（2）防护设施与外电线路之间的安全距离不应小于表 5-31 所列数值；

（3）防护设施应坚固、稳定，且对外电线路的隔离防护应达到 IP30 级。

防护设施与外电线路之间的最小安全距离 表 5-31

外电线路电压等级(kV)	≤10	35	110	220	330	500
最小安全距离(m)	1.7	5.0	5.5	4.0	5.0	6.0

6）在施工现场专用变压器的供电的 TN-S 接零保护系统中，电气设备的金属外壳必须与保护零线连接。保护零线应由工作接地线、配电室（总配电箱）电源侧零线或总漏电保护器电源侧零线处引出（图 5-4）。

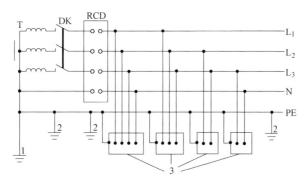

图 5-4 专用变压器供电时 TN-S 接零保护系统示意图
1—工作接地；2—PE 线重复接地；
3—电气设备金属外壳（正常不带电的外露可导电部分）

7）当施工现场与外电线路共用同一供电系统时，电气设备的接地、接零保护应与原系统保护一致，不得一部分设备做保护接零，另一部分设备做保护接地。

采用 TN 系统做保护接零时，工作零线（N 线）必须通过总漏电保护器，保护零线（PE 线）必须由电源进线零线重复接地处或总漏电保护器电源侧零线处，引出形成局部 TN-S 接零保护系统（图 5-5）。

8）TN 系统中的保护零线除必须在配电室或总配电箱处做重复接地外，还必须在配电系统的中间处和末端处做重复接地。

（1）在 TN 系统中，保护零线每一处重复接地装置的接地电阻值不应大于 10Ω，在工

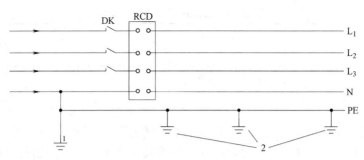

图 5-5 三相四线供电时局部 TN-S 接零保护系统保护零线引出示意图

1—N、PE 线重复接地；2—PE 线重复接地；

L$_1$、L$_2$、L$_3$—相线；N—工作零线；PE—保护零线；DK—总电源隔离开关；RCD—总漏电保护器

作接地电阻值允许达到 10Ω 的电力系统中，所有重复接地的等效电阻值不应大于 10Ω；

（2）在 TN 系统中，严禁将单独敷设的工作零线再做重复接地；

（3）每一接地装置的接地线应采用 2 根及以上导体，在不同点与接地体做电气连接，不得采用铝导体做接地体或地下接地线；垂直接地体宜采用角钢、钢管或光面圆钢，不得采用螺纹钢；

（4）接地可利用自然接地体，但应保证其电气连接和热稳定。

扫描二维码 5-5，观看施工现场临时用电（下）教学视频。

5.6.7　工地临时用电计算实例

二维码 5-5　施工现场临时用电（下）教学视频

【案例 5-3】　某高层建筑施工工地，在结构施工阶段主要施工机械配备为：QT100 附着式塔式起重机 1 台，电动机总功率为 63kW；SCD100/100A 建筑施工外用电梯 1 台，电动机功率为 11kW；HB-15 型混凝土输送泵 1 台，电动机功率为 35.2kW；ZX50 型插入式振动器 4 台，电动机功率为 1.1×4kW；GT3/9 钢筋调直机、QJ40 钢筋切断机、GW40 钢筋弯曲机各 1 台，电动机功率分别为 7.5kW、5.5kW 和 3kW；UN-100 钢筋对焊机 1 台，额定容量为 100kV·A；BX3-300 电焊机 3 台，额定持续功率为 23.4×3kV·A；高压水泵 1 台，电动机功率为 55kW。试估算该工地用电总量，并选择配电变压器。

【解析】　施工现场所用全部电动机总功率：

$$\sum P_1 = 63+11+35.2+1.1\times4+7.5+5.5+3+55 = 181.6\text{kW}$$

电焊机和对焊机的额定容量：

$$\sum P_2 = 23.4\times3+100 = 170.2\text{kV}\cdot\text{A}$$

查表 5-27，取 $K_1=0.6$，$K_2=0.6$，并取 $\cos\varphi=0.75$。

考虑室内外照明用电后，按公式（5-13）得：

$$P = 1.24\left(K_1\frac{\sum P_1}{\cos\varphi}+K_2\sum P_2\right) = 1.24\times\left(0.6\times\frac{181.6}{0.75}+0.6\times170.2\right) = 306.8\text{kW}$$

变压器功率按公式（5-14）得：

$$P_{变} = K\left(\frac{\sum P_{\max}}{\cos\varphi}\right) = 1.05\times\frac{306.8}{0.75} = 429.52\text{kV}\cdot\text{A}$$

当地高压供电 10kV，施工动力用电需三相 380V 电源，照明需单相 220V 电源，按上述要求查变压器设备产品类型，选择 SL$_7$-500/10 型三相降压变压器，其主要技术数据为：额定容量 500kV·A，高压额定线电压 10kV，低压额定线电压 0.4kV，作 Y 接使用。

思 考 题

5-1 试述施工准备工作的意义。

5-2 简述施工准备工作的种类和主要内容。

5-3 原始资料的调查包括哪些方面？各方面的主要内容有哪些？为什么要做好原始资料的调查工作？

5-4 图纸自审应掌握哪些重点？图纸会审由哪些单位参加？

5-5 施工现场准备包括哪些内容？

案 例 题

5-1 【2016 年一级建造师考题（改）】背景资料：某住宅楼工程，建筑面积约 14000m^2，地下两层，地上 16 层，层高 2.8m，檐口高 47m，结构设计为筏板基础。在施工现场消防技术方案中，临时施工道路（宽 3m）与施工（消防）用主水管沿在建住宅楼环状布置，消火栓设在施工道路内侧，距路中线 5m，在建住宅楼外边线距道路中线 9m，施工用水管计算中，现场施工用水量（$q_1+q_2+q_3+q_4$）为 8.5L/s，管网水流速度 1.6m/s，漏水损失 10%，消防用水量按最小用水量计算。

问题：指出施工消防技术方案的不妥之处，并写出相应的正确做法；施工总用水量是多少（单位：L/s）？施工用水主管的计算管径是多少（单位：mm，保留两位小数）？

【答案及解析】：

1）施工消防技术方案的不妥之处

（1）不妥之处一：临时施工道路（宽 3m）与施工（消防）用主水管沿在建住宅楼环状布置。

正确做法：临时施工道路（宽 4m）与施工（消防）用主水管沿在建住宅楼环状布置。

（2）不妥之处二：消火栓设置在施工道路内侧，距路中线 5m。

正确做法：消火栓设置在施工道路内侧，距住宅楼外边线不得小于 5m。

（3）不妥之处三：在建住宅楼外边线距道路中线 9m。

正确做法：在建住宅楼外边线距道路不得小于 5m，也不得大于 40m。

案例背景条件见图 5-6。

《建设工程施工现场消防安全技术规范》GB 50720—2011 3.3.2 临时消防车道的设置应符合下列规定：

1. 临时消防车道宜为环形，设置环形车道确有困难时，应在消防车道尽端设置尺寸不小于 12m×12m 的回车场。

2. 临时消防车道的净宽度和净空高度均不应小于 4m。

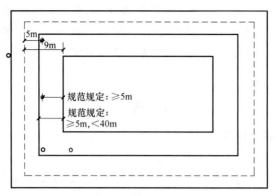

图 5-6 题 5-1 用题

第 3.3.1 条规定：施工现场内应设置临时消防车道，临时消防车道与在建工程、临时用房、可燃材料堆场及其加工场的距离不宜小于 5m，且不宜大于 40m；施工现场周边道路满足消防车通行及灭火救援要求时，施工现场内可不设置临时消防车道。

第 5.3.7 条第 3 款规定：室外消火栓应沿在建工程、临时用房和可燃材料堆场及其加工场均匀布置，与在建工程、临时用房和可燃材料堆场及其加工场的外边线的距离不应小于 5m。

2）施工总用水量

粗估该住宅楼的体积为：$V=2.8\times14000=39200\mathrm{m}^3>30000\mathrm{m}^3$，根据《建设工程施工现场消防安全技术规范》GB 50720—2011 5.3.2、5.3.6、5.3.8、5.3.9 的规定，该住宅楼的消防用水量为：

消防用水量＝临时室外消防用水量＋在建工程的临时室内消防用水量＝20L/s＋10L/s＝30L/s。

$q_1+q_2+q_3+q_4=8.5\mathrm{L/s}<q_5=30\mathrm{L/s}$，取 30L/s，考虑漏水损失为 10%，则：施工现场总用水量为 $30\times(1+10\%)=33\mathrm{L/s}$。

3）施工用水主管的计算管径

$D=\sqrt{\dfrac{4Q\times1000}{\pi v}}=\sqrt{\dfrac{4\times33\times1000}{3.14\times1.6}}=162.1\mathrm{mm}$，查表 5-26，选 $D=200\mathrm{mm}$ 硬聚氯乙烯（PVC-U）埋地给水管。

《建设工程施工现场消防安全技术规范》GB 50720—2011：

5.3.2 临时消防用水量应为临时室外消防用水量与临时室内消防用水量之和。

5.3.6 在建工程的临时室外消防用水量不应小于表 5-23 的规定。

5.3.8 建筑高度大于 24m 或单体体积超过 30000m³ 的在建工程，应设置临时室内消防给水系统。

5.3.9 在建工程的临时室内消防用水量不应小于表 5-24 的规定。

第6章 施工平面的布置

> **本章要点**：依据进度计划、施工准备，根据节约用地、安全生产的原则，规划、布置、设计施工平面；主要知识点包括：施工平面布置的原则与布置内容、施工平面设计步骤、施工总平面图布置图的绘制。
>
> **学习目标**：结合规范、标准掌握施工平面设计布置的原则、步骤、内容；熟悉施工总平面图布置图的绘制方法；了解施工平面布置的前置资料。
>
> **素质目标**：增强节约用地、生态保护、绿色低碳、安全文明、节约成本的理念，积极推进生态文明建设。

施工现场平面布置是指在施工用地范围内，对各项生产、生活、办公设施及其他辅助设施等进行科学合理规划和布置，施工现场的办公、生活区与作业区分开设置，减少相互干扰❶。

其中施工现场生产区主要考虑垂直运输设备、加工厂、搅拌站、仓库、材料堆场、场内道路、水电气等生产临时设施的合理布置，方便组织施工生产，避免二次搬运。

6.1 施工平面布置

6.1.1 施工平面布置前置资料

施工总平面图的设计，应力求实事求是、合理布置、厉行节约的原则，现场不具备设

---

❶ 《建筑施工组织设计规范》GB/T 50502—2009：

2.0.10 施工现场平面布置：在施工用地范围内，对各项生产、生活设施及其他辅助设施等进行规划和布置。

《建设工程安全生产管理条例》（国务院令第 393 号）：

第二十九条 施工单位应当将施工现场的办公、生活区与作业区分开设置，并保持安全距离；办公、生活区的选址应当符合安全性要求。职工的膳食、饮水、休息场所等应当符合卫生标准。施工单位不得在尚未竣工的建筑物内设置员工集体宿舍。

《施工现场临时建筑物技术规范》JGJ/T 188—2009：

4.2.1 办公区、生活区和施工作业区应分区设置，且应采取相应的隔离措施，并应设置导向、警示、定位、宣传等标识。

4.2.2 办公区、生活区宜位于建筑物的坠落半径和塔式起重机等机械作业半径之外。

4.2.3 临时建筑与架空明设的用电线路之间应保持安全距离。临时建筑不应布置在高压走廊范围内。

4.2.4 办公区应设置办公用房、停车场、宣传栏、密闭式垃圾收集容器等设施。

4.2.5 生活用房宜集中建设、成组布置，并宜设置室外活动区域。

4.2.6 厨房、卫生间宜设置在主导风向的下风侧。

《建设工程施工现场环境与卫生标准》JGJ 146—2013：

3.0.7 施工现场临时设施、临时道路的设置应科学合理，并应符合安全、消防、节能、环保等有关规定。施工区、材料加工及存放区应与办公区、生活区划分清晰，并应采取相应的隔离措施。

置生活区，可外借场地搭设或租房安置生产工人住宿，但距离施工现场不宜超过 2km❶。扫描二维码 6-1，观看施工平面布置教学视频。

二维码 6-1　施工平面布置教学视频

在布置施工平面布置图时，需要收集以下资料。

1. 设计资料

其包括建筑规划总平面图、地形地貌图、区域规划图及建筑项目范围内已有拟建项目及各种设施位置。

1）建筑规划总平面图中建筑总平面部分，标注的一切地上、地下拟建和已建的建筑物和构筑物，是确定临时设施位置的依据。

2）建筑规划总平面图中的管道部分，标注的一切已有和拟建的管道位置，是修建工地内运输道路、给水排水设施的重要依据，需要判断已有管线是否影响施工，是否需要利用或加固。同时，临时性建筑应避让拟建综合管线位置，防止后期影响综合管线的施工。

2. 施工资料

1）自然条件和地方风俗

（1）自然条件情况包括：地形、地质、气象、水文等，主要用于临时设施布置、排水降水、易燃易爆有毒物品库房的布置；

（2）当地民族风俗、生活习俗，生产生活基地的配套建设情况等。

2）资源配置清单

根据合同工期及总体施工部署，编制主要资源配置需求表，其内容一般包括：

（1）总用工量、各工种用工量及工程施工过程各阶段劳动力投入计划；

（2）主要建筑材料、构配件和设备进场计划，并明确规格、数量、进场时间等；

（3）主要施工机具进场计划，并明确型号、数量、进出场时间等。重点关注主要单体项目施工方案中，垂直运输机械和其他施工机具的位置、数量、加工场规模及场地分期建设规划。

3）临时设施❷

在施工现场总平面布局中，包括下列临时用房和临时设施：

（1）施工现场的出入口、围墙、围挡；

（2）场内临时道路；

（3）给水管网或管路和配电线路敷设或架设的走向、高度；

---

❶　中交第一公路工程局有限公司项目经理部生产区、生活区、办公区建设标准：

临建选址应远离地质自然灾害区域，周围无塌方、滑坡、落石、泥石流、洪涝等自然灾害隐患，无高频、高压电源及油、气、化工等其他污染源。满足安全、环保、水保的要求，交通、通信便利，水、电易于获取，系统成本最低。项目部驻地位置应靠近工程现场，且距离施工现场不宜超过 2km。

❷　《建筑施工现场环境与卫生标准》JGJ 146—2013：

3.0.7　施工现场临时设施、临时道路的设置应科学合理，并应符合安全、消防、节能、环保等有关规定。施工区、材料加工及存放区应与办公区、生活区划分清晰，并应采取相应的隔离措施。

3.0.8　施工现场应实行封闭管理，并应采用硬质围挡。市区主要路段的施工现场围挡高度不应低于 2.5m，一般路段围挡高度不应低于 1.8m。围挡应牢固、稳定、整洁。距离交通路口 20m 范围内占据道路施工设置的围挡，其 0.8m 以上部分应采用通透性围挡，并应采取交通疏导和警示措施。

3.0.9　施工现场出入口应标有企业名称或企业标识。主要出入口明显处应设置工程概况牌，施工现场大门内应有施工现场总平面图和安全管理、环境保护与绿色施工、消防保卫等制度牌和宣传栏。

（4）施工现场办公用房、宿舍、发电机房、变配电房、可燃材料库房、易燃易爆危险品库房、可燃材料堆场及其加工场、固定动火作业场等；

（5）临时消防车道、消防救援场地和消防水源；

（6）施工现场出入口的设置应满足消防车通行的要求，并宜布置在不同方向，其数量不宜少于 2 个，当确有困难只能设置 1 个出入口时，应在施工现场内设置满足消防车通行的环形道路。

4）临时设施面积规划

根据资源需要量计划，按面积指标计算加工厂、仓库、堆场及其他临时设施的面积、数量，并设计其外廓尺寸，参考【案例 6-1】。

【案例 6-1】 表 6-1 为某建设项目的临时设施面积计算汇总表。

临时建筑面积计算汇总及部分规范规定   表 6-1

	临时房屋名称	临时房屋面积（m²）	计算公式	备注
生产区❶	钢管堆放区	320	每个 180m²	布置 2 个定型加工棚 6m×30m
	门卫	16	两个出入口各一个	2 个 3.5m²
	钢筋加工	205	$F=\dfrac{Q}{PK_2}=\dfrac{247}{1.5\times0.8}=205\text{m}^2$	加工储备 2 层钢筋，每层 123.5m²。采用 2 个定型加工棚 6m×21m，每个 126m²
	模板加工	226.3	$F=\dfrac{Q}{PK_2}=\dfrac{792}{5\times0.7}=226.3\text{m}^2$	加工储备 3 层模板，每层 264m²。采用 2 个定型木工加工棚 6m×21m，每个 126m²
办公区❷	材料库房	164.8	$A=\varphi\times m=0.8\times206=164.8\text{m}^2$	设置 5m×3m 标准模数房间 10 间，2 个 2 间标准间组合，2 个 3 间标准间组合，共设置 4 个仓库
	发电机房、变配电房、厨房操作间、锅炉房、可燃材料库房及易燃易爆危险品库房的防火设计应符合下列规定： 1）建筑构件的燃烧性能等级应为 A 级。 2）层数应为 1 层，建筑面积不应大于 200m²。 3）可燃材料库房单个房间的建筑面积不应超过 30m²，易燃易爆危险品库房单个房间的建筑面积不应超过 20m²。 4）房间内任一点至最近疏散门的距离不应大于 10m，房门的净宽度不小于 0.8m。 ——《建设工程施工现场消防安全技术规范》GB 50720—2011 第 4.2.2 条			

❶ 《建设工程施工现场消防安全技术规范》GB 50720—2011：

3.2.1 易燃易爆危险品库房与在建工程的防火间距不应小于 15m，可燃材料堆场及其加工场、固定动火作业场与在建工程的防火间距不应小于 10m，其他临时用房、临时设施与在建工程的防火间距不应小于 6m。

3.2.2 施工现场主要临时用房、临时设施的防火间距不应小于表 3.2.2 的规定，当办公用房、宿舍成组布置时，其防火间距可适当减小，但应符合下列规定：

1. 每组临时用房的栋数不应超过 10 栋，组与组之间的防火间距不应小于 8m。

2. 组内临时用房之间的防火间距不应小于 3.5m，当建筑构件燃烧性能等级为 A 级时，其防火间距可减少到 3m。

❷ 《施工现场临时建筑物技术规范》JGJ/T 188—2009：

5.2.1 办公用房宜包括办公室、会议室、资料室、档案室等。

5.2.2 办公用房室内净高不应低于 2.5m。

5.2.3 办公室的人均使用面积不宜小于 4m²，会议室使用面积不宜小于 30m²。

续表

临时房屋名称	临时房屋面积 (m²)	计算公式	备注
办公室	120	$15m^2 \times 8$ 间 $= 120m^2$	甲方1间,监理2间,项目部5间,见图6-1(a),人均面积指标参见表5-19

办公区

宿舍、办公用房的防火设计应符合下列规定:

1)建筑构件的燃烧性能等级应为A级;当采用金属夹芯板材时,其芯材的燃烧性能等级应为A级;

2)建筑层数不应超过3层,每层建筑面积不应大于300m²;

3)层数为3层或每层建筑面积大于200m²时,应设置至少2部疏散楼梯,房间疏散门至疏散楼梯的最大距离不应大于25m;

4)单面布置用房时,疏散走道的净宽度不应小于1.0m;双面布置用房时,疏散走道的净宽度不应小于1.5m;

5)疏散楼梯的净宽度不应小于疏散走道的净宽度;

6)宿舍房间的建筑面积不应大于30m²,其他房间的建筑面积不宜大于100m²;

7)房间内任一点至最近疏散门的距离不应大于15m,房门的净宽度不应小于0.8m;房间建筑面积超过50m²时,房门的净宽度不应小于1.2m;

8)隔墙应从楼地面基层隔断至顶板基层底面。

——《建设工程施工现场消防安全技术规范》GB 50720—2011第4.2.1条

会议室	45	$60m^2 \times (3+1)$ 间 $= 240m^2$	3个标准模数的房间打通,一间为准备间(监控间),见图6-1(b)
资料室	15	$15m^2 \times 1$ 间 $= 15m^2$	注意资料室的防火、防潮、防水处理
其他	30	$15m^2 \times 2$ 间 $= 30m^2$	可以作为临时休息室及其他

生活区❶

工人宿舍	780	$3m \times 5m = 15m^2$ 52 间 $\times 15m^2 = 780m^2$(每栋二层26间,共2栋宿舍)	人均面积指标参见表5-19,本例中高峰现场人数206人,$15/4 = 3.75 > 3.5m^2$,共配置$206/4 = 52$间

宿舍应符合下列规定:

1)宿舍内应保证必要的生活空间,人均使用面积不宜小于2.5m²,室内净高不应低于2.5m。每间宿舍居住人数不宜超过16人;

2)宿舍内应设置单人铺,层铺的搭设不应超过2层。

——《施工现场临时建筑物技术规范》JGJ/T 188—2009第5.3.2条

居室床位布置应符合下列规定:

1)两个单床长边之间的距离不应小于0.60m,无障碍居室不应小于0.80m;

2)两床床头之间的距离不应小于0.10m;

3)两排床或床与墙之间的走道宽度不应小于1.20m,残疾人居室应留有轮椅回转空间;

4)采暖地区居室应合理布置供暖设施的位置。

——《宿舍建筑设计规范》JGJ 36—2016第4.2.2条

---

❶ 《施工现场临时建筑物技术规范》JGJ/T 188—2009:

5.3.1 生活用房宜包括宿舍、食堂、餐厅、厕所、盥洗室、浴室、文体活动室等。

续表

临时房屋名称	临时房屋面积（m²）	计算公式	备注
食堂	105	$S=206×0.5=103$ $15×7$ 间$=105$m²	人均面积指标参见表 5-19 为 $0.5～0.8$m²/人，这里取 0.5。《饮食建筑设计标准》JGJ 64—2017，食堂 1m²/座
食堂应符合下列规定： 1）食堂与厕所、垃圾站等污染源的距离不宜小于 15m，且不应设在污染源的下风侧； 2）食堂宜采用单层结构，顶棚宜设吊顶。 　　　　　　——《施工现场临时建筑物技术规范》JGJ/T 188—2009 第 5.3.3 条			
浴室（含开水房）	45	$S=0.1×206=20$m²，取 45m²	人均面积指标参见表 5-19 为 $0.07～0.1$m²/人，这里取 0.1。注意：淋浴间的淋浴器与员工的比例宜为 1:20，淋浴器间距不小于 1000mm。考虑交通通道，按每个淋浴器 2.5m²/个
卫生间	50	蹲便器：$2×206/50=8$m² 小便器：$1×206/50=4$m 男厕：$10×3=30$m² 男厕 30m²；女厕 15m²	男厕每 50 人、女厕每 25 人设 1 个蹲便器，男厕每 50 人设 1m 长小便槽；按三类考虑，每厕位 2m²
厕所、盥洗室、浴室应符合下列规定： 1）施工现场应设置自动水冲式或移动式厕所； 2）厕所的厕位设置应满足男厕每 50 人、女厕每 25 人设 1 个蹲便器，男厕每 50 人设 1m 长小便槽的要求；蹲便器间距不应小于 900mm，蹲位之间宜设置隔板，隔板高度不宜低于 900mm； 3）盥洗间应设置盥洗池和水嘴，水嘴与员工的比例宜为 1:20，水嘴间距不宜小于 700mm； 4）淋浴间的淋浴器与员工的比例宜为 1:20，淋浴器间距不宜小于 1000mm； 5）淋浴间应设置储衣柜或挂衣架； 6）厕所、盥洗室、淋浴间的地面应做硬化和防滑处理。 　　　　　　——《施工现场临时建筑物技术规范》JGJ/T 188—2009 第 5.3.4 条 　3.0.4　公共厕所应分为固定式和活动式两种类别，固定式公共厕所应包括独立式和附属式；公共厕所的设计和建设应根据公共厕所的位置和服务对象按相应类别的设计要求进行。 　3.0.7　应急和不宜建设固定式厕所的公共场所，应设置活动式厕所。 　3.0.8　独立式公共厕所平均每厕位建筑面积指标（以下简称厕位面积指标）应为，一类：5m²～7m²；二类：3m²～4.9m²；三类：2m²～2.9m²。 　　　　　　——《城市公共厕所设计标准》CJJ 14—2016			
文体活动室	60m²	15m²$×4=60$m²	施工现场文体活动室使用面积不宜小于 50m²
2）施工现场宜单独设置文体活动室，使用面积不宜小于 50m²。 　　　　　　——《施工现场临时建筑物技术规范》JGJ/T 188—2009 第 5.3.5 条			
医务室	20m²	15m²$×1+5$m²$=20$m²	注意卫生防疫设计，增加 5m² 隔离区

左侧跨行标题：生活区

注：所有办公房间均按 5m×3m 标准模数考虑。

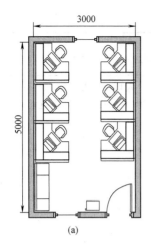

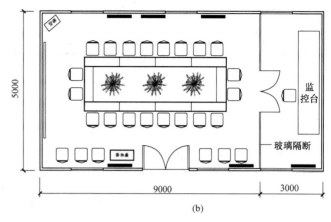

图 6-1　办公室、会议室平面布置示意图

（a）办公室；（b）会议室

3. 交通规划

1）施工现场道路与消防

施工现场一般利用施工现场道路兼做施工消防道路，临时消防车道与在建工程、临时用房、可燃材料堆场及其加工场的距离不宜小于 5m，且不宜大于 40m。临时消防车道的设置应符合下列规定：

（1）临时消防车道宜为环形，设置环形车道确有困难时，应在消防车道尽端设置尺寸不小于 12m×12m 的回车场；

（2）临时消防车道的净宽度和净空高度均不应小于 4m；

（3）临时消防车道的右侧应设置消防车行进路线指示标识；

（4）临时消防车道路基、路面及其下部设施应能承受消防车通行压力及工作荷载。

2）场外交通组织方案

场外交通组织方案必须由城市交管部门批准，为了降低占道施工作业给城市交通带来的影响，需要编制场外占路作业区交通组织❶。

（1）编制条件

以下情况应编制道路施工作业交通组织方案：

① 占用城市快速路行车道，施工持续时间覆盖早或晚交通流高峰时段。

② 连续占用主、次干路施工时间超过 24h 的以下情形：

a. 主、次干路完全封闭施工；

❶ 《城市道路施工作业交通组织规范》GA/T 900—2010。

《城市道路交通组织设计规范》GB/T 36670—2018：

8.2　占路作业区交通组织专项设计：

8.2.1　占路作业区交通组织设计方案应满足作业控制区沿线居民、单位工作人员的基本出行需求，优先保障行人、非机动车及公交车通行；

8.2.2　占用部分或全部车道进行作业时，应修建同等数量的临时便道，降低占路作业对交通的影响；

8.2.3　因占路作业调整公交线路、站点时，临时公交站点应保障乘客安全上下车；

8.2.4　在占路作业区内和周边道路设置相关标志、标线等安全设施，保障作业区内变通安全运行，并对作业区周边变通流提前引导分流。

b. 两条以上相邻或交叉主、次干路同时部分封闭施工;

c. 高峰小时路段 v/c 超过 0.7 的主干路部分封闭施工,占用单向一半或以上的车道。

③ 高峰小时路段双向机动车流量超过 700pcu/h 的支路,采取完全封闭施工,且连续占用道路施工时间覆盖早、晚交通流高峰时段。

(2) 交通组织方案成果

① 提出临时便道方案,不能修建便道的,提出分流方案;

② 根据流量变化提出交叉口的信号控制方案;

③ 提出施工预告标志、绕行标志和其他临时指路标志设置方案;

④ 提出临时可移动信号灯、减速带、护栏等交通管理设置方案;

⑤ 方案成果图应包括交通组织方案图、交通管理设施设置图。

(3) 交通组织方案设计流程

交通组织方案设计流程见图 6-2。

4. 施工现场环境卫生

1) 临时设施

施工现场临时设施包括办公室、宿舍、食堂、厕所、盥洗设施、淋浴房、开水间、文体活动室等临时设施。

(1) 公共场所

① 生活区、办公区的通道、楼梯处设置应急疏散、逃生指示标识和应急照明灯;

② 生活区应设置开水炉、电热水器或保温水桶,开水炉、电热水器、保温水桶应上锁由专人负责管理;

③ 施工现场要设置封闭式建筑垃圾站,办公区和生活区设置封闭式垃圾容器,生活垃圾分类存放,并及时清运、消纳;

④ 施工现场和生活区不得私拉乱接电线,私自使用电热器具。

(2) 现场宿舍

① 宿舍原则上设置可开启窗户,定期通风及消毒;

② 每间宿舍居住人员宜按人均不小于 $2m^2$ 确定,尽量减少聚集,严禁使用通铺;

③ 宿舍内宜设置生活用品专柜、垃圾桶等生活设施,环境卫生应保持良好;

④ 宿舍内要有防暑降温措施,设置生活用品专柜,现场生活区内应提供为作业人员晾晒衣物的场地;

⑤ 使用炉火取暖时要采取防止一氧化碳中毒的措施,彩钢板活动房严禁使用炉火或明火取暖;

⑥ 宿舍照明电源选用安全电压,单独设置手机充电柜;

⑦ 尚未竣工的建筑物内严禁设置宿舍。

(3) 现场食堂

① 现场食堂应设置在远离厕所、垃圾站、有毒有害场所等污染源的地方;

② 现场食堂应设置独立的制作间、储藏间;

③ 食堂宜使用电炊具;使用燃气的食堂,燃气罐必须单独设置存放间并应加装燃气报警装置;

④ 现场食堂的制作间灶台及其周边应铺贴瓷砖,所贴瓷砖高度不宜小于 1.5m,地面

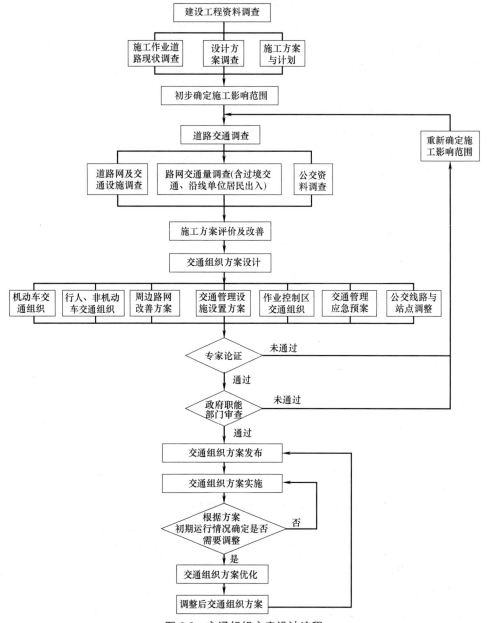

图 6-2　交通组织方案设计流程

应作硬化和防滑处理；

⑤ 现场食堂应设置隔油池，食堂外应设置密闭式泔水桶，并应定期清理、及时清运；

⑥ 食堂制作间、锅炉房、可燃材料库房及易燃易爆危险品库房等应采用单层建筑，应与宿舍和办公用房分别设置，并应按相关规定保持安全距离；临时用房内设置的食堂、库房和会议室应设在首层。

（4）现场厕所

① 现场应设置水冲式或移动式厕所，厕所地面应硬化，门窗应齐全并通风良好；

② 厕位宜设置门及隔板，高度不应小于 0.9m；

③ 厕所面积应根据施工人员数量设置；

④ 高层建筑施工超过 8 层时，宜每隔 4 层设置临时厕所；

⑤ 定期清扫、消毒，化粪池应及时清掏。

（5）现场淋浴间

① 淋浴间内应设置满足需要的淋浴喷头；

② 盥洗设施应设置满足作业人员使用的盥洗池，并应使用节水器具，盥洗设施的下水管口应设置过滤网，并应与市政污水管线连接。

（6）现场文体活动室

应配备电视机、书报、杂志等文体活动设施、用品。

（7）易燃易爆危险品库房

其应使用不燃材料搭建，面积不应超过 $200m^2$。

2）卫生防疫

为保障作业人员的身体健康和生命安全，改善作业人员的工作环境与生活条件，保护生态环境，防治施工过程对环境造成污染和各类疾病的发生，施工区、办公区和生活区需要进行施工现场环境与卫生管理和规划❶。

（1）施工现场卫生与防疫的基本要求

---

❶ 《房屋建筑和市政基础设施工程施工现场新冠肺炎疫情常态化防控工作指南》（建办质函〔2020〕489号）：

2.2 建设单位是工程项目疫情常态化防控总牵头单位，负责施工现场疫情常态化防控工作指挥、协调和保障等事项。施工总承包单位负责施工现场疫情常态化防控各项工作组织实施。监理单位负责审查施工现场疫情常态化防控工作方案，开展检查并提出建议。建设、施工、监理项目负责人是本单位工程项目疫情常态化防控和质量安全的第一责任人。各方应各司其职、加强配合，切实履行疫情防控和质量安全主体责任。

3.1.2 项目部应按照疫情防控要求，对参建各方聘用的所有人员进行健康管理，建立"一人一档"制度，准确掌握人员健康和流动情况。

3.2.1 在施工现场进口设立体温监测点，对所有进入施工现场人员进行体温检测和"健康码"查验，核对人员身份和健康状况。凡有发热、干咳等症状的，应禁止其进入，并及时报告和妥善处置。

3.2.3 入境人员、中高风险地区人员、密切接触者及确诊治愈出院患者等确需返回施工现场的重点人群，应在严格执行完项目所在地有关规定，经核实"健康码"无误后，方可返回施工现场，并做好至少两周的健康监测和跟踪随访。

3.3.2 在人员密集的封闭场所、与他人小于1m距离接触时需要佩戴口罩。在密闭公共场所工作的厨师、配菜员、保洁员等重点人群要佩戴口罩，项目部要做好日常管理。

4.1.1 施工现场应采取封闭式集中管理，严格进、出场实名制考勤。办公区、生活区、施工区、材料加工和存放区等区域应分离，围挡、围墙确保严密牢固，尽量实现人员在场内流动。

4.2.1 施工单位在编制施工组织设计、专项施工方案等时应增加疫情常态化防控专篇，提出优化施工作业，减少人员聚集和交叉作业等具体举措。

4.4.1 严格控制同一办公场所人员数量，尽量减少人员聚集。办公时应尽量保持1m以上的接触距离。

4.5.2 宿舍原则上设置可开启窗户，定期通风及消毒。每间宿舍居住人员宜按人均不小于 $2m^2$ 确定，尽量减少聚集，严禁使用通铺。宿舍内宜设置生活用品专柜、垃圾桶等生活设施，环境卫生应保持良好。

4.5.3 工地食堂应依法办理相关手续并严格执行卫生防疫规定。食品食材的采购应选择正规渠道购买，建立采购物资台账，确保可追溯。严禁生食和熟食用品混用，避免肉类生食，避免直接手触肉禽类生鲜材料。严禁在工地食堂屠宰野生动物、家禽家畜。食堂原则上采取分餐、错峰用餐等措施，减少人员聚集，并且实施排队取餐人员的间距不小于1m，食堂就餐人员的间距不小于1m的安全措施，避免"面对面"就餐和围桌就餐。食堂应保持干净整洁，定期通风及消毒，严格执行一人一具一用一消毒，不具备消毒条件的要使用一次性餐具。

7.1 因疫情常态化防控发生的防疫费用，可计入工程造价。

① 施工企业应根据法律、法规的规定，制定施工现场的公共卫生突发事件应急预案；

② 施工现场应配备常用药品及绷带、止血带、颈托、担架等急救器材；

③ 施工现场应结合季节特点，做好作业人员的饮食卫生、防暑降温、防寒取暖、防煤气中毒、防疫等各项工作；

④ 施工现场办公区和生活区应设专职或兼职保洁员，负责现场日常的卫生清扫和保洁工作，现场办公区和生活区应采取灭鼠、灭蚊、灭蝇、灭蟑螂等措施，并应定期投放和喷洒灭虫、消毒药物；

⑤ 施工现场办公室内布局应合理，文件资料宜归类存放，并应保持室内清洁卫生；

⑥ 施工现场生活区内应设置开水炉、电热水器或饮用水保温桶，施工区应配备流动保温水桶，水质应符合饮用水安全卫生要求；

⑦ 当施工现场遇突发疫情时，应及时上报，并应按卫生防疫部门相关规定进行处理。

a. 施工作业人员如发生法定传染病、食物中毒或急性职业中毒时，必须要在 2h 内向施工现场所在地建设行政主管部门和卫生防疫等部门进行报告，并应积极配合调查处理；

b. 施工作业人员如患有法定传染病时，应及时进行隔离，并由卫生防疫部门进行处置。

（2）食堂卫生防疫

① 依据《餐饮服务许可管理办法》的规定，食堂需要取得餐饮服务许可证；依据《中华人民共和国食品卫生法》的规定，食堂工作人员必须体检合格取得健康证后方可上岗；

② 炊事人员上岗应穿戴洁净的工作服、工作帽和口罩，并应保持个人卫生；非炊事人员不得随意进入食堂制作间；

③ 根据《中华人民共和国食品安全法》的有关规定，施工现场需要加强食品、原料的进货管理，建立食品、原料采购台账，保存原始采购单据；严禁制售易导致食物中毒食品和变质食品；

④ 食堂门扇下方应设不低于 0.2m 的防鼠挡板，配备必要的排风设施和冷藏设施，油烟净化装置应定期清洗；

⑤ 食堂制作间的炊具宜存放在封闭的橱柜内，刀、盆、案板等炊具应生熟分开，炊具、餐具和公用饮水器具必须清洗消毒；

⑥ 生熟食品应分开加工和保管，存放成品或半成品的器皿应有耐冲洗的生熟标识；成品或半成品应遮盖，遮盖物品应有正反面标识；各种佐料和副食应存放在密闭器皿内，并应有标识；

⑦ 现场食堂储藏室的粮食存放台距墙和地面应大于 0.2m，存放食品原料的储藏间或库房应有通风、防潮、防虫、防鼠等措施，库房不得兼作他用。

【**案例 6-2**】（2020 建造师考题）某工程项目部根据当地政府要求进行新冠疫情后复工，按照《房屋市政工程复工复产指南》（建办质〔2020〕8 号）规定❶，制定了《项目疫情防控措施》，其中规定有：

（1）施工现场采取封闭式管理，严格施工区等"四区"分离，并设置隔离区和符合标准的隔离室。

（2）根据工程规模和务工人员数量等因素，合理配备疫情防控物资。

（3）现场办公场所、会议室、宿舍应保持通风，每天至少通风 3 次，并定期对上述重点场所进行消毒。

问题：《项目疫情防控措施》规定的"四区"中除施工区外还有哪些？施工现场主要防疫物资有哪些？需要消毒的重点场所还有哪些？

【**答案与分析**】

（1）《项目疫情防控措施》规定的"四区"中除施工区外，还有材料加工和存放区、办公区、生活区。

（2）施工现场主要防疫物资有：额温枪、水银体温计、口罩、84 消毒液、洗手液、橡胶手套。

（3）门口区域（人脸识别打卡机及楼梯口处）、公共区域（门厅、楼道电梯、会议室、卫生间等区域）、中央空调区（停用）。施工现场起重机械的驾驶室、操作室等人员长期密闭作业场所进行消毒，食堂、盥洗室、厕所等。

---

❶ 《房屋市政工程复工复产指南》（建办质〔2020〕8 号）：

2.4　施工现场准备

2.4.1　施工现场采取封闭式管理。严格施工区、材料加工和存放区、办公区、生活区等"四区"分离，并设置隔离区和符合标准的隔离室。现场不具备条件的，应按照标准在异地设置。

2.4.2　在卫生健康、疾控等专业部门指导下，对施工现场所有场所进行全面消毒杀菌。

2.4.3　根据工程规模和务工人员数量等因素，合理配备体温计、口罩、消毒剂等疫情防控物资。

2.4.4　安排专人负责文明施工和卫生保洁等工作，按照相关规定分类设置防疫垃圾（废弃口罩等）、生活垃圾和建筑垃圾收集装置。

3　现场疫情防控

3.2.3　保证施工作业区、工地生活区和办公区内洗手设施的正常使用，配备肥皂或洗手液。

3.4　作业区管理

3.4.1　对施工现场起重机械的驾驶室、操作室等人员长期密闭作业场所进行消毒，予以记录并建立台账。施工现场起重机械投入使用前应组织检查，将驾驶室、操作室是否消毒作为必查项。

3.5　办公及生活场所管理

3.5.1　现场办公场所、会议室、宿舍应保持通风，每天至少通风 3 次，每次不少于 30 分钟。

3.5.2　宿舍人员宜按减半安排，减少聚集，严禁通铺。对本地务工人员应加强下班后的跟踪管理。

3.5.3　工地现场食堂应严格执行卫生防疫规定，严禁工地区域饲养、宰杀、食用野生动物。通过正规渠道购买食品物资，全力把好食品安全关。严禁垃圾乱倒，做好垃圾储运、污水处理、沟渠及下水道疏通、消毒工作。

3.5.4　食堂就餐应采取错时就餐、分散就餐等方式方法，应避免就餐人员聚集。

3.5.5　定期对宿舍、食堂、盥洗室、厕所等重点场所进行消毒，并加强循环使用餐具清洁消毒管理，严格执行一人一具一用一消毒。

6.1.2　施工平面布置的原则[1]

1）平面布置科学合理，施工场地占用面积少；

2）总体策划满足工程分阶段管理需要；

3）合理组织运输，减少二次搬运；

4）施工区域的划分和场地的临时占用应符合总体施工部署和施工流程的要求，减少相互干扰；

5）充分利用既有建（构）筑物和既有设施（道路）为项目施工服务，降低临时设施的费用；

6）临时设施应方便生产和生活，办公区、生活区和生产区宜分离设置；

7）符合节能、环保、安全和消防等要求；

8）遵守当地主管部门和建设单位关于施工现场的相关规定。

6.1.3　施工平面图设计内容

1. 群体建筑工程施工总平面布置的内容

根据项目总体施工部署，施工总平面布置应按照项目分期（分批）施工计划进行布置。

1）施工区域的划分

施工总平面布置图一般多指群体工程的施工平面布置，对于群体工程，承包有两种形式：一种是工程总承包，另一种是多承包商各自承包独立的单体工程。对于只有唯一承包商的施工总平面布置，发包单位不需要考虑承包单位施工区域的划分，承包商结合施工部署综合考虑项目分期分批交付对现场的要求。

但是，对于多个承包商承包的情形，必须由发包单位结合分期分批的建设计划，给各承包商划分区界明确的施工区域，尤其涉及分期分批交付使用的群体工程，要考虑各期室外配套设施能同步交付，不影响竣工交付使用。换句话说，就是要考虑同期室外配套设施施工占用场地问题，避免出现施工区界交叉引起的推诿扯皮、影响按期交付使用，否则可能引起一系列索赔问题。

2）施工总平面布置图的布置内容

在施工总平面布置图中，主要考虑以下内容：

（1）项目施工用地范围内的地形状况；

---

[1] 《建筑工程绿色施工规范》GB/T 50905—2014：

5.2　施工总平面布置

5.2.1　施工现场平面布置应符合下列规定：

1. 在满足施工需要前提下，应减少施工用地。

2. 应合理布置起重机械和各项施工设施，统筹规划施工道路。

3. 应合理划分施工分区和流水段，减少专业工种之间交叉作业。

5.2.2　施工现场平面布置应根据施工各阶段的特点和要求，实行动态管理。

5.2.3　施工现场生产区、办公区和生活区应实现相对隔离。

5.2.4　施工现场作业棚、库房、材料堆场等布置宜靠近交通线路和主要用料部位。

5.2.5　施工现场的强噪声机械设备宜远离噪声敏感区。

（2）全部拟建的建（构）筑物和其他基础设施的位置；

（3）项目施工用地范围内的加工设施、运输设施、存贮设施、供电设施、供水供热设施、排水排污设施、临时施工道路和办公、生活用房等；

（4）施工现场必备的安全、消防、保卫和环境保护等设施；

（5）相邻的地上、地下既有建（构）筑物及相关环境。

图 6-3 为某住宅小区的施工平面布置图，该小区分三期建设，一期建设 3、5、6、7、8 号楼，二期建设 4、9、10、11 号楼，三期建设 1、2、12 号楼，其中 12 号楼为公寓楼。施工道路利用小区规划的永久性道路，先做永久道路的路基，路面临时铺设 18mm 厚钢板路面。施工现场办公区设置在拟建 1、2 号楼位置，生活区设置拟建 12 号楼位置，生活区、办公区、生产区互相独立设置，办公区、生产区利用 1.8m 高宣传牌隔离。水电取自天山路水电接入点，现场排水坡度为 3‰。

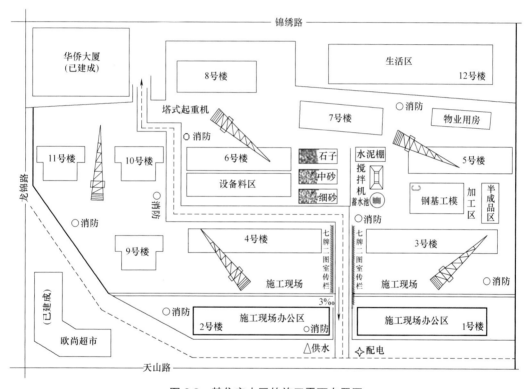

图 6-3　某住宅小区的施工平面布置图

显然，施工总平面布置侧重于划分施工现场用地区域、交通运输安排、各种施工资源和条件的组织安排，为现场各个单项、单位工程提供施工条件和服务。

2. 单项（位）施工平面布置的内容

单项（位）工程施工平面图是对一个建筑物或构筑物施工现场的平面规划和空间布置。它是根据工程规模、特点和施工现场的条件，按照一定的设计原则，正确地解决施工期间所需的各种暂设工程和其他设施与永久性建筑物和拟建建筑物之间的合理位置关系。

单项（位）工程施工现场平面布置要结合施工组织总设计，按地基基础、主体结构、装修装饰和机电设备安装三个阶段分别设计，其内容一般包括：

1）工程施工场地状况

（1）相邻的地上、地下既有建（构）筑物及相关环境。（施工区域范围内一切已建和拟建的地上、地下建筑物、构筑物和各种管线及其他设施的位置和尺寸，并标注出道路、河流、湖泊等位置和尺寸以及指北针、风向玫瑰图等）。

（2）施工围墙及大门，场外交通与入场主要场内施工道路的衔接。

（3）测量放线标桩位置、地形等高线和取弃土方场地。

（4）拟建建（构）筑物的位置、轮廓尺寸、层数等。

2）生产区的布置

（1）垂直运输机械的布置。如塔式起重机（自行、附着、内爬）、人货两用电梯、井架、卷扬机等。

（2）生产临时设施的布置。如搅拌站、加工厂、仓库（材料、构件、半成品和机具）、材料堆场、泵站及其他需搭建的生产临时设施。

（3）水源、电源、变压器位置确定，临时给水排水管线、供电线路、供气、供热管道及通信线路的布置。

（4）现场临时施工道路及排水排污及防洪设施的确定。

（5）施工现场必备的劳动保护、安全、防火、保卫和环境保护等设施。

3）办公及生活区的布置

图 6-4 为某教学楼的施工平面布置图，从图中可以看出，这栋教学楼西临西关道，在这条道路上不允许设置施工出入口。东临东城大道，在这个道路上设置了两个施工出入口，进现场车辆需要从北向南行驶，从北侧施工入口进入现场，南侧出口出施工现场。宿舍用围墙板隔离，办公区通过文化墙软隔离，生产区、生活区、办公区相对独立设置。

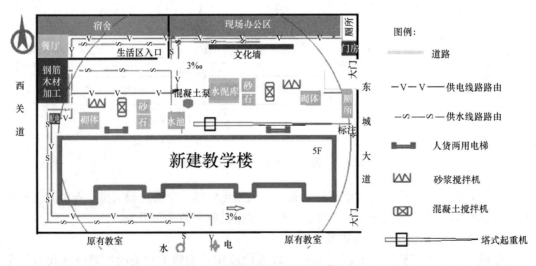

图 6-4 某教学楼施工总平面布置图

设置了一台塔式起重机和两个人货两用电梯，主体完成后，塔式起重机拆除；设置了两个搅拌棚，主要为砂浆搅拌棚，混凝土采用商品混凝土，设置了一台混凝土输送泵，满足混凝土垂直运输要求。水电取自南侧已有建筑外水电接入点，现场排水坡度为 3‰。

单项（位）施工平面设计侧重于垂直运输方案，结合垂直运输服务半径及施工现场用地，安排加工厂、搅拌站、仓库、材料堆场的位置，根据这些临时设施的位置及现场出入口设计单位工程施工现场运输道路，在运输道路路边敷设临时用水、用电电缆。用水支线到各用水点；配电支线采用三级配电方式接入加工厂的用电闸箱。最后根据消防规范结合给水系统布置消防栓及其他消防设施。

3. 市政工程施工平面布置的内容

（1）生产区、生活区、办公区等各类设施建设方式及动态布置安排。

（2）确定临时道路与临时桥梁的位置及结构形式，并对现场交通组织形式进行简要说明。

（3）根据工程量和总体施工安排，确定加工厂、材料堆放场、搅拌站、机械停放场等辅助施工生产区域，并说明位置、面积、结构形式及运输路径。

（4）确定施工现场临时用水、临时用电布置安排，并进行相应的计算和说明。

（5）确定现场消防设施的配置并进行简要说明。

4. 建筑工程与市政道路的施工现场对比分析

结合《建筑施工组织设计规范》GB/T 50502—2009 及《市政工程施工组织设计规范》GB/T 50903—2013 两本规范，对比群体工程、单位建筑工程、市政工程三种不同施工对象的施工平面布置图，发现建筑工程的区块现场与市政道路工程的线状现场布置的侧重点不一样。

1）对于区块现场，施工资源的供应方式为点对点，突出问题是：

（1）如何把周边市政道路引入施工现场，完成资源的水平运输；

（2）如何把施工现场的资源通过垂直运输设施运输到作业点。

2）对于线状路桥施工现场，不仅需要考虑周边市政道路如何引入到搅拌站、加工厂、材料堆，完成资源的水平运输，而且需要考虑施工现场内部，从搅拌站、加工厂运输到沿线施工作业区的水平运输，对于桥梁工程还存在垂直运输，图 6-5 泰和至井冈山高速公路某合同段施工总平面布置图。

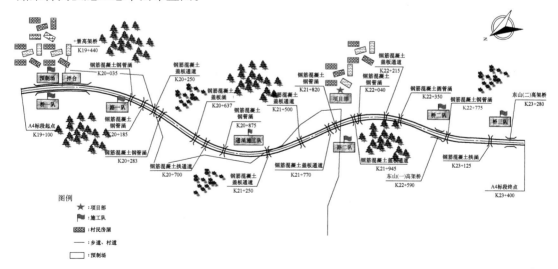

图 6-5　泰和至井冈山高速公路某合同段施工平面布置图

6.2 施工平面设计步骤

6.2.1 施工总平面图的设计步骤

1. 施工总平面图的设计流程

见图 6-6。

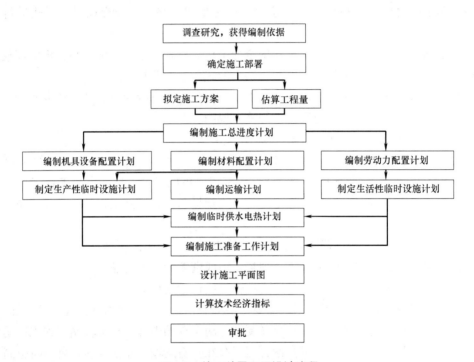

图 6-6 施工总平面图设计流程

2. 施工总平面图的绘制步骤

引入场外交通道路→布置仓库与材料堆场→布置加工厂和混凝土搅拌站→布置工地内部运输道路→布置临时设施→布置临时水、电管网和其他动力设施→布置消防、安保及文明施工设施→绘制正式施工总平面布置图。

1）引入场外交通道路

设计施工总平面图时，首先应从考虑大宗材料、成品、半成品、设备等进入工地的运输方式入手。当大批材料由铁路运输时，要解决铁路的引入问题；当大批材料是由水路运输时，应考虑利用原有码头和是否增设专用码头问题；当大批材料是由公路运输时，一般先布置场内仓库和加工厂，然后再引入场外交通道路。

二维码 6-2 施工总平面布置图——场外道路的引入教学视频

扫描二维码 6-2，观看施工总平面布置图——场外道路的引入教学视频。

2）施工总平面仓库与材料堆场的布置❶

布置仓库与材料堆场的位置时，应考虑布置在方便运输、运距较短、安全、满足消防要求的位置，仓库与材料堆场的布置与运输方式密切相关：

（1）当采用铁路运输时，仓库通常沿铁路线布置，并且要留有足够的装卸前线。如果没有足够的装卸前线，必须在附近设置转运仓库，布置铁路沿线仓库时，应将仓库设置在靠近工地一侧，以免内部运输跨越铁路，仓库不宜设置在弯道处或坡道上。

（2）当采用水路运输时，一般应在码头附近设置转运仓库，以缩短货船的停泊时间。

（3）当采用公路运输时，中心仓库布置在工地中央或靠近使用地，也可以布置在靠近外部交通连接处。

① 砂、石、水泥、石灰等仓库或堆场，应考虑取用的方便，宜布置在搅拌站、预制构件场附近；

② 对于砌块、瓦和预制构件等直接使用的材料，应该直接布置在施工对象附近，以免二次搬运；

③ 工具库布置在加工区与施工区之间交通方便处，零星、小件、专用工具库可分设于各施工区段；

④ 油料、氧气、电石、炸药库布置在安全地点；

⑤ 易燃、有毒材料库建在工程的下风处。

对工业建筑工地，尚需考虑主要生产设备的进场存放，一般大、重型设备应尽可能放在车间附近，其他设备存储，考虑成品保护，建议存储仓库布置在施工现场的外围。

3）施工总平面场内运输道路的布置

工地内部运输道路，应根据施工项目永久性道路的位置、各加工厂（仓库、施工对象）的相对位置、现场的消防要求进行道路的规划❷。

---

❶ 《建设工程施工现场消防安全技术规范》GB 50720—2011：

3.1.5 固定动火作业场应布置在可燃材料堆场及其加工场、易燃易爆危险品库房等全年最小频率风向的上风侧，宜布置在临时办公用房、宿舍、可燃材料库房、在建工程等全年最小频率风向的上风侧。

3.1.6 易燃易爆危险品库房应远离明火作业区、人员密集区和建筑物相对集中区。

3.1.7 可燃材料堆场及其加工场、易燃易爆危险品库房不应布置在架空电力线下。

3.2.1 易燃易爆危险品库房与在建工程的防火间距不应小于15m，可燃材料堆场及其加工场、固定动火作业场与在建工程的防火间距不应小于10m，其他临时用房、临时设施与在建工程的防火间距不应小于6m。

❷ 《建设工程施工现场消防安全技术规范》GB 50720—2011：

3.1.3 施工现场出入口的设置应满足消防车通行的要求，并宜布置在不同方向，其数量不宜少于2个。当确有困难只能设置1个出入口时，应在施工现场内设置满足消防车通行的环形道路。

3.3.1 施工现场内应设置临时消防车道，临时消防车道与在建工程、临时用房、可燃材料堆场及其加工场的距离，不宜小于5m，且不宜大于40m；施工现场周边道路满足消防车通行及灭火救援要求时，施工现场内可不设置临时消防车道。

3.3.2 临时消防车道的设置应符合下列规定：

1. 临时消防车道宜为环形，设置环形车道确有困难时，应在消防车道尽端设置尺寸不小于12m×12m的回车场。

2. 临时消防车道的净宽度和净空高度均不应小于4m。

3. 临时消防车道的右侧应设置消防车行进路线指示标识。

4. 临时消防车道路基、路面及其下部设施应能承受消防车通行压力及工作荷载。

3.3.3 下列建筑应设置环形临时消防车道，设置环形临时消防车道确有困难时，除应按本规范第3.3.2条的规定设置回车场外，尚应按本规范第3.3.4条的规定设置临时消防救援场地：

1. 建筑高度大于24m的在建工程。

2. 建筑工程单体占地面积大于3000m² 的在建工程。

3. 超过10栋，且成组布置的临时用房。

　　规划道路时要区分主要道路和次要道路，在规划时，还应考虑充分利用拟建的永久性道路的路基，提前修筑永久性道路路基，其上做简易路面作为施工临时道路，这种方案最为经济。道路应有足够的宽度和转弯半径，现场内道路干线应采用环形布置，主要道路宜采用双车道，次要道路可为单车道（其末端要设置回车场）。

　　4）施工总平面加工厂和搅拌站的布置

　　各种加工厂布置，应以方便使用、安全、防火、运输费用少、不影响施工为原则，加工厂与相应的仓库或材料堆场要布置在同一区域，且与外界交通衔接方便。在生产区域内布置各加工厂位置时，要注意各加工厂之间的生产工艺流程。

　　（1）预制构件加工厂尽量利用建设地区永久性加工厂。

　　（2）钢筋加工厂可集中或分散布置，对于大批量钢筋加工、大片钢筋网，宜集中布置在中心加工厂。对于小批量生产和利用简单机具就能成型的钢筋加工，就近采用钢筋加工棚进行，钢筋宜布置在地势较高处或架空布置，避免雨期积水锈蚀钢筋。

　　（3）模板加工维修一般在木加工棚进行。木工加工棚宜设置在土建施工区的下风处。

图6-7　干混砂浆储料罐

　　（4）目前，大部分县级以上的城市，要求使用预拌混凝土，不允许现场搅拌混凝土，所以现场一般不设搅拌站。在路桥工程中，当城市预拌混凝土厂家的供应能力和输送设备不能满足时，才考虑在建设场地内设置集中混凝土搅拌站。

　　（5）现场砂浆推广使用干混砂浆储料罐，见图6-7。干混砂浆储料罐在施工过程中应严格按工艺要求和各种物料的配方比例准确配料。

　　（6）产生有害气体和污染空气的临时加工场，如沥青熬制、生石灰熟化、石棉加工场等应设置在下风处。

　　扫描二维码6-3，观看仓库与材料堆场、加工厂搅拌站、场内现场临时道路的布置教学视频。

　　5）施工总平面临时建筑的布置❶

　　施工现场临时建筑包括办公室、宿舍、食堂、厕所、盥洗设施、淋浴房、开水间、文

---

❶　《建设工程施工现场消防安全技术规范》GB 50720—2011：

4.2.1　宿舍、办公用房的防火设计应符合下列规定：

1. 建筑构件的燃烧性能等级应为A级；当采用金属夹芯板材时，其芯材的燃烧性能等级应为A级；2. 建筑层数不应超过3层，每层建筑面积不应大于300m²；3. 层数为3层或每层建筑面积大于200m²时，应设置不少于2部疏散楼梯，房间疏散门至疏散楼梯的最大距离不应大于25m；4. 单面布置用房时，疏散走道的净宽度不应小于1.0m；双面布置用房时，疏散走道的净宽度不应小于1.5m；5. 疏散楼梯的净宽度不应小于疏散走道的净宽度；6. 宿舍房间的建筑面积不应大于30m²，其他房间的建筑面积不宜大于100m²；7. 房间内任一点至最近疏散门的距离不应大于15m，房门的净宽度不应小于0.8m，房间建筑面积超过50m²时，房门的净宽度不应小于1.2m；8. 隔墙应从楼地面基层隔断至顶板基层底面。

4.2.3　其他防火设计应符合下列规定：

1. 宿舍、办公用房不应与厨房操作间、锅炉房、变配电房等组合建造；2. 会议室、娱乐室等人员密集房间应设置在临时用房的一层，其疏散门应向疏散方向开启。

体活动室等临时设施。对于各种生活与行政管理用房应尽量利用建设单位的生活基地或现场附近的其他永久性建筑，不足部分再修建临时建筑。临时建筑物的设计，应遵循经济、适用、装拆方便的原则，并根据当地的气候条件、工期长短确定其建筑与结构形式。推广使用装配式临时房屋。

二维码6-3 仓库与材料堆场、加工厂搅拌站、场内现场临时道路的布置教学视频

（1）公共场所

① 生活区、办公区的通道、楼梯处设置应急疏散、逃生指示标识和应急照明灯；

② 生活区应设置开水炉、电热水器或保温水桶，开水炉、电热水器、保温水桶应上锁由专人负责管理；

③ 施工现场要设置封闭式建筑垃圾站，办公区和生活区设置封闭式垃圾容器，生活垃圾分类存放，并及时清运、消纳；

④ 施工现场和生活区不得私拉乱接电线，私自使用电热器具。

（2）现场宿舍

① 宿舍原则上设置可开启窗户，定期通风及消毒；

② 每间宿舍居住人员宜按人均不小于 $2m^2$ 确定，尽量减少聚集，严禁使用通铺；

③ 宿舍内宜设置生活用品专柜、垃圾桶等生活设施，环境卫生应保持良好；

④ 宿舍内要有防暑降温措施，设置生活用品专柜，现场生活区内应提供为作业人员晾晒衣物的场地；

⑤ 使用炉火取暖时要采取防止一氧化碳中毒的措施，彩钢板活动房严禁使用炉火或明火取暖；

⑥ 宿舍照明电源选用安全电压，单独设置手机充电柜；

⑦ 尚未竣工的建筑物内严禁设置宿舍。

（3）现场食堂

① 现场食堂应设置在远离厕所、垃圾站、有毒有害场所等污染源的地方；

② 现场食堂应设置独立的制作间、储藏间；

③ 食堂宜使用电炊具，使用燃气的食堂，燃气罐必须单独设置存放间并应加装燃气报警装置；

④ 现场食堂的制作间灶台及其周边应铺贴瓷砖，所贴瓷砖高度不宜小于 1.5m，地面应作硬化和防滑处理；

⑤ 现场食堂应设置隔油池，食堂外应设置密闭式泔水桶，并应定期清理、及时清运；

⑥ 食堂制作间、锅炉房、可燃材料库房及易燃易爆危险品库房等应采用单层建筑，应与宿舍和办公用房分别设置，并应按相关规定保持安全距离；临时用房内设置的食堂、库房和会议室应设在首层。

（4）现场厕所

① 现场应设置水冲式或移动式厕所，厕所地面应硬化，门窗应齐全并通风良好；

② 厕位宜设置门及隔板，高度不应小于 0.9m；

③ 厕所面积应根据施工人员数量设置；

④ 高层建筑施工超过 8 层时，宜每隔 4 层设置临时厕所；

⑤ 定期清扫、消毒，化粪池应及时清掏。

（5）现场淋浴间

① 淋浴间内应设置满足需要的淋浴喷头；

② 盥洗设施应设置满足作业人员使用的盥洗池，并应使用节水器具，盥洗设施的下水管口应设置过滤网，并应与市政污水管线连接。

（6）现场文体活动室

现场文体活动室的管理应配备电视机、书报、杂志等文体活动设施、用品。

（7）易燃易爆危险品库房

其应使用不燃材料搭建，面积不应超过 $200m^2$。

6）施工总平面临时实施的布置

扫描二维码 6-4，观看临时设施、临时用电、临时用水的布置教学视频。

（1）临时用电

① 临时总变电站应设在高压线进入工地处，避免高压线穿越施工现场；

② 临时自备发电设备应在现场中心，或靠近主要用电区域；

③ 供电线路避免与其他管道敷设在道路的同一侧，宜采用双回路布设；

④ 供电线路敷设穿越道路时，必须设置钢套管，并埋入地下 0.6m 处；

⑤ 施工现场的消火栓泵应采用专用消防配电线路，专用消防配电线路应自施工现场总配电箱的总断路器上端接入，保持不间断供电。

（2）临时给水

① 临时水池、水塔应设在用水中心和地势较高处；

② 主要供水管道沿道路布置，主管道宜环状布设，孤立点可用枝状；

③ 过冬的临时水管须埋在冰冻线以下或采取保温措施；

④ 给水系统要满足消防用水的要求❶。

（3）排水系统

在施工现场，设置污水沉淀池，施工污水必须达到排放标准要求，才能排出施工现场。施工场地排水坡度应不小于 3‰，并沿道路边设立

二维码 6-4　临时设施、临时用电、临时用水的布置教学视频

---

❶《建设工程施工现场消防安全技术规范》GB 50720—2011：

5.3.10　在建工程临时室内消防竖管的设置应符合下列规定：1. 消防竖管的设置位置应便于消防人员操作，其数量不应少于 2 根，当结构封顶时，应将消防竖管设置成环状；2. 消防竖管的管径应根据室内消防用水量、竖管给水压力或流速进行计算确定，且管径不应小于 $DN100$。

5.3.11　设置室内消防给水系统的在建工程，应设置消防水泵接合器。消防水泵接合器应设置在室外便于消防车取水的部位，与室外消火栓或消防水池取水口的距离宜为 15～40m。

5.3.14　建筑高度超过 100m 的在建工程，应在适当楼层增设临时中转水池及加压水泵。中转水池的有效容积不应少于 $10m^3$，上下两个中转水池的高差不应超过 100m。

5.3.15　临时消防给水系统的给水压力应满足消防水枪充实水柱长度不小于 10m 的要求；给水压力不能满足现场消防给水系统的给水压力要求时，应设置加压水泵。加压水泵应按照一用一备的要求进行配置，消火栓泵宜设置自动启动装置。

5.3.16　当外部消防水源不能满足施工现场的临时消防用水量要求时，应在施工现场设置临时贮水池。临时贮水池宜设置在便于消防车取水的部位，其有效容积不应小于施工现场火灾延续时间内一次灭火的全部消防用水量。

5.3.17　施工现场临时消防给水系统可与施工现场生产、生活给水系统合并设置，但应设置将生产、生活用水转为消防用水的应急阀门。应急阀门不应超过 2 个，阀门应设置在易于操作的场所，并应有明显标识。

5.3.18　寒冷和严寒地区的现场临时消防给水系统应有防冻措施。

排水管（沟）等，其纵坡不小于 2‰，横跨道路时须设涵管。在山地建设时还须考虑防洪设施。

（4）消防设施

施工现场主要临时用房、临时设施的防火间距不应小于现行规范规定，当办公用房、宿舍（图 6-8）成组布置时，其防火间距可适当减小，但应符合以下要求：

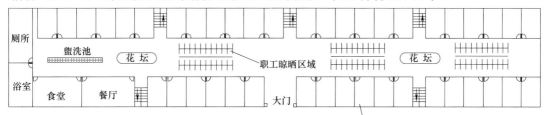

说明：1. 为防止雨季受涝，每幢活动板房周边均应设置排水沟，便于雨水、污水疏排。二层活动板房
　　　2. 场外职工生活区设置院门，实行全封闭管理，并设专人负责门岗和保洁工作。 职工宿舍
　　　3. 生活区临时房屋为活动式板房。
　　　4. 生活区食堂、餐厅、浴室、厕所等采用单层砖混房，以满足灵活分隔布置需要。
　　　5. 食堂、厕所设置暗埋式隔油沉淀池和化粪池，排水管线应设置过滤网，
　　　　 所有生活污水经隔油沉淀后统一排入业主指定的城市排污管网。

图 6-8　某施工单位现场生活区布置图

① 每组临时用房的栋数不应超过 10 栋，组与组之间的防火间距不应小于 8m。

② 组内临时用房之间的防火间距不应小于 3.5m；当建筑构件燃烧性能等级为 A 级时，其防火间距可减少到 3m。

一般全工地性行政管理用房宜设在全工地入口处，以便对外联系，工地福利设施应设置在工人较集中的地方或工人必经之路，生活基地应设在场外，距工地 500～2000m 为宜，并避免设在低洼潮湿、有害健康的地方，食堂宜设在生活区。

根据消防要求，除了设置临时消防给水系统外，施工现场还应布置灭火器材、临时消防应急照明等。临时消防设施应与在建工程的施工同步设置，房屋建筑工程中，临时消防设施的设置与在建工程主体结构施工进度的差距不应超过 3 层。施工现场在建工程可利用已具备使用条件的永久性消防设施，当永久性消防设施无法满足使用要求时，应增设临时消防设施。

扫描二维码 6-5，观看消防安保及文明施工教学视频。

临时消防车道的净宽度和净空高度均不应小于 4m，且宜设置环形临时消防车道，环形临时消防车道设置确有困难时，要设置临时消防救援场地，场地宽度应满足消防车正常操作要求且不应小于 6m，与在建工程外脚手架的净距不宜小于 2m，且不宜超过 6m。

二维码 6-5　消防安保及文明施工教学视频

室外消火栓应沿在建工程、临时用房和可燃材料堆场及其加工场均匀布置，与在建工程、临时用房和可燃材料堆场及其加工场的外边线的距离不应小于 5m。沿临时消防车道设置消火栓，消火栓距离消防车道的边缘不宜大于 2m[1]，距建筑物不应小于 5m，消火栓间距不大于 120m。图 6-9 为某住宅小区消防布置平面图。

---

[1]《建筑设计防火规范（2018 年版）》GB 50016—2014，7.1.7　供消防车取水的天然水源和消防水池应设置消防车道。消防车道的边缘距离取水点不宜大于 2m。

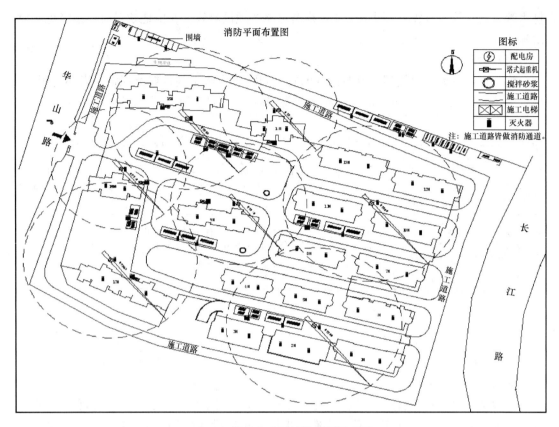

图6-9　某住宅小区消防布置平面图

应当指出,上述各设计步骤不是截然分开、孤立进行的,而是需要全面分析、综合考虑,正确处理各施工临时设施间的相互联系和相互制约关系。

6.2.2　单位工程施工平面图设计步骤

1.单位工程施工平面图的设计流程

见图6-10。

在整个施工过程中,各种施工机械、材料、构件在工地上的实际布置情况是随时在改变的,所以在布置各阶段的施工平面图时,就需要按不同施工阶段分别设计❶。但对整个施工时期使用的主要道路、水电管线和临时房屋等,不要轻易变动。

布置重型工业厂房的施工平面图,还应该考虑到一般土建工程同其他设备安装等专业工程的配合问题,需要根据各专业在各施工阶段中的需求统筹划分,尽量满足各专业的施工需求。

在设计施工平面布置时,考虑的主要内容有:

1)办公区、生活区和施工作业区应分区设置,且应采取相应的隔离措施,并应设置

---

❶ 《建筑施工组织设计规范》GB/T 50502—2009,5.6.1　单位工程施工现场平面布置图一般按地基基础、主体结构、装修装饰和机电设备安装三个阶段分别绘制。

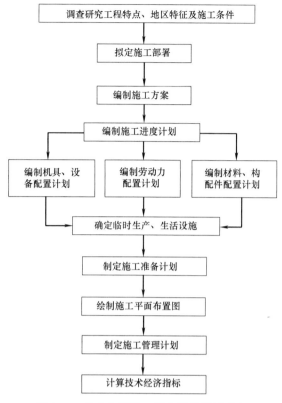

图 6-10 单位工程施工平面图的设计流程

导向、警示、定位、宣传等标识。

2）办公区、生活区宜位于建筑物的坠落半径和塔式起重机等机械作业半径之外。

3）临时建筑与架空明设的用电线路之间应保持安全距离。临时建筑不应布置在高压走廊范围内。

4）办公区应设置办公用房、停车场、宣传栏、密闭式垃圾收集容器等设施。

5）生活用房宜集中建设、成组布置，并宜设置室外活动区域。

6）厨房、卫生间宜设置在主导风向的下风侧。

2. 单位工程施工平面图布置步骤

一般情况下，单位工程施工平面图布置步骤为：确定垂直运输设备的位置→确定搅拌站、仓库、材料和构件堆场、加工厂的位置→确定运输道路的布置→布置行政、文化、生活、福利用地等临时设施→布置水电管线，布置步骤见图 6-11。

1）确定垂直运输设施位置

垂直运输设施的位置直接影响仓库、材料堆场、搅拌站、砂浆储料罐的位置的布置，因此要首先予以考虑。

扫描二维码 6-6，观看垂直运输设备及材料堆场的布置教学视频。

（1）垂直运输设备种类

① 塔式起重机

塔式起重机有：附着式塔式起重机、内爬式塔式起重机、外挂式塔式起重机、轨道式

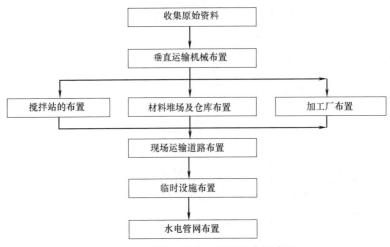

二维码6-6　垂直运输设备及材料堆场的布置教学视频

图6-11　单位工程施工平面图布置步骤

塔式起重机等类型。图6-12是三种塔式起重机现场布置的照片。

(a)　　　　　　　　　　　(b)　　　　　　　　　　　(c)

图6-12　三种塔式起重机现场照片

(a) 附着式塔式起重机；(b) 外挂式塔式起重机；(c) 轨道式塔式起重机

　　② 其他固定式垂直运输机械设备

　　其他固定式垂直运输机械设备众多，例如物料提升机（井架、龙门架）❶、桅杆、施工电梯、混凝土输送泵等，其中施工电梯、混凝土输送泵是现代施工主要垂直运输设备，图6-13是三种其他垂直运输机械照片。

---

　　❶ 《施工现场常用垂直运输设备施工技术标准》ZJQ08-SGJB 004—2017，4.1.13　物料提升机额定起重量不宜超过160kN，安装高度不宜超过30m。当安装高度超过30m时，物料提升机除应具有起重量限制、防坠保护、停层及限位功能外，尚应符合下列规定：

　　1. 吊笼有自动停层功能，停层后吊笼底板与停层平台的垂直高度偏差不超过30mm；

　　2. 防坠安全器为渐进式；

　　3. 具有自升降安拆功能；

　　4. 具有语音及影像信号。

(a) (b) (c)

图 6-13 三种其他垂直运输机械照片

(a) 井架；(b) 龙门架；(c) 人货两用施工电梯

（2）附着式塔式起重机的布置

有轨式塔式起重机通常沿建筑物一侧或两侧布置，必要时还需增加转弯设备，尽量使轨道长度最短，轨道的路基要坚实，并做好路基四周的排水处理，此种起重机稳定性差，但线性服务范围大。

附着式塔式起重机一般附着在建（构）筑物，布置时除了考虑其起重量、起重高度和起重半径等参数外，还需要考虑其布置的位置，位置的选择应结合建筑物的平面形状、尺寸和四周的施工场地条件确定。

首先，拟建建筑物平面应处于塔式起重机的工作半径范围之内，避免出现如图 6-14 的"死角"，如果出现死角，应该控制在 2m 范围之内（二次水平运输问题）；其次，构件、成品及半成品堆场、搅拌站和砂浆储料罐前台要在塔式起重机的工作半径之内。

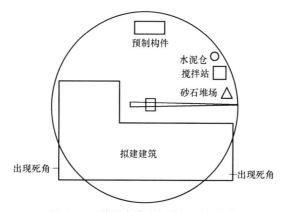

图 6-14 附着式塔式起重机服务半径

同时还应考虑装、拆塔式起重机时场地条件及施工安全等方面的要求。如塔基是否坚实、防雷接地、离建筑物距离、多塔工作时是否有塔臂碰撞的可能性、塔臂范围内是否有需要防护的高压线等问题❶，如图 6-15 所示。

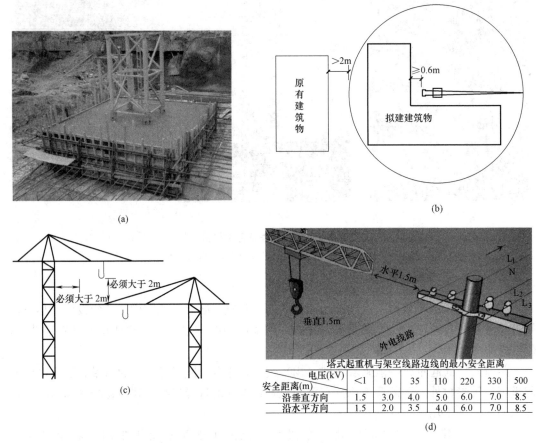

图 6-15　附着式塔式起重机施工安全

（a）塔基；（b）离建筑物距离；（c）多台塔机之间的最小架设距离；（d）遇高压线

注：图 6-15（d）中最小安全距离表格来源于《施工现场临时用电安全技术规范》JGJ 46—2005 第 4.1.4 条。

　　塔式起重机安装完毕后必须经质量验收和试运转试验，达到标准要求方可使用。其标准应按《塔式起重机安全规程》GB 5144—2006、《建筑机械使用安全技术规程》JGJ 33—2012、《起重机械安全规程》GB 6067 中的有关规定执行。

---

❶　《塔式起重机安全规程》GB 5144—2006：

10.3　塔机的尾部与周围建筑物及其外围施工设施之间的安全距离不小于 0.6m。

10.4　有架空输电线的场合，塔机的任何部位与输电线的安全距离，应符合下表的规定。如因条件限制不能保证下表中的安全距离，应与有关部门协商，并采取安全防护措施后方可架设。

安全距离（m）	电压（kV）				
	<1	1~15	20~40	60~110	220
沿垂直方向	1.5	3.0	4.0	5.0	6.0
沿水平方向	1.0	1.5	2.0	4.0	6.0

10.5　两台塔机之间的最小架设距离应保证处于低位塔机的起重臂端部与另一台塔机的塔身之间至少有 2m 的距离；处于高位塔机的最低位置的部件（吊钩升至最高点或平衡重的最低部位）与低位塔机中处于最高位置部件之间的垂直距离不应小于 2m。

在高层建筑施工中，往往还需配备若干台固定式人货两用电梯，在主体结构施工阶段作为塔式起重机的补充，在装饰工程插入施工时，作为装饰材料的主要垂直运输设备。

（3）群塔作业原则

塔式起重机应由专职人员操作和处置，禁止违章作业和超载运用，机械作业不正常时应立刻停止使用，并及时予以处置。对于群塔作业，应遵守以下原则：

① 低塔让高塔：低塔在作业时，应查询高塔作业状况后再作业；

② 后塔让先塔：塔式起重机在塔式起重机重叠区域作业时，后进入该区域的塔机要规避先进入该区域的塔式起重机；

③ 动塔让静塔：塔式起重机在进入重叠区域作业时，后启动塔机应规避连续作业塔式起重机；

④ 轻车让重车：在两塔共同作业区域，无载荷塔机应规避有载荷的塔式起重机；

⑤ 客塔让主塔：某区域客方塔机在进入主方塔机区域时应自动规避主方塔式起重机；

⑥ 群塔依次升降：区域内的塔式起重机应依据施工状况，在设定时间内依次升降。

（4）固定式其他垂直运输机械设备的布置

固定式其他垂直运输机械设备的布置主要根据其机械性能、服务半径、建（构）筑物的平面特点、施工段的划分、垂直运输高度、垂直提升构件和材料的数量、材料和构件的重量等情况而定。要充分发挥起重机械的能力，做到使用安全、方便、便于组织流水施工，并使水平运输距离最短。主要考虑以下几个方面：

① 当建筑物各部位高度相同时，应布置在施工段的分界线附近；当建筑物各部位高度不同时，应布置在高低分界线较高部位一侧；

② 垂直运输机械设备应尽量布置在窗口处，避免二次结构留槎，减少后期的修补工作；

③ 垂直运输设备的数量要根据施工进度、垂直提升构件和材料的数量、台班工作效率等因素确定，井架服务范围一般为30～40m；

④ 龙门架不能距卷扬机过近，以便司机的视线能看到整个升降过程，一般要求龙门架距卷扬机距离大于建筑物的高度。

2）确定搅拌站、加工厂、仓库及各种材料、构件堆场的位置

考虑到运输和装卸料的方便，搅拌站、仓库和材料、构件堆场的位置应尽量靠近使用地点，并在起重机服务范围以内，以缩短运距，避免二次搬运。根据施工阶段、施工部位和起重机械的类型不同，材料、构件等堆场位置一般应遵循下列要求：

（1）建筑物基础和第一层施工所用的材料，应该布置在建筑物的四周。其堆放位置应根据基坑（槽）的深度、宽度及其坡度或支护形式确定，并与基坑边缘保持一定安全距离（至少1m）。第二层以上施工材料，布置在起重机附近，砂、石等大宗材料，布置在搅拌站附近。

（2）当采用固定式垂直运输机械时，其材料堆场、仓库以及搅拌站位置应尽可能靠近垂直运输设备，减少二次搬运；当采用塔式起重机进行垂直运输时，应布置在塔式起重机有效起重幅度范围内。

（3）搅拌站出料口一般设在起重机服务半径内；砂、石、水泥等大宗材料的布置，可尽量布置在搅拌站附近，使搅拌材料运至搅拌机的运距尽量短。

石灰仓库和淋灰池的位置要接近砂浆搅拌站，并在下风处。沥青堆场及熬制锅的位置要离开易燃仓库或堆场，也应布置在下风处。

重量大的和先期使用的材料尽可能靠近使用地点或起重机附近布置；量少的、轻的、后期使用的材料可布置得稍远一些。

（4）不同施工阶段、施工部位和使用时间，材料、构件堆场的位置要分区域设置或分阶段设置，按不同施工阶段、不同材料的特点，在同一位置上可先后布置几种不同的材料，让材料分批进场，在不影响施工进度的前提下，尽量少占地。

（5）模板、脚手架等周转性材料，应选择在装卸、取用、整理方便和距拟建工程近的地方布置。

3）单位工程施工现场运输道路的布置

扫描二维码 6-7，观看运输道路及其他临时设施布置教学视频。

现场运输道路的布置必须满足材料、构件等物品的运输及消防的要求，一般沿着仓库和堆场进行布置。现场的主要道路应尽可能利用拟建工程的永久性道路，可先做好永久性道路的路基，施工时在其上做临时路面供施工使用。

二维码 6-7　运输道路及其他临时设施布置教学视频

现场道路布置时，单行道路宽不小于 3.5m，双行道路宽不小于 6m❶，兼做临时消防车道时，其净宽度和净空高度均不应小于 4m。为方便运输工具的回转，主要道路宜围绕单位工程环形布置，转弯半径要满足最长车辆拐弯的要求，单行道不小于 9~12m，双行道不小于 7~12m。设置环形车道确有困难时，应在道路尽端设置尺寸不小于 12m×12m 的回车场。

路基要坚实，做到雨期不泥泞不翻浆，路面材料要选择透水性好的材料，保证雨后车辆能够及时通行。道路两侧要设有排水沟，以利雨期排水，排水沟深度不小于 0.4m，底宽不小于 0.3m。

4）单位工程施工现场临时设施的布置

施工现场临时设施分为生产性临时设施（如钢筋加工棚、水泵房、模板加工棚）和非生产性临时设施（如办公室、工人休息室、警卫室、食堂、厕所等）。主要考虑以下几方面：

（1）木工和钢筋加工棚间的位置可考虑布置在建筑物四周较远的地方，但应有一定的场地堆放木材、钢筋和成品；其中木工作业棚要布置在施工现场的下风向的位置。

（2）易燃易爆品仓库应远离锅炉房。

（3）现场的非生产性临时设施，应尽量少设，生活区与生产区分开设置，尽量利用原有房屋，必须修建时要经过计算，合理确定面积，节约临时设施费用。

① 办公室的布置应靠近施工现场出入口处；

② 工人临时休息室应设在工人作业区；

③ 门卫、收发室宜布置在工地出入口处。

5）单位工程施工现场水、电管网的布置

---

❶　《建筑工程绿色施工评价标准》GB/T 50640—2010，9.2.1.3　条文说明：规定场内交通道路布置应满足各种车辆机具设备进出场、消防安全疏散要求，方便场内运输。场内交通道路双车道宽度不宜大于 6m，单车道不宜大于 3.5m，转弯半径不宜大于 15m，且尽量形成环形通道。

（1）临时用水管网的布置

施工现场用水包括生产、生活、消防用水三大类。在可能的条件下，单位工程施工用水及消防用水要尽量利用工程永久性供水系统，以便节约临时供水设施费用。

施工用的临时给水管，一般由建设单位的干管或施工单位自行布置的干管接到用水地点，有枝状、环状和混合状等布置方式。布置时应力求管网长度最短，管径大小、取水点的位置与数量视工程规模大小通过计算确定。供水管道应埋入地下，尤其是寒冷地区，要埋置在冰冻层以下，避免冬期施工时水管冻裂，也防止汽车及其他机械在上面行走压坏水管。临时管线不要布置在二期将要修建的建（构）筑物或室外管沟处，以免这些项目开工时，切断了水源影响施工用水。

按防火要求，设置室外消防栓，其设置要求详见《建设工程施工现场消防安全技术规范》GB 50720—2011 5.3 临时消防给水系统相关内容：

① 高层建筑施工一般要设置高压水泵和楼层临时消火栓，消火栓的间距不应大于120m，消防竖管的设置位置应便于消防人员操作，其数量不应少于 2 根，当结构封顶时，应将消防竖管设置成环状；

② 高度超过100m的在建工程，应在适当楼层增设临时中转水池及加压水泵，中转水池的有效容积不应少于 $10m^3$，上、下两个中转水池的高差不宜超过 100m。

为便于排除地面水和地下水，要及时修通永久性排水设施，并结合现场地形，在建筑物四周设置排水沟渠，如排入城市下水系统，还应设置沉淀池。

（2）临时用电管网的布置

单位工程施工用电应在全工地施工总平面图中一并考虑。一般施工中的临时供电应根据计算所需最大用电量，选择变压器和配电设备。施工现场临时用电设备在 5 台及以上或设备总容量在 50kW 及以上者，应编制用电组织设计，各用电点必须配备与用电设备功率相匹配的，由闸刀开关、熔断保险、漏电保护器和插座等组成的配电箱，其高度与安装位置应以操作方便、安全为准；每台用电机械或设备均应分设闸刀开关和熔断器，实行单机单闸，严禁一闸多机，详见《施工现场临时用电安全技术规范》JGJ 46—2005 规定❶。设

---

❶ 《施工现场临时用电安全技术规范》JGJ 46—2005：

3.1.1 施工现场临时用电设备在 5 台及以上或设备总容量在 50kW 及以上者，应编制用电组织设计。

3.1.2 施工现场临时用电组织设计应包括下列内容：

1. 现场勘测。

2. 确定电源进线、变电所或配电室、配电装置、用电设备位置及线路走向。

3. 进行负荷计算。

4. 选择变压器。

5. 设计配电系统：

1）设计配电线路，选择导线或电缆；

2）设计配电装置，选择电器；

3）设计接地装置；

4）绘制临时用电工程图纸，主要包括用电工程总平面图、配电装置布置图、配电系统接线图、接地装置设计图。

6. 设计防雷装置。

7. 确定防护措施。

8. 制定安全用电措施和电气防火措施。

3.1.3 临时用电工程图纸应单独绘制，临时用电工程应按图施工。

置在室外的配电箱应有防雨措施，严禁漏电、短路及触电事故的发生。

架空线路应尽量架设在不妨碍交通和施工机械运转的道路一侧，在塔式起重机工作区和交通繁忙的路段，配电电缆尽量敷设在地下。采用架空线路时，架空线路距在建建（构）筑物的水平距离应满足规范《建设工程施工现场供用电安全规范》GB 50194—2014的相关要求❶。

6.3　施工总平面图布置图的绘制

6.3.1　绘制步骤

施工总平面图是施工组织设计的重要组成部分，要精心设计，认真绘制。

一般绘制步骤为：

1）确定图幅大小和绘图比例。图幅大小和绘图比例应根据施工现场占地面积及布置内容多少来确定。图幅一般可选用1号图纸（840mm×594mm）或2号图纸（594mm×420mm），比例一般采用1：500或1：1000。

2）合理规划和设计图面。施工平面图除了要反映现场的布置内容外，还要反映周围环境的特征（如已有建筑物、场外道路等）。绘图时，应合理布置图面，并应留出一定的图面，绘制指北针、图例及文字说明等。

3）要将建筑总平面的拟建建筑物、构筑物、道路等，按正确的比例绘制在图面上。

4）施工现场的临时设施占地要按图面比例绘制；主要考虑：

（1）围墙与大门：围墙边界、大门与外界交通关系、文明施工牌图等；

（2）生产区：垂直运输设备、加工厂、搅拌站、材料堆场、仓库等临时设施位置、面积；

（3）办公区：办公室、会议室、档案室等位置、面积；

（4）生活区：宿舍、食堂、厕所、浴室、卫生室、文体活动室、其他福利设施等位置、面积；

---

❶　《建设工程施工现场供用电安全规范》GB 50194—2014：

7.2.3　施工现场架空线路的档距不宜大于40m，空旷区域可根据现场情况适当加大档距，但最大不应大于50m。

7.2.5　架空线路导线相序排列应符合下列规定：

1. 1kV～10kV线路：面向负荷从左侧起，导线排列相序应为L1、L2、L3。

2. 1kV以下线路：面向负荷从左侧起，导线排列相序应为L1、N、L2、L3、PE。

3. 电杆上的中性导体（N）应靠近电杆。若导线垂直排列时，中性导体（N）应在下方。中性导体（N）的位置不应高于同一回路的相导体。在同一地区内，中性导体（N）的排列应统一。

7.2.6　施工现场供用电架空线路与道路等设施的最小距离应符合下表的规定，否则应采取防护措施。

类别	距离	供用电绝缘线路电压等级	
		1kV及以下	10kV及以下
与施工现场道路	沿道路边敷设时，距离道路边沿最小水平距离	0.5	1.0
	跨越道路时，距离路面最小垂直距离	6.0	7.0
与在建工程,包含脚手架工程	最小水平距离	7.0	8.0
与临时建(构)筑物	最小水平距离	1.0	2.0

（5）施工道路：临时施工道路、洗车池、临时救援场、回车场、排水设施等位置；

（6）配电设施：配电室、三级配电箱、配电线路路由等；

（7）供水设施：水源接入点、临时蓄水池、供水路由等位置；

（8）消防设施：灭火器、消火栓、供水路由位置等。

5）各种施工临时设施布置完成后，要进行检查、调整、修改，并标注图例、比例、指北针，最终完成施工平面布置图，不能通过绘图表现的设计内容，可以通过在图中加注必要文字说明的方式标识。施工平面布置图比例要准确，图例要规范，线条粗细分明，字迹端正，图面要整洁、美观。

6.3.2 施工平面绘制注意的问题

由于大型工程的建设工期较长，随着工程的不断进展，施工现场布置也将不断发生变化。因此，需要按照不同阶段动态调整布置施工平面，以满足不同时期施工需要。

在布置时重点考虑：

1）充分利用各种永久性建筑物、构筑物和原有设施，降低临时设施的费用，临时建筑尽量采用可拆移动式房屋。

2）必须摸清整个建设项目施工用地范围内一切地上和地下已有和拟建的建筑物、构筑物、道路、管线以及其他设施的位置和尺寸，防止基础施工时发生事故。

3）调查施工现场外围周边道路、桥梁的位置及结构形式，并对内外交通组织衔接方式进行简要说明。

4）在施工现场标明永久性测量及半永久性测量放线桩位置，并在图中标出防止扰动的标识。

5）生产区、生活区、办公区要独立设置、三区隔离，并根据施工项目的分期进度情况进行动态调整。

6）为全工地施工服务的临时设施的布置要经济、适用、合理。

（1）合理布置各种机械设备、加工厂、仓库、堆场、道路的位置，各种建筑材料、半成品、构件的场内运输距离要短，避免二次搬运；

（2）临时给水排水管线和供电、动力线路及设施必须进行专项设计；

（3）安全防火设施的设置必须满足规范要求；

（4）卫生防疫设施的设置必须满足规范及防疫要求等。

6.4 施工平面布置案例

【案例 6-3】 拟建建筑物四至如图 6-16 所示，请进行施工平面图的设计。

第一步：布置垂直运输设备。

垂直运输设备的位置直接影响搅拌站、加工厂及各种材料、构件的堆场和仓库等位置和道路、临时设施及水、电管线的布置等。因此，它是施工现场全局的中心环节，应首先确定。

1）塔式起重机布置。案例塔式起重机布置如图 6-17 所示。尽量消灭死角，或者死角越小越好，控制在 2m 范围之内。

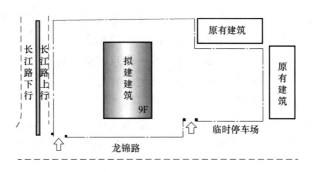

图6-16　拟建建筑物四至

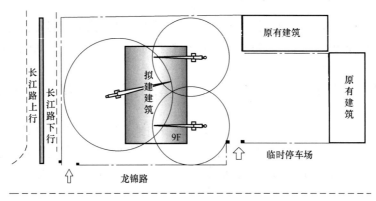

图6-17　塔式起重机布置

2）施工电梯及混凝土泵。外用施工电梯是一种安装于建筑物外部，施工期间用于运送施工人员及材料的垂直运输机械，混凝土固定泵是主体混凝土垂直运输的主要设备。案例施工电梯、混凝土泵的布置如图6-18所示。

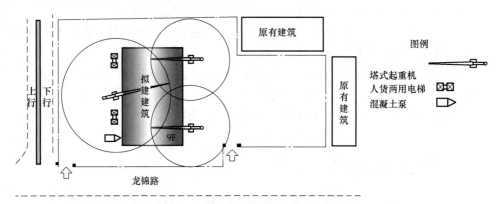

图6-18　施工电梯及混凝土泵的布置

在确定外用施工电梯的位置时，应考虑：

（1）便于安装附墙装置，减少围护结构留槎和以后的修补工作。

（2）楼地面上的水平运距最小或运输方便。

（3）利用塔式起重机搭设，保证施工安全。

（4）接近电源，有良好的夜间照明。

第二步：根据生产区临时设施汇总表，确定搅拌站、加工棚和材料、材料堆场的位置和占地，应尽量靠近使用地点或在起重机能力范围，案例生产区临时设施布置如图6-19所示。

（1）搅拌站的布置。应尽可能布置在垂直运输机械附近，以减少混凝土及砂浆的水平运距。搅拌站后台上料的为水泥库房、砂、石等材料堆场。

（2）加工棚布置在建筑物四周。

（3）构件、堆场按施工阶段的需要和材料设备使用的先后顺序来进行布置，提高场地使用的周转效率。

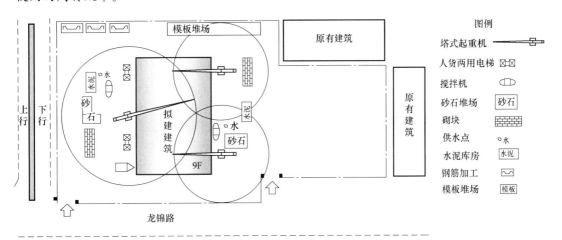

图6-19   布置生产临时设施布置

第三步：布置运输道路。案例临时施工道路的布置如图6-20所示。

（1）尽可能利用永久性道路的路基供施工期使用。

（2）汽车单行道的现场道路宽度为3～3.5m，双行道的最宽度为5.5～6m，两侧设排水沟，并环绕建筑物布置成环形道路。

（3）兼作消防车道时，道路宽度、净高不小于4m。

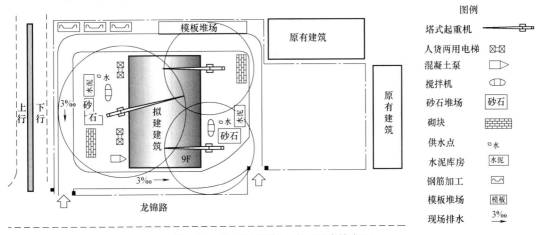

图6-20   施工现场临时施工道路的布置

第四步：布置办公区、生活区临时设施。办公区、生活区、生产区三区独立布置，要有一定的隔离措施。临时设施包括办公室、会议室、保卫传达室、宿舍、食堂、厕所、淋浴室、阅览娱乐室、卫生保健室、门卫、供水处等，它们的位置应以使用方便、不影响施工、符合防火保安为原则。图 6-21 为案例办公区、生活区临时设施的布置。

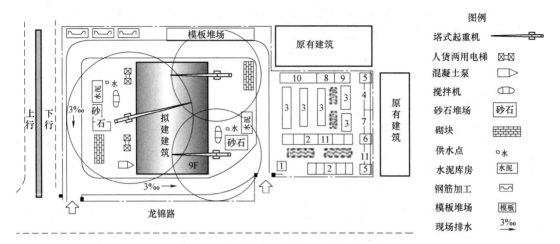

图 6-21   办公区、生活区临时设施的布置

1—门卫；2—办公室；3—宿舍；4—食堂；5—厕所；6—开水房；7—文体娱乐室；
8—医务室；9—观察室；10—淋浴房；11—会议室

第五步：布置临时水电管网。

1）施工水网

（1）给水管线的布置。图 6-22 为案例临时水电管网的布置。

① 施工临时用水从业主指定地点接入，场内给水管网沿路边埋设到用水点；

② 枝状布置到各主要用水点，管道长度最短；一旦出现管线局部漏水，就会造成全现场停水，所以对于大型施工现场布置，建议采用环状供水方案；

③ 管线不得妨碍在建或拟建工程。

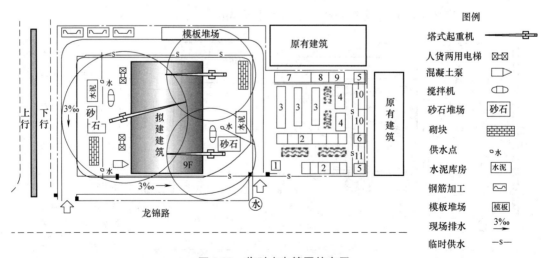

图 6-22   临时水电管网的布置

（2）消火栓。图 6-23 为案例临时消防栓的布置。

① 应与主管相连，消防栓管径不小于 100mm；

② 消火栓间距不大于 120m；

③ 消火栓距新建建筑 5～40m，距路边不大于 2m；

④ 周围 3m 之内不能有任何堆物，并设置明显标志；

⑤ 施工现场应设相应的其他灭火器材。

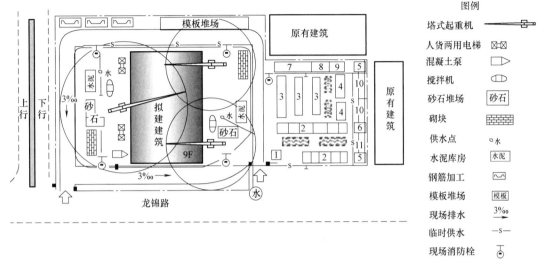

图 6-23　临时消防栓的布置

2）施工供电布置

临时供电线路宜沿路边埋设电缆，深度不小于 0.7m❶。图 6-24 为案例临时施工用电的布置。

---

❶ 《施工现场临时用电安全技术规范》JGJ 46—2005；

7.2.5　电缆直接埋地敷设的深度不应小于 0.7m，并应在电缆紧邻上、下、左、右侧均匀敷设不小于 50mm 厚的细砂，然后覆盖砖或混凝土板等硬质保护层。

7.2.6　埋地电缆在穿越建筑物、构筑物、道路、易受机械损伤、介质腐蚀场所及引出地面从 2.0m 高到地下 0.2m 处，必须加设防护套管，防护套管内径不应小于电缆外径的 1.5 倍。

7.2.7　埋地电缆与其附近外电电缆和管沟的平行间距不得小于 2m，交叉间距不得小于 1m。

《建设工程施工现场供用电安全规范》GB 50194—2014：

7.3.1　直埋线路宜采用有外护层的铠装电缆，芯线绝缘层标识应符合本规范第 6.3.9 条规定。

7.3.2　直埋敷设的电缆线路应符合下列规定：

1. 在地下管网较多、有较频繁开挖的地段不宜直埋。

2. 直埋电缆应沿道路或建筑物边缘埋设，并宜沿直线敷设，直线段每隔 20m 处、转弯处和中间接头处应设电缆走向标识桩。

3. 电缆直埋时，其表面距地面的距离不宜小于 0.7m；电缆上、下、左、右侧应铺以软土或砂土，其厚度及宽度不得小于 100mm，上部应覆盖硬质保护层。直埋敷设于冻土地区时，电缆宜埋入冻土层以下，当无法深埋时可在土壤排水性好的干燥冻土层或回填土中埋设。

4. 直埋电缆的中间接头宜采用热缩或冷缩工艺，接头处应采取防水措施，并应绝缘良好。中间接头不得浸泡在水中。

5. 直埋电缆在穿越建筑物、构筑物、道路、易受机械损伤、腐蚀介质场所及引出地面 2.0m 高至地下 0.2m 处，应加设防护套管。防护套管应固定牢固，端口应有防止电缆损伤的措施，其内径不应小于电缆外径的 1.5 倍。

6. 直埋电缆与外电线路电缆、其他管道、道路、建筑物等之间平行和交叉时的最小距离应符合表 7.3.2 的规定，当距离不能满足表 7.3.2 的要求时，应采取穿管、隔离等防护措施。

7. 直埋电缆回填土应分层夯实。

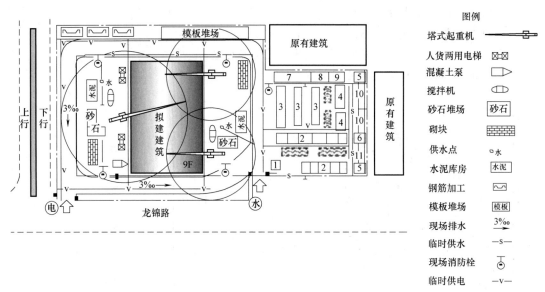

图6-24　临时施工用电的布置

案 例 题

6-1　背景材料：某住宅小区，其占地东西长400m，南北宽200m。其中，有一栋高层宿舍，是结构为25层大模板全现浇钢筋混凝土塔楼结构，使用两台塔式起重机。设环行道路，沿路布置临时用水和临时用电，不设生活区，不设搅拌站，不熬制沥青。

问题：（1）施工平面图的设计原则是什么？

（2）进行塔楼施工平面图设计时，以上设施布置的先后顺序是什么？

（3）如果布置供水，需要考虑哪些用水？如果按消防用水的低限（10L/s）作为总用水量，流速为1.5m/s，管径选多大的？

（4）布置道路的宽度应如何布设？

（5）如何设置施工现场临时室外消防给水系统？

【解析】

（1）《建筑施工组织设计规范》GB/T 50502—2009，4.6.1　施工总平面布置应符合下列原则：

① 平面布置科学合理，施工场地占用面积少。

② 合理组织运输，减少二次搬运。

③ 施工区域的划分和场地的临时占用应符合总体施工部署和施工流程的要求，减少相互干扰。

④ 充分利用既有建（构）筑物和既有设施为项目施工服务，降低临时设施的建造费用。

⑤ 临时设施应方便生产和生活，办公区、生活区和生产区宜分离设置。

⑥ 符合节能、环保、安全和消防等要求。

⑦ 遵守当地主管部门和建设单位关于施工现场安全文明施工的相关规定。

（2）布置顺序。确定起重机的位置→确定搅拌站、仓库、材料和构件堆场、加工厂的位置→确定运输道路的布置→布置行政、文化、生活、福利用地等临时设施→布置水电管线。

（3）用水种类：施工用水、机械用水、现场生活用水、消防用水。

该现场给水管径计算：

$$D = \sqrt{4Q/\pi \times v} \times 1000 = \sqrt{4 \times 10/3.14 \times 1.5} \times 1000 = 0.092\text{m}，选 100\text{mm} 管内径的给水管。$$

（4）布置道路宽度如下：单行道 3～3.5m；双车道 5.5～6.0m；木材场两侧有 6m 宽通道，道路端头设 12m×12m 回车场。

（5）《建设工程施工现场消防安全技术规范》GB 50720—2011，5.3.7　施工现场临时室外消防给水系统的设置应符合下列规定：

① 给水管网宜布置成环状。

② 临时室外消防给水干管的管径，应根据施工现场临时消防用水量和干管内水流计算速度计算确定，且不应小于 $DN100$。

③ 室外消火栓应沿在建工程、临时用房和可燃材料堆场及其加工场均匀布置，与在建工程、临时用房和可燃材料堆场及其加工场的外边线的距离不应小于 5m。

④ 消火栓的间距不应大于 120m。

⑤ 消火栓的最大保护半径不应大于 150m。

6-2　（2018 年一级建造师考题改）常州某建筑施工场地，东西长 110m，南北宽 70m，拟建建筑物首层平面 80m×40m，地下 2 层，地上 6/20 层，檐口高 26/68m，建筑面积约 48000m²。施工场地部分临时设施平面布置示意图见图 6-25。图 6-25 中布置施工临时设施有：现场办公室，木工加工及堆场，钢筋加工及堆场，油漆库房，塔式起重机，施工电梯，物料提升机，混凝土地泵，大门及围墙，车辆冲洗池（图中未显示的设施均视为符合要求）。

问题：写出图 6-25 中临时设施编号所处位置最宜布置的临时设施名称（如⑨大门与围墙）；简单说明布置的理由。

【解析】：

（1）最宜布置的临时设施名称：

①木工加工及堆场；②钢筋加工及堆场；③现场办公室；④物料提升机；⑤塔式起重机；⑥施工电梯；⑦混凝土地泵；⑧油漆库房；⑩车辆冲洗池。

（2）布置的理由：

① 木工加工及堆场；应使材料和构件的运输量最小，垂直运输设备发挥最大的作用。木加工应该布置在下风向处，常州主导风向为东南风。

② 钢筋加工及堆场；应使材料和构件的运输量最小，垂直运输设备发挥最大的作用。

③ 现场办公室；应设置靠近大门处。

④ 物料提升机；楼层较低的垂直运输机械。

⑤ 塔式起重机；布置塔式起重机时要考虑塔式起重机的覆盖范围，且尽量靠近加工场地，布置在⑤时能够更好地进行场地的全覆盖，而且楼层数较高的一边。

⑥ 混凝土地泵；靠近拟建高层建筑物，而且靠近大门入口，交通方便，方便混凝土

罐车的出入。

⑦ 施工电梯：塔式起重机确定后，在另一侧靠近拟建高层建筑物。

⑧ 油漆库房：存放危险品类的仓库应远离现场单独设置，离在建工程距离不小于 15m。

⑩ 车辆冲洗池：应设置的大门处。

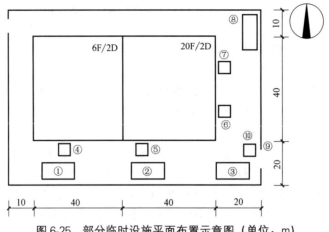

图 6-25   部分临时设施平面布置示意图（单位：m）

6-3 （2015 年建造师考题改）背景资料：某建筑工程，占地面积 8000m²，地下三层，地上三十层，框筒结构，结构钢筋采用 HRB400 等级，底板混凝土强度等级 C35，地上三层及以下核心筒和柱混凝土强度等级为 C60，局部区域为两层通高报告厅，其主梁配置了无黏结预应力筋，某施工企业中标后进场组织施工，施工现场场地狭小，项目部将所有材料加工全部委托给专业加工厂进行场外加工。施工现场总平面布置设计中包含如下主要内容：

① 材料加工场地布置在场外；

② 现场设置一个出入口，出入口处设置办公用房；

③ 场地周边设置 3.8m 宽环形载重单车道主干道（兼消防车道），并进行硬化，转弯半径 10m；

④ 在干道外侧开挖 400mm×600mm 管沟，将临时供电线缆，临时用水管线埋置于管沟内，监理工程师认为总平面布置设计存在多处不妥。

问题：针对事件中布置设计的不妥之处，写出正确做法？

【解析与答案】

不妥之处一：材料加工场地布置在场外；

正确做法：材料加工场地布置在场内，应使材料和构件的运输量最小，垂直运输设备发挥较大的作用；有关联的加工厂适当集中。

不妥之处二：现场设置一个出入口；

正确做法：施工现场宜考虑设置两个以上大门。

不妥之处三：场地附近设置 3.8m 宽环形载重单车道主干道（兼消防车道），并进行硬化，转弯半径 10cm；

正确做法：施工现场的主要道路应进行硬化处理，主干道应有排水措施；主干道宽度单行道不小于 4m，双行道不小于 6m；消防车道不小于 4m，载重车转弯半径不宜小于 15m。

不妥之处四：在干道外侧开挖 400mm×600mm 管沟，将临时供电线缆，临时用水管线置于管沟内；

正确做法：管网一般沿道路布置，供电线路应避免与其他管道设在同一侧，同时支线应引到所有用电设备使用地点。硬化方式为混凝土硬化，沥青路面硬化。裸露的场地应采取覆盖、固化或绿化等措施。

第7章　施工管理计划

> **本章要点：**施工管理计划重点介绍进度管理计划、质量管理计划、安全管理计划、环境管理计划、成本管理计划以及其他管理计划等内容，主要参考施工组织规范与项目管理规范诠释该部分内容。
>
> **学习目标：**结合规范、标准掌握进度管理计划、质量管理计划、安全管理计划的内容；熟悉环境管理计划、成本管理计划的内容；了解其他管理计划的编制内容。
>
> **素质目标：**施工管理蕴含着工程价值观、工程社会观和工程职业观，需要了解工程与伦理、环境、安全、质量、法律等的交互关系，培养工程质量、安全生产、生态保护等意识。

施工管理计划一般包括进度管理计划、质量管理计划、安全管理计划、环境管理计划、成本管理计划以及其他管理计划等，在编制施工组织设计时，各项管理计划可单独成章，也可归并到施工组织设计的相应章节中。

7.1　进度管理计划

进度管理计划指的是保证实现项目施工进度目标的管理计划，包括对进度及其偏差进行测量、分析、纠偏措施、计划变更等。项目进度的管理程序包括：

（1）编制进度计划；

（2）进度计划交底，落实管理责任；

（3）实施进度计划；

（4）进行进度控制和变更管理。

7.1.1　管理计划的内容

项目施工进度管理应按照项目施工的技术规律和合理的施工顺序，保证各工序在时空上顺利衔接。项目部应建立进度管理体系、管理制度、管理程序，管理职责及工作要求，按合理交叉、相互协调、资源优化的原则，对项目进度进行控制管理。进度管理计划的内容包括：

1. 对项目施工进度计划进行逐级分解，通过阶段性目标的实现保证最终工期目标的完成

在施工活动中通常是通过对最基础的分部（分项）工程的施工进度控制来保证各个单项（单位）工程或阶段工程进度控制目标的完成，进而实现项目施工进度控制总体目标；因而需要将总体进度计划进行一系列从总体到细部、从高层次到基础层次的层层分解，一

直分解到在施工现场可以直接调度控制的分部（分项）工程或施工作业过程，逐级分解方法详见第 4 章 4.1 节。

2. 建立施工进度管理的组织机构并明确职责，制定相应管理制度

施工进度管理的组织机构是实现进度计划的组织保证；它既是施工进度计划的实施组织，又是施工进度计划的控制组织；既要承担进度计划实施赋予的生产管理和施工任务，又要承担进度控制目标，对进度控制负责，因此需要严格落实有关管理制度和职责。

3. 针对不同施工阶段的特点，制定进度计划管理措施

进度管理措施包括施工组织措施、技术措施和合同措施等。

4. 建立施工进度动态管理机制，及时纠正施工过程中的进度偏差，并制定特殊情况下的赶工措施

面对不断变化的客观条件，施工进度往往会产生偏差；当发生实际进度比计划进度超前或落后时，控制系统就要做出应有的反应：分析偏差产生的原因，采取相应的措施，调整原来的计划，使施工活动在新的起点上按调整后的计划继续运行，如此循环往复，直至预期计划目标的实现。

5. 根据项目周边环境特点，制定相应的协调措施，减少外部因素对施工进度的影响

项目周边环境是影响施工进度的重要因素之一，其不可控性大，必须重视，例如环境扰民、交通组织和偶发意外等因素。

扫描二维码 7-1，观看进度管理计划教学视频。

二维码 7-1　进度管理计划教学视频

7.1.2　进度计划的控制

项目实施过程中，应跟踪形象进度、采集进度执行数据，采用检查、比较、分析和纠偏等方法和措施，动态控制调整进度计划。

1. 进度计划的控制步骤

施工过程的客观条件是不断变化的，在工程施工进度计划执行过程中，受资金、人力、物资和自然条件等外部环境条件变化的影响，需要有效的监测手段来发现问题，并运用行之有效的调整方法来解决进度问题，施工进度动态管理的程序见图 7-1。

1）施工进度数据收集。施工进度计划实施过程中，要注意定期收集施工工况和进度数据，数据收集的频率根据工程的进展情况确定。例如：开工准备期间，有些假定条件还不很明确，进度的检查和分析的周期可以短一些；一旦进入正常和稳定状态，许多施工条件已经成熟，检查分析的周期可以适当延长，可以确定每旬、半个月或者一个月进行一次。若在施工中遇到天气、资源供应等不利因素影响，检查的间隔要临时缩短，检查的次数可以增加到每日检查，或派员现场督查。

2）施工进度跟踪检查。施工进度计划的跟踪检查是为了跟踪实际施工进度，收集整理有关资料并与计划对比，为进度分析和计划调整提供信息。进度计划的检查内容包括：工程量的完成情况、工作的执行及完成情况、资源使用情况、上次偏差的纠偏情况。

3）施工进度比较分析。施工进度计划的比较，主要是针对施工实际进度与计划进度

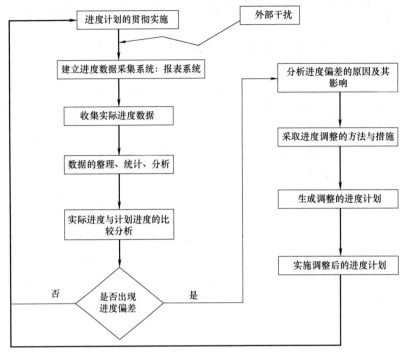

图 7-1　施工进度动态管理的程序图

的对比，找出两者之间的偏差，以便分析原因，采取调整措施。施工进度比较分析的主要内容有：是否按计划执行、进度超前或拖延情况、工期是否发生变化、计划时所分析的主观客观条件是否已发生变化、关键工作进度及对总工期的影响、非关键工作进度及时差利用情况、工作逻辑关系有无变化及变化情况。

2. 进度计划检查的比较方法

进度计划检查通常采用的方法有：横道图比较法、前锋线比较法、S 形曲线比较法、香蕉形曲线比较法等❶。

1）横道图比较法

横道图比较法是指将项目施工中检查实际进度收集的信息，经加工整理后直接用横道线平行画在原计划的横道线处，进行直观比较，图 7-2 中双细线表示计划进度，粗实线表示实际进度，对比进度计划与实际进度，就可以发现进度是超前还是滞后。

2）前锋线比较法

根据前锋线与工作箭线交点的位置，判断工程项目实际进度与计划进度偏差，如图 7-3 所示，B 工作实际进展位置点落在检查日期的左侧 1 周，表明 B 工作实际进度拖后 1 周；C 工作实际进展位置点与检查日期重合，表明 C 工作实际进度与计划进度一致；如果工作实际进展位置点落在检查日期的右侧，表明该工作实际进度超前。

3）S 形曲线比较法

---

❶　《建设工程项目管理规范》GB/T 50326—2017，9.3.4　条文说明 进度计划检查记录可选用下列方法：

1. 文字记录；2. 在计划图（表）上记录；3. 用切割线记录；4. 用 S 形曲线或香蕉曲线记录；5. 用实际进度前锋线记录。

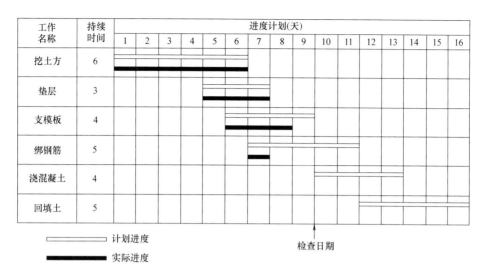

图 7-2 横道图比较法

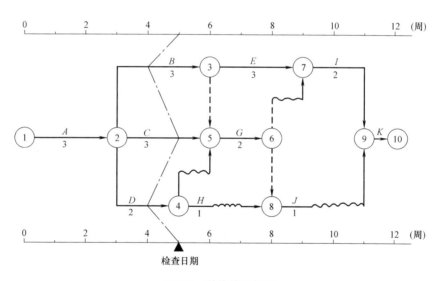

图 7-3 前锋线比较法

S 形曲线是以横坐标表示进度时间，纵坐标表示累计工作任务完成量或累计完成成本量，而绘制出一条按计划时间累计完成任务量或累计完成成本量的曲线。一般情况下，S 形曲线中的工程量、成本都是假设在工作任务的持续时间内平均分配。

在检查日，图 7-4 中的 a 点落在计划 S 曲线左侧，表明此时实际进度比计划进度超前 ΔT_a；b 点落在 S 计划曲线右侧，表明此时实际进度拖后 ΔT_b；如果工程实际进展点正好落在计划 S 曲线上，则表示此时实际进度与计划进度一致。

4）香蕉形曲线比较法

香蕉形曲线是两种 S 形曲线组合成的闭合曲线，以网络计划中各工作任务的最早开始时间安排进度而绘制的 S 形曲线，称为"ES 曲线"；以各项工作的最迟开始时间安排进度而绘制的 S 形曲线，称为"LS 曲线"。若工程项目实施情况正常，实际进度曲线应落在该

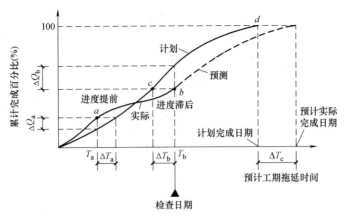

图7-4 S形曲线检查法

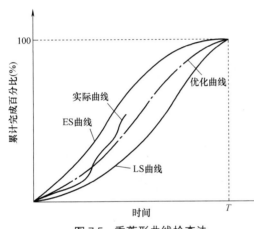

图7-5 香蕉形曲线检查法

香蕉形曲线的区域内,如图7-5所示。

3. 实际施工进度检查结果报告❶

实际施工进度检查的结果,由计划负责人或进度管理人员与其他管理人员协作及时编写进度控制报告,可按月、旬、周的间隔时间编写上报。进度控制报告的基本内容有:进度执行情况的综合描述、实际进度与计划进度的对比分析资料、进度计划实施的问题及原因分析、进度执行情况对质量安全成本等的影响情况、采取的措施和对未来计划进度的预测。

7.1.3 施工进度延误原因分析

项目管理者应按预定的项目计划定期检查实施进度情况,一旦发现进度出现拖延,则应根据进度计划与实际对比的结果,以及相关的实际工程信息,分析并确定拖延的根本原因。

主要从以下几个方面分析进度拖延的原因:

1. 计划失误。计划失误是常见的现象,包括:遗漏工作、计划值(例如计划工作量、持续时间)估算不足、资源供应能力不足、资源受限制、出现了计划中未能预测到的风险、未能达到预定的生产效率等。

2. 边界条件的变化

1)工作量的变化,可能是由于设计的变更、设计的错误、质量问题的返工、实施方案的修改、业主新的要求、项目的范围的改变等。

---

❶ 《建设工程项目管理规范》GB/T 50326—2017,9.3.4 项目管理机构应按规定的统计周期,检查进度计划并保存相关记录。进度计划检查应包括下列内容:

1. 工作完成数量;2. 工作时间的执行情况;3. 工作顺序的执行情况;4. 资源使用及与进度的匹配情况;5. 前次检查提出问题的处理情况。

2）外界对项目的新的要求或限制，如设计标准的提高、项目资源供应不足、工程进度滞后等。

3）环境条件的变化，如不利的施工条件对工程实施过程造成干扰，诸如高温天气、外界交通衔接不畅、偶发意外事件等。

4）发生不可抗力事件，如地震、台风、动乱、战争、洪灾、疫情等。

3. 管理过程中的失误

1）计划部门与实施者之间，总分包商之间，业主与承包商之间沟通不畅。

2）项目管理者缺乏工期意识，例如，拖延了图纸的下发和批准手续。

4. 对活动必要的前提条件准备不足，各单位之间缺少协调和信息沟通，许多工作脱节，资源供应出现短缺。

5. 紧前工作滞后，导致后续工作拖延。例如模板工拖延造成钢筋工窝工、钢筋工程滞后影响混凝土浇筑等。

6. 承包商材料供应脱节、项目资金挪作他用、人力资源不足等。

7. 业主拖欠工程款、甲供材料设备供应不及时等。

7.1.4 施工进度计划的调整

通过对施工计划实施情况的检查和分析，了解进度偏差及影响程度，采用相应的调整方法❶，施工进度计划的调整流程见图 7-6。

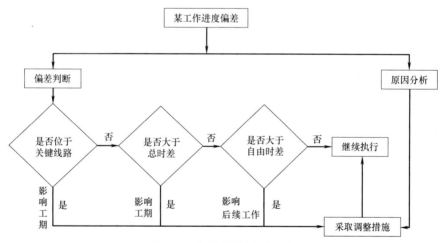

图 7-6 进度计划的调整流程

1. 分析偏差对后续工作及总工期的影响

根据实际进度与计划进度之间的偏差的大小及其所处的位置，对后续工作和总工期的影响程度是不同的。分析时主要利用网络计划中的时差进行判断，具体分析步骤有：

1）偏差工作是否为关键工作

---

❶ 《建设工程项目管理规范》GB/T 50326—2017：

9.4.1 项目管理机构应根据进度管理报告提供的信息，纠正进度计划执行中的偏差，对进度计划进行变更调整。

9.4.2 进度计划变更可包括下列内容：1. 工程量或工作量；2. 工作的起止时间；3. 工作关系；4. 资源供应。

根据工作所在的线路，判断其是否为关键工作。若出现偏差的工作为关键工作，则无论偏差大小，都会对后续工作及总工期产生影响，必须采取相应的调整措施。

2）偏差是否大于总时差 TF

如果工作的进度偏差大于总时差，说明此偏差必将影响后续工作和总工期，需要采取相应的调整措施；如果工作的进度偏差小于或等于该工作的总时差，说明此偏差对总工期无影响。对后续工作的影响情况，需要对比偏差与自由时差后确定。

3）偏差是否大于自由时差 FF

如果工作的进度偏差大于该工作的自由时差，说明偏差对后续工作产生影响，应根据后续工作允许的影响程度来确定如何调整；如果工作的进度偏差小于或等于该工作的自由时差，则说明此偏差对后续工作无影响。

2. 施工进度计划的调整方法

1）缩短某些工作的持续时间

这种方法的特点是不改变工作之间的逻辑关系，可以采取技术组织措施缩短网络计划中关键工作的持续时间，达到缩短工期的目的。例如：增加劳动力或增加机械设备的投入，改进施工方法，采用新技术、新材料和新工艺，提高生产效率等。

2）改变某些工作间的逻辑关系

这种方法的特点是在不改变工作的持续时间和不增加各种资源总量情况下，通过改变工作之间的逻辑关系来完成。例如将依次施工改为平行施工或搭接施工，压缩工期，但资源供应强度会显著增加。

3）资源供应的调整

如果资源供应发生异常，采用资源优化方法对计划进行调整，使其对工期影响最小。

4）将部分任务转移

主要通过改变施工方案、施工方法，转移部分任务。

【案例 7-1】　某工程项目的施工进度计划如图 7-7 所示，图中箭线上方括号内数字为各工作的直接费用率（万元/周），箭线下方为工作的正常持续时间和最短的持续时间（以周为单位）。该计划执行到第 6 周末时进行检查，A、B、C、D 工作均已完成，E 工作完成了 1 周，F 工作完成了 3 周。问题：

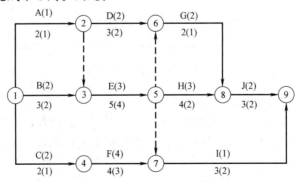

图 7-7　某工程项目网络计划

（1）绘制实际进度前锋线；

（2）如果后续工作按计划进行，试分析 D、E、F 三项工作对后续工作和总工期的影响；

（3）如果工期允许拖延，试绘制检查之后的时标网络计划；

（4）如果工期不允许拖延，应如何选择赶工对象？该网络计划应如何赶工？并计算由于赶工所需增加的费用；

（5）试绘制调整之后的时标网络计划。

【解析】 1）实际进度前锋线如图 7-8 所示。

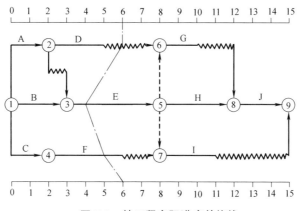

图 7-8 某工程实际进度前锋线

2）从图 7-8 中可以看出，工作 D 实际进度正常，既不影响后续工作，也不影响总工期；工作 E 实际进度拖后 2 周，由于是关键工作，故将使总工期延长 2 周，并使后续工作 G、H、I 的开始时间推迟 2 周；工作 F 实际进度拖后 1 周，由于其总时差为 6 周，自由时差为 2 周，故工作 F 拖后 1 周，既不影响后续工作，也不影响总工期。

3）如果工期允许拖延，检查之后的时标网络计划如图 7-9 所示。

4）如果工期不允许拖延，选择赶工对象的原则：选择有压缩潜力的、增加赶工费用最少的关键工作。该网络计划只能压缩关键工作 H、J，工作 J 直接费用率较小，但由于其只能压缩 1 周，故工作 H 也需压缩一周，才能使工期保持 15 周不变。赶工增加费用 3＋2＝5 万元。

5）调整之后的时标网络计划如图 7-10 所示。

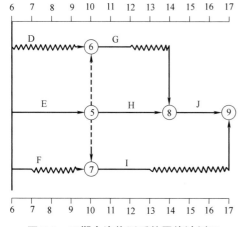

图 7-9 工期允许拖延后的网络计划图

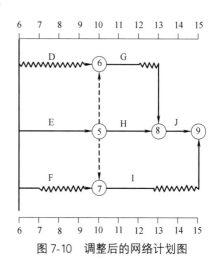

图 7-10 调整后的网络计划图

7.2　质量管理计划

质量管理计划指的是保证实现项目施工质量目标的管理计划，包括制定、实施、评价所需的组织机构、职责、程序以及采取的措施和资源配置等。质量管理计划可参照《质量管理体系要求》GB/T 19001—2016 要求，建立、实施、保持和持续改进质量管理体系，图 7-11 为 PDCA 模式下质量管理体系中要素之间的关系。施工单位在质量管理体系的框架内编制，可以独立编制质量管理计划，也可以在施工组织设计中合并编制质量管理计划的内容❶。质量管理计划的内容包括：

（1）按照项目具体要求确定质量目标并进行目标分解，质量指标应具有可测量性；

（2）建立项目质量管理的组织机构并明确职责；

（3）制定符合项目特点的技术保障和资源保障措施，通过可靠的预防控制措施，保证质量目标的实现；

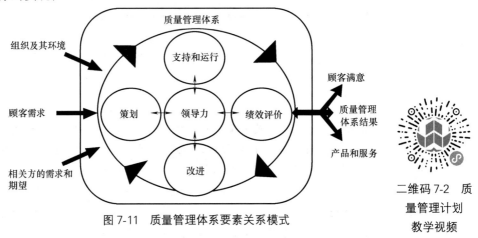

图 7-11　质量管理体系要素关系模式

二维码 7-2　质量管理计划教学视频

（4）建立质量过程检查制度，并对质量事故的处理做出相应规定。

扫描二维码 7-2，观看质量管理计划教学视频。

---

❶　《建设项目工程总承包管理规范》GB/T 50358—2017：

11.1.1　工程总承包企业应按质量管理体系要求，规范工程总承包项目的质量管理。

11.1.2　项目质量管理应贯穿项目管理的全过程，按策划、实施、检查、处置循环的工作方法进行全过程的质量控制。

11.1.3　项目部应设专职质量管理人员，负责项目的质量管理工作。

11.1.4　项目质量管理应按下列程序进行：

1. 明确项目质量目标；

2. 建立项目质量管理体系；

3. 实施项目质量管理体系；

4. 监督检查项目质量管理体系的实施情况；

5. 收集、分析和反馈质量信息，并制定纠正措施。

11.2.3　项目质量计划的编制应根据下列主要内容：

1. 合同中规定的产品质量特性、产品须达到的各项指标及其验收标准和其他质量要求；

2. 项目实施计划；

3. 相关的法律法规、技术标准；

4. 工程总承包企业质量管理体系文件及其要求。

7.2.1 施工质量目标分解

项目施工质量控制就是为了确保质量目标所采取的一系列检测、监控、手段和方法。质量目标的分解需要分解到施工现场可以直接控制的分部（分项）工程或施工作业的质量目标。一般可使用"质量目标分解一览表"以明确分解质量目标的负责人、执行人等。

施工阶段的质量控制是从生产要素投入质量控制开始，进而对各生产环节的质量控制，直到工程产品移交为止的全过程的控制过程。按工程实体质量形成的时间阶段不同划分为施工准备质量控制、施工过程质量控制和竣工验收质量控制，其所涉及的主要方面如图 7-12 所示。

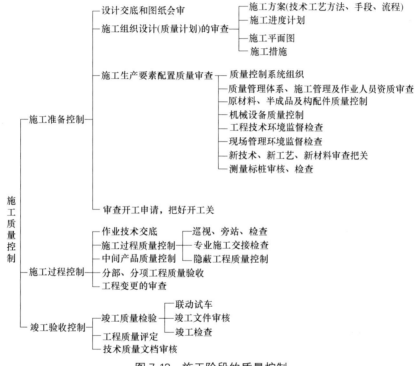

图 7-12 施工阶段的质量控制

【案例 7-2】 某单位工程质量总体质量目标：确保"扬子杯"，争创"鲁班奖"；具体质量目标：确保各分部工程合格率 100%，优良率 90%；观感质量评定得分率大于 90%；质量目标如何分解？

【答案及分析】 项目施工质量目标分解控制如表 7-1 所示。

项目施工质量目标分解控制 表 7-1

总体目标	分部工程总目标	分部工程名称	质量目标	分项工程	
				合格率	优良率
确保"扬子杯"争创"鲁班奖"	合格率：100%优良率：90%	地基与基础	确保优良	100%	≥95%
		主体结构	确保优良	100%	≥95%
		装饰装修	确保优良	100%	≥90%
		屋面	确保优良	100%	≥90%
		给水、排水及采暖	确保优良	100%	≥85%

总体目标	分部工程总目标	分部工程名称	质量目标	分项工程	
				合格率	优良率
确保"扬子杯"争创"鲁班奖"	合格率:100%优良率:90%	建筑电气	确保优良	100%	≥85%
		建筑智能	确保优良	100%	≥85%
		通风与空调	确保优良	100%	≥85%
		电梯	确保优良	100%	≥85%

7.2.2　施工质量管理计划编制与审核

1. 施工质量管理计划的编制

1）施工质量管理计划编制主体。施工质量管理计划应由项目经理主持，由质量、技术、计划、资源等有关人员参加编制。

2）项目的质量目标、指标和要求。按照项目具体要求确定质量目标并进行目标分解，质量指标应具有可测量性。质量目标不得低于合同的要求，要结合各施工阶段的特点，建立阶段性量化目标，并分解到作业层；体现从施工工序、分项工程、分部工程、单位工程到整个项目的施工过程质量控制。

3）项目的质量管理组织与职责。建立项目质量管理的组织机构并明确质量管理组织机构中各岗位的职责。与质量有关的各岗位人员应具备与职责要求匹配的相应知识、能力和经验；施工单位通过质量计划向业主证明其完成施工合同质量要求的承诺，并作为业主实施质量监督的依据。

4）项目质量管理所需要的过程、文件和资源。制定符合项目特点的技术、资源保障措施，通过可靠的预防控制措施，保证质量目标的实现。这些保障措施有：材料类的要求和检验、主要的施工工艺、主要的质量标准和检验方法、季节施工的技术措施、关键工序的质量保证措施、成品半成品的保护措施、工作场所环境以及劳动力和资金保障措施等。

5）实施项目质量目标和要求采取的措施。这些保障措施有：建立质量责任制、质量检查和验收标准、工序和过程质量的保障措施、质量过程检查验收制度、建立质量事故处理制度、纠正和预防质量事故措施。

2. 施工质量计划的审核

施工质量计划编制完成后，应经企业技术负责人审核批准，并按施工承包合同的约定提交第三方确认后执行。

7.2.3　施工质量管理计划的控制

施工质量管理计划一旦批准生效，必须严格按计划实施，并进行有效控制❶。在施工

---

❶ 《建设工程项目管理规范》GB/T 50326—2017：

10.3.1　项目质量控制应确保下列内容满足规定要求：

1. 实施过程的各种输入；

2. 实施过程控制点的设置；

3. 实施过程的输出；

4. 各个实施过程之间的接口。

10.3.2　项目管理机构应在质量控制过程中，跟踪、收集、整理实际数据，与质量要求进行比较，分析偏差，采取措施予以纠正和处置，并对处置效果复查。

质量管理计划实施过程中应及时了解计划执行的情况、偏离的程度和纠偏措施，以确保计划的有效性。

1. 施工准备的质量控制

施工质量控制需注意有关过程的接口，例如设计与施工的接口、施工总承包与分包的接口、施工与试运行的接口、单位工程/分部分项/检验批的接口等。从事前控制角度看，施工准备的质量控制工作尤为重要，其主要包括以下内容：

1）分包单位的资质审核；

2）项目质量管理体系的建立；

3）施工组织设计审查；

4）施工现场测量坐标点、水准点的检查及施工测量控制网复核；

5）施工平面布置控制；

6）对原材料、半成品、构配件及所安装设备的采购及其质量控制措施；

7）施工用机械设备的配置及控制措施；

8）对工程中采用的新材料、新结构、新工艺、新技术进行技术鉴定；

9）设计交底与图纸会审控制；

10）施工现场的管理环境、技术环境的检查；

11）施工管理、作业人员的资质审查及质量标准要求的培训；

12）施工准备情况检查及开工条件的审查。

2. 施工过程的质量控制❶

施工过程由一系列的作业活动组成，作业活动的效果会直接影响施工质量，施工过程及其作业活动的质量控制主要围绕影响工程实体质量的因素展开。

1）技术交底

交底内容包括图纸交底、分项工程技术交底、质量标准交底等。通过交底明确对轴线、尺寸、标高、预留孔洞、预埋件、材料规格及配合比等的要求，明确工序搭接、工种配合、施工方法、进度等施工安排，明确工艺标准、控制标准。交底的形式除书面、口头外，必要时可采用样板引路、示范操作等。按照工程重要程度，由企业或项目的技术负责人给施工班组进行技术交底。

2）测量控制

对于给定的原始基准点、基准线和参考标高等的测量控制点应做好复核工作，根据复核的控制网，确定现场平面控制网和标高控制桩位，并做好复测工作。

【案例 7-3】　民用建筑需要测量复核的内容有哪些？

【解析】

---

❶　《建设工程项目管理规范》GB/T 50326—2017；

10.3.5　施工质量控制应包括下列流程：1. 施工质量目标分解；2. 施工技术交底与工序控制；3. 施工质量偏差控制；4. 产品或服务的验证、评价和防护。

10.3.6　项目质量创优控制宜符合下列规定：1. 明确质量创优目标和创优计划；2. 精心策划和系统管理；3. 制定高于国家标准的控制准则；4. 确保工程创优资料和相关证据的管理水平。

10.3.7　分包的质量控制应纳入项目质量控制范围，分包人应按分包合同的约定对其分包的工程质量向项目管理机构负责。

（1）建筑定位测量复核：把房屋外廓的轴线交点标定在地面上，根据这些交点测设房屋的其他细部尺寸。

（2）基础施工测量复核：基础施工测量的复核包括基础开挖前，对所放灰线的复核，以及当基槽挖到一定深度后，在基坑壁上所设的放线控制桩的复核。

（3）楼层轴线检测：为保证建筑物轴线位置准确，轴线必须经校核合格后，方可开始该层的施工。

（4）楼层间标高传递复核：各层标高都必须从±0.000处向上传递标高，消除系统误差，以便控制楼板、门窗、室内装修、电气开关插座等标高。

（5）二次结构的轴线、标高也是民用建筑需要测量复核的主要内容。

（6）建筑物垂直度及施工过程中沉降变形的检测与复核。

3）材料控制

（1）对供货方质量保证能力进行评定，包括：供货方质量管理体系、供货方的顾客满意程度、材料质量、交货期、价格、履约能力、交付材料之后的服务和支持能力等。

（2）建立材料管理制度，减少材料损失。对材料的采购、加工、运输、贮存建立管理制度，加快材料的周转，避免材料损失、变质。

（3）对原材料、半成品、构配件进行标识。进入施工现场的原材料、半成品、构配件要按型号品种分区堆放标识，标识应具有可追溯性，即应标明其规格、产地、日期、批号、加工过程、安装交付后的位置和场所。分区堆放标识的有：

① 有防湿、防潮要求的材料，要标识防雨防潮措施；

② 容易损坏的材料、设备，要做好防护；

③ 有保质期要求的材料，要定期检查，并做好过期时间标识。

（4）材料检查验收。用于工程的主要材料，进场时应有出厂合格证和材质化验单，凡标志不清或认为质量有问题的材料，需要进行追踪检验，凡未经检验和已经验证为不合格的原材料、半成品、构配件和工程设备不能投入使用。

（5）供料复试检测。发包人所提供的原材料、半成品、构配件和设备进场前，项目部应对其进行复试检测，复试不合格的材料及设备，不得用于工程上。

（6）材料质量抽样和检验方法。材料质量的检验项目分为一般试验项目和其他试验项目，一般项目即通常进行的试验项目，其他试验项目是根据需要而进行的试验项目。材料质量检验方法有书面检验、外观检验、理化检验和无损检验等。

4）机械设备控制

（1）机械设备选型。施工项目上所使用的机械设备应根据项目特点及工程量，按必要性、可能性和经济性的原则确定其型号。

（2）机械设备的使用。合理使用机械设备，实行"定机、定人、定岗位责任"的三定制度。

（3）机械设备的保养。做好机械设备的保养，保养分为例行保养和强制保养。

5）计量控制

建立健全计量管理的规章制度，确保强检计量器具的及时检定，做好自检器具的管理工作。

6）工序控制

对工序、分项工程的检查应按标准要求进行目测、实测及抽样试验，做好原始记录，经数据分析后，及时做出合格及不合格的判断。完善质量管理过程中的各项检查记录、检测资料、验收资料，为工程质量分析提供可追溯的依据。

7）特殊和关键过程控制

特殊过程是指建设项目施工过程或工序施工质量不能通过其后的检验和试验而得到验证，或者其验证的成本不经济。如地下防水、混凝土浇筑质量等。

关键过程是指严重影响施工质量的过程。如钢筋套筒灌浆连接、高强螺栓连接、预应力张拉等。

8）工程变更控制

（1）工程变更的范围

① 设计变更。设计变更的主要原因是投资者对投资规模的压缩或扩大，而需重新设计。设计变更的另一个原因是对已交付的设计图纸提出新的设计要求，需要对原设计进行修改。

② 工程量的变动。对于工程量清单中的数量上的增加或减少。

③ 施工时间的变更。对已批准的施工计划的施工时间或完成时间的提前或推迟。

④ 施工合同文件变更。施工图的变更、承包方提出修改设计的合理化建议、由于不可抗力或双方事先未能预料而无法防止的事件发生，这些事件导致合同的变更。

（2）工程变更控制

工程变更可能导致项目工期、成本、质量的改变，在工程变更控制中，主要应考虑以下几个方面：

① 管理和控制那些能够引起工程变更的因素和条件。

② 分析和确认各方面提出的工程变更要求的合理性和可行性。

③ 分析工程变更而引起的风险。

④ 针对变更要求及时进行造价波动幅度预警分析。

⑤ 当工程变更发生时，及时进行变更内容成本管理和变更质量控制。

9）成品保护

在工程项目施工中，对已完成部位或成品，不采取保护措施，可能造成成品破坏，影响工程质量。成品保护的措施包括：

（1）护。提前保护，防止对成品的污染及损伤。如柱子、楼梯踏步采用护角板保护。

（2）包。进行包裹，防止对成品的污染及损伤。如在内墙涂料施工前对开关、插座、灯具等进行包裹。

（3）盖。表面覆盖，防止污染破坏、堵塞。如大理石地面完成后，应用苫布覆盖，防止污染破坏；落水口、排水管管口临时封盖，以防落入异物堵塞管道。

（4）封。局部封闭，防止污染破坏。如木地板油漆完成后，应立即房间封闭；屋面防水完成后，应封闭上屋面的楼梯门或出入口等。

3. 质量控制点的设置

质量控制点的设置，由施工单位在工程施工前根据施工过程质量控制计划列出明细表，表中要详细列出各质量控制点的名称、控制内容、检验标准等。质量控制点的设置的目的就是进行事前控制。

1）重点控制的对象

（1）人的行为。对人的身体素质或心理有相应的要求、技术难度大或精度要求高的作业，应以人为重点进行控制。

（2）物的状态。施工设备和材料的质量状态直接决定着工程的质量。例如，钢筋套筒灌浆连接工序，其灌浆材料的质量、灌浆设备状况直接影响套筒灌浆连接质量。

（3）关键工序。关键工序的关键性操作，尤其是施工上无足够把握的、施工条件困难的或技术难度大的工序或环节。例如，复杂曲线模板的放样、预应力钢筋的张拉锚固等。

（4）施工参数。施工顺序、施工技术参数及重要控制指标，决定着工程的施工质量。例如，对路堤填筑的压实系数的控制，决定了填筑密实度。

有些工序之间的技术间歇时间性很强，如不严格控制也会影响质量。如分层浇筑混凝土，必须在下层混凝土初凝前将上层混凝土浇完。

（5）施工方法。易对工程质量产生重大影响的施工方法，如液压滑模施工中的支承杆失稳问题。

（6）三新应用。由于缺乏新工艺、新技术、新材料的应用经验，导致出现施工中的薄弱环节，造成施工质量不稳定。例如，砌体免开槽施工、造楼机的应用等。

（7）特种结构。如大跨度索膜结构索的张拉、高耸结构滑模施工等。

2）常见质量控制点举例

（1）房屋建筑工程

① 地基基础：验槽、边坡监控、桩基检测、后浇带设置、地下防水、止水带设置。

② 主体结构：钢筋节点、后浇带、预应力张拉、钢筋套筒灌浆连接、装配式外墙接缝防水、钢结构高强螺栓连接、网架高空拼装、索结构张拉。

（2）道路工程

① 路基：路基材料掺量、含水率、配合比、压实度、弯沉值、平整度及横坡等。

② 路面：沥青材料、集料的级配、沥青混凝土配合比、摊铺温度、摊铺厚度。

（3）桥梁工程

① 简支梁桥：起拱度、支座标高、埋件位置、梁安装误差、伸缩缝安装。

② 连续梁桥：支架沉降、体系转换工艺控制、后浇段临时支座安装、跨中合龙段混凝土的裂缝控制、预应力张拉与锚固。

【案例7-4】 某住宅工程，建筑面积12300m^2，地上6层，地下2层。筏板混凝土C60，框架剪力墙结构。在底板混凝土施工前，施工总承包单位对混凝土生产厂家进行了技术交底。其中规定：水泥用量不得少于270kg/m^3；砂率宜为38%～42%；水胶比不宜大于0.55；泵送时入泵坍落度宜为140～180mm；水泥强度不应低于42.5MPa，不得使用碱活性骨料。监理单位提出了意见，要求重新交底。

【解析】

不妥之处：（1）水泥用量不得少于270kg/m^3；（2）砂率宜为45%～55%；（3）泵送

时入泵坍落度宜为 140～180mm。

正确做法❶：（1）水泥用量不宜小于 300kg/m³；（2）砂率宜为 38%～42%；（3）泵送时入泵坍落度宜为 180～200mm。

7.2.4　质量事故的处理

1. 质量事故等级划分

工程质量事故根据造成的人员伤亡或者直接经济损失分为 4 个等级：

1）特别重大事故，是指造成 30 人以上死亡，或者 100 人以上重伤，或者 1 亿元以上直接经济损失的事故；

2）重大事故，是指造成 10 人以上 30 人以下死亡，或者 50 人以上 100 人以下重伤，或者 5000 万元以上 1 亿元以下直接经济损失的事故；

3）较大事故，是指造成 3 人以上 10 人以下死亡，或者 10 人以上 50 人以下重伤，或者 1000 万元以上 5000 万元以下直接经济损失的事故；

4）一般事故，是指造成 3 人以下死亡，或者 10 人以下重伤，或者 100 万元以上 1000 万元以下直接经济损失的事故。

本等级划分所称的"以上"包括本数，所称的"以下"不包括本数。

2. 事故报告

施工质量事故发生之后，现场有关人员立即向工程建设单位报告，建设单位应于 1 小时内向事故发生地县级以上人民政府住房和城乡建设主管部门及有关部门报告。

事故报告内容包括：时间、地点、工程名称、参建单位，简要经过、伤亡人数、初步估计的直接经济损失，原因的初步判断，措施和控制，报告单位、联系人及联系方式等。

住房和城乡建设主管部门接到事故报告后，应当依照下列规定上报事故情况，并同时通知公安、监察机关等有关部门：

1）较大、重大及特别重大事故逐级上报至国务院住房和城乡建设主管部门，一般事故逐级上报至省级人民政府住房和城乡建设主管部门，必要时可以越级上报事故情况；

2）住房和城乡建设主管部门上报事故情况，应当同时报告本级人民政府，国务院住房和城乡建设主管部门接到重大和特别重大事故的报告后，应当立即报告国务院；

3）住房和城乡建设主管部门逐级上报事故情况时，每级上报时间不得超过 2 小时。

3. 事故调查报告的内容

---

❶　《普通混凝土配合比设计规程》JGJ 55—2011；

7.4.2　泵送混凝土配合比应符合下列规定：1. 胶凝材料用量不宜小于 300kg/m³；2. 砂率宜为 35%～45%。

7.5.3　大体积混凝土配合比应符合下列规定：1. 水胶比不宜大于 0.55，用水量不宜大于 175kg/m³；2. 在保证混凝土性能要求的前提下，宜提高每立方米混凝土中的粗骨料用量；砂率宜为 38%～42%；3. 在保证混凝土性能要求的前提下，应减少胶凝材料中的水泥用量，提高矿物掺合料掺量，矿物掺合料掺量应符合本规程第 3.0.5 条的规定。

《混凝土泵送施工技术规程》JGJ/T 10—2011；

5.3.4　泵送混凝土的入泵坍落度不宜小于 100mm，对强度等级超过 C60 的泵送混凝土，其入泵坍落度不宜小于 180mm。

1）事故项目和参建单位概况；

2）事故基本情况；

3）事故发生后所采取的应急防护措施；

4）事故调查中的有关数据、资料（人员伤亡、直接经济损失、质量检测报告、技术分析报告）；

5）对事故原因和事故性质的初步判断，对事故处理的方案建议；

6）事故涉及人员与主要责任者责任的认定和事故责任者的处理建议；

7）事故防范和整改措施。

4. 质量事故的处理

工程质量事故处理方案是指技术处理方案，其目的是消除质量隐患，质量问题处理方案应以原因分析为基础，如果某些问题一时认识不清，且一时不致产生严重恶化，可以继续进行调查、观测，以便掌握更充分的资料和数据，做进一步分析，找出起源点，方可确认处理方案。

1）质量事故处理原则

坚持"事故原因不查清楚不放过、主要事故责任者和职工未受到教育不放过、补救和防范措施不落实不放过、责任人员未受到处理不放过"的原则，做好事故处理工作。

2）施工质量事故的处理程序

（1）事故调查；

（2）事故的原因分析；

（3）制定事故处理的技术方案；

（4）事故处理；

（5）事故处理的鉴定验收；

（6）提交处理报告。

3）质量事故处理方案

施工质量缺陷处理的基本原则是：安全可靠，不留隐患，满足建筑物的功能和使用要求，技术可行，经济合理原则，对确认不需专门处理的质量问题，应能保证它不构成对工程安全的危害，且满足安全和使用要求，一般质量事故处理方案有以下六种：

（1）返修处理

采取返修等措施后可以达到要求的质量标准，又不影响使用功能或外观的要求时，可采取返修处理的方法，返修处理的方法包括封闭保护、复位纠偏、结构加固补强、表面处理等。例如，当裂缝宽度小于 0.3mm 时，用环氧树脂进行外部封闭；当裂缝宽度不小于 0.3mm 时，用环氧树脂砂浆压力灌注封闭。

（2）加固处理

主要是针对危及承载力的质量缺陷。对混凝土结构常用的加固方法主要有：增大截面加固法、外包角钢加固法、粘贴碳纤维（钢板、型钢）加固法、增设支点加固法、增设剪力墙加固法、预应力加固法等。

（3）返工处理

经过返修、加固处理后仍不能满足规定的质量标准要求的质量缺陷。例如，某后张法预应力构件，其设计 $\sigma_{con} = 0.85 f_{pyk}$，实际控制应力仅为 $0.6 f_{pyk}$，属于严重的质量缺陷，也无法修补，只有返工处理；又如使用了安定性不合格水泥的构件。

（4）限制使用

当工程质量缺陷按修补方法处理后无法保证达到规定的使用要求和安全要求，而又无法返工处理的情况。例如，某检验批混凝土试块强度值不满足规范要求，强度不足，在法定检测单位，对混凝土实体采用非破损检验等方法测定其实际强度达到了设计值的90％。经设计单位验算，认为90％的强度，对工程或结构使用及安全影响不大，可限制使用荷载使用。

（5）不作处理

① 不影响结构安全和使用功能的。

② 后续工序可以弥补的质量缺陷，例如混凝土现浇楼面的平整度偏差达到10mm，但由于后续垫层和面层的施工可以弥补，可不做专门处理。

③ 法定检测单位鉴定合格的。

④ 出现的质量缺陷，经检测鉴定达不到设计要求，但经原设计单位核算，仍能满足结构安全和使用功能的。如某一结构构件截面尺寸不足，或材料强度不足，影响结构承载力，但按实际情况进行复核验算后仍能满足设计要求的承载力时，可不进行专门处理。

（6）拆除处理

采取上述处理方法后仍不能满足规定的质量要求或标准，予以拆除处理。

4）质量事故的处理与验收

（1）检查验收。工程质量事故处理完成后，应严格按事故技术处理方案、标准、规范进行验收，通过实际量测、检查各种资料数据进行验收。

（2）鉴定。凡涉及结构承载力等使用安全和其他重要性能的事故处理，需做必要的实验、检验、鉴定，检测鉴定必须委托有资质的法定检测单位进行。例如，对混凝土强度不足的鉴定。

（3）验收结论。对所有的质量事故无论经过技术处理后鉴定验收的，还是不需专门处理验收的，均应有明确的书面结论。如对后续工程施工的特定要求、对建筑物使用限制。验收结论通常有：

① 事故已排除，可以继续施工；

② 隐患已消除，结构安全有保证；

③ 经修补处理后，完全能够满足使用要求；

④ 基本上满足使用要求，但使用时有附加限制条件，例如限制荷载等；

⑤ 对耐久性的结论；

⑥ 对建筑物外观的结论；

⑦ 对短期内难以做出结论的，可提出进一步观测检验的意见。

【案例7-5】（2016建造师考题改）背景资料：某新建体育馆工程，建筑面积约2300m²，现浇钢筋混凝土结构，钢结构网架屋盖，地下一层，地上四层，地下室顶板设计有后张法预应力混凝土梁。

地下室顶板同条件养护试件强度达到设计要求时候，施工单位现场生产经理立即向监理工程师口头申请拆除地下室顶板模板，监理工程师同意后，现场将地下室顶板及支架全部拆除。

"两年专项治理行动"检查时,二层混凝土结构经回弹取法检验,其强度不满足设计要求,经设计单位验算,需对二层结构进行加固处理,造成直接经济损失300余万元,工程质量事故发生后,现场有关人员立即向本单位负责人报告,并在规定的时间内逐级上报至市(设区)级人民政府住房和城乡建设主管部门,施工单位提交的质量事故报告内容包括:

(1) 事故发生的时间、地点、工程项目名称;

(2) 事故发生的简要经过,伤亡人数;

(3) 事故发生后采取的措施及事故控制情况;

(4) 事故报告单位。

问题:

(1) 监理工程师同意地下室顶板拆模是否正确?背景资料中地下室顶板预应力梁拆除底模及支架的前置条件有哪些?

(2) 背景中的质量事故属于哪个等级?说明理由。

(3) 指出事故上报的不妥之处,并说明正确做法。

(4) 质量事故报告还应包括哪些内容?

【解析】

(1) 不正确。应该在混凝土梁的预应力张拉、灌浆材料强度达到规范规定的强度要求后,才能拆除底模;另外口头申请不可以。

预应力梁拆除底模及支架的前置条件:

① 底膜及支架拆除时,同条件养护试件的强度必须达到设计规定的混凝土强度值;

② 底模及支架必须在预应力张拉、灌浆材料强度达到规范规定的强度要求;

③ 模板及支架的拆除,需要先经过施工单位的项目技术负责人的批准后,再书面向监理提出申请,监理批准后,方可拆除。

(2) 该质量事故属于一般事故;因为该事故只造成了300余万元直接经济损失,属于100万元以上1000万元以下直接经济损失的质量事故等级;

(3) 不妥一:现场有关人员立即向本单位负责人报告;

正确做法:现场有关人员应立即向工程建设单位负责人报告。

不妥二:并在规定的时间内逐级上报至市(设区)级人民政府住房和城乡建设主管部门;

正确做法:工程建设单位负责人接到报告后,应于1小时内向事故发生地县级以上人民政府住房和城乡建设主管部门及有关部门报告,住房和城乡建设部门接到事故报告后,在规定的时间内逐级上报至省级人民政府住房和城乡建设主管部门。

(4) 质量事故报告还应包括以下内容:工程各参建单位名称、初步估计的直接经济损失、事故的初步原因、事故报告联系人及联系方式、其他应报告的情况。

7.3 安全管理计划

安全管理计划是指保证实现项目施工职业健康安全目标的管理计划,包括制定、实施所需的组织机构、职责、程序以及采取的措施和资源配置等❶。可参照《职业健康安全管理体系要求及使用指南》GB/T 45001—2020，在施工单位安全管理体系的框架内编制，施工组织设计需包含安全生产管理内容的章节，或独立编写安全生产管理计划。安全管理计划的内容主要有：

（1）确定项目重要危险源，制定项目职业健康安全管理目标；

（2）建立有管理层次的项目安全管理组织机构并明确职责；

（3）根据项目特点，进行职业健康安全方面的资源配置；

（4）建立具有针对性的安全生产管理制度和职工安全教育培训制度；

（5）针对项目重要危险源，制定相应的安全技术措施；对达到一定规模的危险性较大的分部（分项）工程和特殊工种的作业应制定专项安全技术措施的编制计划；

（6）根据季节、气候的变化，制定相应的季节性安全施工措施；

（7）建立现场安全检查制度，并对安全事故的处理做出相应规定。

扫描二维码 7-3，观看安全管理计划教学视频。

二维码 7-3 安全管理计划教学视频

7.3.1 危险源的确定与职业健康安全管理目标

1. 施工现场危险源

施工现场危险源指的是在施工及相关活动中，可能导致人身伤害或健康损害或财产损失或造成不良社会影响的根源、状态或行为，或其组合❷。施工现场危险源的辨识应根据工程特点和施工工艺，将施工中可能造成重大人身伤害的危险因素、危险部位、危险作业

---

❶ 《建设工程项目管理规范》GB/T 50326—2017：

12.2.1 项目管理机构应根据合同的有关要求，确定项目安全生产管理范围和对象，制定项目安全生产管理计划，在实施中根据实际情况进行补充和调整。

12.2.2 项目安全生产管理计划应满足事故预防的管理要求，并应符合下列规定：

1. 针对项目危险源和不利环境因素进行辨识与评估的结果，确定对策和控制方案；

2. 对危险性较大的分部分项工程编制专项施工方案；

3. 对分包人的项目安全生产管理、教育和培训提出要求；

4. 对项目安全生产交底、有关分包人制定的项目安全生产方案进行控制的措施。

《市政工程施工组织设计规范》GB/T 50903—2013：

6.3 安全管理措施

6.3.1 根据工程特点，项目经理部应建立安全施工管理组织机构，明确职责和权限。

6.3.2 应根据工程特点建立安全施工管理制度。

6.3.3 应根据危险源辨识和评价的结果，按工程内容和岗位职责对安全目标进行分解，并应制订必要的控制措施。

6.3.4 应根据工程特点和施工方法编制安全专项施工方案目录及需专家论证的安全专项施工方案目录。

6.3.5 应确定安全施工管理资源配置计划。

❷ 《职业健康安全管理体系要求及使用指南》GB/T 45001—2020：

3.18 伤害和健康损害对人的生理、心理或认知状况的不利影响。这些不利影响包括职业疾病、不健康和死亡。"伤害和健康损害"意味着存在伤害和（或）健康损害。

3.19 危险源可能导致伤害和健康损害（3.18）的来源。注1：危险源可包括可能导致伤害或危险状态的来源，或可能因暴露而导致伤害和健康损害的环境。注2：考虑到中国安全生产领域现实存在的相关称谓，本标准视"危险源""危害因素"和"危害来源"同义。但对于中国安全生产领域中那些仅涉及对"物"或"财产"的损害而不涉及对"人"的伤害和健康损害（3.18）的情况，本标准的术语"危险源""危害因素"或"危害来源"则不适用。

列为重大危险源并进行公示。

2. 危险源辨识

对危险源发生事故可能性进行评估时，应对坍塌、机械伤害、火灾、爆炸、冒顶、片帮、中毒和窒息等严重性等级较高或易导致群死群伤的事故进行辨识。

2019年，全国房屋市政工程生产安全事故按照类型划分，高处坠落事故415起，占总数的53.69%；物体打击事故123起，占总数的15.91%；土方、基坑坍塌事故69起，占总数的8.93%；起重机械伤害事故42起，占总数的5.43%；施工机具伤害事故23起，占总数的2.98%；触电事故20起，占总数的2.59%；其他类型事故81起，占总数的10.47%。在较大及以上事故方面，以土方和基坑开挖、模板支撑体系、建筑起重机械为代表的危险性较大的分部分项工程事故占总数的82.61%，依然是风险防控的重点和难点。危险源可能导致的事故可按表7-2中的16类事故进行辨识。

危险源可能发生的事故辨识一览表　　　　　　　　　　表7-2

序号	危险源	可能发生的事故														
		物体打击	车辆伤害	机械伤害	起重伤害	触电	淹溺	火灾	高处坠落	坍塌	冒顶片帮	透水	放炮	火药爆炸	瓦斯爆炸	中毒和窒息
1	基坑(槽)开挖工程	●	●	●	—	—	●	—	●	●	—	—	●	●	—	—
2	边坡工程	●	●	●	—	—	—	—	●	●	—	—	●	●	—	—
3	围堰和沉井工程	—	—	—	—	—	●	—	—	●	—	—	—	—	—	—
4	人工挖孔桩工程	●	●	●	—	●	●	—	●	●	—	—	—	—	—	●
5	地下暗挖、顶管工程	●	●	●	—	●	●	—	—	●	●	●	—	—	●	●
6	水下作业工程	—	—	—	—	—	●	—	—	—	—	—	—	—	—	—
7	脚手架工程	●	—	—	—	—	—	—	●	●	—	—	—	—	—	—
8	作业平台工程	●	—	—	—	—	—	—	●	●	—	—	—	—	—	—
9	支撑式施工通道工程	●	—	—	—	—	—	—	●	●	—	—	—	—	—	—
10	悬索式施工通道工程	●	—	—	—	—	—	—	●	●	—	—	—	—	—	—
11	模板工程及支撑体系	●	—	—	—	—	—	—	●	●	—	—	—	—	—	—
12	起重吊装及安装拆卸工程	—	—	—	●	—	—	—	●	●	—	—	—	—	—	—
13	拆除、爆破工程	●	—	—	—	—	—	—	●	●	—	—	●	●	—	—
14	安装工程	●	—	●	—	●	●	—	●	●	—	—	—	—	—	—
15	临时建筑物	—	—	—	—	—	—	—	●	●	—	—	—	—	—	●
16	检查(参观)活动	●	●	—	—	—	—	—	●	—	—	—	—	—	—	—

注：表中"●"代表危险源可能发生的事故，符号"—"代表危险源可不识别该事故。

3. 施工现场的重大危险源

1) 分部、分项工艺过程的重大危险源

(1) 脚手架、模板及支架、塔式起重机，人工挖孔桩、基坑边坡等，出现局部结构失稳、机械设备倾覆、结构坍塌等意外。

(2) 施工高度大于2m的作业面，因安全防护不到位、人员未系安全带等，出现人员踏空、滑倒、坠落伤亡、坠落物体打击等意外。

（3）焊接、金属切割、冲击钻孔、凿岩等施工过程中，临时用电不规范、施工电器设备的安全保护不符合要求（漏电、绝缘、接地保护、一机一闸）、出现触电、局部火灾等意外。

（4）工程材料（构件、设备）的堆放、吊运、搬运等，出现堆放散落、高空坠落、撞击人员等意外。

（5）从事有害有毒作业人员防护不到位，出现的职业中毒事故，例如室内装修❶。

2）施工环境中的危险源

（1）人工挖孔桩、隧道掘进、地下市政工程接口等挖掘作业，损坏地下燃气管道、供水管道、供电电缆等造成施工人员中毒、溺水、触电等意外。

（2）暴雨引起深基坑、隧道、大型管沟的边坡失稳坍塌，造成施工现场破坏、人员伤亡意外。

（3）基坑降水引起周围建筑物下沉、倾斜、开裂、倒塌等意外。

（4）台风、汛、雷电、风暴潮等侵袭，引起施工作业船只翻船意外。

3）临建设施重大危险源

（1）厨房与临建宿舍安全间距不符合要求、易燃易爆危险化学品仓库设置不规范，造成火灾或人员窒息中毒意外。

（2）工地饮食不符合卫生标准，造成集体中毒、疾病等意外。

（3）电线私拉乱接，直接与金属结构或钢管接触，发生触电、火灾等意外。

（4）临建设施拆除房顶发生整体坍塌，作业人员踏空坠落、被坠物打击等意外。

4. 职业健康安全管理目标

1）建筑施工企业应依据企业的总体发展目标，制定企业安全生产年度及中长期管理目标。

2）安全管理目标应包括生产安全事故控制指标、安全生产隐患治理目标，以及安全生产、文明施工管理目标等。

3）安全管理目标应分解到各管理层及相关职能部门，并定期进行考核。企业各管理层和相关职能部门应根据企业安全管理目标的要求制定本部门的管理目标。

【案例7-6】　某施工单位职业健康安全管理目标。

1）安全生产目标

年度安全生产无事故。

2）事故控制指标

（1）杜绝死亡事故发生，轻伤负伤频率控制在8%以下；

（2）杜绝火灾事故发生，杜绝机械事故发生，杜绝食物群体中毒事故发生；

（3）现场事故隐患消除率100%。

3）安全检查

---

❶ 装饰装修过程中工人会接触苯、甲苯、二甲苯、酮、醇、有机酯等有毒化学物质和水泥粉尘、滑石粉尘、石棉粉尘、砂轮磨尘、木尘等多种粉尘，同时装修过程中还会面临噪声、振动等。如果缺乏防护或者防护不当会引起各种急慢性职业病，例如中毒、尘肺、肿瘤、耳聋等。

（1）执行公司管理文件《安全管理分册》、分公司管理文件《管理制度汇编》；

（2）安全生产管理组织机构，保证专（兼）职安全生产管理人员的配置上岗；

（3）落实安全生产工作责任目标考核细则；

（4）落实现场安全达标和创建文明工地的活动；

（5）按照公司管理文件《安全管理分册》和《建筑施工安全检查标准》JGJ 59—2011标准，每季度进行一次检查评定。

4）达标目标

施工现场安全生产事故隐患按照"三定"原则进行整改；提升安全管控能力，实现安全施工生产，保证职业健康安全体系有效运行。

7.3.2　安全管理组织机构及职责

1. 施工现场必须建立和健全安全生产组织体系，明确各主要负责人、职能部门、专职安全管理及相关岗位人员。

2. 施工现场安全生产责任体系应符合下列要求：

1）项目经理及各部门负责人组成的安全生产决策机构，负责领导施工现场的安全管理工作；

2）项目部各部门应明确安全生产的第一责任人，明确并组织落实本部门和岗位的安全生产职责，实现本部门的安全管理目标；

3）项目部各专业班组长，负责落实特殊专业人员安全生产要求。

3. 项目部专职安全管理人员的安全职责：

1）宣传和贯彻国家安全生产法律法规和标准规范；

2）编制并适时更新安全生产管理制度并监督实施；

3）组织或参与企业生产安全相关活动；

4）协调配备班组专职安全生产检查人员；

5）制订项目部安全生产考核计划，查处安全生产问题，建立安全管理档案。

4. 建筑施工企业各管理层、职能部门、岗位的安全生产责任应形成责任书，并经责任部门或责任人确认。责任书的内容应包括安全生产职责、目标、考核奖惩规定等。

【案例 7-7】　某路桥项目部的施工现场安全生产管理组织体系。

1. 组织机构

项目部建立以项目经理为组长，分管安全副经理、项目总工为副组长，各部门负责人为成员的危险源辨识及预防控制领导小组，领导小组组织机构图见图 7-13。

2. 组织机构职责

1）领导小组职责

（1）组织全面贯彻落实国家有关重大危险源管理的法律、法规及国家标准，促进重大危险源安全管理符合国家有关法律、法规和标准的规定要求；

（2）加强对重大危险源管理、监控、隐患治理工作的监督、检查和指导，并落实控制措施；

（3）综合协调和指导重大危险源的监督管理工作，建立重大危险源管理体系，实现重

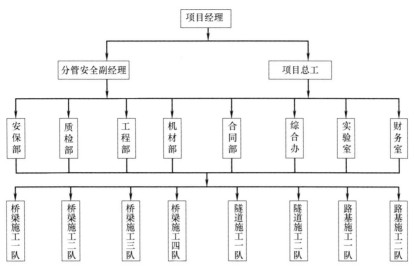

图 7-13 某项目部施工现场安全生产管理组织体系

大危险源的可控再控。

2) 项目部相关职能部门

其对各专业范围内的重大危险源实施监督管理。其主要职责：

(1) 安保部

贯彻执行党和国家安全生产方针、政策、法规、法令及本单位及项目部安全规章制度、操作规程；制定、完善重大危险源监督管理规章制度；会同有关部门组织开展安全宣传教育和危险源知识培训，提高职工安全生产意识和技能；负责项目部安全生产中危险源的辨识、监督、管理、指导工作。

(2) 工程部

对重点施工生产中有关技术方案问题负安全责任；严格按照国家有关安全技术规程、标准，审批重大工程的施工组织设计、施工方案，负责解决施工中疑难问题，从技术措施上保证安全生产。

3) 其他部门的职责 (略)

7.3.3 职业健康安全资源配置

项目部要确定并提供建立、实施、保持和持续改进职业健康安全管理体系所需的资源。

1. 需要根据项目特点和规模，配备符合安全要求的施工设施、设备、劳动防护用品及相关的安全检测器具。

2. 施工设施、设备和劳动防护用品的资源配置应包括购置、租赁、装拆、验收、检测、使用、保养、维修、改造和报废等内容。

3. 项目部机材部门应建立并保存施工设施、设备、劳动防护用品及相关的安全检测器具安全管理档案，并记录以下内容：

1) 来源、类型、数量、技术性能、使用年限等静态管理信息，以及目前使用地点、使用状态、使用责任人、检测、日常维修保养等动态管理信息；

2）采购、租赁、改造、报废计划及实施情况。

4. 项目部应依据企业安全技术管理制度，对施工设施、设备、劳动防护用品及相关的安全检测器具实施技术管理，定期分析安全状态，确定指导、检查的重点，采取必要的改进措施。

5. 安全防护设施应标准化、定型化、工具化。

【案例 7-8】 表 7-3 为某地下综合管廊工程职业健康安全资源配置。

某地下综合管廊工程职业健康安全资源配置表　　　　　　表 7-3

序号	职业健康安全资源名称	数量	使用特征	保管人
1	万能表	2个	用电检测	
2	接地电阻测试仪	2个	用电检测	
3	橡胶减速带	500m	关键路段车辆减速	
4	交通反光衣	60个	保证人员安全	
5	灭火器	20个	消防安全	
6	安全帽	88	劳保用品	
7	安全带	88	高空作业防护用品	

7.3.4　安全生产管理制度和职工安全教育培训制度

为了加强安全生产工作，防止和减少生产安全事故，保障人民群众生命和财产安全，促进经济社会持续健康发展，颁布了多个安全生产管理制度❶。

1. 安全生产责任制度

为了全面落实建筑施工企业安全生产责任制，《建筑施工企业安全生产管理机构设置及专职安全生产管理人员配备办法》（建质〔2008〕91号）规定了专职安全生产管理人员配备的具体要求：

1）建筑施工企业安全生产管理机构配备的专职安全生产管理人员

建筑施工企业安全生产管理机构专职安全生产管理人员的配备应满足下列要求，并应根据企业经营规模、设备管理和生产需要予以增加。

（1）总承包：特级资质不少于6人、一级资质不少于4人、二级和二级以下资质企业不少于3人；

（2）专业承包：一级资质不少于3人、二级和二级以下资质企业不少于2人；

（3）劳务分包单位：不少于2人；

（4）分公司、区域公司：不少于2人。

2）总承包单位配备项目上的专职安全生产管理人员

（1）建筑工程、装修工程按照建筑面积配备：

① 1万 m² 以下的工程不少于1人；

---

❶ 安全生产管理制度包括安全生产责任制度、安全生产许可证制度、政府安全生产监督检查制度、安全生产教育培训制度、安全措施计划制度、特种作业人员持证上岗制度、专项施工方案专家论证制度、危及施工安全工艺设备材料淘汰制度、施工起重机械使用登记制度、安全检查制度、安全生产事故报告和调查处理制度、"三同时"制度、安全预评价制度、意外伤害保险制度共14个安全生产管理制度。

② 1 万～5 万 m^2 的工程不少于 2 人；

③ 5 万 m^2 及以上的工程不少于 3 人，且按专业配备专职安全生产管理人员。

（2）土木工程、线路管道、设备安装工程按照工程合同价配备：

① 5000 万元以下的工程不少于 1 人；

② 5000 万～1 亿元的工程不少于 2 人；

③ 1 亿元及以上的工程不少于 3 人，且按专业配备专职安全生产管理人员。

3）专业承包、分包单位配备项目上的专职安全生产管理人员

（1）专业承包单位在项目上应当配置至少 1 人，并根据所承担的分部分项工程的工程量和施工危险程度增加。

（2）分包单位在项目上根据劳务人员的数量配备：施工人员在 50 人以下的，应当配备 1 名专职安全生产管理人员；50～200 人的，应当配备 2 名专职安全生产管理人员；200 人及以上的，应当配备 3 名及以上专职安全生产管理人员，并根据所承担的分部分项工程施工危险实际情况增加，不得少于工程施工人员总人数的 5‰。

【案例 7-9】（2016 年一级建造师考题）某新建工程，建筑面积 15000m^2，地下二层，地上五层，钢筋混凝土框架结构采用 800mm 厚钢筋混凝土筏板基础，建筑总高 20m。建设单位与某施工总承包单位签订了总承包合同。施工总承包单位项目经理部成立了安全生产领导小组，并配备了 3 名专职安全员。

问题：项目经理部配置的专职安全员人数是否妥当？并说明理由。

【解析】根据《建筑施工企业安全生产管理机构设置及专职安全生产管理人员配备办法》（建质〔2008〕91 号），建筑面积在 1 万～5 万 m^2 的应配备 2 名专职安全员，本工程建筑面积 15000m^2，配备了 3 名专职安全员，妥当。

2. 安全生产许可证制度

为了规范安全生产条件，加强安全生产监督管理，根据《中华人民共和国安全生产法》的有关规定，国家对生产企业实行安全生产许可制度。《建筑施工企业安全生产许可证管理规定》规定了取得施工许可证的 12 项条件❶。

3. 安全生产教育培训制度

---

❶ 《建筑施工企业安全生产许可证管理规定》第四条 建筑施工企业取得安全生产许可证，应当具备下列安全生产条件：

（一）建立、健全安全生产责任制，制定完备的安全生产规章制度和操作规程；

（二）保证本单位安全生产条件所需资金的投入；

（三）设置安全生产管理机构，按照国家有关规定配备专职安全生产管理人员；

（四）主要负责人、项目负责人、专职安全生产管理人员经住房城乡建设主管部门或者其他有关部门考核合格；

（五）特种作业人员经有关业务主管部门考核合格，取得特种作业操作资格证书；

（六）管理人员和作业人员每年至少进行一次安全生产教育培训并考核合格；

（七）依法参加工伤保险，依法为施工现场从事危险作业的人员办理意外伤害保险，为从业人员交纳保险费；

（八）施工现场的办公、生活区及作业场所和安全防护用具、机械设备、施工机具及配件符合有关安全生产法律、法规、标准和规程的要求；

（九）有职业危害防治措施，并为作业人员配备符合国家标准或者行业标准的安全防护用具和安全防护服装；

（十）有对危险性较大的分部分项工程及施工现场易发生重大事故的部位、环节的预防、监控措施和应急预案；

（十一）有生产安全事故应急救援预案、应急救援组织或者应急救援人员，配备必要的应急救援器材、设备；

（十二）法律、法规规定的其他条件。

1）管理人员的安全教育。公司领导、部门主管、班组长、工程技术管理人员、安全技术管理人员必须按规定进行安全培训、考核。

2）特种作业人员的专门教育。从事特种作业的员工，必须按规定接受专门的安全教育和与其所从事的特种作业相应的安全技术理论培训和实际操作培训，经有关部门考试合格并取得《中华人民共和国特种作业操作证书》后，方可持证上岗。特种作业操作证的复核❶：

（1）特种作业人员的范围：垂直运输机械作业人员、起重机械安装拆卸工、爆破作业人员、起重信号工、登高架设作业人员等，必须经培训考核合格，取得特种作业操作资格证书后，方可上岗作业。

（2）离开特种作业岗位6个月以上，应重新进行实际操作考试，经确认合格后方可上岗作业。

（3）证书有效期6年，每3年复审1次（特定情况下可延长到6年复审1次）。

（4）复审或延期复审前，安全培训时间不少于8学时。

3）企业员工的安全教育

（1）对所有新进公司的员工（包括合同工、临时工、学徒工、实习人员），必须进行公司、项目部和班组的三级安全教育，教育内容包括安全生产方针、政策、法规、标准及安全技术知识及本工种的安全操作规程。

（2）员工调换岗位必须接受新岗位安全教育，长期离岗复工，要进行复工安全教育，经考核合格方能上岗操作。

（3）采用新工艺、新设备、新材料、新产品时，要对操作人员进行新操作方法和安全生产培训。

（4）经常性的安全生产教育。经常性的安全生产教育，可根据施工企业的具体情况和实际需要，采取多种形式进行。如开展安全活动日、安全活动月、质量安全年等活动，召开安全例会、班前班后安全会、事故现场会、安全技术交底会等各种类型的会议，利用广播、黑板报、工程简报、安全技术讲座等多种形式进行宣传教育工作。

（5）职业健康安全技术交底一般由技术管理人员根据分部分项工程的具体要求、特点和危险因素编写，是操作者的指令性文件，因而要具体、明确、针对性强，不得用施工现场的职业健康安全纪律、职业健康安全检查制度等代替。

4.专项施工方案专家论证制度

为了加强建筑施工安全技术管理，规范安全专项施工方案的编制、审查、论证、审批、实施和监督管理，防止生产安全事故的发生。依据《中华人民共和国建筑法》《中华人民共和国安全生产法》《建设工程安全生产管理条例》《危险性较大的分部分项工程安全管理规定》等法律法规，对于超过一定规模的危大工程，施工单位应当组织召开专家论证

---

❶ 《特种作业人员安全技术培训考核管理规定》［2015］国家安全生产监督管理总局第80号令：

第二十一条　特种作业操作证每3年复审1次。特种作业人员在特种作业操作证有效期内，连续从事本工种10年以上，严格遵守有关安全生产法律法规的，经原考核发证机关或者从业所在地考核发证机关同意，特种作业操作证的复审时间可以延长至每6年1次。

第二十三条　特种作业操作证申请复审或者延期复审前，特种作业人员应当参加必要的安全培训并考试合格。安全培训时间不少于8个学时，主要培训法律、法规、标准、事故案例和有关新工艺、新技术、新装备等知识。

会，对专项施工方案进行论证❶。

5. 施工起重机械设备使用登记制度

施工单位应当自施工起重机械和整体提升脚手架、模板等设施验收合格之日起 30 日内，向建设行政主管部门或者其他有关部门登记。登记标志应当附着于该设备的显著位置。监管部门应当对登记的施工起重机械设备建立相关档案，加强监管。

6. 安全检查制度

1）目的：发现问题、查出隐患、采用有效措施，把事故和职业病消灭在发生之前，实现"安全第一，预防为主"安全生产方针。

2）内容：查思想、查领导、查制度、查措施、查隐患、查整改，查伤亡事故、查教育培训。

3）方式：日常检查，专业性检查，季节性检查，节假日前后检查和不定期检查相结合的方式。

【案例 7-10】 （2011 年建造师考试题）建设工程生产安全检查的主要内容包括（　　）。

【解析】 安全检查的主要内容包括：查思想、查管理、查隐患、查整改、查伤亡事故处理等。

7. "三同时"制度

安全生产设施必须符合国家规定的标准，必须与主体工程同时设计、同时施工、同时投入生产和使用。安全设施投资纳入建设项目概算。

8. 意外伤害保险制度

《中华人民共和国建筑法》第四十八条："建筑施工企业应当依法为职工参加工伤保险缴纳工伤保险费。鼓励企业为从事危险作业的职工办理意外伤害保险，支付保险费。"

【案例 7-11】 背景资料：某水库工程由大坝、溢洪道、电站及灌引水洞等建筑物组成。水库总库容 $2.6 \times 10^8 \mathrm{m}^3$，电站装机容量 12 万 kW；大坝为压土石坝，最大坝高 37m；灌溉引水洞引水流量 $45 \mathrm{m}^3/\mathrm{s}$；溢洪道控制段共 3 孔，每孔冲宽 8.0m，采用平面钢闸门配卷扬式启闭机，某施工单位承担该枢纽工程施工，工程施工过程中发生如下事件：

事件1，某天夜间施工时，一名工人不慎从距离地面 16.0m 高的脚手架上坠地死亡。事故发生后，项目法人立即组织联合调查组对事故进行调查，并根据"四不放过"原则进行处理。

事件2，电站基坑开挖前，施工单位编制了施工技术措施，其部分内容如下：

（1）施工用电由系统电网接入，现场安装变压器一台；

（2）基坑采用 1：1.5 放坡明挖施工；

---

❶ 《建设工程安全生产管理条例》[2003] 第 393 号国务院令：

第二十六条　施工单位应当在施工组织设计中编制安全技术措施和施工现场临时用电方案，对下列达到一定规模的危险性较大的分部分项工程编制专项施工方案，并附具安全验算结果，经施工单位技术负责人、总监理工程师签字后实施，由专职安全生产管理人员进行现场监督：（一）基坑支护与降水工程；（二）土方开挖工程；（三）模板工程；（四）起重吊装工程；（五）脚手架工程；（六）拆除、爆破工程；（七）国务院建设行政主管部门或者其他有关部门规定的其他危险性较大的工程。

对前款所列工程中涉及深基坑、地下暗挖工程、高大模板工程的专项施工方案，施工单位还应当组织专家进行论证、审查。

（3）站房墩墙施工采用钢管脚手架支撑，中间设施工通道；

（4）混凝土浇筑采用塔式起重机进行垂直运输。

问题：

（1）说明事件1中"四不放过"原则的具体要求。

（2）在事件2中涉及的工程部位中，哪些应设置安全警示标志？

【解析】

1）"四不放过"的具体要求为：（1）事故原因不查清楚不放过；（2）主要事故责任者和职工未受到教育不放过；（3）补救和防范措施不落实不放过；（4）责任人员未受到处理不放过。

2）应设置安全警示标志的位置：施工现场入口处，施工起重机械，临时用电设施，脚手架，四口（出入通道口、楼梯口、电梯井口、孔洞口），基坑边沿等危险部位。

7.3.5　制定安全技术措施

施工现场的安全管理，重点是通过对人的不安全行为与物的不安全状态的控制，落实安全管理目标，实现消除安全隐患、避免人员伤害、减少经济损失。

1. 施工现场的安全生产管理要求

1）应落实各项安全管理制度和操作规程，确定各级安全生产责任人；

2）各级管理人员和施工人员应进行相应的安全教育，依法取得必要的岗位资格证书；

3）各施工过程应配置齐全劳动防护设施和设备，确保施工场所安全；

4）作业活动严禁使用国家及地方政府明令淘汰的技术、工艺、设备、设施和材料；

5）作业场所应设置消防通道、消防水源，配备消防设施和灭火器材，并在现场入口处设置明显标志；

6）作业现场场容、场貌、环境和生活设施应满足安全文明达标要求；

7）食堂应取得卫生许可证，并应定期检查食品卫生，预防食物中毒；

8）项目管理团队应确保各类人员的职业健康需求，防治可能产生的职业和心理疾病；

9）应落实减轻劳动强度、改善作业条件的施工措施。

2. 控制危险源的措施

1）项目部根据公司有关规章制度，对施工现场可能存在的危险源进行具体分析，制订适合本项目的危险源管理制度；

2）项目部要成立危险源检查责任小组，每天对工地现场存在的各种危险源进行检查，并做好检查记录，对存在一定安全隐患的重大危险源要组织管理人员定期检查，发现问题及时整改、及时消除；

3）项目部要建立危险源管理台账，对每天存在的问题及隐患整改情况及时向项目部或公司反馈，做到当日问题当日解决；

4）在施工现场醒目位置悬挂工地现阶段可能存在的危险源，注明每个危险源的简要防范措施。

3. 安全生产管理技术措施

1）安全技术措施计划的一般步骤

（1）工作活动分类；

（2）危险源识别；

（3）风险确定；

（4）风险评价；

（5）制定安全技术措施计划；

（6）评价安全技术措施计划的充分性。

安全技术措施计划编制审批流程见图 7-14。

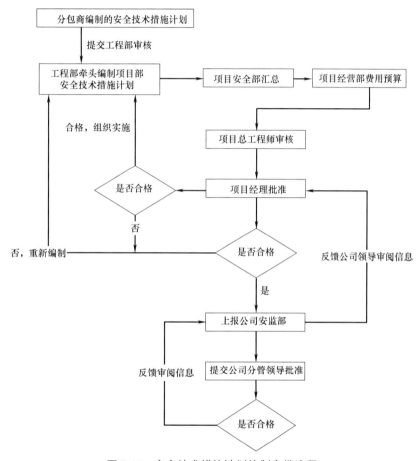

图 7-14　安全技术措施计划编制审批流程

【案例 7-12】（2017 一级建造师考题）编制安全技术措施计划包括以下工作：①工作活动分类；②风险评价；③危险源识别；④制定安全技术措施计划；⑤评价安全技术措施计划的充分性；⑥风险确定。正确的编制步骤是（　　　）。

A. ①-②-③-④-⑤-⑥；　　　　　　　B. ③-①-②-⑥-④-⑤；

C. ①-③-⑥-②-⑤-④；　　　　　　　D. ①-③-⑥-②-④-⑤

【参考答案】　D。

2）分项工程安全技术措施列举

（1）根据基坑深度和工程水文地质资料，基坑降水、边坡支护要编写专项施工方案，保证土石方边坡稳定的措施；

（2）±0.000 以下结构施工方案；

（3）主体结构、装修工程职业健康安全技术方案；

（4）工程临时用电技术方案，安全用电和防触电的措施；

（5）结构施工临边、洞口及交叉作业、施工防护、各类洞口防止人员坠落等安全技术措施；

（6）塔式起重机、施工电梯、物料提升机等各种施工机械设备的安全技术技术方案（含基础方案），群塔作业安全技术措施；

（7）大模板施工职业健康安全技术方案（含支撑系统）；

（8）高大模板、整体式爬升（或提升）脚手架、受料平台及造楼机的搭拆安全技术方案；

（9）特殊脚手架，如吊篮架、悬挑架、挂架等搭拆职业健康安全技术方案；

（10）结构吊装安全技术方案；

（11）防水施工职业健康安全技术方案；

（12）新工艺、新技术、新材料施工职业健康安全技术措施；

（13）防火、防爆、防台风、防洪水、防地震、防雷电职业健康安全技术措施；

（14）临街防护、临近外架供电线、地下供电、供气、通风、管线、毗邻建筑物、现场周围通行道路及居民防护隔离等职业健康安全技术措施；

（15）场内运输道路及人行通道的布置；

（16）冬雨期施工职业健康安全技术措施；

（17）夜间施工职业健康安全技术措施；

（18）特殊环境施工职业健康安全技术措施；

（19）特种作业职业健康安全技术措施。

对于结构复杂、危险性大的特殊工程，应单独编制职业健康安全技术方案。如爆破、大型吊装、沉箱、沉井、烟囱、水塔、各种特殊架设作业、高层脚手架、井架等，必须单独编制职业健康安全技术方案，并要有设计依据、有计算、有详图、有文字要求。

4. 安全生产管理组织措施

项目管理机构应建立安全生产档案，积累安全生产管理资料，定期或不定期对现场安全生产管理以及施工设施、设备和劳动防护用品进行检查、检测，全面掌握项目的安全生产情况，进行考核和奖惩，对安全生产状况进行评估。组织措施包括：

1）明确安全目标，建立以项目经理为核心的安全保证体系，建立各级安全生产责任制，明确各级施工人员的安全职责，层层落实，责任到人。

2）认真贯彻执行国家、行业、地区安全法规、标准、规范和各专业安全技术操作规程并制定本工程的安全管理制度；需要持证上岗的工种必须持证上岗。

3）工人进场上岗前，必须进行上岗安全教育和安全操作培训，加强安全交底工作，施工班组要坚持每天开好班前会，针对施工中安全问题及时提示。加强安全施工宣传工作，提高安全意识和自我保护能力，自觉遵守安全操作规程和各项安全生产管理制度。

4）定期进行安全检查活动和召开安全生产分析会议，对不安全因素及时进行整改，对影响安全的风险因素（如由于操作者失误、操作对象的缺陷以及环境因素等导致的人身伤亡、财产等损失）有识别管理办法和防范对策。

7.3.6 季节性安全施工措施

1. 高温作业职业健康安全措施，制定防暑降温职业健康安全措施。
2. 雨期施工职业健康安全方案，制定防止触电、防雷、防坍塌。
3. 防台风职业健康安全方案。
4. 冬期施工职业健康安全方案，制定防风、防火、防滑、防煤气中毒、防亚硝酸钠中毒等职业健康安全方案。

7.3.7 安全检查制度

建设工程项目实行逐级安全检查制度，在确保安全的前提下组织施工生产。

1. 施工队和项目部安全检查

1）查制度。主要检查安全生产管理制度是否健全，职责是否明确；安全生产计划编制、执行情况；安全生产管理机构是否组成，人员配备是否得当。

2）查教育培训。各级安全生产管理人员和施工现场安全员的定期培训制度是否健全；新工人入厂的三级安全教育、特殊工种的安全教育、日常安全教育、特殊作业操作规程的培训等是否到位。

3）查安全技术和安全设施。有无完善的安全技术操作规程，主要安全设施、机具设备是否安全可靠，防火、防毒、防爆、防中暑、防冻、防滑措施是否健全，安全帽、安全网、安全带及其他防护用品和设施是否完备。

4）查安全业务工作。主要查安全检查制度是否落实，是否有检查记录，安全检查过程中发现的事故隐患是否及时处理，责任是否明确，记录是否完整等。

2. 班组安全检查

1）班前检查。岗位安全生产责任制是否落实、本工种安全技术操作规程是否培训、操作环境是否符合安全要求、机具设备是否完好、安全装置是否齐备、是否按要求穿戴个人防护用品、上一班遗留的安全隐患是否排除。

2）操作中检查。有无违章作业、违章指挥现象，有无违反安全纪律现象、有无无证操作等现象、有无故意违反操作规程现象。

3）操作后检查。材料、物资的整理、摆放是否符合要求，交接班记录是否完整等。

3. 安全检查的方法

安全检查可以采取定期（如日、月、季、年等）或突击性检查形式，施工现场常用的检查方法有：

看：主要查看管理资料、持证上岗、现场标志、交接验收资料，"三宝"（安全帽、安全带和安全网）使用情况，"四口"（通道口、预留洞口、楼梯口和电梯井口）、"临边"防护情况，机械设备的防护装置是否安全可靠等。

听：听操作人员、基层安全管理人员介绍现场安全存在的问题。

量：指实地勘察、测量。例如用尺子量脚手架各杆件间距，电气开关箱安装高度，用接地电阻表测地阻值等。

测：司机对各种限位装置进行实际操作检测，检验其灵敏程度。

查：查看资料、核对数据、寻根问底，并做一定的测算和分析。

7.3.8　安全事故的处理

1. 建筑业常发生事故的类型

建筑施工安全事故（危害）通常分为七大类：高处坠落、机械伤害、物体打击、坍塌倒塌、火灾爆炸、触电、窒息中毒。其中高处坠落、物体打击、机械伤害、触电、坍塌事故为建筑业最常发生的五种事故。

2. 伤亡事故的等级

根据生产安全事故（以下简称事故）造成的人员伤亡或者直接经济损失，把事故分为如下几个等级❶：

1）特别重大事故，是指造成 30 人以上死亡，或者 100 人以上重伤（包括急性工业中毒，下同），或者 1 亿元以上直接经济损失的事故。

2）重大事故，是指造成 10 人以上 30 人以下死亡，或者 50 人以上 100 人以下重伤，或者 5000 万元以上 1 亿元以下直接经济损失的事故。

3）较大事故，是指造成 3 人以上 10 人以下死亡，或者 10 人以上 50 人以下重伤，或者 1000 万元以上 5000 万元以下直接经济损失的事故。

4）一般事故，是指造成 3 人以下死亡，或者 10 人以下重伤，或者 1000 万以下直接经济损失的事故。

条例中所称的"以上"包括本数，所称的"以下"不包括本数。

3. 事故的报告

1）事故发生后，事故现场有关人员应当立即向本单位负责人报告；单位负责人接到报告后，应当于 1 小时内向事故发生地县级以上人民政府安全生产监督管理部门和负有安全生产监督管理职责的有关部门报告。

2）安全生产监督管理部门和负有安全生产监督管理职责的有关部门接到事故报告后，应当依照下列规定上报事故情况，并通知公安机关、劳动保障行政部门、工会和人民检察院：

（1）省级住房城乡建设主管部门应当在特别重大、重大事故或者可能演化为特别重大、重大的事故发生后 3 小时内，向国务院住房城乡建设主管部门上报事故情况。特别重大事故、重大事故逐级上报至国务院安全生产监督管理部门和负有安全生产监督管理职责的有关部门。

（2）较大事故、一般事故发生后，住房城乡建设主管部门每级上报事故情况的时间不得超过 2 小时。较大事故逐级上报至省、自治区、直辖市人民政府安全生产监督管理部门和负有安全生产监督管理职责的有关部门。

（3）一般事故上报至设区的市级人民政府安全生产监督管理部门和负有安全生产监督管理职责的有关部门。

3）安全生产监督管理部门和负有安全生产监督管理职责的有关部门逐级上报事故情况，每级上报的时间不得超过 2 小时。

4）事故报告的内容

---

❶ 《生产安全事故报告和调查处理条例》国务院令［2007］第 493 号 第三条。

（1）事故的发生时间、地点和工程项目名称。

（2）事故已经造成或者可能造成的伤亡人数（包括下落不明人数）。

（3）事故工程项目的建设单位及项目负责人、施工单位及其法定代表人和项目经理、监理单位及其法定代表人和项目总监。

（4）事故的简要经过和初步原因。

（5）其他应当报告的情况。

4. 伤亡事故的处理程序

1）迅速抢救伤员，保护事故现场。伤亡事故发生后，现场人员要保持清醒的头脑，切不可惊慌失措，要立即组织起来，迅速抢救伤员和排除险情，制止事故进一步蔓延扩大。同时，为了事故调查分析需要，应该保护好事故现场。确因抢救伤员和排险而必须移动现场物品时，现场项目负责人应组织现场人员查清现场情况，做出标识和记明数据，绘出现场示意图，并且要求各种物件的位置、颜色、形状及其物理、化学性质等尽可能保持事故结束时的原来状态，必须采取一切可能的措施防止人为或自然因素的破坏。

2）组织事故调查组。在接到伤亡事故报告后，企业主管领导应立即派人赶赴现场组织抢救，并迅速组织调查组开展事故调查。事故调查组的组员，应根据事故的程度而确定。轻伤或重伤事故，应由企业负责组织生产、技术、安全、劳资、工会等有关人员，组成事故调查组，负责处理事故；对于死亡事故，应由企业主管部门会同事故现场所在地区的劳动部门、公安部门、人民检察院、工会，组成事故联合调查组，负责对事故的调查处理。

3）进行事故现场勘察。在事故发生后，调查组应速到现场进行勘察。现场勘察是技术性很强的工作，涉及广泛的科技知识和实践经验，对事故的现场勘察必须及时、全面、准确、客观。现场勘察的主要内容有：

（1）做好事故调查笔录。其中包括：发生事故的时间、地点、气象等；现场勘察人员姓名、单位、职务；设备损坏或异常情况及事故前后的位置；重要物证的特征、位置及检验情况等。

（2）现场拍照或摄像。方位拍照，能反映事故现场在周围环境中的位置；全面拍照，能反映事故现场各部分之间的联系；中心拍照，反映事故现场中心的情况；细目拍照，提示事故直接原因的痕迹物、致害物等；人体拍照，反映伤亡者主要受伤和造成死亡伤害部位。

（3）事故现场绘图。根据事故类别和规模以及调查工作的需要应绘出以下示意图：建筑物平面图、剖面图；事故时人员位置及活动图；破坏物立体图或展开图；涉及范围图；设备或工、器具构造简图等。

（4）收集事故资料。其中包括：事故单位的营业执照及复印件；有关经营承包经济合同；职业健康安全生产管理制度；技术标准、职业健康安全操作规程、职业健康安全技术交底；职业健康安全培训材料及职业健康安全培训教育记录；项目职业健康安全施工资质和证件；伤亡人员证件；事故现场示意图等。

4）分析事故原因，确定事故性质。事故调查分析的目的是为了搞清事故的原因，分清事故的责任，从中吸取教训，采取相应的措施，防止类似事故的重复发生。具体的步骤和要求如下：

（1）查明事故经过。通过详细调查，查明事故发生的经过。主要弄清产生事故的各种因素，如人、物、生产和技术管理、生产和社会环境、机械设备的状态等方面的问题，并经过认真、客观、全面、细致、准确地分析，为确定事故的责任和性质打下基础。

（2）分析事故原因。在进行事故分析时，应先整理和仔细阅读调查资料，按照国家的有关规定和标准，对受伤部位、受伤性质、起因物、致害物、伤害方法、不安全行为和不安全状态等七项内容进行分析。

（3）查清事故责任者。在分析事故原因时，应从事故直接原因入手，逐渐深入到间接原因。通过对事故原因的分析，确定事故的直接责任者和领导者责任，根据在事故发生中的作用，找出事故的主要责任者。

（4）确定事故的性质。施工现场发生伤亡事故的性质，通常可以分为：责任事故、非责任事故和破坏性事故。非责任事故即由于人们不能预见的自然条件变化或不可抗力所造成的事故，或是在技术改造、发明创造、科学实验活动中，由于科学技术条件的限制而发生的无法预料的事故。责任事故就是由于人的过失造成的事故。破坏性事故是指为达到既定目的而故意制造的事故。对已确定为破坏性事故的，应由公安机关认真追查破案，依法处理。

（5）制订防止类似事故措施。通过对事故的调查、分析、处理，根据事故发生的各类原因，从中找出防止类似事故的具体措施，并责成企业定人、定时间、定标准，完成防止类似事故发生的措施的全部内容。

5）提交事故调查报告。事故调查组在查清事实、分析原因的基础上，应立即把事故发生的经过、各种原因、责任分析、处理意见，以及本次事故的教训、估算损失和实际损失、对发生事故大体提出的改进安全工作的意见和建议，以书面的形式写成文字报告，经调查组全体人员签字后报批。如果调查组内部意见不统一，在事故调查报告中应写明情况，以便上级在必要时进行重点复查。对事故的责任者的处理，应根据事故的情节轻重、各种损失大小、责任轻重加以区别，予以严肃处理。

【案例7-13】 某大厦建筑面积为 $20000m^2$，框架剪力墙结构，箱形基础，地上 10 层，地下 2 层。电焊工甲在 6 层进行钢筋焊接作业时未按规定穿戴绝缘鞋和手套。当他右手拿起焊把钳，左手正要往焊接处连接电焊机的二次电源时，不慎触及焊钳的裸露部分，致使触电倒地身亡，两位钢筋工乙、丙发现焊工甲倒地，一起前往搭救，先后触电伤亡。

问题：

（1）这起安全事故属于什么安全事故？

（2）施工现场安全检查的方法和主要内容是什么？

【答案】

1）该事故属于较大事故安全事故。

2）施工现场安全检查的方法和主要内容：

（1）常用的检查方法有：看、听、量、测、查；

（2）施工现场安全检查的主要内容有：查思想、查制度、查机械设备、查安全设施、查安全教育培训、查操作行为、查劳保用品使用、查伤亡事故的处理等。

7.4 成本管理计划

施工成本计划指的是保证实现项目施工成本目标的管理计划，包括成本预测、实施、分析、采取的必要措施和计划变更等。成本管理计划主要包括下列内容：

（1）根据项目施工预算，制定项目施工成本目标；

（2）根据施工进度计划，对项目施工成本目标进行阶段分解；

（3）建立施工成本管理的组织机构并明确职责，制定相应管理制度；

（4）采取合理的技术、组织和合同等措施，控制施工成本；

（5）确定科学的成本分析方法，制定必要的纠偏措施和风险控制措施。

7.4.1 施工成本及其构成

建设工程项目施工成本由直接成本和间接成本组成：

1）直接成本是指施工过程中耗费的构成工程实体或有助于工程实体形成的各项费用支出，是可以直接计入工程对象的费用，包括人工费、材料费和施工机具使用费等。

2）间接成本是指准备施工、组织和管理施工的全部费用支出，包括管理人员工资、办公费、差旅交通费等。

【案例 7-14】 背景资料：某开发商投资兴建办公楼工程，建筑面积 $9600m^2$，地下 1 层，地上 8 层，现浇钢筋混凝土框架结构，经公开招标投标，某施工单位中标。中标清单部分费用分别是：分部分项工程费 3793 万元，措施项目费 547 万元，脚手架费为 336 万元，暂列金额 100 万元，其他项目费 200 万元，规费及税金 264 万元。双方签订了工程施工承包合同。施工单位与项目部签订项目目标管理责任书。

项目部对施工方案进行优化，制定了项目部责任成本，已知数据如表 7-4 所示。

责任成本 表 7-4

相关费用	金额(万元)	相关费用	金额(万元)
人工费	477	企业管理费	280
材料费	2585	利润	—
机械费	278	规费	80
措施费	220	税金	—

问题：

（1）施工单位签约合同价是多少万元？

（2）计算本项目的直接成本、间接成本各是多少万元？

【解析】

1）合同价＝分部分项工程费＋措施项目费＋其他项目费＋规费＋税金＝3793＋547＋200＋264＝4804 万元。

2）直接成本＝人工费＋材料费＋机械费＋措施费＝477＋2585＋278＋220＝3560 万元；

间接成本＝企业管理费＋规费＝280＋80＝360 万元。

7.4.2　施工成本管理计划的编制

《建设工程项目管理规范》GB/T 50326—2017 规定❶，施工项目成本管理包括两个层次的管理：一是组织管理层的成本管理，企业管理层负责项目成本管理的决策，确定项目的成本控制重点、难点，确定项目成本目标，并对项目管理机构进行过程和结果的考核。二是项目管理层的成本管理，项目管理层负责项目成本管理，遵守组织管理层的决策，实现项目管理的成本目标。

1. 施工项目成本计划的编制程序

项目管理机构应通过系统的成本策划，按成本组成、项目结构和工程实施阶段分别编制项目成本计划。项目成本计划的编制应符合下列程序：

（1）搜集、整理资料，预测项目成本；

（2）确定项目总体成本目标；

（3）编制项目总体成本计划；

（4）项目管理机构与组织的职能部门根据其责任成本范围，分别确定自己的成本目标，并编制相应的成本计划；

（5）针对成本计划制定相应的控制措施；

（6）由项目管理机构与组织的职能部门负责人分别审批相应的成本计划。

2. 按工程进度编制施工成本计划

编制按时间进度的施工成本计划，通常可利用控制项目进度的网络图进一步扩充而得。在建立网络图时，一方面确定完成各项工作所需花费的时间；另一方面同时确定完成这一工作的合适的投资支出预算，这样可以获得"工期-累计计划成本"曲线，即为该项目的成本模型。

下面结合一道案例说明工程项目成本计划模型的构建。

【案例 7-15】 已知某双代号网络计划，其各工作的计划成本如表 7-5 所示，试构建项目的成本计划控制模型。

网络计划中各工作的计划成本　　　　　　　　　表 7-5

工程活动	A	B	C	D	E	F
持续时间(周)	1	3	7	4	4	3
计划成本(万元)	2	9	14	16	20	9
单位时间计划成本(万元/周)	2	3	2	4	5	3

【解析】

1）按各个活动的最迟时间绘出横道图（或双代号时标网络图），并确定相应项目单元的工程成本。

---

❶ 《建设工程项目管理规范》GB/T 50326—2017 规定：

11.2.1　项目成本计划编制依据应包括下列内容：1. 合同文件；2. 项目管理实施规划；3. 相关设计文件；4. 价格信息；5. 相关定额；6. 类似项目的成本资料。

11.3.1　项目管理机构成本控制应依据下列内容：1. 合同文件；2. 成本计划；3. 进度报告；4. 工程变更与索赔资料；5. 各种资料的市场信息。

2）假设工程成本在相应工程活动的持续时间内平均分配，即在各活动上计划成本-时间关系是直线，则可得各活动的计划成本强度。

3）按项目总工期将各期（如每周、每月）的各活动的计划成本进行汇集，得各时段成本强度。

4）绘制成本-工期表直方图，计算各期期末的计划成本累计值，绘制相应的曲线，项目的成本计划控制模型如图 7-15 所示。

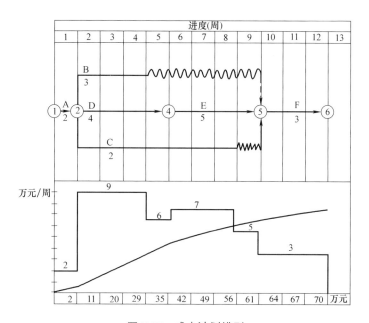

图 7-15   成本计划模型

7.4.3   降低施工成本的措施

降低施工成本措施，应以施工预算为尺度，以施工企业的降低成本计划和技术组织措施计划为依据进行制定，这些措施必须是不影响工程质量且能保证施工安全的，主要措施包括：

1. 组织措施

1）项目管理班子进行施工跟踪，落实成本控制；

2）明确项目成员人员、数量、任务分工和职能分工；

3）编制本阶段成本控制计划和详细的工作流程图；

4）建立成本控制体系及成本目标责任制，实行全员全过程成本控制，搞好变更、索赔工作，加快工程款回收。

2. 经济措施

1）编制资金使用计划，确定分解成本控制目标，对项目成本目标、风险分析，制订防范性对策。项目编制资金使用计划，项目部据此筹措资金，尽量减少资金占用和利息支出，项目资金须按其使用时间进行分解。

2）进行工程计量，复核施工项目付款账单，在过程中进行成本跟踪控制，发现偏差，分析产生偏差的原因，及时采取纠偏措施。

3）编制工程预算时，应"以支定收"，保证预算收入；在施工过程中，要"以收定支"，控制资源消耗和费用支出。

4）加强成本核算分析，对费用超支风险因素（如价格、汇率和利率的变化，或资金使用安排不当等风险事件引起的实际费用超出计划费用）有识别管理办法和防范对策。

3．技术措施

1）加强物资管理，做好物资供应和调配工作，严格限额领料，减少材料浪费。

2）加强技术管理，严格执行技术交底制度，按照图样和技术规程施工，加强技术监督检查，保证工程质量，减少返工损失。

3）加强劳动管理，组织人员培训，改善劳动组织，压缩非生产用工。

4）加强安全管理，制定安全管理措施，严格执行安全操作规程，杜绝安全事故。

4．合同措施

严格履行合同条款，依据合同做好洽商记录。保存各种文件、图纸，做好实际工程量核算工作，对实际变更的图纸进行取证、签证、复核，为正确处理可能发生的索赔提供依据。

7.4.4　施工项目成本的过程控制

1．成本控制的依据

1）工程承包合同；

2）施工成本计划；

3）进度报告；

4）工程变更；

5）施工组织设计；

6）分包合同。

2．成本控制的步骤

1）比较：按照某种确定的方式将施工成本计划与实际值逐项进行比较。

2）分析：在比较的基础上，对比较的结果进行分析，以确定偏差的严重性以及偏差产生的原因。这一步是施工成本控制工作的核心。

3）预测：按照完成情况估计完成项目所需的总费用。

4）纠偏：纠偏是施工成本控制中最具实质性的一步，纠偏首先要确定纠偏的主要对象。

5）检查。

3．施工阶段成本控制的方法

施工阶段是成本发生的主要阶段，主要控制方法如下：

1）人工费控制

人工费的控制实行"量价分离"，加强企业劳动定额管理，降低工程耗用人工工日，是控制人工费支出的主要手段。

（1）编制企业内部劳动定额，将工程项目的进度、安全、质量等指标与定额管理结合起来，提高劳动者的综合能力。

（2）根据施工进度、技术要求、合理搭配劳动组合，减少和避免无效劳动。

（3）加强职工的技术培训和多种施工作业技能的培训，鼓励技术革新，提高企业的劳动生产率。

（4）通过企业内部的劳务市场及外部协作队伍调剂施工各环节的施工力量，随工程进度进行弹性管理。

2）材料费控制

（1）材料用量的控制

在保证符合设计要求和质量标准的前提下，通过定额控制、指标控制、计量控制、包干控制等手段有效控制物资材料的消耗。

① 定额控制。对于有消耗定额的材料，以消耗定额为依据，实行限额领料制度。

② 指标控制。对于没有消耗定额的材料，根据以往项目的实际耗用情况，结合具体施工项目的特点，设定材料限额指标，以控制超指标发料。

③ 计量控制。准确做好材料物资的收发计量检查和投料计量检查。

④ 包干控制。在材料使用过程中，对部分小型及零星材料（如钢材、钢丝等）根据工程量计算出所需材料量，将其折算成费用包干使用。

（2）材料价格控制

材料物资的价值约占建筑安装工程造价的 60%～70%，材料价格是由买价、运杂费、运输中的合理损耗等所组成，因此控制材料价格，主要是通过掌握市场信息，应用招标和询价等方式控制材料、设备的采购价格。

3）施工机械使用费控制

施工机械使用费主要由台班数量和台班单价两方面决定，控制施工机械使用费主要从两个方面进行控制：

（1）台班数量

① 根据施工方案和现场实际情况，选择适合项目施工特点的施工机械，充分利用现有机械设备，提高机械设备的利用率；

② 安排好生产工序的衔接，尽量避免停工、窝工，尽量减少施工中所消耗的机械台班数量；

③ 核定设备台班定额产量，提高机械设备单位时间的生产效率和利用率；

④ 走访项目所在地租赁市场，编制设备租赁计划。

（2）台班单价

① 提高机械设备的完好率，最大限度地提高机械设备的利用率，避免因使用不当造成机械设备的停置；

② 加强机械操作人员的培训工作，不断提高操作技能，提高施工机械台班的生产效率；

③ 建立健全配件领发料制度，做到修理有记录，消耗有定额，统计有报表，损耗有分析；

④ 做好施工机械配件和工程材料采购计划，降低工程成本。

4）施工分包费用的控制

项目经理部应充分做好分包工程的询价工作，与分包商建立稳定的战略合作伙伴关系，订立互利平等的分包合同等。

4. 成本偏差分析的表达方法

偏差分析的表达方法一般有横道图法、表格法和曲线法。

1）横道图法

横道图法具有形象、直观的特点，一般应用在项目较高的管理层面，如图 7-16 所示。

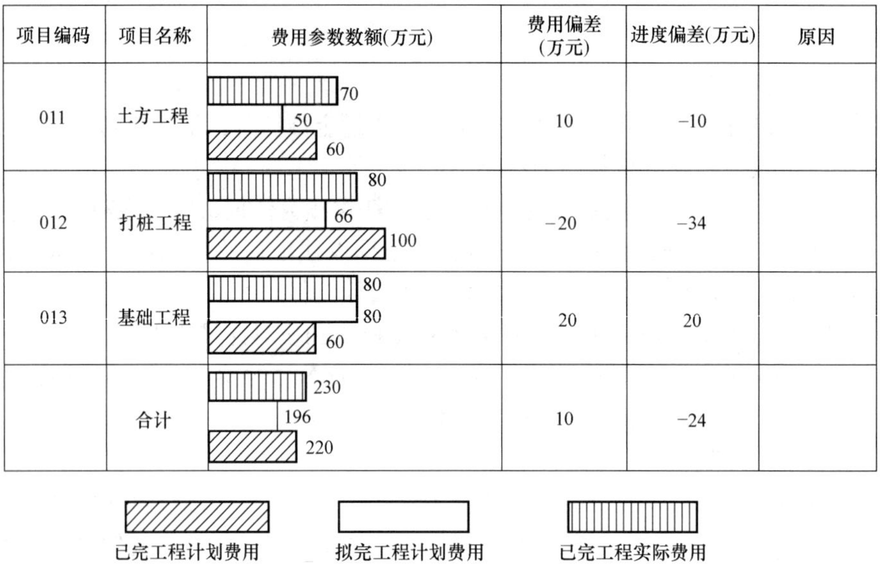

项目编码	项目名称	费用参数数额(万元)	费用偏差(万元)	进度偏差(万元)	原因
011	土方工程	70 / 50 / 60	10	−10	
012	打桩工程	80 / 66 / 100	−20	−34	
013	基础工程	80 / 80 / 60	20	20	
	合计	230 / 196 / 220	10	−24	

已完工程计划费用　　拟完工程计划费用　　已完工程实际费用

图 7-16　偏差分析的横道图表达方法

2）表格法

表格法具有灵活、适用性强、信息量大，可借助计算机操作等特点，是进行偏差分析最常用的一种方法，如表 7-6 所示。

费用偏差分析表　　　　表 7-6

项目编码	001	002	……
项目名称	人工挖沟槽土方	基础回填	
单位	m^3	m^3	
预算（计划）单价	（1）		
计划工作量	（2）		
计划工作预算费用（BCWS）	（3）＝（1）×（2）		
已完成工作量	（4）		
已完工作预算费用（BCWP）	（5）＝（1）×（4）		
实际单价	（6）		
其他款项	（7）		
已完工作实际费用（ACWP）	（8）＝（4）×（6）＋（7）		
费用局部偏差	（9）＝（5）−（8）		
费用绩效指数 CPI	（10）＝（5）/（8）		
费用累计偏差	（11）＝Σ（9）		
进度局部偏差	（12）＝（5）−（3）		
进度绩效指数 SPI	（13）＝（5）/（3）		
进度累计偏差	（14）＝Σ（12）		

3）曲线法

曲线法是将赢得值法的已完工作预算费用（BCWP）、计划工作预算费用（BCWS）和已完工作实际费用（ACWP）三个基本参数绘制在同一平面中形成的曲线，在项目的费用、进度综合控制中引入赢得值法，可定量判断进度、费用的执行效果，克服过去进度、费用分开控制的缺点，当已完工作实际费用、计划工作预算费用、已完工作预算费用三条曲线靠得很近、平稳上升时，表示项目按预定目标进行的比较好，如图 7-17 所示。

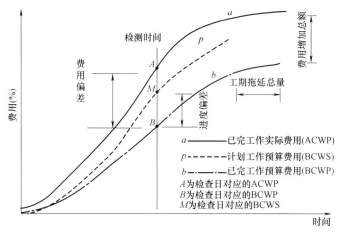

图 7-17 偏差分析的曲线图表达方法

赢得值法的三参数四指标：

（1）挣值：已完成工作预算费用＝已完成工作量×预算单价；

（2）实际值：已完成工作实际费用＝已完成工作量×实际单价；

（3）计划值：计划工作预算费用＝计划工作量×预算单价；

（4）费用偏差（CV）＝已完工作预算费用－已完工作实际费用 （"＋"节约，"－"超支）；

（5）进度偏差（SV）＝已完工作预算费用－计划工作预算费用 （"＋"超前，"－"拖后）；

（6）费用绩效指数（CPI）＝已完工作预算费用/已完工作实际费用 （"＞1"节约，"＜1"超支）；

（7）进度绩效指数（SPI）＝已完工作预算费用/计划工作预算费用 （"＞1"超前，"＜1"拖后）。

费用（进度）偏差是绝对偏差，仅适合于对同一项目做偏差分析；费用（进度）绩效指数是相对偏差，不受项目层次的限制，又不受项目实施时间的限制，在同一项目和不同项目比较中均可采用。

【案例 7-16】 案例背景：某项目经理部中标某城市道路工程 A 标段，中标价为 3000 万元。项目经理部依据合同、招标文件和施工组织设计，为该项目编制了目标成本计划。参加编制的主要人员有项目经理、项目总工、预算员。参与人员踏勘了施工现场，召开了编制前的准备会议，经过工程量复核、工程单价分析、工程量计算对比、综合管理（间接）费用分析等步骤，得出了本工程的目标成本计划指标：直接成本 2620 万元，间接成本 80 万元。在施工过程中，收集到的分部工程 A 的资料见表 7-7。

计划与实际工程量及施工成本汇总表　　　　表 7-7

分部工程	工程量（m³）		施工成本（元/m³）	
	计划	实际	计划	实际
A	600	500	350	320

问题：

（1）计算本项目上交公司的利润（请用汉字写出计算式）。

（2）判断分部工程 A 的施工成本情况？

【解析】

（1）本项目上交公司的利润为：中标价－直接成本－间接成本＝3000－2620－80＝300 万元。

（2）费用偏差＝已完工作预算费用－已完工作实际费用

＝已完成工作量×预算单价－已完成工作量×实际单价

＝500×350－500×320＝175000－160000＝15000。

计算结果为正值，表示施工成本节约 15000 元。

7.5　环境管理计划

环境管理计划指的是保证实现项目施工环境目标的管理计划，包括制定、实施所需的组织机构、职责、程序以及采取的措施和资源配置等。环境管理计划可参照《环境管理体系 要求及使用指南》GB/T 24001—2016，在施工单位环境管理体系的框架内编制❶。

7.5.1　环境管理体系

1993 年国际标准化组织成立了环境管理技术委员会，开始了对环境管理体系的国际

❶　《建设工程项目管理规范》GB/T 50326—2017：

13.3.1　工程施工前，项目管理机构应进行下列调查：1. 施工现场和周边环境条件；2. 施工可能对环境带来的影响；3. 制定环境管理计划的其他条件。

13.3.2　项目管理机构应进行项目环境管理策划，确定施工现场环境管理目标和指标，编制项目环境管理计划。

13.3.3　项目管理机构应根据环境管理计划进行环境管理交底，实施环境管理培训，落实环境管理手段、设施和设备。

13.3.4　施工现场应符合下列环境管理要求：

1. 工程施工方案和专项措施应保证施工现场及周边环境安全、文明，减少噪声污染、光污染、水污染及大气污染，杜绝重大污染事件的发生。

2. 在施工过程中应进行垃圾分类。实现固体废弃物的循环利用。设专人按规定处置有毒有害物质。禁止将有毒、有害废弃物用于现场回填或混入建筑垃圾中外运。

3. 按照分区划块原则，规范施工污染排放和资源消耗管理，进行定期检查或测量，实施预控和纠偏措施，保持现场良好的作业环境和卫生条件。

4. 针对施工污染源或污染因素，进行环境风险分析，制定环境污染应急预案。预防可能出现的非预期损害；在发生环境事故时，进行应急响应以消除或减少污染，隔离污染源并采取相应措施防止二次污染。

13.3.5　组织应在施工过程及竣工后，进行环境管理绩效评价。

通用标准的制定工作。我国从 1996 年开始就以等同的方式，颁布了环境管理方面的标准，现行环境管理体系标准为：

(1)《环境管理体系 要求及使用指南》GB/T 24001—2016；

(2)《环境管理体系 通用实施指南》GB/T 24004—2017。

图 7-18 为 PDCA 模式下环境管理体系每个单独的要素之间的关系。

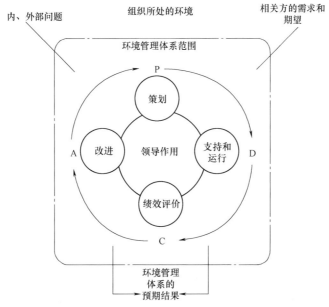

图 7-18 环境管理体系模型

7.5.2 环境管理计划的内容

1. 确定项目重要环境因素，制定项目环境管理目标

建设工程的环境与卫生管理应纳入施工组织设计或编制专项方案，明确环境与卫生管理的目标和措施。根据土木工程施工各阶段的特点，对分部（分项）工程进行环境因素的识别和评价，并制定相应的管理目标、控制措施和应急预案等。常见的土木工程施工的环境管理目标有：

1）大气污染管理目标；

2）垃圾污染管理目标；

3）建筑施工中建筑机械发出的噪声和强烈的振动管理目标；

4）光污染管理目标；

5）放射性污染管理目标；

6）生产、生活污水排放管理目标。

【案例 7-17】 某工程环境保护目标、指标及管理方案

1. 指导思想

坚持预防为主，全面规划，合理布局，综合治理。坚持一体化管理体系的方针，促进施工生产和环境建设协调发展。坚持"谁污染谁治理，谁开发谁保护"的原则，实行污染

治理责任制，合理利用资源，保护自然生态环境。

　　2. 环保目标

　　噪声排放达标，现场目测无扬尘，运输无遗洒，严格控制，最大限度地减少化学危险品、油品的泄露，有毒有害废弃物实现分类管理，提高回收利用率，严禁发生重大火灾、爆炸事故，节约能源、资源，生产生活污水排放达标，烟尘排放达标，建筑材料有害物质含量达标。

　　3. 环保指标

　　1）噪声环境保护指标

　　施工现场场界噪声达标排放标准。施工现场场界噪声控制指标，昼间：土方施工小于75dB，打桩施工小于85dB，结构施工小于70dB，装修施工小于65dB，不安排夜间施工。

　　2）大气环境保护指标

　　（1）施工现场无粉尘，现场目测无扬尘，现场地面平整坚实无浮土；

　　（2）汽车尾气排放达标率达到100%。

　　3）水环境保护指标

　　（1）控制液体废弃物的生产，施工现场无液体废弃物存在；

　　（2）生产、生活污水排放达标，污水排放进行 pH 值检测，pH 值范围在 6~9 之间。

　　4）固体废弃物环境保护指标

　　严格控制固体废弃物产生，施工现场禁止固体废弃物长时间存放，及时将固体废弃物运出现场到指定地方销毁，施工现场无固体废弃物存在。

　　5）化学危险品指标

　　最大限度地减少化学品、危险品的泄露，严禁发生重大火灾和爆炸事故。

　　6）光污染

　　施工现场无光污染，夜间施工照明罩使用率达100%。

　　7）资源能源指标

　　节约能源管理，降低材料消耗。

　　8）卫生防疫保护指标

　　施工单位应根据季节气候特点，做好施工人员的饮食卫生、防暑降温、防寒保暖、防中毒、卫生防疫等工作。

　　2. 建立项目环境管理的组织机构并明确职责

　　1）建立由项目经理参加的环境管理组织机构，明确各级、各部门在环境保护工作中的职责分工；建设工程施工总承包单位对施工现场的环境与卫生负总责，分包单位服从总承包单位的管理，参建单位及现场人员要有维护施工现场环境与卫生的责任和义务。

　　2）建立、健全施工期环境管理体系和各项环境管理规章制度；施工现场大门内应有环境保护与绿色施工制度牌和宣传栏。

　　3）核实、确定施工范围内的环境敏感点，施工过程的重大环境因素；建立环境与卫生管理制度，落实管理责任，并定期检查并记录。

　　4）明确施工范围内各施工阶段应遵循的环保法律、法规和标准要求。

　　5）制订培训计划，建立培训、考核程序。定期对直接参与环境管理的人员进行环保专业知识培训，对各层次工作人员进行必要的环保知识培训，对关键岗位员工进行岗位操作规程、能力和环境知识的专门培训。针对可能发生的环境、卫生等突发事件建立应急管理体系，制定相应的应急预案并组织演练。

3. 根据项目特点，进行环境保护方面的资源配置

在环境保护方面需要结合项目特点，投入人力、物力、财力资源的配置，例如建筑工程施工现场就需要在节约能源及选用节能型产品、施工现场抑尘措施、现场污水二次沉淀排放、低噪声设备的使用、强光作业的遮挡等重要环境保护因素配置资源，达到项目环境管理目标。

4. 制定现场环境保护的控制措施❶

1）人员健康

（1）施工作业区和生活办公区应分开布置，生活设施应远离有毒有害物质。

（2）生活区应有专人负责，应有消暑或保暖措施。

（3）现场工人劳动强度和工作时间应符合现行国家标准的有关规定。

（4）从事有毒、有害、有刺激性气味和强光、强噪声施工的人员应佩戴与其相应的防护器具。

（5）深井、密闭环境、防水和室内装修施工应有自然通风或临时通风设施。

（6）现场危险设备、地段、有毒物品存放地应配置醒目安全标志，施工应采取有效防毒、防污、防尘、防潮、通风等措施，应加强人员健康管理。

（7）厕所、卫生设施、排水沟及阴暗潮湿地带应定期消毒。

（8）食堂各类器具应清洁，个人卫生、操作行为应规范。

2）节约能源资源

（1）施工现场采用新能源和可再生资源，临时用电设备及器具选用节能型产品。

（2）利用拟建道路路基作为施工现场临时道路路基。

（3）应利用既有建筑物、构筑物和设施作为施工现场的临时设施。

（4）合理安排材料进场计划减少二次搬运，实行限额领料。

（5）施工降水时应执行国家及当地有关水资源保护的规定，综合利用抽出的地下水。

（6）施工现场应采用节水器具，并应设置节水标识。

（7）施工现场生产生活用水用电等资源能源的消耗实行计量管理。

（8）设置废水回收、循环再利用设施，对雨水进行收集利用。

（9）施工现场周转材料宜选择金属、化学合成材料等可回收再利用产品代替，并应加强保养维护，提高周转率。

---

❶ 《建筑工程绿色施工评价标准》GB/T 50640—2010。

《建设工程项目管理规范》GB/T 50326—2017，13.3.4 施工现场应符合下列环境管理要求：

1. 工程施工方案和专项措施应保证施工现场及周边环境安全、文明，减少噪声污染、光污染、水污染及大气污染，杜绝重大污染事件的发生；

2. 在施工过程中应进行垃圾分类，实现固体废弃物的循环利用，设专人按规定处置有毒有害物质，禁止将有毒、有害废弃物用于现场回填或混入建筑垃圾中外运；

3. 按照分区划块原则，规范施工污染排放和资源消耗管理，进行定期检查或测量，实施预控和纠偏措施，保持现场良好的作业环境和卫生条件；

4. 针对施工污染源或污染因素，进行环境风险分析，制定环境污染应急预案，预防可能出现的非预期损害；在发生环境事故时，进行应急响应以消除或减少污染，隔离污染源并采取相应措施防止二次污染。

3）大气污染防治

（1）施工现场的主要道路应进行硬化处理。裸露的场地和堆放的土方应采取覆盖、固化或绿化等措施。

（2）施工现场土方作业应采取防止扬尘措施，主要道路应定期清扫、洒水。

（3）拆除建筑物或构筑物时，应采用隔离、洒水等降噪、降尘措施，并应及时清理废弃物。

（4）土方和建筑垃圾的运输必须采用封闭式运输车辆或采取覆盖措施。施工现场出口处应设置车辆冲洗设施，并应对驶出车辆进行清洗。土方施工应优化施工方案，减少土方开挖和回填量。

（5）建筑物内垃圾应采用容器或搭设专用封闭式垃圾道的方式清运，严禁凌空抛掷。

（6）施工现场严禁焚烧各类废弃物。

（7）在规定区域内的施工现场应使用预拌混凝土及预拌砂浆。采用现场搅拌混凝土或砂浆的场所应采取封闭、降尘、降噪措施。水泥和其他易飞扬的细颗粒建筑材料应密闭存放或采取覆盖等措施。

（8）当市政道路施工进行铣刨、切割等作业时，应采取有效防扬尘措施。灰土和无机料应采用预拌进场，碾压过程中应洒水降尘。

（9）城镇、旅游景点、重点文物保护区及人口密集区的施工现场应使用清洁能源。

（10）施工现场的机械设备、车辆的尾气排放应符合国家环保排放标准。

（11）当环境空气质量指数达到中度及以上污染时，施工现场应增加洒水频次，加强覆盖措施，减少易造成大气污染的施工作业。

4）水土污染防治

（1）施工现场应设置排水沟及沉淀池，施工污水应经沉淀处理达到排放标准后，方可排入市政污水管网。

（2）废弃的降水井应及时回填，并应封闭井口，防止污染地下水。

（3）施工现场临时厕所的化粪池应进行防渗漏处理。

（4）施工现场存放的油料和化学溶剂等物品应设置专用库房，地面应进行防渗漏处理。

（5）施工现场的危险废物应按国家有关规定处理，严禁填埋；施工现场办公应利用信息化管理，减少办公用品的使用及消耗。施工现场对可回收再利用物资及时分拣、回收、再利用。

（6）有毒有害作业场所应在醒目位置设置安全警示标识，并应符合现行国家标准《工作场所职业病危害警示标识》GBZ 158—2003 的规定。施工单位应依据有关规定对从事有职业病危害作业的人员定期进行体检和培训。

5）施工噪声及光污染防治

（1）施工现场场界噪声排放应符合现行国家标准《建筑施工场界环境噪声排放标准》GB 12523—2011 的规定。施工现场应对场界噪声排放进行监测、记录和控制，并应采取降低噪声的措施。

（2）施工现场宜选用低噪声、低振动的设备，强噪声设备宜设置在远离居民区的一侧，并应采用隔声、吸声材料搭设防护棚或屏障。

（3）进入施工现场的车辆严禁鸣笛。装卸材料应轻拿轻放。

（4）因生产工艺要求或其他特殊需要，确需进行夜间施工的，施工单位应加强噪声控制，并应减少人为噪声。

（5）施工现场应对强光作业和照明灯具采取遮挡措施，减少对周边居民和环境的影响。

5. 建立现场环境检查制度，并对环境事故的处理做出相应规定。

项目部应建立环境保护检查制度，制度的建立要根据本项目部的特点，体现专项检查和群众监督相结合的形式，并针对常见的违章建立处罚标准。现场环境检查要结合绿色施工项目检查同步进行，按地基与基础工程、结构工程，装饰装修与机电安装工程不同阶段进行检查。

【案例7-18】 （2014 一级建造师考试改）背景资料：某办公楼工程，建筑面积 $45000 m^2$，地下 2 层，地上 26 层，框架剪力墙结构，设计基础底标高为 $-9.0 m$，由主楼和附属用房组成。基坑支护采用复合土钉墙，地质资料显示，该开挖区域为粉质黏土且局部有滞水层。施工过程中发生了下列事件：

事件一：项目部在编制的"项目环境管理计划"中，有下列内容：（1）确定了项目施工环境保护目标。污染固废 100% 回收处理；严格控制噪声释放；施工酸碱废水二次处理达标排放；杜绝放射性泄漏；及时修整、恢复施工过程中受到破坏的生态环境；施工生活区废水达二级排放。（2）根据项目特点，制定了一系列现场环境保护的控制措施。

事件二：在砌体子分部工程验收时，发现有个别部位存在墙体裂缝。监理工程师对不影响结构安全的裂缝砌体进行了验收，对可能影响结构安全的裂缝砌体提出整改要求。

问题：

（1）事件一中，项目环境管理计划还应包括哪些工作内容？

（2）事件二中，监理工程师的做法是否妥当？对可能影响结构安全的裂缝砌体应如何整改验收？

【解析】

1）根据《建筑施工组织设计规范》GB/T 50502—2009 第 7.5.2 条规定，事件一中，项目环境管理计划内容还包括：（1）确定项目重要环境因素；（2）建立项目环境管理的组织机构并明确职责；（3）根据项目特点，进行环境保护方面的资源配置；（4）建立现场环境检查制度，并对环境事故的处理做出相应规定。

2）事件二中，监理工程师做法不妥当。根据相关规定对有可能影响结构安全性的砌体裂缝，应由有资质的检测单位检测鉴定，需返修或加固处理的，待返修或加固处理满足使用要求后进行二次验收。对不影响结构安全性的砌体裂缝，应予以验收，对明显影响使用功能和观感质量的裂缝，应进行处理。

7.6 其他管理计划

其他管理计划包括绿色施工管理计划、防火保安管理计划、合同管理计划、组织协调管理计划、创优质工程管理计划、质量保修管理计划以及对施工现场人力资源、施工机具、材料设备等生产要素的管理计划等。这些管理计划的内容主要包括目标、组织机构、资源配置、管理制度和技术组织措施等。

扫描二维码 7-4，观看其他管理计划教学视频。

7.6.1 防火保安管理计划

二维码 7-4 其他管理计划教学视频

1. 施工项目现场消防计划

1）消防组织管理

（1）以贯彻"预防为主、防消结合"的方针，立足于自防自救，坚持安全第一，实行"谁主管、谁负责"的原则。在防火业务上多请当地公安消防机构作现场指导。

（2）在开工时，制定详细消防方案。消防方案由公司技术、质安、设备、保卫部门依次审核，由保卫部门送公司总工程师、防火责任负责人审批。

（3）施工现场实行分级防火责任制，落实各级防火责任人。项目经理为施工现场防火责任人，全面负责施工现场的防火工作。班组长是各班组防火责任人，对本班组的防火负责。工地防火检查员（消防员）每天班后必须巡查，发现不安全因素要及时消除或汇报。施工现场成立防火领导小组。

（4）对职工进行经常性的防火宣传教育，增强防火意识。

（5）施工现场设置防火警示标志，施工现场张挂防火责任人、防火领导小组成员名单、防火制度等标牌。

（6）施工现场防火管理，按其施工项目、施工范围，实行"谁施工、谁负责"的原则。

2）易燃易爆物品及临时设施防火管理

（1）施工现场不宜存放易燃易爆物品，如工程确需存放易燃易爆物品，必须按照防火规定设置，并经公司保卫科或消防部门同意后，方能存放，存放量不得超过 3 天的使用总量。

（2）易燃易爆物品仓库必须设专人看管，严格收发登记手续。

（3）易燃易爆物品严禁露天存放。严禁将化学性质或防护、灭火方法相抵触的易燃易爆物品在同一仓内存放，氧气和乙炔气要分别独立存放。

（4）使用化学易燃易爆物品，应实行限额领料和领料登记制度。在使用化学易燃易爆物品场所，严禁动火作业；禁止在作业场所内分装、调料；严禁使用乙炔发生器作业；严格控制使用液化石油气，确需使用时，要严格按防火规定操作，落实安全措施，并必须经施工现场防火责任人书面同意。

（5）木加工场内木屑、刨皮等必须及时清理，严禁在油漆间、木工棚及其他堆放易燃易爆物品附近吸烟。

（6）食堂内柴、煤等应堆放整齐，离明火应有足够距离。

（7）施工现场所有搭建的临时设施都必须按防火要求搭建，使用不燃材料搭建（门窗除外）；易燃易爆物品仓库应单独设置，并远离其他临时建筑；临时建筑不得修建在高压架空线下面，与高压线的距离不得小于规定距离。

3）消防器材管理

（1）各种消防梯应保持完整、完好。

（2）水枪经常检查，保持开关灵活，喷嘴畅通，附件齐全无锈蚀。

（3）水带充水后应防骤然折弯，不应被油类污染，用后清洗晾干，收藏时应单层卷起，竖放在架上。

（4）各种管接口应接装灵便、松紧适度、无泄漏，不得与酸、碱等化学品混放，使用时不得摔压。

（5）消火栓按室内、室外（地上、地下）的不同要求定期进行检查和及时加注润滑油，消火栓井应经常清理，冬季采用防冻措施。

（6）工地设有火灾探测和自动报警灭火系统时，应由专人管理，保持处于完好状态。

2. 施工项目现场保安管理计划

1）项目现场保卫工作

施工现场必须设立门卫，根据需要设置警卫，负责施工现场安全保卫工作，并采取必要的措施。主要管理人员应在施工现场佩戴证明其身份的标识，严格现场人员的进出管理。

2）项目现场保卫工作的内容

（1）建立完整可行的保卫制度，包括组织机构、组织分工、管理程序、防范措施等。组建一支精干负责，有快速反应能力的保卫人员队伍，并与项目所在地派出所签订平安共建协议。

（2）项目现场应设立围墙、大门和标牌（特殊工程、有保密要求的除外），防止与施工无关人员随意进出现场。

（3）严格门卫管理，现场施工人员凭证件出入现场。大型重要工程根据需要可实行分区管理，即根据工程进度，将整个施工现场划分为若干个区域，分设出入口，每个区域使用不同的出入证件。对出入证件的发放管理要严肃认真，并应定期更换。

（4）对临时来到现场的外单位人员、车辆等要做好登记。

7.6.2 合同管理计划

项目合同的管理就是希望双方当事人在合同执行过程中加强沟通与合作，在合作中通过协商消除分歧，在实现项目目标上寻找共同点。

1. 合同管理的主要任务

（1）主合同管理；

（2）分包合同的管理；

（3）主合同和分包合同的索赔管理；

（4）与合同管理有关的行政管理；

（5）与项目其他部门的协调等。

2. 项目合同管理程序

合同管理程序化是为了完成某项活动而规定的方法，即某项活动的目的范围、应该做些什么、由谁来做、在何时何地做、如何做、如何控制活动的过程、如何把所有的事情记录下来等，从而使每个过程和每次活动都尽可能得到恰当而连续的控制。做到"凡事有人负责，凡事有据可循，凡事有据可查，凡事有人监督"。《建设项目工程总承包管理规范》GB/T 50358—2017、《建设工程项目管理规范》GB/T 50326—2017，分别对项目合同管理作了专门的说明。

1）合同管理一般遵循下列程序

（1）合同的评审；

（2）合同订立；

（3）合同实施计划；

（4）合同实施控制；

（5）合同管理总结。

2）合同的评审

合同评审应在合同签订之前进行，主要是对招标文件和合同条件进行的审查、认定和评价。要研究合同文件和发包人所提供的信息，确保合同要求得以实现，发现问题应及时澄清，并以书面方式确定。合同评审应包括：

（1）招标内容和合同的合法性审查；

（2）招标文件和合同条款的合法性和完备性审查；

（3）合同双方责任、权益和项目范围认定；

（4）与产品或过程有关要求的评审；

（5）合同风险评估。

3）合同实施计划

实施计划应包括合同实施总体安排，分包策划以及合同实施保证体系的建立等内容。合同实施保证体系应与其他管理体系协调一致，须建立合同文件沟通方式，编码系统和文档系统，对其同时承接的合同做出总体协调安排。所签订的各分包合同及自行完成工作责任的分配，应能涵盖主合同的总体责任，在价格、进度、组织等方面符合主合同的要求。

合同实施计划应规定必要的合同实施工作程序。施工合同生效后，合同当事人（发包方、承包方等）按照合同约定的义务，如合同约定的工程建设施工质量、工程合同价款、合同工期、工程安全等全面、适当地完成各自所承担的合同约定义务的行为。合同的履行，应遵循全面履行、诚实信用的原则。

4）合同实施控制

合同实施控制包括合同交底、合同跟踪与诊断、合同变更管理和索赔管理等工作。

（1）在合同实施前，合同谈判人员应进行合同交底，合同交底应包括合同的主要内容、合同实施的主要风险、合同签订过程中的特殊问题、合同实施计划和合同实施责任分配等内容。

（2）项目经营部应监督合同执行行为，并协调各分包人的合同实施工作。

（3）合同跟踪和诊断：

① 全面收集并分析合同实施的信息，将合同实施情况与计划进行对比分析，找出其中的偏差；

② 定期诊断合同履行情况，诊断内容应包括合同执行差异的原因分析、责任分析以及实施趋向预测，应及时通报合同实施情况及存在问题，提出有关意见和建议，并采取相应措施。

（4）合同变更管理：

在建筑工程施工合同签订过程中，由于合同内容的缺失，造成施工合同生效后给合同履行带来一定的难度，往往引起合同的变更问题。合同变更管理应包括变更协商、变更处理程序、制定并落实变更措施、修改与变更相关的资料等。

对于生效后没有进行约定或约定不明确的合同内容，处理办法：

① 协议补充

对于生效的建筑工程施工合同，由于内容的缺失，给合同执行带来极大困难，或损害权利人的利益。为保证建筑工程施工合同能够正确及时地履行，首先应基于发包方和承包方等当事人的意愿，发包方、承包方通过协商达成协议，通过该协议对原来施工合同中没有约定或者约定不明确的内容予以补充或者明确约定，根据《合同法》的规定，该补充协议应成为建筑工程施工合同的重要组成部分。

② 按照合同有关条款或者交易习惯确定

当发包方与承包方协商未能对于没有约定或约定不明确的内容达成补充协议的，可以结合合同其他方面的内容（其他条款）加以确定。也可按照在同样交易中通常或者习惯采用的交易习惯进行合同履行。

a. 对于施工合同中质量要求不明确，应按照国家标准、行业标准履行；没有国家标准、行业标准的，按照通常标准或者符合合同目的的特定标准履行。

b. 对于价款或者报酬约定不明确的，应按订立施工合同时履行地的市场价格履行，依法应当执行政府定价或者政府指导价格的，按照规定履行。

c. 在执行政府定价或政府指导价的情况下，在履行合同过程中，当价格发生变化时：

在合同约定的交付期限内政府价格调整时，按照交付的价格计价；逾期交付标的物的，遇到价格上涨时，按照原价履行；价格下降时，按照新价格履行。逾期提取标的物或者逾期付款的，遇到价格上涨时，按照新价格履行；价格下降时，按照原价格履行。

d. 履行合同工期应明确，如果在合同中没有明确，根据《中华人民共和国合同法》的规定合同履行中的"必要准备时间"，一般应参照工期定额、工程实际情况和相类似工程项目案例进行确定，确定合理的履行期限。

（5）索赔管理工作应包括下列内容

① 预测、寻找和发现索赔；

② 收集索赔的证据和理由，调查和分析并计算索赔值；

③ 提出索赔意向报告。

（6）反索赔管理工作

① 对收到的索赔报告进行审查分析，收集反驳理由和证据，复核索赔值，起草并提出反索赔报告；

② 通过合同管理，防止反索赔事件的发生。

5）项目合同评价总结报告

（1）合同签订情况评价；

（2）合同执行情况评价；

（3）合同管理工作评价；

（4）对本项目有重大影响的合同条款的评价；

（5）其他经验和教训。

7.6.3　保修管理计划

1. 工程保修

从工程交付之日起，依照《建筑工程质量管理条例》（2019 年修改）❶，在工程竣工后的一段时间内，保留保修小组，为工程尽快地投入使用服务。工程正常使用后，定期或不定期地对雇主进行回访，征求雇主的意见并及时解决存在的问题，并按照要求进行每月、每季、半年、一年的维修检查。

2. 工程保修方案

1）保修内容

（1）屋面渗漏水；

（2）烟道、排气孔道、风道不通、漏气；

（3）楼内地坪空鼓、开裂、起砂、面砖松动；

（4）有防水要求的地面渗漏水；

（5）内墙及顶棚抹灰、腻子、涂料等空鼓、开裂、脱皮等；

（6）门窗开关不灵或缝隙超过规范规定或渗漏水；

（7）外墙保温裂缝、破损、脱落、渗漏等；

（8）水池、有防水要求的地下室漏水；

（9）室内上下水、供热及空调系统管道漏水、漏气，暖气不热、冷气不冻，电器、电线漏电，照明灯具坠落；

（10）钢筋混凝土、砖石砌体结构及其他承重结构变形，裂缝超过国家规范和设计要求；

（11）其他质量问题。

2）保修期限

在正常使用条件下，建设工程的最低保修期限为：

（1）基础设施工程、房屋建筑的地基基础工程和主体结构工程，为设计文件规定的该工程的合理使用年限；

（2）屋面防水工程、有防水要求的卫生间、房间和外墙面的防渗漏，为 5 年；

（3）供热与供冷系统，为 2 个采暖期、供冷期；

（4）电气管线、给水排水管道、设备安装和装修工程，为 2 年。

建设工程的保修期，自竣工验收合格之日起计算。

3. 保修管理计划

保修管理计划除了保修内容、保修期限外，还包括保修制度、保修工作程序、保修时间约定、定期回访制度、保修人员安排、保修记录等。

7.6.4　资源需求计划

由于工程项目建设过程中所需资源种类多，数量大，同时资源供应受外界影响很大，

---

❶　2019 年 4 月 23 日，中华人民共和国国务院令（第 714 号）公布，对《建设工程质量管理条例》部分条款予以修改。

具有复杂性和不确定性。因此应结合进度计划编制资源管理计划，对资源的投入量、投入时间、投入顺序做出合理安排，以满足项目实施的需要。

1. 项目资源管理计划的内容

《建设工程项目管理规范》GB/T 50326—2017 规定，项目资源管理计划的内容包括：

1）资源管理计划应包括建立资源管理制度，编制资源使用计划、供应计划和处置计划，规定控制程序和责任体系。

2）资源管理计划应依据资源供应条件、现场条件和项目管理实施规划编制。

3）人力资源管理计划应包括人力资源需求计划、人力资源配置计划和人力资源培训计划。

4）材料管理计划应包括材料需求计划、材料使用计划和分阶段材料计划。

5）机械管理计划应包括机械需求计划、机械使用计划和机械保养计划。

6）技术管理计划应包括技术开发计划、设计技术计划和工艺技术计划。

7）资金管理计划应包括项目资金流动计划和财务用款计划，具体可编制年、季、月度资金管理计划。

2. 项目资源管理控制

1）资源管理控制应包括按资源管理计划进行资源的选择、资源的组织和进场后的管理等内容。

2）人力资源管理控制应包括人力资源的选择、订立劳务分包合同、教育培训和考核等。

3）材料管理控制应包括材料供应单位的选择、订立采购供应合同、出厂或进场验收、储存管理、使用管理及不合格品处置等。

4）机械设备管理控制应包括机械设备购置与租赁管理、使用管理、操作人员管理、报废和出场管理等。

5）技术管理控制应包括技术开发管理，新产品、新材料、新工艺的应用管理，项目管理实施规划和技术方案的管理，技术档案管理，测试仪器管理等。

6）资金管理控制应包括资金收入与支出管理、资金使用成本管理、资金风险管理等。

3. 项目资源管理考核

1）资源管理考核应通过对资源投入、使用、调整以及计划与实际的对比分析，找出管理中存在的问题，并对其进行评价的管理活动。通过考核能及时反馈信息，提高资金使用价值，持续改进。

2）人力资源管理考核应以有关管理目标或约定为依据，对人力资源管理方法、组织规划、制度建设、团队建设、使用效率和成本管理等进行分析和评价。

3）材料管理考核工作应对材料计划、使用、回收以及相关制度进行效果评价。材料管理考核应坚持计划管理、跟踪检查、总量控制、节超奖罚的原则。

4）机械设备管理考核应对项目机械设备的配置、使用、维护以及技术安全措施、设备使用效率和使用成本等进行分析和评价。

5）项目技术管理考核应包括对技术管理工作计划的执行、技术方案的实施、技术措施的实施、技术问题的处置，技术资料收集、整理和归档以及技术开发，新技术和新工艺应用等情况进行分析和评价。

　　6）资金管理考核应通过对资金分析工作，计划收支与实际收支对比，找出差异，分析原因，改进资金管理。在项目竣工后，应结合成本核算与分析工作进行资金收支情况和经济效益分析，并上报企业财务主管部门备案。组织应根据资金管理效果对有关部门或项目经理部进行奖惩。

7.6.5　其他管理计划

　　除上述管理计划外，施工项目管理实施规划中还需包括下面的一些计划：

　　1. 信息管理计划

　　制定信息管理计划是项目信息管理的一项重要工作，应包括下列内容：

　　1）项目管理的信息需求分析。信息需求分析是要确定项目各层次人员需要什么样的信息，需要时间以及信息提供的方法等。

　　2）项目信息管理工作流程。信息管理工作流程是项目信息流通的渠道，用来反映工程项目上各单位及人员之间的关系。在工程项目管理中，信息流程主要有管理系统的纵向信息流、管理系统的横向信息流和外部系统的信息流。

　　3）信息来源和传递途径。信息来源可分为内部信息来源和外部信息来源。内部信息来自工程项目本身，如工程概况、项目目标、技术方案、进度计划、各项技术经济指标、项目经理部的组织结构及相关管理制度等。外部信息主要包括国家或地方的相关法律法规、物价指数、原材料及设备价格等。

　　4）信息处理要求及方式。在工程建设过程中必须对收集来的资料、信息进行处理，以便于管理和使用。为了使信息能有效发挥作用，信息处理必须做到快捷、准确、适用、经济。对于信息的处理可采用手工处理、机械处理和计算机处理等方式。使用计算机进行项目信息管理不仅可以接受并存储大量信息，而且可以利用与项目管理相关的软件（如施工现场管理软件、合同管理软件、资料管理软件等）对信息进行深度处理和加工，同时也可以对信息进行快速检索和传输。

　　5）信息管理人员的职责。通过建立项目信息管理系统，在原有的项目组织的基础上，对信息管理任务和管理职能进行分工。项目经理可以根据工程实际情况在各工作部门设置专职或兼职的信息管理员，也可在项目经理部设置专职信息管理员，在组织信息管理部门的指导下进行工作。对于规模较大的项目可单独设置项目信息管理部门。

　　2. 项目沟通管理计划

　　项目沟通计划是项目管理工作中各组织和人员之间关系能否顺利协调、管理目标能否顺利实现的关键。项目沟通管理计划应由项目经理组织编制，项目沟通管理计划包括下列内容：

　　1）项目的沟通方式和途径，主要说明项目信息的流向和信息的分发方法（如书面报告、会议、文件等）。

　　2）信息收集归档格式。

　　3）信息的发布和使用权限规定。

　　4）沟通障碍与冲突管理计划。

　　5）沟通技术约束条件与假设前提的编制。

　　在沟通计划中要确定利害关系者的信息需求和满足这些需求的恰当手段。同时，在项目的整个过程中都应该对其结果进行定期或不定期的检查、考核和评价，并结合实施结果进行修改，以保证其准确性和适用性。

3. 风险管理计划

风险管理计划是研究和确定消除、减少或转移风险的方法，接受风险的决定及利用有利机会的计划，应依据已知的技术或过去经验的数据，以避免产生新的风险。

1）风险事件的级别评定

风险因素非常多，涉及各个方面，但人们并不是应对所有的风险都予以十分重视，否则将大大提高管理费用，而且谨小慎微，反过来会干扰正常的决策过程。

通常对一个具体的风险，它如果发生的损失为 R_h，发生的可能性为 E_w，则风险的期望值 R_w 为：$R_w = R_h \times E_w$。

引用物理学中位能的概念，损失期望值高的，则风险位能高。根据风险位能将风险分为以下四类：

A类：即风险发生的可能性很大，同时一旦发生损失也很大。这类风险常常是风险管理的重点。对它可以着眼于采取措施减小发生的可能性，或减少损失。

B类：如果发生损失很大，但发生的可能性较小的风险。对它可以着眼于采取措施以减少损失。

C类：发生的可能性较大，但损失很小的风险。对它可以着眼于采取措施以减小发生的可能性。

D类：发生的可能性和损失都很小的风险。

2）编制风险管理计划。

风险管理计划作为项目计划的一部分，应与项目的其他计划，如进度计划、成本计划、组织计划、实施方案等通盘考虑。当确定风险且需要编制风险管理计划时，必须考虑风险对其他计划的不利影响。

项目风险管理计划内容包括：风险管理目标，风险管理范围，可使用的风险管理方法、工具及数据来源，风险分类和风险排序要求，风险管理道德职责与权限，风险跟踪的要求，相应的资源预算等。

风险管理计划可分为专项计划、综合计划和专项措施等。专项计划是指专门针对某一项风险如资金或成本风险制订的风险管理计划；综合计划是指施工项目中所有不可接受风险的整体管理计划；专项措施是指将某种风险管理措施纳入其他施工项目管理文件中，如新技术的应用中风险管理措施可编入项目施工方案，与施工措施有机地融为一体。从操作上讲，施工项目风险管理计划是否需要形成专门的单独文件，应根据风险评估的结果进行确定。

一般来讲，A类风险可以单独编制风险管理计划，B类、C类风险可以在有关施工文件中明确风险管理措施。D类风险则可以接受，不必编制任何风险管理计划。

3）施工项目风险应对措施

（1）风险回避：例如了解到某施工项目存在许多过去未曾识别的风险，成功把握性不大，遂决定放弃该施工项目以避免更大的风险损失。

（2）风险分离：例如在施工过程中，承包商将易燃材料分隔存放，避免材料集中存放于一处时可能遭受的损失。因为分隔存放分离了风险单元，各个风险单元不会具有同样的风险源，而且各自的风险源也不会互相影响。

（3）风险分散：例如承包商采用合作方式联合投标。风险分配通常在任务书、责任书、合同、招标文件中规定，在起草这些文件时，必须对风险做出估计、定义和分配。

（4）非保险型风险转移：例如对于建设工期较长的工程项目，承包商面临将来设备和材料涨价的风险，对此，承包方可以要求在合同中增加有关因发包方的原因导致工期延长，造成价格上涨时应相应上调费用等方面的责任条款，以转移自身的经济风险。

（5）工程保险：建筑工程一切险，安装工程一切险，建筑安装工程第三者责任险，施工机械设备损失险，货物运输险，机动车辆险，人身意外险，企业财产险，保证保险（一种担保业务），投标和履约保证险，海、路、空、邮货运险等。

（6）风险自留：风险自留具体包括风险准备金、自我保险和损失控制三种类型。

4. 项目收尾管理计划

在项目收尾阶段制定工作计划，使收尾工作的思想具体化、指标化和形象化，从而指导各项收尾管理工作。

项目收尾管理计划应主要包括下列内容：

1）项目收尾计划；

2）项目结算计划；

3）文件归档计划；

4）项目总结计划。

思 考 题

7-1 根据《建筑施工组织设计规范》GB/T 50502—2009，有哪些施工管理计划？

7-2 进度管理计划、质量管理计划、安全管理计划、环境管理计划、成本管理计划主要编写哪些内容？

7-3 简述质量与安全事故的分类和等级。

7-4 试述施工现场如何加强消防与保安管理。

案 例 题

7-1 背景资料：某办公楼工程，建筑面积 $23723m^2$，框架剪力墙结构，地下 1 层，地上 12 层，首层高 4.8m，标准层高 3.6m，顶层房间为有保温层的轻钢龙骨纸面石膏板吊顶。工程结构施工采用外双排落地脚手架。

事件一：因通道和楼层自然采光不足，砌筑工陈某不慎从 9 层未设门槛的竖向管道井洞口处坠落到地下一层混凝土底板上，当场死亡。

事件二：顶层吊顶安装石膏板前，施工单位仅对吊顶内管道设备安装申报了隐蔽工程验收，监理工程师提出申报验收有漏项，应补充验收申报项目：

问题：

（1）工程结构施工脚手架是否需要编制专项施工方案？说明理由。

（2）事件一中，从安全管理方面分析，导致这起事故发生的主要原因是什么？

（3）竖向管道井洞口处应采用哪些方式加以防护？

【解析】

1）本工程结构施工脚手架需要编制专项施工方案。理由：根据《危险性较大的分部分项工程安全管理办法》规定，脚手架高度超过24m的落地式钢管脚手架、各类工具式脚手架和卸料平台等工程需要单独编制专项施工方案。本工程中，脚手架高度3.6m×11+4.8m＝44.4m＞24m，因此必须编制专项施工方案。

2）导致这起事故发生的主要原因包括：

（1）竖向管道井洞口处无防护；

（2）楼层内在自然采光不足的情况下没有设置照明灯具；

（3）现场安全检查不到位，对事故隐患未能及时发现并整改；

（4）工人的安全教育不到位，安全意识淡薄。

3）采取的防护措施有：竖向管道井洞口处应加装开关式、固定式或工具式防护门，也可采用防护栏杆，门栅网格的间距不大于15cm，下设挡脚板。

7-2　背景：某工程建筑面积35000m^2，建筑高度115m，为36层现浇框架-剪力墙结构，地下2层；抗震设防烈度为8度，由某市建筑公司总承包。工程开工后，由项目经理部质量负责人组织编制施工项目质量计划。

问题：

（1）项目经理部质量负责人组织编制施工项目质量计划做法对吗？为什么？

（2）施工项目质量计划的编制要求有哪些？

（3）项目质量控制的方针和基本程序是什么？

【解析】

1）不对，它违反了施工项目质量计划由项目经理组织有关人员编制的基本规定。

2）施工项目质量计划应符合工程现场的需要和满足合同文件的要求，其编制应符合下列要求：

（1）在工程施工合同签订后，应针对工程项目的特点进行质量策划和分析，施工项目质量计划的编制应符合质量管理体系的要求。

（2）施工项目质量计划的编制，应是全过程或部分过程的控制，一般可以是从工序、检验批到分项工程再到分部工程、单位工程的系统控制过程。也是从原材料投入开始，到建筑工程质量最终满足检验和试验要求的全过程。

（3）施工项目质量计划具有双重性。对内应作为项目施工质量管理的依据，按照合同约定的工程质量标准进行质量控制和管理；对外则是特定工程项目的施工质量保证，即达到的质量目标，以及根据质量管理目标，作为进行项目科学有序施工管理的依据。

3）项目质量控制应坚持"质量第一，预防为主"的方针和"计划、执行、检查、处理"循环工作方法，不断改进过程控制。项目质量控制的程序为：确定项目质量目标→编制项目质量计划→实施项目质量计划（包括施工准备阶段、施工阶段、竣工验收阶段的质量控制）

7-3　图7-19为某建筑工程施工进度计划网络。施工中发生了以下事件：

事件1：工作因设计变更停工10天；

事件2：B工作因施工质量问题返工，延长工期7天；

事件3：E工作因建设单位供料延期，推迟3天施工；

事件 4：在设备管道安装气焊作业时，火星溅落到正在施工的地下室设备用房聚氨酯防水涂膜层上，引起火灾。

在施工进展到第 120 天后，施工项目部对第 110 天前的部分工作进行了统计检查。统计数据见表 7-8。

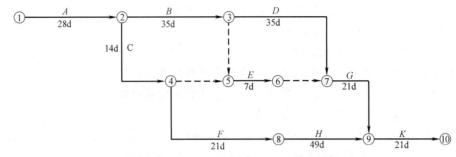

图 7-19　某建筑工程施工进度计划网络图

统计数据　　　　　　　　　　　　　　　　　　　表 7-8

工作代号	计划完成工作预算成本 BCWS(万元)	已完成工作量(%)	实际发生成本 ACWP(万元)	挣得值 BCWP(万元)
1	540	100	580	
2	820	70	600	
3	1620	80	840	
4	490	100	490	
5	240	0	0	
合计				

问题：

（1）本工程计划总工期和实际总工期各为多少天？

（2）施工总承包单位可否就事件 1 至事件 3 获得工期索赔？分别说明理由。

（3）施工现场焊、割作业的防火要求有哪些？

（4）计算截止到第 110 天的合计 BCWP 值。

（5）计算第 110 天的成本偏差 CV 值，并做 CV 值结论分析。

（6）计算第 110 天的进度偏差 SV 值，并做 SV 值结论分析。

【解析】

1）本工程计划总工期＝(28＋35＋35＋21＋21)d＝140d，实际总工期＝(140＋10＋7)d＝157d。

2）事件 1 可以获得工期索赔。理由：A 工作是因设计变更而停工，应由建设单位承担责任，且 A 工作属于关键工作。事件 2 不可以获得工期索赔。理由：B 工作是因施工质量问题返工，应由施工总承包单位承担责任。事件 3 不可以获得工期索赔。理由：E 工作虽然是因建设单位供料延期而推迟施工，但 E 工作不是关键工作，且推迟 3d 未超过其总时差。

3）施工现场焊、割作业的防火要求：

（1）焊工必须持证上岗，无证者不准进行焊、割作业；

（2）属一、二、三级动火范围的焊、割作业，未经办理动火审批手续，不准进行焊割；

（3）焊工不了解焊、割现场的周围情况，不得进行焊、割；

（4）焊工不了解焊件内部是否有易燃、易爆物时，不得进行焊、割；

（5）各种装过可燃气体、易燃液体和有毒物质的容器，未经彻底清洗，或未排除危险之前，不准进行焊、割；

（6）用可燃材料做的保温层、冷却层、隔声、隔热设备的部位，或火星能飞溅到的地方，在未采取切实可靠的安全措施之前，不准焊、割；

（7）有压力或密闭的管道、容器，不准焊、割；

（8）焊、割部位附近有易燃易爆物品，在未作清理或未采取有效的安全防护措施前，不准焊、割；

（9）附近有与明火作业相抵触的工种在作业时，不准焊、割；

（10）在与外单位相连的部位，在没有弄清有无险情，或明知存在危险而未采取有效的措施之前，不准焊、割。

4）计算截止到第110天的合计BCWP值（表7-9）。截止到第110天的合计BCWP值为2900万元。

第 110 天的合计 BCWP 值计算表　　　　　　　表 7-9

工作代号	计划完成工作预算成本 BCWS(万元)	已完成工作量(%)	实际发生成本 ACWP(万元)	挣得值 BCWP(万元)
1	540	100	580	540
2	820	70	600	574
3	1620	80	840	1296
4	490	100	490	490
5	240	0	0	0
合计	3220	—	2510	2900

5）第110天的成本偏差CV＝BCWP－ACWP＝（2900－2510）万元＝390万元。由于成本偏差为正，说明节约成本390万元。

6）第110天的进度偏差SV＝BCWP－BCWS＝（2900－3220）万元＝－320万元。由于进度偏差为负，说明进度延误拖后320万元。

7-4　某工程由A建筑集团总承包，经业主同意后，将土方工程和基坑支护工程分包给B专业分包单位。在土方工程施工中，B专业公司经仔细地勘察地质情况，认为土质是老黏土，承载力非常高，编制了土方工程和基坑支护工程的安全专项施工方案，并将专项施工方案报A公司审核，A公司项目技术负责人审核同意后交由B专业公司组织实施。本工程基础设计有人工挖孔桩，某桩成孔后，放置钢筋笼时，为防止钢筋笼变形，施工人员在钢筋笼下部对称绑了两根5m长φ8钢管进行临时加固。钢筋笼放入桩孔后，1名工人下到桩孔内拆除临时加固钢管，还未下到孔底时作业人员突然掉入桩孔底部，地面人员先后下井救人，相继掉入孔底。项目经理用空压机向孔内送风，组织人员报警、抢救，但最终仍导致 4 人死亡的事故，造成直接经济损失 84 万元。经调查，此 4 人均为新入场工人，没有进行安全教育，也没有进行人工挖孔桩的技术交底。

问题：（1）关于安全专项施工方案，分包单位、总包单位的做法有哪些不妥之处？正确的做法是什么？

（2）本案例中安全专项施工方案应经哪些人审核、审批后才能组织实施？

（3）建筑工程施工安全技术交底应包括哪些主要内容？

【解析】

1）不妥之处有以下几点：

不妥之一：B 专业公司将专项施工方案报 A 公司审核；

正确做法应是先经 B 公司单位技术负责人签字后，再报 A 公司审核。

不妥之二：A 公司项目技术负责人审核同意；

正确做法应由 A 公司企业技术部门专业工程技术人员和监理单位专业工程师审核同意。

不妥之三：A 公司项目技术负责人审核同意后交由 B 公司组织实施；

正确做法应是 A 公司企业技术负责人审核后，报总监理工程师审核，经总监理工程师签字确认后方能由 B 专业公司组织实施。

2）本案例中土方工程和基坑支护工程的安全专项施工方案应由 B 公司企业技术负责人、A 公司企业技术部门专业工程技术人员及监理公司专业监理工程师审核；审核合格后，由 A 公司企业技术负责人和总监理工程师审批后执行。

3）安全技术交底应包括分部、分项工程，做到分级、分工种进行，安全技术交底的主要内容包括：

（1）工作场所或工作岗位可能存在的不安全因素；

（2）所接触的安全设施、用具和劳动防护用品的正确使用；

（3）具体的施工工艺及安全技术操作规程；

（4）安全注意事项等。

7-5　背景资料：2021 年 7 月 20 日郑州市遭受特大暴雨灾害，图 7-20 是暴雨前后 24 小时某施工现场的现状对比图，大约有 8 台打桩机、7 台吊车、3 台装载机被淹。结合对比图，想一想、谈一谈。

图 7-20　某施工现场暴雨前后对比图

问题：（1）施工单位的机械被淹损失，如何处理？

（2）建筑工程一切险是否赔付施工单位的损失？

【解析】

1）特大暴雨灾害属于不可抗力事件，因不可抗力事件导致的施工单位的机械被淹损失，由施工单位自己承担。因不可抗力事件导致的费用，发、承包双方应按以下原则分别承担并调整工程价款：工程本身的损害、因工程损害导致第三方人员伤亡和财产损失以及运至施工场地用于施工的材料和待安装的设备的损害，由发包人承担；发包人、承包人人员伤亡由其所在单位负责，并承担相应费用；承包人的施工机械设备损坏及停工损失，由承包人承担；停工期间，承包人应发包人要求留在施工场地的必要的管理人员及保卫人员的费用由发包人承担；工程所需清理、修复费用，由发包人承担。不可抗力是一项免责条款，是指买卖合同签订后，不是由于合同当事人的过失或疏忽，而是由于发生了合同当事人无法预见、无法预防、无法避免和无法控制的事件，以致不能履行或不能如期履行合同，发生意外事件的一方可以免除履行合同的责任或者推迟履行合同。

2）建筑工程一切险赔付因暴雨原因造成的承保的建筑工程损失和费用。建筑工程一切险中的暴雨指的是每小时降雨量达16mm以上，或连续12小时降雨量达30mm以上，或连续24小时降雨量达50mm以上的降雨，这次郑州市累积平均降水量449mm，属于建筑工程一切险负责赔偿的暴雨定义。建筑工程一切险赔付施工单位下列损失：

（1）保险工程建筑完成时的总价值。包括原材料费用、设备费用、建造费、安装费、运输和保险费、关税、其他税项和费用，以及由工程所有人提供的原材料和设备的费用；

（2）购置同型号、同负载的现场中的施工用机器、装置和机械设备所需的费用；

（3）其他保险项目损失。

第 8 章　绿色施工管理

> **本章要点：** 绿色施工管理重点介绍绿色施工管理与绿色施工评价的内容；主要知识点包括：绿色施工总体框架、绿色施工管理要点及评价管理；环境保护；节材与材料资源利用；节水与水资源利用；节地与施工用地保护；人力资源节约与保护评价指标；创新与创效。
>
> **学习目标：** 掌握绿色施工总体框架、绿色施工评价管理；结合规范、标准熟悉四节一环保的施工管理要点；了解人力资源节约与保护评价指标及创新创效有关内容。
>
> **素质目标：** 通过绿色施工管理的学习，树立和践行生态文明建设，呵护绿水青山建设美丽中国。

2020 年 7 月由住房和城乡建设部等十三部门联合发布"关于推动智能建造与建筑工业化协同发展的指导意见"文件，"积极推行绿色建造"是七项重点任务之一，具体如下：

实行工程建设项目全生命周期内的绿色建造，以节约资源、保护环境为核心，通过智能建造与建筑工业化协同发展，提高资源利用效率，减少建筑垃圾的产生，大幅降低能耗、物耗和水耗水平。推动建立建筑业绿色供应链，推行循环生产方式，提高建筑垃圾的综合利用水平。加大先进节能环保技术、工艺和装备的研发力度，提高能效水平，加快淘汰落后装备设备和技术，促进建筑业绿色改造升级。

8.1　绿色建造

2021 年 3 月住房和城乡建设部组织编制印发了《绿色建造技术导则（试行）》，提出将绿色发展理念融入工程策划、设计、施工、交付的建造全过程，充分体现绿色化、工业化、信息化、集约化和产业化的总体特征。同时，统筹考虑建筑工程质量、安全、效率、环保、生态等要素，实现工程策划、设计、施工、交付全过程一体化，提高建造水平和建筑品质。

1. 绿色建筑

在《绿色建筑评价标准》GB/T 50378—2019 中，绿色建筑的定义为：在全寿命期内，节约资源、保护环境、减少污染，为人们提供健康、适用、高效的使用空间，最大限度地实现人与自然和谐共生的高质量建筑❶。

---

❶　20 世纪 60 年代，美籍意大利建筑师鲍罗·索勒里把生态学（ecology）和建筑学（architecture）两词合并为"arcology"译为"生态建筑学"，首次提出了"生态建筑"理念，后演变为绿色建筑。我国在国家标准《绿色建筑评价标准》GB/T 50378—2019 定义绿色建筑的概念是：在全寿命期内，节约资源、保护环境、减少污染，为人们提供健康、适用、高效的使用空间，最大限度地实现人与自然和谐共生的高质量建筑。

2. 绿色建造

在《绿色建造技术导则（试行）》中，绿色建造的定义为：按照绿色发展的要求，通过科学管理和技术创新，采用有利于节约资源、保护环境、减少排放、提高效率、保障品质的建造方式，实现人与自然和谐共生的工程建造活动。

3. 绿色施工

在《绿色建造技术导则（试行）》中，绿色施工的定义是：在保证工程质量、施工安全等基本要求的前提下，以人为本，因地制宜，通过科学管理和技术进步，最大限度地节约资源，减少对环境负面影响的施工及生产活动。

显然，绿色施工不等同于绿色建筑，绿色施工成果不一定是绿色建筑，绿色施工强调的是节约资源，减少对环境负面影响的施工活动，属于绿色建造的一个环节；绿色建筑必须进行绿色施工。

8.2 绿色施工总体框架

绿色施工总体框架由施工管理、环境保护、节材与材料资源利用、节水与水资源利用、节能与能源利用、节地与施工用地保护六个方面组成。

8.2.1 定性指标和定量指标

绿色施工的总体框架（图 8-1）是以实现"四节一环保"为目标，在这些指标中，有定性指标和定量指标。"材料损耗率比定额损耗率降低 30％""施工现场办公区、生活区的生活用水应采用节水器具，节水器具配置率应达到 100％""土方作业阶段，采取洒水、覆盖等措施，达到作业区目测扬尘高度小于 1.5m，不扩散到场区外""结构施工、安装装饰装修阶段，作业区目测扬尘高度小于 0.5m"，这些指标均属于定量指标。

"优化钢结构制作和安装方法。大型钢结构宜采用工厂制作，现场拼装；宜采用分段吊装、整体提升、滑移、顶升等安装方法，减少方案的措施用材量""施工前应对模板工

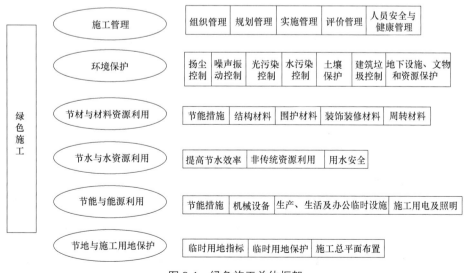

图 8-1 绿色施工总体框架

程的方案进行优化。多层、高层建筑使用可重复利用的模板体系，模板支撑宜采用工具式支撑"，这些指标属于定性指标，定性指标仅指出要改进的方向，没有具体量化值。

8.2.2　国家法律法规规定指标

现场噪声排放不得超过国家标准《建筑施工场界环境噪声排放标准》GB 12523—2011) 规定❶，施工现场污水排放达到国家标准《污水排入城镇下水道水质标准》GB 31962—2015 的要求❷，这些指标是国家法律法规要求必须达到的指标。

8.2.3　绿色施工推荐性指标

绿色施工指标分为强制性指标和推荐性指标，强制性指标是实施绿色施工中必须达到的指标，推荐性指标是对绿色施工提出的更高要求，它标示着未来可持续发展的方向。

"力争施工中非传统水源和循环水的再利用量大于 30%" "制定建筑垃圾减量化计划，如住宅建筑，每万平方米的建筑垃圾不超过 300t"❸ "保护地表环境，防止土壤侵蚀、流失。因施工造成的裸土，及时覆盖砂石或种植速生草种，以减少土壤侵蚀；因施工造成容易发生地表径流土壤流失的情况，采取设置地表排水系统、稳定斜坡、植被覆盖等措施，减少土壤流失" "加强建筑垃圾的回收再利用，力争建筑垃圾的再利用和回收率达到30%，建筑物拆除产生的废弃物的再利用和回收率大于 40%。对于碎石类、土石方类建筑垃圾，可采用地基填埋、铺路等方式提高再利用率，力争再利用率大于 50%"，"就地取材，施工现场 500km 以内生产的建筑材料用量占建筑材料总重量的 70% 以上"，等等。

这类指标不是国家在建设项目中强制规定的，而是绿色施工中所指出的更高的要求，需要增加一定的、或少量的成本才能达到的指标。

【案例 8-1】 *广州保利金沙洲 B3702A05 地块项目的绿色施工目标。*

1) 总则

积极响应广州市"创办绿色亚运"的号召，以绿色施工为宗旨，在本工程施工过程中，最大限度地保护环境和减少污染，防止扰民，节约资源（节能、节地、节水、节材），为亚运盛会提供环保、健康、舒适的环境。

在本工程施工中，在确保工期的前提下，贯彻环保优先为原则、以资源的高效利用为核心的指导思想，追求环保、高效、低耗，统筹兼顾，实现环保（生态）、经济、社会综

---

❶ 《建筑施工场界环境噪声排放标准》GB 12523—2011：
4.1　建筑施工过程中场界环境噪声不得超过表 1 规定的排放限值。（昼间 70dB，夜间 55dB）
4.2　夜间噪声最大声级超过限值的幅度不得高于 15dB。
4.3　当场界距噪声敏感建筑物较近，其室外不满足测量条件时，可在噪声敏感建筑物室内测量，并将表 1 中相应的限值减 10dB 作为评价依据。
❷ 《污水排入城镇下水道水质标准》GB/T 31962—2015：
4.1.1　严禁向城镇下水道倾倒垃圾、粪便、积雪、工业废渣、餐厨废物、施工泥浆等造成下水道堵塞的物质。
4.1.2　严禁向城镇下水道排入易凝聚、沉积等导致下水道淤积的污水或物质。
4.1.6　水质不符合本标准规定的污水，<u>应进行预处理</u>。不得用稀释法降低浓度后排入城镇下水道。
❸ 《绿色建造技术导则（试行）》2021 年：
6.4.10　应采取措施减少固体废弃物产生，建筑垃圾产生量应控制在现浇钢筋混凝土结构每万平方米不大于300t，装配式建筑每万平方米不大于 200t（不包括工程渣土、工程泥浆）。

合效益最大化的绿色施工模式。

2）绿色施工目标（表 8-1）

绿色施工目标
表 8-1

序号	环境目标	环境目标阐述
1	噪声	噪声排放达标
2	粉尘	控制粉尘及气体排放,不超过法律、法规的限定数值
3	固体废弃物	减少固体废弃物的产生,合理回收可利用建筑垃圾
4	污水	生产及生活污水排放达标
5	资源	控制水电、纸张、材料等资源消耗,施工垃圾分类处理,尽量回收利用
6	六个 100%	施工现场 100%标准化围挡;工地砂土 100%覆盖;工地路面 100%硬化;拆除工程 100%洒水降尘;出工地车辆 100%冲净车轮车身;暂不开发的场地 100%绿化

8.3 绿色施工

绿色施工是以传统施工管理为基础，在技术进步的同时，还包含绿色施工思想的管理体系和方法，主要包括组织管理、规划管理、实施管理、评价管理和人员安全与健康管理五个方面。

8.3.1 组织管理

1. 绿色施工管理体系

1）建筑工程绿色施工遵循以人为本、因地制宜、环保优先、资源高效利用的原则；

2）施工总承包单位对项目的绿色施工负总责❶，并对专业分包单位的绿色施工实施管理与监督；

3）工程项目部建立以项目经理为第一责任人的绿色施工管理体系。

绿色施工管理体系不是要采用一种全新的组织结构形式，而是将绿色施工思想贯穿于建设项目施工管理的全过程，图 8-2 为赋予绿色施工管理职能的项目组织结构。

该组织结构是在项目部下设一个绿色施工领导小组，赋予协调项目绿色建造的职能。领导小组中需要包含项目其他参与方的人员。项目部各部门结合矩阵节点，负责本部门绿色施工职责。

2. 责任分工

1）绿色施工管理任务分解

---

❶ 《建筑工程绿色施工规范》GB/T 50905—2014，3.1.4 施工单位应履行下列职责：

1. 施工单位是建筑工程绿色施工的实施主体，应组织绿色施工的全面实施。

2. 实行总承包管理的建设工程，总承包单位应对绿色施工负总责。

3. 总承包单位应对专业承包单位的绿色施工实施管理，专业承包单位应对工程承包范围的绿色施工负责。

4. 施工单位应建立以项目经理为第一责任人的绿色施工管理体系，制定绿色施工管理制度，负责绿色施工的组织实施，进行绿色施工教育培训，定期开展自检、联检和评价工作。

5. 绿色施工组织设计、绿色施工方案或绿色施工专项方案编制前，应进行绿色施工影响因素分析，并据此制定实施对策和绿色施工评价方案。

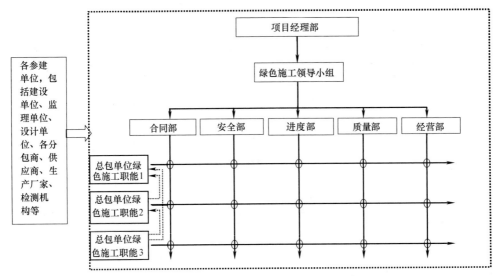

图 8-2 绿色施工管理职能的项目组织结构

在项目组织设计文件中包含绿色施工管理任务分工表，见表 8-2。编制该表前结合项目特点对与绿色施工有关的质量控制、进度控制、信息管理、安全管理和组织协调管理任务进行分解。

绿色施工管理任务分工表

表 8-2

任务＼部门	项目经理部	质量控制部	进度控制部	信息管理部	安全管理部	……
绿色施工管理目标规划	决策与检查	参与	参与	参与	参与	
信息收集与整理	决策与检查	参与	参与	执行	参与	
施工进度中的绿色施工检查	决策与检查	参与	执行	参与	参与	
绿色施工质量控制	决策与检查	执行	参与	参与	参与	
……						

任务分工表应该能明确表示各项工作任务属于哪个工作部门（个人）负责，由哪些工作部门（个人）参与，并在项目施工过程中不断动态调整。

2）管理职能分工

管理职能主要分为决策、执行、检查和参与，要保证每项任务都有工作部门或个人负责、参与。对于绿色施工带来的技术上和管理上的新变化和新标准，领导小组要及时组织相关人员进行培训，使其能够胜任新的工作。

3. 绿色施工信息管理

绿色施工管理体系还应当具有良好的内部和外部交流机制，通过交流机制对绿色施工的相关政策信息、项目内部的绿色施工执行情况、绿色施工存在的问题等信息进行有效传递。交流过程中，将各个部门提供的有效信息上传，由绿色施工管理委员会甄别并加工处理后，发布绿色施工调整计划。

8.3.2 规划管理

绿色施工规划管理❶体现在绿色施工方案策划中，绿色施工方案策划属于施工组织设计阶段的内容，分为总体施工方案策划以及独立成章的绿色施工方案。

1. 绿色施工策划

绿色施工策划的主要内容包括：

1）工程项目开工前，施工单位明确绿色施工目标，并进行绿色施工影响因素分析；

2）项目部依据绿色施工影响因素的分析结果进行绿色施工策划，并对绿色施工评价要素中的评价条款进行取舍；

3）绿色施工策划通过绿色施工组织设计、绿色施工方案和绿色施工技术交底等文件的编制实现；

4）开展技术和管理创新创效活动，并将相应措施列入绿色施工组织设计和绿色施工方案中。

2. 绿色施工组织设计与绿色施工方案

1）绿色施工组织设计

在绿色施工策划中，绿色施工组织是实施绿色施工的主要文件，一般包括以下内容：

（1）工程概况；

（2）编制依据；

（3）绿色施工目标；

（4）绿色施工管理组织机构及职责；

（5）绿色施工部署；

（6）绿色施工具体措施；

（7）应急预案措施；

（8）附图。

2）绿色施工方案

在绿色施工方案中需要明确项目所要达到的绿色施工具体目标，并以具体的数值表示，比如材料的节约量、资源的节约量、施工现场噪声降低的分贝数等，施工各阶段的绿色施工控制要点、管理手段等，一般包括以下内容：

（1）工程概况；

（2）绿色施工目标；

---

❶ 《绿色施工导则》，4.1.2　规划管理：

1. 编制绿色施工方案。该方案应在施工组织设计中独立成章，并按有关规定进行审批。

2. 绿色施工方案应包括以下内容：

（1）环境保护措施，制定环境管理计划及应急救援预案，采取有效措施，降低环境负荷，保护地下设施和文物等资源。

（2）节材措施，在保证工程安全与质量的前提下，制定节材措施。如进行施工方案的节材优化，建筑垃圾减量化，尽量利用可循环材料等。

（3）节水措施，根据工程所在地的水资源状况，制定节水措施。

（4）节能措施，进行施工节能策划，确定目标，制定节能措施。

（5）节地与施工用地保护措施，制定临时用地指标、施工总平面布置规划及临时用地节地措施等。

（3）环境保护；

（4）节材与材料资源利用；

（5）节水与水资源利用；

（6）节能与能源利用；

（7）节地与土地资源保护；

（8）人力资源节约和保护；

（9）创新与创效。

8.3.3 实施管理

绿色施工方案确定之后，进入到项目的实施管理阶段，其实质是对实施过程进行控制，实现绿色施工目标。绿色施工实施动态管理，加强对施工策划、施工准备、材料采购、现场施工、工程验收等各阶段的管理和监督。

1. 绿色施工管理基本要求

（1）建立绿色施工管理体系和管理制度，实施目标管理；

（2）根据绿色施工要求进行图纸会审和深化设计；

（3）施工组织设计及施工方案有专门的绿色施工章节，绿色施工目标明确，内容涵盖"四节一环保"要求；

（4）工程技术交底包含绿色施工内容；

（5）采用符合绿色施工要求的新材料、新技术、新工艺、新机具进行施工；

（6）建立绿色施工培训制度，并有实施记录；

（7）根据检查情况，制定持续改进措施；

（8）采集和保存过程管理资料、见证资料和自检评价记录等绿色施工资料；

（9）在评价过程中，采集反映绿色施工水平的典型图片或影像资料。

2. 现场管理

建设项目对环境的污染以及对自然资源能源的消耗主要集中在施工现场，因此施工现场管理是能否实现绿色施工目标的关键环节。

1）绿色施工现场的基本要求

（1）绿色施工公示制度

大门口处设置公示标牌。不同企业不同项目所在地不同，要求公示内容不同，图 8-3 为某施工项目的绿色施工公示牌。

（2）布置临时设施

按照已审批的施工总平面布置图，布置施工项目的主要机械设备、材料堆场及仓库，现场办公、生活临时设施等。

① 施工现场生产区、办公区和生活区实现三区独立布置；

② 利用场地自然条件，进行临时建筑的节能设计（体形、通风、采光、保温），不使用一次性墙体材料，办公和生活临时用房采用可拆卸的装配式房屋；

③ 施工现场作业棚、库房、材料堆场的布置，尽量靠近交通线路和主要用料部位，避免二次搬运；

④ 施工现场的强噪声机械设备远离噪声敏感区；

绿色施工(节约型工地)公示牌

序号	目标、指标分解	主要措施	责任人
节能	万元产值用电量控制指标为108千瓦时	1、优先使用国家、行业推荐的节能、高效、环保的施工设备和机具,禁止耗能超标机械进入施工现场,杜绝机械设备空运转。 2、建立施工机械设备技术档案和各项管理制度,加强对施工设备和机具的管理、维护和保养。 3、合理配置各类用电设备,办公、生活和施工现场节能照明灯具,配置率大于90%。 4、施工照明有控制措施,宿舍生活照明配置限值装置,人离灯熄、定时拉电使用。	机管员: 电 工:
节水	万元产值用水量控制指标为12立方米,非传统水源和循环水的再利用率(%)	1、现场建立中水利用系统和循环水的收集处理系统,加大非传统水源的利用率,非传统水源和循环水的再利用率30%。 2、提高用水效率,现场供水管网布置合理,施工中采用节水工艺,现场喷洒路面、绿化浇灌不再使用自来水,使用节水型产品,配置率大于90%。	施工员: 后勤主管:
节材	钢材、木材、混凝土损耗率比定额损耗率下降30%	1、钢材节约的措施:充分利用余料,钢筋接头采用直螺纹、电渣压力焊等钢筋连接技术等。 2、木材节约的措施:本项目优先使用胶合板钢模板,施工过程中加强管理,模板涂刷脱模剂,拆模时严禁硬撬,减少人为损坏,增加模板周转次数。废旧模板修旧再用作临建门口的改造、柱子与楼梯踏步的护角、垃圾木接头再利用。 3、混凝土节约的措施:优先使用高性能混凝土,合理利用粉煤灰、矿渣、外加剂等新材料,按规定有使用计划、使用量及台帐。余料用于加工垫块等周边。 4、现场采用钢模转化彩钢板活动房、围档、临边防护、安全通道等均采用定型化、工具化、可多次重复使用,重复使用率达到70%以上。 5、本工程外脚手架采用悬挑式外挑附加手架,减少钢筋的投入和地面工作者的提前展开。	技术员: 预算员: 施工员:
节地	达到国家和江苏省有关文件规定要求	1、严格执行粘土砖禁限规定。 2、施工总平面布置科学、合理、充分利用原有建筑物、道路、场地等。 3、对施工现场的基坑进行优化,减少土方开挖和回填量,最大限度地减少对土地扰动,堆土区植被绿化、种植蔬菜,经保持自然生态环境。	技术员: 施工员:
环境保护	噪声、污水排放达标;施工现场无扬尘;光污染控制符合规定;建筑垃圾、生活垃圾处理符合要求	1、小型机具等易产生噪声、扬尘的作业设备、尽可能设备远离周围居民区的一侧,从空间布置上减少噪声污染。 2、夜间施工按规定办理夜间施工许可证并与居委会居民社会公示,禁止排灯、敲击和锯割等作业。 3、夜间施工不得进行电焊、气焊等工作,确需要用的,必须设备遮光措施。 4、夜间照明灯量不得用眩光灯,照明灯具不得射向居民区一侧。 5、工程脚手架外使用绿色目式安全网进行封闭,定期洒水、定时洒水。 6、施工便道和建筑材料运地进行硬化处理,洒扫混凝土安排专人经常清洁,洒水降尘。 7、建筑垃圾、工程渣土在48小时内不能彻底清运的,在施工工地内设置临时堆放点,临时堆放采取围图挡,道路等防护措施。 8、施工现场处置工程渣土时进行洒水或喷淋降尘,施工现场堆放的渣土,堆放高度不得高于围图高度,并采取遮盖措施。	技术员: 施工员: 安全员:

图 8-3　某项目部绿色施工公示牌

⑤ 施工现场道路的布置,遵循永久道路和临时道路相结合的原则,主要道路的硬化处理采用可周转使用的材料和构件。

(3) 现场挂牌标识

施工物料器具除按施工平面图指定位置布置外,还应根据不同特点和性质,根据规范规定布置方式和要求**❶**,进行分类堆放标识。

(4) 现场封闭围护

在施工现场周边设置围护设施,施工现场大门、围挡和围墙采用可重复利用的材料和工具化、标准化部件;施工现场围墙、大门和施工道路周边绿化带种植。

2) 施工现场环境保护

(1) 施工现场泥浆、污水未经处理,不得直接排入城市排水管网、池塘。

(2) 禁止将有毒有害废弃物填埋处理。

(3) 存储回填用渣土要覆盖堆放在指定地点,为防止施工现场尘土飞扬,需要安排专人洒水降尘。

(4) 施工发现文物、古迹、爆炸物、电缆等地下埋设物时,要暂停施工并上报有关部门。

3) 施工现场的消防与安保

(1) 做好施工现场保卫工作,采取必要的防盗措施。

(2) 现场设置消防通道、消防车回车场,并设置其他可靠的消防设施。

(3) 安保人员发现有自然灾情,要迅速组织人员撤离,确保人身安全。

4) 营造绿色施工氛围

施工企业要重视企业内部的绿色施工管理,加强企业管理人员的培训,提高他们的绿

---

❶ 《建筑工程施工现场标志设置技术规程》JGJ 348—2014。

色施工理念和环境保护意识。

（1）加强管理人员的学习，然后由管理人员对操作层人员进行绿色施工培训，增强员工的整体绿色施工意识。

（2）在施工阶段，定期对操作人员进行宣传教育，加强操作人员节约用水、节约材料的意识，培养操作人员对机械设备定期保养的习惯，加强施工现场的文明施工管理，不制造人为噪声等。

8.3.4 评价管理

扫描二维码 8-1，观看绿色施工评价（上）教学视频。

二维码 8-1
绿色施工评价
（上）教学视频

1. 绿色施工评价体系

绿色施工评价体系是在绿色施工影响因素分析的基础上，依据绿色施工策划文件，对工程实施过程进行评价。

1）建筑工程绿色施工评价框架体系由单位工程评价、阶段评价、要素评价、指标评价、等级评价等构成。

2）绿色施工评价按批次评价、阶段评价和单位工程评价进行。

3）评价阶段按地基与基础工程、结构工程、装饰装修与机电安装工程进行。

4）评价要素包括环境保护、节材与材料资源利用、节水与水资源利用、节能与能源利用、节地与土地资源保护、人力资源节约与保护六个要素。

5）评价要素由控制项、一般项、优选项三类评价指标组成。

6）评价等级分为不合格、合格和优良三个等级。

绿色施工评价的框架体系见图 8-4。

2. 评价组织与程序

1）评价组织

建设单位、监理单位、施工单位均参与绿色施工评价，单位工程绿色施工评价由项目建设单位组织，施工阶段评价由项目建设单位或监理单位组织，批次评价由施工单位组织进行。单位工程评价、施工阶段评价、批次评价，其评价结果均需由建设、监理、施工单位三方签认。另外：

（1）企业要对本企业范围内绿色施工项目进行随机检查，并对项目绿色施工完成情况进行评估；

（2）项目部会同建设和监理单位根据绿色施工情况，制定改进措施，由项目部实施改进；

（3）项目部接受建设单位、政府主管部门及其委托单位等的绿色施工检查。

2）评价程序❶

（1）单位工程绿色施工评价在批次评价、阶段评价和过程检查评价的基础上进行，没

---

❶ 《建筑工程绿色施工评价标准》GB/T 50640—2010：

12.2.1 验收评价时间为工程竣工后，因为工程的质量安全是绿色施工的前提，只有在工程竣工验收后，才能确定其质量安全的情况。验收评价材料的备案单位，明确为验收组织单位。

12.2.2 绿色施工是一种过程管理，在绿色施工实施过程中十分有必要组织专家进行过程检查，以指导和帮助施工单位找出存在的问题，并促进持续改进，不断提高绿色施工管理水平和成效。

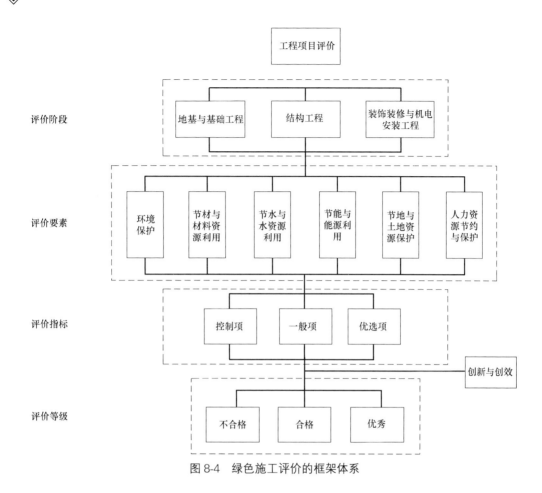

图 8-4　绿色施工评价的框架体系

有经过过程检查评价的项目不能进行验收评价。

①单位工程绿色施工验收评价由施工单位书面申请，在工程竣工取得五方验收后进行；

②单位工程绿色施工验收评价结果由验收组织单位备案。

（2）单位工程绿色施工过程检查评价在批次评价、阶段评价的基础上进行。

①单位工程绿色施工过程检查评价由施工单位书面申请，在工程竣工前进行评价；

②单位工程绿色施工过程检查评价结果由过程检查组织单位备案；企业根据检查意见完成后续工程绿色施工。

3）评价资料

绿色施工评价资料应按规定记录、收集、整理、分析、总结、存档、备案。单位工程绿色施工评价应包括但不限于下列内容：

（1）绿色施工基本规定评价表；

（2）绿色施工要素评价表；

（3）绿色施工批次评价表；

（4）绿色施工阶段评价表；

（5）单位工程绿色施工评价表。

3. 评价方法

扫描二维码 8-2，观看绿色施工评价（下）教学视频。

1）评价频率

绿色施工项目评价方式一般有自评估和专家综合评估，自评价次数每月不少于 1 次，且每阶段不少于 1 次。

二维码 8-2
绿色施工评价
（下）教学视频

2）评价方法

（1）绿色施工管理评价

绿色施工项目评价先进行绿色施工管理评价，绿色施工管理评价可按施工准备策划、施工过程、验收总结三阶段进行，绿色施工管理评价符合要求。

（2）批次评价

① 控制项指标。必须全部满足；措施到位，全部满足考评指标要求，结论为符合要求，进入评分流程；措施不到位，不满足考评指标要求，结论为不符合要求，一票否决，为非绿色施工项目；

② 一般项指标。根据实际发生项执行的情况计分；措施到位，满足考评指标要求，评 2 分；措施基本到位，部分满足考评指标要求，评 1 分；措施不到位，不满足考评指标要求，评 0 分；

③ 优选项指标。根据实际发生项执行情况加分；措施到位，满足考评指标要求，评 2 分；措施基本到位，部分满足考评指标要求，评 1 分；措施不到位，不满足考评指标要求，评 0 分。

（3）要素评价

① 一般项得分按百分制折算，并按下式进行计算：

$$A = (B/C) \times 100 \tag{8-1}$$

式中 A——一般项折算得分；

　　　　B——实际发生项实际得分之和；

　　　　C——实际发生项应得分之和。

② 优选项加分按优选项实际发生条目加分求和 D。

③ 要素评价得分按下式计算：

$$F = A + D \tag{8-2}$$

式中 F——要素评价得分；

　　　　A——一般项折算得分；

　　　　D——优先项加分。

（4）批次评价

① 批次评价权重。批次评价权重系数按表 8-3 规定，分阶段进行确定取值。

批次评价要素权重系数表   表 8-3

评价要素 ＼ 评价阶段	地基与基础、结构工程、装饰装修与机电安装各阶段权重系数(ω_1)
环境保护	0.3
节材与材料资源利用	0.15

评价阶段 \ 评价要素	地基与基础、结构工程、装饰装修与机电安装各阶段权重系数(ω_1)
节水与水资源利用	0.15
节能与能源利用	0.15
人力资源节约与使用	0.15
节地与施工用地保护	0.1

② 批次评价得分按下式计算：

$$E = \sum (F \times \omega_1) \tag{8-3}$$

式中　E——批次评价得分；

　　　F——要素评价得分；

　　　ω_1——要素权重系数，按表 8-3 取值。

（5）阶段评价得分按下式计算：

$$G = \frac{\sum F}{N} \tag{8-4}$$

式中　G——阶段评价得分；

　　　E——各批次评价得分；

　　　N——批次评价次数。

（6）单位工程绿色评价

① 单位工程评价权重。单位工程评价权重系数应按表 8-4 的规定按阶段确定取值。

单位工程评价权重系数表　　　　　　　表 8-4

评价阶段	建筑工程 ω_2
地基与基础	0.3
结构工程	0.4
装饰装修与机电安装	0.3

注：1. 建筑工程地基与基础指结构标高±0.00 以下；

　　2. 其他土木工程单位工程权重 ω_2 的取值按下列规定：

（1）道桥工程：地基与基础 0.45，结构工程 0.45，桥面及附属 0.10；

（2）隧道工程（矿山法施工）：开挖 0.60，衬砌与支护 0.30，附属设施 0.10；

（3）隧道工程（盾构法施工）：始发 0.20，区间 0.50，接收 0.20，附属设施 0.10。

② 单位工程绿色评价基本得分按下式计算：

$$W_1 = \sum (G \times \omega_2) \tag{8-5}$$

式中　W_1——单位工程绿色评价基本得分；

　　　G——阶段评价得分；

　　　ω_2——单位工程阶段权重系数，按表 8-4 的规定取值。

3）单位工程绿色施工等级评价

单位工程评价总分计算方法符合下列规定：

（1）技术创新创效加分可根据结果单项加 1~3 分，总分最高加 10 分。

（2）单位工程评价总分计算：

$$W = W_1 + W_2 \tag{8-6}$$

式中　W——单位工程评价总分；

　　　W_1——单位工程绿色评价基本得分；

　　　W_2——技术创新创效加分。

（3）单位工程绿色施工等级按下列规定进行判定：

① 符合下列情况之一时，判定为不合格：

a. 控制项不满足要求；

b. 单位工程总得分（W）小于 65 分；

c. 权重最大阶段得分小于 65 分。

② 全部符合下列情况时，判定为合格：

a. 控制项全部满足要求；

b. 单位工程总得分 $65 \leqslant W < 85$ 分，权重最大阶段得分不小于 65 分；

c. 至少每个评价要素各有一项优选项得分，优选项总分不小于 15 分；

d. 创新与创效至少要得 3 分。

③ 全部符合下列情况时，判定为优良：

a. 控制项全部满足要求；

b. 单位工程总得分 $W \geqslant 85$ 分，权重最大阶段得分不小于 85 分；

c. 至少每个评价要素中有两项优选项得分，优选项总分不小于 30 分；

d. 创新与创效至少要得 6 分。

8.4　环境保护

二维码 8-3
环境保护、节
材教学视频

扫描二维码 8-3，观看环境保护、节材教学视频。

土木工程施工企业的粗放式发展模式给环境带来的负面影响越来越明显，推动土木工程施工企业实施绿色施工，实施环境保护，可以促进建筑业可持续健康发展。绿色施工对噪声与振动控制、光污染控制、水污染控制、土壤保护、建筑垃圾控制、地下设施、文物和资源保护等也提出了定性或定量要求。

例如：大气环境主要污染源之一是大气中的总悬浮颗粒，粒径小于 $10\mu m$ 的颗粒可以被人类吸入肺部，对健康十分有害，《绿色施工导则》对土方作业阶段、结构安装装饰阶段作业区目测扬尘高度明确提出了量化指标。

8.4.1　施工各阶段环境污染源

根据有关资料报道，通常土木工程施工过程中，单位面积能源消耗量近 $96.3MJ/m^2$，二氧化碳排放量为 $6.79kg/m^2$，大量的扬尘占污染城市固体颗粒物 TSP、PM10 总量的 20% 左右，施工噪声占污染城市噪声的 8% 左右。所以建设项目绿色施工工艺是建设项目生命全周期环境影响分析中的主要环节，虽然它所占用的生命周期时间不长，但是却会导致周围环境的永久破坏，严重干扰人居环境，有的建设项目由于施工污染而成为周围环境的永久污染源。

例如，施工现场"荒漠化"、施工中大分贝的混凝土振捣噪声、磨损施工机械运转噪声、施工中的强短波光污染、施工污水的任意排放、施工废气的肆意排放、搅拌混凝土时的物料扬尘、建筑材料物流运输扬尘、模板支设时大量木材消耗、施工过程中大量水资源的消耗、建筑材料中有害重金属的滞留、难以降解的建筑垃圾污染等，这些都是土木工程施工中的环境污染源。施工各阶段污染源的具体特征见表8-5。

土木工程施工阶段污染源特征　　　　　　　　表 8-5

施工阶段	施工内容	土木工程施工期污染源
基础工程	场地平整、土方开挖	扬尘、建筑垃圾
	降水	形成下沉漏斗，产生地质灾害
	地基处理与泥浆护壁	地基处理掺合料对土壤及地下水的污染、泥浆失水后转变为扬尘
	预制桩基础施工	噪声污染
主体工程	模板施工	噪声污染
	钢筋施工	噪声污染
	混凝土浇筑	泵送、振捣混凝土产生的噪声
	砌筑	搅拌砂浆时的砂浆水不达标排放，产生碎砖、落地灰等
装饰工程	装饰抹灰	落地扬尘、砂浆污水排放、剪裁的装饰材料，天然石材的放射性污染
	涂料喷刷、油漆施工	挥发的有害气体、油漆涂料、胶粘剂等有机物污染，如甲醛等
屋面工程	防水施工	挥发的有害气体、有机物污染
	保温层施工	扬尘、有机物污染
设备安装	设备安装	主要污染物是施工机械产生的噪声、尾气及建筑垃圾
	管道保温	石棉尘污染

8.4.2　施工期环境污染源分析

1. 对场地环境的破坏

场地平整、土方开挖、施工降水、永久及临时设施建造、原材料及场地废弃物的随意丢弃等均会对场地现存的生态资源、地形地貌、地下水等造成影响，还会对场地内现存的文物、地方资源等带来破坏，甚至导致水土流失、河道淤塞。施工过程中的机械碾压、施工人员踩踏还会带来植被破坏等。

当建设开发影响场地内的地形、地貌、水系、植被时，在工程结束后，建设方要采取场地环境恢复措施，减少对原有场地环境的破坏。

2. 建筑施工扬尘污染

土木工程施工过程中，扬尘主要集中在地基基础、装饰施工阶段，扬尘污染量主要取决于施工作业方式、材料堆放及风力等因素，施工期主要起尘环节为物料堆场、装卸过程及物料运输这三个环节。施工扬尘分为有静态尘和动态尘两种。

1）静态尘

施工静态起尘主要与堆放材料粒径及其表面含水率、地面粗糙程度和地面风速等关系密切。施工现场的静态起尘污染一般来源于以下几个方面：

（1）土木工程施工前期，对施工现场及周边实施的乱砍滥伐，造成了严重的植被破坏，导致了建设项目周边的生态环境恶化，施工过程中没有及时恢复周边植被，裸露的土壤就成为主要的扬尘源，因土壤的失水与风力的共同作用而产生的扬尘；

（2）土方裸露堆放、建筑材料（如砂子、白灰等）露天堆场形成的扬尘源，因风力作用而产生的扬尘；

（3）施工垃圾在堆放过程、处理过程中产生的扬尘。

2）动态尘

施工动态起尘主要包括灰土拌合扬尘、建筑材料装卸过程起尘及车辆造成的地面扬尘，动态起尘与材料粒径、路面清洁程度、环境风速、行驶速度等密切相关，其中风力因素的影响最大。施工现场动态起尘污染一般来源于以下几个方面：

（1）土方挖掘、清运、回填及平整场地过程产生的扬尘；

（2）建筑材料（如水泥、白灰、砂子等）装卸、运输、堆放等过程中，产生的扬尘污染；

（3）灰土拌合产生的扬尘污染。

3. 噪声污染

建设期噪声主要来自施工机械噪声、运输车辆噪声、施工作业噪声。

1）施工机械噪声

施工机械噪声包括：土石方施工阶段的挖掘机、装载机、推土机、运输车辆等；打桩阶段的打桩机、振捣棒、混凝土罐车等；结构施工阶段的混凝土搅拌机、混凝土泵、混凝土罐车、振捣棒、外用电梯等；装修及机电设备安装阶段的脚手架搭拆、石材切割、外用电梯、木模板加工修理等，多为点声源。

2）施工作业噪声

施工作业噪声包括：零星的敲打声、装卸建材的撞击声、施工人员的吆喝声、安拆模板撞击声、搭拆钢管脚手架撞击声、钢筋绑扎撞击声等多为瞬间噪声。

这些噪声会对周围环境造成干扰，需要制定降噪措施，使噪声排放达到《建筑施工场界环境噪声排放标准》GB 12523—2011 的要求。

4. 废水污染源

施工期废水主要有现场施工人员的生活污水、开挖基坑时排降地下水位产生的水、冲洗施工机械的污水等。

1）生活污水

施工期的生活污水主要来自施工人员日常生活用水，主要为食堂污水、粪便污水、洗浴污水。

2）施工废水

项目在施工期的基础阶段，进行基坑降水时会产生一定量的泥浆水，据调查，泥浆水中 SS（悬浮固体）浓度约 $1000 \sim 3000 \mathrm{mg/L}$，如果没有经过沉淀池进行沉淀处理就排放，会造成周边排水系统的堵塞。

例如，采用泥浆护壁的湿作业地下连续墙施工，产生大量的泥浆，这些泥浆会污染水源、堵塞城市排水管道，地表上的泥浆水失水后可变为扬尘。

5. 有毒有害气体对空气的污染

从材料、产品、施工设备或施工过程中散发出来的挥发性有机化合物或微粒均会引起室内外空气质量问题。这些挥发性有机化合物及微粒会对现场工作人员、使用者以及公众的健康构成潜在的威胁和损害。这些威胁和损害有些是长期的、甚至是致命的。而且在建造过程中，这些大气污染物也可能在施工结束后继续留在建筑物内，甚至可能渗入到邻近的建筑物。

6. 光污染

施工场地电焊作业以及夜间作业使用的强照明灯光等，产生的眩光是施工过程光污染的主要来源。

7. 建筑垃圾污染

在建设过程中产生的建筑垃圾主要有土方、建材裁剪等垃圾，这些建筑垃圾包括砂土、石块、水泥、碎木料、木锯屑、废金属等，表现特征为量大、产生时间短、影响范围广、作用时间长，尤其大量未处理的垃圾露天堆放或简易填埋，占用了大量宝贵土地资源。

8.4.3 施工期环境保护及防治措施

1. 施工现场大气污染防治

1）场地使用规划

（1）场地内哪些区域将被保护、哪些植物将被保护；

（2）在平整场地、土方开挖、施工降水、永久及临时设施建造等过程中，如何减少对周边的生态环境、地形地貌、地下水位以及现存文物、地方资源等带来的破坏；

（3）如何减少临时设施、施工用地的使用；

（4）如何处理和消除废弃物，如何减少其对周围生态和环境的影响；

（5）场地与周边居民的隔离措施和办法等。

2）现场的环境保护措施

（1）对施工现场的主要道路进行硬化处理，裸露的场地和堆放的土方采取防起尘的覆盖（图 8-5）、土壤固化或绿化措施；

（2）施工现场土方作业采取防止扬尘措施，主要道路定期清扫、洒水抑尘；

（3）拆除建筑物或构筑物时，采用降噪、降尘措施，并及时清理废弃物；

（4）土方和建筑垃圾的运输必须采用封闭式运输车或采取覆盖措施；施工现场出口处设置车辆冲洗设施（图 8-6），对驶出现场车辆进行清洗；

图 8-5　覆盖施工现场裸露地皮

图 8-6　车辆冲洗设施

（5）建筑物内垃圾采用容器或搭设专用封闭式垃圾道的方式清运，严禁凌空抛掷；

（6）施工现场严禁焚烧各类废弃物；

（7）在规定区域内的施工现场使用预拌混凝土、预拌砂浆，水泥和其他易飞扬的细颗粒建筑材料密闭存放或采取覆盖等措施；

（8）当市政道路施工进行切割作业时，采取有效防扬尘措施；灰土和无机料预拌进场，碾压过程中洒水降尘；

（9）城镇、旅游景点、重点文物保护区及人口密集区的施工现场使用清洁能源；

（10）施工现场的机械设备、车辆的尾气排放符合国家规定的排放标准；

（11）当环境空气质量指数达到中度及以上污染时，施工现场增加洒水频次，加强覆盖措施，减少易造成大气污染的施工作业。

2. 施工噪声及光污染防治

1）施工噪声

噪声污染的防治措施主要包括：

（1）现场施工过程及构件加工过程中，存在着多种无规律的音调和使人听之厌烦的噪声，需要对场界噪声排放实时监测与控制，采取降噪措施，使场界噪声排放符合现行国家标准《建筑施工场界环境噪声排放标准》GB 12523—2011 的要求；

（2）施工现场使用低噪声、低振动的机具，采取隔声与隔振措施，避免或减少施工噪声和振动。强噪声设备设置在远离居民区的一侧，并采用隔声、吸声材料搭设防护棚或屏障（图 8-7）；

图 8-7　隔声防护棚

（3）进入施工现场的车辆严禁鸣笛；

（4）因生产工艺要求或其他特殊需要，确需进行夜间施工的，施工单位加强噪声控制，并减少人为噪声。

2）光污染控制

施工现场防止光污染的措施主要有：

（1）施工区域内采用节电型器具和灯具；

（2）施工现场及塔式起重机上设置大型罩式灯，及时调整灯罩的角度，避免强光线外泄施工现场；

（3）电焊作业尽量安排在室内，如需在室外作业时，采用铁制遮光棚，避免电焊弧光外泄。

3. 水污染控制

施工现场水污染防治措施有：

（1）禁止将有毒、有害废弃物作为土方回填；

（2）采用隔水性能好的边坡支护技术；在缺水地区或地下水位持续下降的地区，基坑降水尽可能少抽取地下水；

（3）当基坑开挖抽水量大于50万 m^3 时，要进行地下水回灌，并避免地下水被污染；

（4）废弃的降水井要及时回填，并封闭井口，防止污染地下水；

（5）现场存放有毒材料、油料设置专用库房，要有严格的防渗层设计，须对地面进行防渗处理，并做好渗漏液收集和处理；防止油料跑、冒、滴、漏、污染水源；

（6）工地临时厕所尽量采用水冲式厕所，如条件不允许时蹲坑要加盖，并要有防蝇、灭蚊措施，防止污染环境；

（7）施工现场的废水主要来源于混凝土养护水、现场打磨水磨石的污水、现制电石废水、冲车废水、食堂污水等，必须经过化粪池（图 8-8）沉淀后排入市政管道，使施工现场的废水排放符合现行国家标准《污水排入城镇下水道水质标准》GB/T 31962—2015 的要求。

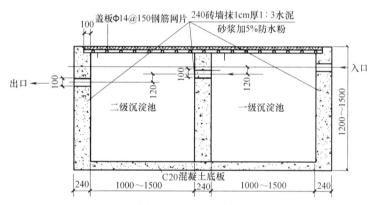

图 8-8　二级沉淀池剖面图

4. 土壤保护

1）保护地表环境，防止土壤侵蚀、流失。因施工造成的裸土，要及时覆盖砂石或种植速生植物，以减少水土流失；因施工容易造成地表径流土壤流失的情况，要采取设置地表排水系统、稳定斜坡、植被覆盖等措施，减少土壤流失。

2）防止生态破坏和环境污染，保护和改善建设工程周边的生态环境，严禁不经沉淀和无害化处理，直接排放建筑污水，污染土壤和地下水；确保沉淀池、隔油池、化粪池等不发生堵塞、渗漏、溢出等现象。

3）尽量减少施工期临时占地，合理安排施工进度，缩短临时占地使用时间。各种临时占地在作业完成后尽快进行植被及耕地的恢复，做到边使用，边平整，边绿化，边复耕。

4）施工活动破坏的植被（一般指临时占地内），要与当地园林、环保部门或当地植物研究机构进行合作，在先前开发地区种植合适的植物，补救施工活动中人为破坏植被和地貌造成的土壤侵蚀。

5）对于有毒有害废弃物，如电池、墨盒、油漆、涂料等，不能作为建筑垃圾外运，避免污染土壤和地下水。

6）工程施工期间对道路两侧的农田要采取相关措施予以保护。

5. 建筑垃圾控制

施工现场的固体废弃物对环境产生的影响较大。据不完全统计，目前城市建筑垃圾已经占到垃圾总量的30%～40%，这些垃圾不易降解，长期影响环境，所以在施工前必须制定建筑垃圾减量化、建筑垃圾分类收集综合利用等措施。按照"减量化、资源化和无害化"的原则处理建筑垃圾。

1）固体废弃物减量化

（1）通过准确下料，减少建筑垃圾，要求每万平方米新建施工现场，建筑垃圾不超过300吨❶。

（2）实行工序允许误差减半行动，减少前后工序的衔接误差，如提高墙、地面结构混凝土的施工平整度，一次性达到找平层的要求；提高模板拼缝的质量，避免或减少漏浆。

（3）尽量采用工厂化生产的定制构件，减少现场切割。目前通过BIM模型的排砖技术，可以直观地了解排砖放样的尺寸状况，非常有利于不同规格砖的工厂定制，减少现场的切割、裁剪，不仅减少了施工操作的噪声、扬尘，而且减少了切割、裁剪的边角料。

2）固体废弃物资源化

（1）在施工现场设置封闭式垃圾站，进行垃圾分类（废钢筋、废木材、砖、加气块等垃圾）、分拣和存放。通过分类收集、实现垃圾回收；砖、加气块等垃圾，通过机械粉碎预制成砌块，实现建筑垃圾的循环利用。

（2）通过合理规划，施工用临时硬化道路与永久道路路基综合规划。

（3）利用废弃模板做一些维护结构，如遮光棚、隔声板等。

（4）利用废弃的钢筋头制作马凳，地锚拉环等。

（5）每次浇筑完主体结构后，多余的混凝土用来浇筑小型预制构件。

（6）对于碎石类、土石方类建筑垃圾填筑路基。

（7）非存档文件纸张采用双面打印或复印，办公使用可多次灌注的墨盒，不能用的废弃墨盒由制造商回收再利用。

6. 有害物质污染防治

在建筑施工中严禁使用有毒有害的建筑材料，尤其是严禁使用含有氨、甲醛、苯、氡等有害物质的装饰材料装修房屋。例如不使用造成饮用水二次污染的给水管道；严格控制人造板、内墙涂料、木器涂料、胶粘剂、地毯、壁纸、家具、地板革、混凝土外加剂等产品中的有害物含量。其次检测建材中的活性二氧化硅、有害重金属的含量，防止碱骨料反应、重金属中毒；检测大理石、花岗岩等天然建筑材料的放射性，防止放射元素侵害；严禁使用淘汰的难以降解的建筑材料，等等。

---

❶ 《住房和城乡建设部关于推进建筑垃圾减量化的指导意见》（建质〔2020〕46号）：

2020年底，各地区建筑垃圾减量化工作机制初步建立。2025年底，各地区建筑垃圾减量化工作机制进一步完善，实现新建建筑施工现场建筑垃圾（不包括工程渣土、工程泥浆）排放量每万平方米不高于300t，装配式建筑施工现场建筑垃圾（不包括工程渣土、工程泥浆）排放量每万平方米不高于200t。

8.4.4　环境保护评价指标

1. 控制项

1）建立环境保护管理制度；

2）绿色施工策划文件中包含环境保护内容；

3）施工现场在醒目位置设环境保护标识；

4）项目部对施工现场的古迹、文物、墓穴、树木、森林及生态环境等采取有效保护措施，制定地下文物应急预案；

5）施工现场不焚烧废弃物；

6）土方回填不得采用有毒有害废弃物。

2. 一般项

1）扬尘控制。现场建立洒水清扫制度，配备洒水设备，并有专人负责；对裸露地面、集中堆放的土方覆盖；现场进出口设车胎冲洗设施和吸湿垫，保持进出现场车辆清洁；易飞扬和细颗粒建筑材料封闭存放，余料回收；拆除、爆破、开挖、回填及易产生扬尘的施工作业有抑尘措施；高空垃圾清运采用封闭式管道或垂直运输机械；现场使用散装水泥，预拌砂浆有密闭防尘措施；遇有六级及以上大风天气时，停止土方开挖、回填、转运及其他可能产生扬尘污染的施工活动；现场运送土石方、弃渣及易引起扬尘的材料时，车辆采取遮盖措施；弃土场封闭，并进行临时性绿化；现场预拌设有密闭和防尘措施。

2）废气排放。车辆及机械设备废气排放符合国家现行相关标准的规定；现场厨房烟气净化后排放；在敏感区域内的施工现场，进行喷漆作业时，设有防挥发物扩散措施。

3）建筑垃圾。制定垃圾减量化、资源化计划；建筑垃圾产生量不大于 $300t/万\ m^2$；建筑垃圾回收利用率达到 30％；现场垃圾分类、封闭、集中堆放；生活、办公区设置可回收与不可回收垃圾桶，并定期清运；生活区垃圾堆放区域定期消毒；办理施工渣土、建筑废弃物等排放手续，按指定地点排放；碎石和土石方类等用作地基和路基回填材料；废电池、废硒鼓、废墨盒、剩油漆、剩涂料等有毒有害的废弃物封闭分类存放，设置醒目标识，并回收。

4）污水排放。现场道路和材料堆放场地周边设置排水沟；工程污水和试验室养护用水处理合格后，排入市政污水管道，检测频率不少于 1 次/月；现场厕所设置化粪池，化粪池定期清理；工地厨房设置隔油池，定期清理；工地生活污水、预制场和搅拌站等施工污水达标排放和利用；钻孔桩作业采用泥浆循环利用系统，不外溢。

5）光污染。采取限时施工、遮光和全封闭等措施，避免或减少施工过程的光污染；焊接作业时，采取挡光措施；施工场区照明采取防止光线外泄措施。

6）噪声控制。针对现场噪声源，采取隔声、吸声、消声等措施，降低现场噪声；采用低噪声设备施工；噪声较大的机械设备远离现场办公区、生活区和周边敏感区；混凝土输送泵、电锯等机械设备设置吸声降噪屏或其他降噪措施；施工作业面设置降噪设施；材料装卸轻拿轻放，控制材料撞击噪声；施工场界声强限值符合《建筑施工场界环境噪声排放标准》GB 12523—2011 的规定；封闭及半封闭环境内噪声不大于 85dB。

3. 优选项

1）施工现场设置可移动环保厕所，并定期清运、消毒；

2）现场采用自动喷雾（淋）降尘系统；

3）场界设置扬尘自动监测仪，动态连续定量监测扬尘（TSP、PM10）；

4）场界设置动态连续噪声监测设施，显示昼夜噪声曲线；

5）建筑垃圾产生量不大于 210t/万 m^2；

6）采用地磅或自动监测平台，动态计量固体废弃物重量；

7）现场采用雨水就地渗透措施；

8）采用生态环保泥浆、泥浆净化器反循环快速清孔等环境保护技术；

9）采用装配式方法施工；

10）施工现场采用湿作业爆破、水封爆破、水炮泥封堵炮眼、高压射流等先进工艺；

11）土方施工采用湿作业方法；

12）现场生活采用清洁燃料。

8.5　节材与材料资源利用

我国是人均资源和能源相对匮乏的国家，建筑业作为国民经济发展的支柱产业是资源和能源的消耗大户，节材与材料的有效利用是可持续发展的一个重要方面。

8.5.1　绿色建材的使用和节材措施

1. 绿色建材的使用

绿色建材，指健康型、环保型、安全型的建筑材料，绿色建材不是指单独的建材产品，而是对建材"健康、环保、安全"的评价。绿色建材注重建材对人体健康和环境保护所造成的影响。绿色建材是采用清洁生产技术，使用工业或城市固态废弃物生产的建筑材料，具体体现在：

（1）其生产所用原料尽可能少用天然资源，大量使用尾渣、垃圾、废液等废弃物；

（2）采用低能耗制造工艺和无污染环境的生产技术；

（3）在产品配制或生产过程中，不使用甲醛、卤化物溶剂或芳香族碳氢化合物，产品中不含有汞及其化合物的颜料和添加剂；

（4）产品的设计是以改善环境、提高生活质量为宗旨，即产品不仅不损害人体健康，而且有益于人体健康，产品具有多功能化，如抗菌、灭菌、防霉、除臭、隔热、阻燃、调温、调湿、消磁、防射线、抗静电等；

（5）产品循环和可回收利用，目前有各种各样的节能环保材料，如生态混凝土、有利于减少建筑自重的轻砂、新型环保隔热材料、用废纸原料制造新型建筑部品（例如在2021年举办的日本东京奥运会的纸板床，不过生产工艺还需要改进）等。

总之，施工单位应推广使用绿色建材，选用能耗低、高性能、高耐久性的建材，选用可降解、对环境污染少的建材，选用可循环、可重复使用和可再生的建材，使用采用废弃物生产的建材等。

2. 节材管理措施

通过有计划的采购、合理的现场保管，减少材料的搬运次数，通过限额领料、改善施工工法，降低材料在使用中的消耗；增加周转材料的周转次数，提高材料的使用效率。

（1）在施工中应用节材技术措施减少材料浪费，这是一种良好的节材途径；

（2）合理安排材料的采购时间和数量，避免库存过多；

（3）推行限额领料，对材料的实际使用情况与预算情况进行分析，落实节材措施；

（4）材料运输时，首先充分了解工地周围的运输条件，尽可能地缩短运距，利用经济有效的运输方法减少中转环节；其次要根据工程进度掌握材料的供应计划，严格控制进场材料，避免二次搬运；

（5）优化模板及支撑体系方案，采用工具式模板、钢制大模板和早拆支撑体系，采用定型钢模、钢框竹模、竹胶板代替木模板；

（6）仔细调查研究地方材料的资源，在保证材料质量的前提下，充分利用当地资源，尽量做到施工现场 500km 以内生产的建筑材料用量占建筑材料总重量的 70% 以上；

（7）在施工现场对废弃材料进行分类收集、贮存和回收利用，并在结构允许的条件下循环使用再生的建材。

3. 节材技术措施

1）主体结构

（1）钢筋吊凳控制上层板筋保护层及板厚施工工法。采用钢筋吊凳控制上层板筋保护层及板厚，在完成混凝土浇筑后，取出钢筋吊凳（图 8-9），该施工工法，不仅变一次性投入为多次周转，而且从一定程度上杜绝了钢筋的低价值应用；

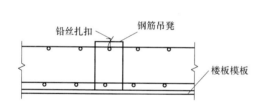

图 8-9　钢筋吊凳

（2）采取钢筋直螺纹机械连接，节约钢筋；

（3）钢筋短料作为明沟盖板、防护栏杆支架等综合再利用等措施，提高材料利用率；

（4）通过优化模板体系，增加模板、支撑系统的平均周转次数；

（5）合理规划场地，基坑开挖与土方回填统筹，减少土方外运，降低成本；

（6）生产、生活区用房采用活动板房，生活区围墙采用活动围护，循环回收利用。

2）建筑装饰装修

（1）贴面类材料在施工前进行总体排版，尽量减少非整块材料的数量；

（2）各类油漆及胶粘剂随用随开启，不用时及时封闭；

（3）对于瓷砖、玻璃等各类块材材料，采用 BIM 试排放样，工厂定制方式。

3）建筑垃圾的回收利用

建筑垃圾的堆放或填埋几乎超过了环境允许的负荷，建筑垃圾减量化、建筑垃圾的重复利用是绿色施工的重要工作。建筑垃圾的重复利用主要体现在两个方面：一是使用可回收利用材料的产品；二是加大回收利用、循环利用。例如，短木材的接长使用，见图8-10。

图8-10　短木材的接长使用

8.5.2　节材与材料资源利用评价指标

1. 控制项

1）建立材料采购、限额领料、建筑垃圾再生利用等管理制度。

2）绿色施工策划文件中涵盖节材与材料资源利用的内容。

3）具有满足工程进度要求的具体材料进场计划。

4）就近选择工程材料，并有进场和运输消耗记录。

2. 一般项

1）临建设施。采用可周转、可拆装的装配式临时住房；采用装配式的场界围挡和临时路面；采用标准化、可重复利用的作业工棚、试验用房及安全防护设施；利用既有建筑物、市政设施和周边道路。

2）模架材料。采用管件合一的脚手架和支撑体系；采用高周转率的新型模架体系；采用钢或钢木组合龙骨。

3）材料节约。利用粉煤灰、矿渣、外加剂等新材料，减少水泥用量；现场使用预拌砂浆；墙、地块材饰面预先总体排版，合理选材；对工程成品采用保护措施；采用闪光对焊、套筒等无损耗连接方式；采用BIM技术，深化设计、优化方案、节约材料。

4）资源再生利用。建筑垃圾分类回收，就地加工利用；现场办公用纸分类摆放，纸张两面使用，废纸回收；建筑材料包装物回收率达到100%；再生利用改扩建工程的原有材料。

5）施工选用绿色、环保材料。

3. 优选项

1）主要建筑材料损耗比定额损耗率低30%以上。

2）采用建筑配件整体化和管线设备模块化安装的施工方法。

3）混凝土结构施工采用自动爬升模架；现场废弃混凝土利用达到70%。

4）现场混凝土拌合站设置废料收集系统，加以回收利用。

5）爆破施工采用高效安全爆破工艺，节约材料。

6）采用钢筋工厂化加工和集中配送。

7）大宗板材、线材定尺采购，集中配送。

8）石方弃渣用于加工机制砂和粗骨料。

8.6 节水与水资源利用

我国是一个水资源比较匮乏的国家，然而在一些施工现场水资源浪费非常严重，尤其是基坑降水，大量的地下水通过市政雨水管道排放。传统的低效能、高耗水、粗放型施工方法随处可见，所以节约用水的绿色施工理念任重而道远。

扫描二维码 8-4，观看节水、节能、节地教学视频。

二维码 8-4
节水、节能、
节地教学视频

8.6.1 施工过程中建立节约用水制度

1. 编制生活区、办公区、生产区节水方案，对生产区、生活区实行分别计量、制定消耗指标、建立用水台账，根据生产、生活区用水指标定期进行考核。

2. 施工现场建立中水或可再利用水的收集利用系统，使水资源得到循环利用。

1) 基坑降水采用基坑封闭降水方法，有效利用基础施工阶段井点抽取上来的地下水。

2) 配置二级沉淀池，设置废水（不含有机物）沉淀回用系统，施工污水经现场沉淀后二次循环使用。

3) 项目施工期主要道路两侧敷设排水沟（管）收集雨水，沉淀处理后回用。

3. 加强现场人员的节水意识，派专人对各用水源、供水装置进行巡视检查，发现漏水现象及时修复，提高节水效率。

4. 在施工过程中改进施工工艺，节约用水。

1) 改变混凝土养护的方式。用喷淋代替大水漫灌的方式，达到节水的目的。

2) 改变砌体的浇水湿润方式。采取和混凝土养护方式相同的方法，改冲淋为喷淋。

3) 改变砂浆的搅拌方式，推广应用预拌砂浆。

8.6.2 节水与水资源利用评价指标

1. 控制项

1) 建立水资源保护和节约管理制度。

2) 绿色施工策划文件中涵盖节水与水资源利用的内容。

3) 制定水资源消耗总目标和不同施工区域及阶段的水资源消耗指标。

4) 施工现场的办公区、生活区、生产区用水单独计量，并建立台账。

5) 施工现场供水线路及末端不得有渗漏。

6) 签订标段分包或劳务合同时，将节水指标纳入合同条款。

2. 一般项

1) 节约用水。管道打压采用循环水；混凝土养护采用覆膜、喷洒等节水工艺和措施；生活区用水采用节水器具，配置率达到100%；喷洒路面、绿化浇灌采用非自来水水源；现场临时用水系统设计合理，无渗漏。

2) 水资源保护。基坑抽水采用动态管理技术，减少地下水开采量；危险品、化学品存放处采取隔离措施；污水排放管道不得渗漏；采用无污染地下水回灌方法；机用废油回收，不得随意排放；不得向水体倾倒垃圾；水上和水下机械作业有作业方案，采取安全和防污染措施。

3）水资源的利用。施工废水与生活废水有收集管网、处理设施与利用措施；现场冲洗机具、设备和车辆的用水，采用经处理后的施工废水和收集的雨水；非传统水源经过处理和检验合格后作为施工、生活用水使用；根据工程地域特点，施工现场用水经许可后，采用符合标准的江、河、湖、泊水源；储存并高效利用回收的雨水和基坑降水产生的地下水。

3. 优选项

1）中水进行生化处理达标后，合理利用。

2）混凝土标准养护室采用蒸汽设施，自动养护。

3）现场混凝土预制构件采用自动控制系统进行养护。

4）场内集中预制的混凝土构件采用喷淋设备进行喷水养护。

5）设置在海岛海岸的无市政管网接入条件的工程项目，采用海水淡化系统。

6）无市政管网接入条件的工程项目，因地制宜，采用非自来水水源。

7）采用基坑封闭降水施工技术。

8.7　节能与能源利用

建筑业是国民经济的支柱产业，但建筑业仍然存在资源消耗大、污染排放高的问题，与"创新、协调、绿色、开放、共享"的新发展理念要求还存在一定差距。在 2020 年联合国大会上，中国承诺力争在 2030 年前实现碳达峰，2060 年前实现碳中和，建筑业面临的转型升级任务十分艰巨。

8.7.1　施工节能措施

1. 生活区、办公区节能措施

在节约生活用电方面，现场办公室、职工宿舍要使用低能高效的用电设备，禁止使用大功率用电器。生活区、办公区节能措施有：

（1）尽量在省电模式下运行办公设备，电脑、打印机、复印机不用时，设置在待机状态，下班即关机；

（2）生活区照明采用集中管控措施，由生活区门卫负责定时开关电源；

（3）办公室要人走灯灭、严禁"长明灯"；

（4）办公场所充分利用自然光源，照明采用节能灯；

（5）空调制冷温度不低于 26℃，冬季空调制热温度不高于 20℃，空调开启时，办公室门窗要关闭；

（6）生活区安装专用电流限流器，禁止使用大功率用电设备，严禁使用大功率的用电器取暖、做饭；

（7）职工浴室安装太阳能热水器，充分利用清洁能源。

2. 生产区节能措施

合理组织施工，积极推广节能新技术、新工艺，提高施工能源利用率，禁止不合格临时设备用电。

    1）机械设备的选择与使用

    机械设备在选型时，优先选择制造技术成熟且节能的机械设备，选用的机械设备的功率要与设备所承受的负载相匹配，避免大功率施工机械设备在低负载下长时间工作；淘汰高能低效的老旧机械。例如电焊机配备空载短路装置，以降低功耗。

    2）合理安排工序

    合理安排施工工序，根据施工总进度计划，在施工进度允许的前提下，尽可能减少夜间施工，减少照明用电。

    合理安排施工机械设备的作业区域和工作时间，在满足施工需要的条件下，尽量减少施工机械的数量，充分利用相邻作业区域的机械，合理安排施工工序，提高施工机械的效率，降低施工机械的能耗。

    3）施工用电及照明

    合理安排机械设备的进场时间、使用时间、使用次数。施工照明时不要随意接拉电线，作业人员在哪里作业，就在哪里开启照明设备，无作业时，照明设备要及时关闭。

    （1）施工现场用电要严格按照《施工现场临时用电安全技术规范》JGJ 46—2005 和《建设工程施工现场供用电安全规范》GB 50194—2014 规定施工，电线接线时，使用合格的接线端子压接电线头，铜线和铝线连接时，为了防止电化学腐蚀造成的接触不良，必须装接铜铝过渡接头。

    （2）施工现场要制定临时用电制度，设定生产、生活、办公用电指标，并定期进行对比分析，制定节约用电措施。施工现场用电制度有：

    ① 建立生产区用电制度，明确责任人；杜绝现场乱拉乱接供电接线方式，减少线路无功率损耗；对设备进行定期维护、保养，保证设备运转正常，降低能源消耗。

    ② 根据不同阶段核算用电量，依据用电量安装电表实行分路供电，建立用电台账；选用合格的电线电缆，降低线路无功率损耗。

    ③ 制订大型施工机械运行管理制度，做好施工机械设备日常维护、定期维护；在施工机械闲置时关掉电源，减少机械空载运行；电焊机安装二次降压保护装置；严格控制老化、带病机械设备使用。

8.7.2 节能与能源利用评价指标

    1. 控制项

    1）建立节能和能源利用管理制度。

    2）绿色施工策划文件中涵盖节能与能源利用的内容。

    3）编制施工设备总体耗能计划，对进场重大设备进行能耗评估，设备进场后建立主要耗能设备清单。

    4）施工现场的办公区、生活区、生产区用电单独计量，并建立台账。

    2. 一般项

    1）临时用电设施。规划线路铺设、配电箱配置和照明布局；采用节能型设施；现场照明设计符合行业标准《施工现场临时用电安全技术规范》JGJ 46—2005 的规定；办公区和生活区 100% 采用节能照明灯具。

2）机械设备。选择能源利用效率高的施工机械设备；合理安排施工工序和施工进度，共享施工机具资源；高耗能设备单独配置电表，定期监控能源利用情况，并有记录；建立机械设备技术档案，定期检查保养；选择功率与负载相匹配的施工机械设备，避免大功率施工设备长时间低负载运行；施工作业停工及时关机。

3）临时设施。结合日照和风向等自然条件，合理采用自然采光、通风措施；使用热工性能达标的复合墙体和屋面板，顶棚采用吊顶；采取外窗遮阳、窗帘等防晒措施。

4）材料运输。建筑材料设备的选用根据就近原则，500km 以内生产的建筑材料设备重量占比大于 70%；合理布置施工总平面图，避免现场二次搬运；制定切实措施，减少垂直运输设备的耗能；采用重力势能装置，运输建筑垃圾。

5）现场施工。采用能耗少的施工技术和施工工艺；减少夜间作业、冬期和雨天施工时间；合理安排施工机械，避免集中使用大功率设备；地下大体积混凝土基础采用溜槽或串筒浇筑；钢结构安装采用高强螺栓连接技术。

3. 优选项

1）利用太阳能或其他可再生能源。

2）临时用电设备采用自动控制装置。

3）施工通道及无直接采光的施工区域照明分别采用声控、光控、延时等自动照明控制。

4）采用无功补偿设备提升施工临时用电系统的功率因素。

5）单位工程单位建筑面积的用电量比定额节约 10%。

6）长期集中施工人员居住区，采用合同能源管理模式实现节能目标。

7）沥青混合料加热采用天然气、煤改气等清洁能源。

8）施工期采用集中供电、电网供电、油改气、温拌沥青等节能方法。

8.8 节地与施工用地保护

我国有 14 亿人口，人均耕地面积却不足世界人均的 40%，国家出台了保住 18 亿亩耕地的红线，根据全国土地调查的统计报告，截止到 2019 年 12 月 31 日，我国耕地总面积为 1.35 亿公顷，折合 20.3 亿亩，实际播种总面积为 17.41 亿亩。土地的不可再生性，就需要正确处理建设用地与节约用地的关系，实现土地资源的可持续发展。

8.8.1 临时用地目前存在的主要问题

工程建设用地包括临时用地和永久用地。临时用地包括建设单位或施工单位在工程建设中新建的临时住房和办公用房、临时加工车间和修配车间、搅拌站和材料堆场，还有预制场、采石场、挖砂场、取土场、弃土场、施工便道、运输通道和其他临时设施用地。临时用地目前存在的主要问题：

1）在项目前期的可行性研究阶段，没有制定完善的取土、弃土方案，临时用地选址具有一定的随意性，对临时性用地的数量缺乏精确计算，存在浪费土地的现象。

2）在建设重点基础设施项目中，施工单位临时用地随意占用耕地。

3）在建设铁路、公路桥梁等大型项目时，工程建设项目沿线设置的大量临时预制场规模庞大，占用了相当数量的土地，由于重型机械设备的长时间碾压，变得复耕困难。

4）有些大型的工程项目施工期限比较长，使得原来用于修建简易施工用房、设施用房的临时用地提高了标准，演变成为实际上的建设用地。

8.8.2　临时用地的管理

在项目可行性研究阶段，根据项目性质、地形地貌、取土条件等，制定临时用地方案，确定取、弃土用地控制指标，编制复耕方案。

1. 取、弃土用地规划

1）合理调配取弃土。在建筑工程施工时，土石方工程占较大比重，所需劳动力和机具较多，区间的土石方需要提前编制土方调配方案。

2）挖丘取土，平地造田。从附近荒丘上取土平整后，可给当地农村造地造田；视当地实际情况将取土坑修建为鱼塘，发展渔业。

3）弃土填沟、弃渣填基综合利用。尽可能把弃土覆盖在荒地上，并进行土壤改良，使原来的荒地复耕。

4）在施工结束后，要及时恢复耕种条件，还农耕种。

2. 合理布设临时道路

为工程施工需要而修建的临时道路，根据运量、距离、工期、地形、当地材料以及使用的车辆类型等情况来决定，在施工调查中要着重研究城乡交通运输情况，充分利用既有道路和水运的运输能力，合理布置与修筑临时道路。

1）充分利用现有城乡道路。

2）充分利用有利地形，在不受地形、地物限制的情况下，线路尽可能顺直，节约占地。

3）道路避免占用优良耕地、破坏原有排灌系统。

3. 合理布置临时房屋

施工用临时房屋主要包括办公区、生活区、生产区的各种生产和生活用房。这些临时房屋的特点是使用时间短，工程结束后即拆除。因此，尽量利用附近已有房屋、临时帐篷和装配式房屋。

4. 科学规划施工现场

施工场地中的临时设施、材料堆场、物资仓库、大型机械、物料堆场、消防设施、道路及进出口、加工场地、水电管线、周转使用等场地进行科学规划，以达到节约用地的目的。

8.8.3　临时用地保护

1. 合理减少临时用地

1）深基坑施工时，进行多方案对比，制定最佳土石方的调配方案，避免高填深挖，尽量减少土方开挖和回填量。

2）施工单位要严格控制临时用地数量，施工通道、各种料场、预制场要结合工程进度和工程永久用地统筹考虑。

3）根据制定的取土场复耕方案，确定施工场地、取土场地点、数量和取土方式，尽量结合当地农田水利工程规划，避免大规模集中取土，并将取、弃土和农田改造结合起来。

4) 在桥梁和道路建设过程中，充分利用地形，优化施工方案和优选线路方案，减少占用土地的数量和比例。

2. 红线外临时占地

红线外临时占地要重视环境保护，维持原有自然生态平衡，并保持与周围环境、景观相协调。红线外临时占地要满足以下几个要求：

1) 在工程量增加不大的情况下，尽量利用荒山、荒坡，选择能够最大限度节约土地、保护耕地、林地的方案。

2) 对确实需要临时占用的耕地、林地，要考虑及时复耕。

3) 工程完工后，及时对红线外占地恢复原地形、地貌，使施工活动对周边环境的影响降至最低。

3. 保护绿色植被和土地的复耕

建设工程临时用地，在工程结束以后，应该按照"谁破坏，谁复耕"的原则，恢复原来的地形、地貌、耕种条件。

1) 清除临时用地上的废渣、废料和临时建筑、建筑垃圾等，平整土地、造林种草、恢复土地的植被。

2) 在对临时用地进行清理后，对压实的土地进行翻松、平整、适当布设土埂，恢复破坏的排水、灌溉系统。

3) 施工单位临时用房、料场、预制场等临时用地，如果不得不占用耕地，必须采取"耕作层剥离"，及时将耕作层的熟土剥离并堆放在指定地点，以便用于土地复耕、绿化和重新造地，提高土地复耕质量。

4) 利用和保护施工用地范围内原有绿色植被，对于施工周期较长的现场，可按建设永久植被绿化。

8.8.4　节地与施工用地保护评价指标

1. 控制项

1) 建立节地与土地资源保护管理制度。

2) 绿色施工策划文件中涵盖节地与土地资源保护的内容。

3) 了解施工场地及毗邻区域内人文景观、特殊地质及基础设施管线分布情况，制订相应的用地计划和保护措施，并报请相关方核准。

4) 合理布置施工场地，并实施动态管理。

5) 未经相关政府管理部门许可，不得在农田、耕地、河流、湖泊、湿地弃渣。

6) 在生态脆弱地区施工完成后，进行施工区域内的植被和地貌复原。

2. 一般项

1) 节约用地。施工总平面根据功能分区集中布置；根据现场条件和使用需求，合理设计场内交通道路；利用原有及永久道路为施工服务，施工现场临时道路设置综合确定；临时办公和生活用房采用多层装配式活动板房、箱式活动房等；对垂直运输设备布置方案进行优化，减少垂直运输设备占地；利用施工产出的矿渣及废渣，减少弃土用地。

2）保护用地。覆盖施工现场裸土，防止土壤侵蚀、水土流失；合理利用山地、荒地作为取、弃土场的用地；施工现场非临建区域采取绿化措施，减少场地硬化面积；优化基坑施工方案，减少土方开挖和回填量；工程施工完成后，进行地貌和植被复原；合理调配路基等土石方工程，力求挖填方平衡，减少取土挖方量。

3. 优选项

1）利用既有建筑物、构筑物和管线或租用工程周边既有建筑为施工服务。

2）集中拌合地基处理物料。

3）办公室外场地及现场道路采用钢板铺装。

4）现场道路采用预制混凝土或块料铺装。

5）人行道采用透水路面。

8.9　人力资源节约与保护评价指标

1. 控制项

1）建立人力资源节约和保护管理制度。

2）绿色施工策划文件中涵盖人力资源节约与保护的内容。

3）施工现场人员实行实名制管理。

4）现场食堂有卫生许可证，炊事员持有效健康证明。

5）关键岗位人员持证上岗。

6）针对空气污染程度，采取相措施；严重污染时，停止施工。

2. 一般项

1）人员健康保障。制定职业病预防措施，定期对从事有职业病危害作业的人员进行体检；生活区、办公区、生产区有专人负责环境卫生；施工作业区、生活区和办公区分开布置，生活设施远离有毒有害物质；现场有急疏散、逃生标志、应急照明及消暑防寒设施，并设专人管理；现场设置医务室，有人员健康应急预案；生活区设置满足施工人员使用的盥洗设施；现场宿舍人均使用面积不得小于$2.5m^2$，并设置可开启式外窗；制定食堂卫生管理制度，器具清洁；卫生设施、排水沟及阴暗潮湿地带定期消毒，厕所保持清洁，化粪池定期清掏；野外施工时，有防止高温、高湿、高盐、沙尘暴等恶劣气候条件及野生动植物伤害措施和应急预案。

2）劳动力保护。建立合理的休息、休假、加班等管理制度；减少夜间、雨天、严寒和高温天作业时间；施工现场危险地段、设备、有毒有害物品存放等处设置醒目安全标志，配备相应设施；从事有毒、有害、有刺激性气味和强光、强噪声施工的人员，佩戴相应的防护器具和劳动保护用品，并采取相应的技术措施或装置，减少对人的不利影响；深井、密闭环境、防水和室内装修施工时，设置通风设施；施工现场人车分流，并有隔离措施；使用低污染、低危害的机械设备和环保材料；土石方施工时，执行爆破标准。

3）劳动力节约。因地制宜制定各施工阶段劳动力使用计划，合理投入施工作业人员；优化绿色施工组织设计和绿色施工方案，合理安排工序；建立施工人员培训计划和培训实施台账；建立劳动力使用台账，统计分析施工现场劳动力使用情况；模板采用水性脱模剂。

3. 优选项

1）采用现场免焊接技术。

2）采用机械喷涂抹灰等自动化施工设备。

3）采用清水混凝土技术。

4）采用内墙免抹灰技术。

5）模块化安装管道设备。

6）整体化安装建筑部件。

7）建立食堂熟食留样制度和台账。

8）员工宿舍设置报警、防火等安全装置。

9）建立实名制信息管理平台。

10）超大平面工程施工时，采用集中拌合法施工。

11）采用数字化管理和人工智能技术。

8.10　创新与创效

绿色施工积极开展技术创新和创效活动，技术创新有专业技术先进性和综合价值的评审（鉴定）资料，创效情况有综合效益的认同资料，在绿色施工评价时，工程项目创新与创效得分按加分方式进行核准。技术创新和创效在如下方面开展：

1）装配式施工技术。

2）信息化、数字化施工技术。

3）地下资源保护及地下空间开发利用技术。

4）建材与施工机具绿色性能评价及选用技术。

5）高强钢与预力结构等新型结构施工技术。

6）高性能及多功能混凝土技术。

7）新型模架开发与应用技术。

8）现场废弃物减排及回收再利用技术。

9）人力资源保护及高效使用技术。

思　考　题

8-1　根据《建筑工程绿色施工评价标准》GB/T 50640—2010，简述绿色施工的定义。

8-2　绿色施工总体框架包括哪几方面内容？

8-3　简述"四节一环保"的内容。

8-4　绿色施工管理体系是否是一种全新的组织结构形式？

8-5　简述绿色施工评价指标体系的内容。

8-6　简述绿色施工的评价程序。

8-7　简述绿色施工的评价方法。

8-8　单位工程绿色施工等级如何判定？

8-9 简述"四节一环保"的技术与管理措施。

案 例 题

8-1 【2013 年一级建造师考题改】背景材料：某教学楼工程，建筑面积 1.8 万 m^2，地下一层，地上六层，檐高 23.8m，主体为框架结构，砌筑及抹灰用砂浆采用现场拌制。施工单位进场后，项目经理组织编制了《某教学楼施工组织设计》，经批准后开始施工。在施工过程中，发生了以下事件：

事件一：根据现场条件，场区内设置了办公区、生活区、木工加工区等生产辅助设施。临时用水进行了设计与计算。

事件二：为了充分体现绿色施工在施工过程中的应用，项目部在临时设施布置时，结合绿色施工的理念，提出了一系列绿色施工要点。

问题：

（1）事件一中，《某教学楼施工组织设计》在计算临时用水总用水量时，根据用途考虑哪些方面的用水量？该工程是否需要设置临时室内消防给水系统？

（2）事件二的临时设施包括哪些？在临时设施布置施工时，有哪些绿色施工的要点？

（3）在事件二的临时设施中，节地与土地资源保护评价的指标中，优选项有哪些？

【解析与答案】

1）事件一

（1）临时用水量需要考虑：现场施工用水量、施工机械用水量、施工现场生活用水量、生活区生活用水量、消防用水量。

（2）工程建筑面积 1.8 万 m^2，檐高 23.8m<24m，建筑物预估体积 $V=(18000/6)\times 23.8=71400$ 万 m^3 > 30000m^3。根据《建设工程施工现场消防安全技术规范》GB 50720—2011 第 5.3.8 条规定，该施工现场需要设置临时室内消防给水系统。（建筑高度大于 24m 或单体体积超过 30000m^3 的在建工程，设置临时室内消防给水系统）

2）事件二

（1）临时设施有以下几种：办公设施，包括办公室、会议室、保卫传达室；生活设施，包括宿舍、食堂、厕所、淋浴室、阅览娱乐室、卫生保健室；生产设施，包括材料仓库、防护棚、加工棚（站、厂，如混凝土搅拌站、泥浆搅拌站、木材加工厂、钢筋加工厂、机械维修厂等）、操作棚；辅助设施，包括道路、现场排水设施、围墙、大门等。

（2）依据《建筑工程绿色施工规范》GB/T 50905—2014 在临时设施中的绿色施工要点有：

① 临时设施的设计、布置和使用，采取有效的节能降耗措施，并符合下列规定：利用场地自然条件，临时建筑的体形规整，有自然通风和采光，并满足节能要求；临时设施选用由高效保温、隔热、防火材料制成的复合墙体和屋面，以及密封保温隔热性能好的门窗；临时设施建设不使用一次性墙体材料。

② 办公和生活临时用房采用可重复利用的房屋。

③ 严寒和寒冷地区外门采取防寒措施。夏季炎热地区的外窗设置外遮阳。

3）依据《建筑工程绿色施工评价标准》GB/T 50640—2010，临时设施节地与土地资源保护评价指标中的优选项有：

（1）临时办公和生活用房采用结构可靠的多层轻钢活动板房、钢骨架多层水泥活动板房等可重复使用的装配式结构。

（2）钢筋加工配送化，构件制作工厂化。

（3）施工总平面布置能充分利用和保护原有建筑物、构筑物、道路和管线等，职工宿舍满足 $2\mathrm{m}^2/$ 人的使用面积要求。

第 9 章　BIM 技术在施工阶段的应用

本章要点：该章结合信息时代的特点，主要介绍 BIM 技术在施工组织编制中的应用，这一章属于创新性课程内容；主要知识点包括：BIM 在施工管理中的应用；建模软件介绍；基于广联达 BIM 三维场布；基于斑马软件网络进度计划的编制；广联达 BIM5D 在施工组织中的应用；基于 BIM-FILM 制作施工工艺动画。

学习目标：掌握 BIM 三维场布、基于软件编制网络进度计划、BIM5D 在施工组织中的应用；熟悉应用建模软件建模；了解基于 BIM-FILM 制作施工工艺动画的方法。

素质目标：通过拓展信息化技术，提升信息化技术应用能力和科学严谨的创新精神。

　　BIM 技术在施工阶段的应用主要有：碰撞检查、施工深化设计、危险性较大工程筛选、工程量统计、施工进度模拟、虚拟施工、施工工艺模拟、施工现场布置规划、施工安全监管、施工质量监管、成本跟踪、物料跟踪、资料归档等。

　　1. 碰撞检查

　　在施工开始前利用 BIM 模型的参数化特性对各个专业（建筑、结构、给水排水、机电、消防、电梯等）的空间占位进行冲突检查，检查各专业管道之间、管道与结构之间、结构与建筑之间的空间占位冲突，目的是在施工前解决空间占位冲突问题。

　　例如上海的国家会展中心的"四叶草"屋面造型（图 9-1），这个宽 108m、长 270m、最大净高 34m 的空间复杂结构一次完工成型，施工难点非常大，在施工前，各专业工程 BIM 模型合模后进行"软硬碰撞检查"，消除碰撞上千处。

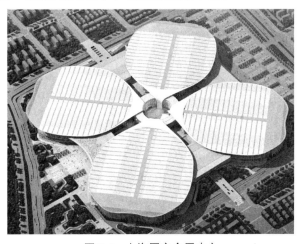

图 9-1　上海国家会展中心

2. 虚拟施工

基于 BIM 模型对进度计划进行分析模拟，在二维进度计划的基础上关联三维模型，形成了可视化进度计划（BIM4D），再关联造价、资源消耗、实时安全监控、实时质量跟踪，就形成多维施工实施信息化模型。扫描二维码 9-1，观看虚拟施工 BIM5D 视频。

二维码 9-1　虚拟施工 BIM5D 视频

对于新形式、新结构、新工艺和复杂节点，可以充分利用 BIM 的参数化和可视化特点，对节点进行拆解、工艺设计、施工模拟等，验证施工方案的可施工性。

3. 数字化建造

数字化建造的前提是参数化设计模型，BIM 模型的构件信息支持了数字化建造的实施。住房和城乡建设部等 13 部委联合印发《关于推动智能建造与建筑工业化协同发展的指导意见》（建市〔2020〕60 号）明确指出：

推进数字化设计体系建设，统筹建筑结构、机电设备、部品部件、装配施工、装饰装修，推行一体化集成设计。积极应用自主可控的 BIM 技术，加快构建数字设计基础平台和集成系统，实现设计、工艺、制造协同。加快部品部件生产数字化、智能化升级，推广应用数字化技术、系统集成技术、智能化装备和建筑机器人，实现少人甚至无人工厂。加快人机智能交互、智能物流管理、增材制造等技术和智能装备的应用。以钢筋制作安装、模具安拆、混凝土浇筑、钢构件下料焊接、隔墙板和集成厨卫加工等工厂生产关键工艺环节为重点，推进工艺流程数字化和建筑机器人应用。以企业资源计划（ERP）平台为基础，进一步推动向生产管理子系统的延伸，实现工厂生产的信息化管理。推动在材料配送、钢筋加工、喷涂、铺贴地砖、安装隔墙板、高空焊接等现场施工环节，加强建筑机器人和智能控制造楼机等一体化施工设备的应用。

例如充满异国风情的上海迪士尼乐园（图 9-2）有数以万计的构件，其中很多都是独一无二的，采用传统工艺加工很难保证每一个制品都符合标准。但基于 BIM 模型的构件信息，通过 3D 打印技术直接打印出标准的艺术构件和所需模具，再利用模具进行规模生产，实现了数字化构件定制；除了 3D 打印和雕刻技术，三维可视化技术、4D 模拟等数字化技术"各显神通"，让上海迪士尼乐园在建筑工业上创造了多方位的新高度。

图 9-2　上海迪士尼乐园局部 BIM 模型

4. 精细化施工

通过 BIM 技术和管理信息系统的集成，可以有效支持造价波动、采购市场信息、库存优化管理、财务核算等的精细化管理工作；业主方、设计方、预制厂商、材料供应商等可利用集成化 BIM 信息模型与施工方沟通，提高工作效率减少错误。

5. 可视化施工

通过 BIM 技术与 3D 激光扫描、视频、图片、GPS、移动通信、RFID（二维码等射频识别技术）、互联网等技术的集成，可以实现对现场的构件、设备以及施工进度和质量的实时跟踪；图 9-3 为装配式结构构件利用 BIM 与 RFID 技术的集成应用，实现对预制构件的实时跟踪控制流程。

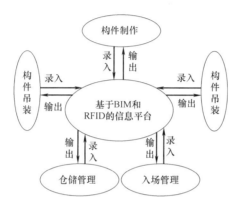

图 9-3　预制构件利用 BIM 与 RFID 技术的集成应用流程

9.1　施工阶段 BIM 应用软件

据不完全统计 BIM 软件有 70 多款，分为建模软件、分析软件、管控软件、运维软件。表 9-1 列举了目前施工现场常用的软件应用场景。

施工现场常用的软件　　　　　　　　　　　　　表 9-1

公司	软件	功能	应用阶段			
			投标展示	深化设计	施工管理	竣工交付
美国 Autodesk	Revit	建筑、结构、机电	▲	▲	▲	
	Navisworks	协调管理	▲		▲	
	Civil 3D	地形、场地、道路	▲	▲		
	3dsmax	动画渲染	▲			
匈牙利 Graphisoft	ArchiCAD	建筑	▲	▲	▲	
广联达	MagiCAD	机电	▲	▲	▲	
	广联达 BIM	造价与施工管理	▲		▲	▲
Bentley	AECOsim	建筑	▲	▲	▲	
	Building	结构	▲	▲	▲	
	Designer	机电	▲	▲	▲	

续表

公司	软件	功能	应用阶段			
			投标展示	深化设计	施工管理	竣工交付
Bentley	ProSteel	钢结构			▲	
	Navigator	协调管理	▲	▲	▲	▲
	ConstructSim	建造	▲	▲		
Trimble	Tekla Structure	钢结构	▲	▲	▲	
建研科技	PKPM	结构	▲	▲	▲	
盈建科	YJK	结构	▲	▲	▲	
kalloc studios	Fuzor	仿真	▲		▲	
荷兰 Act-3D	Lumion	3D 可视化工具	▲		▲	
鲁班	鲁班 BIM	造价与施工管理	▲		▲	▲

在设计阶段：常采用 Revit、Rhino、Bentley、ArchiCAD、Tekla。Revit 是国内最为常用的 BIM 建模软件；Rhino 是专业 3D 造型软件，广泛地应用于三维动画制作、工业制造、科学研究以及机械设计等领域；Bentley 主要应用在基础设施建设；ArchiCAD 是最早的 3D 建模软件，其开放的设计协同非常优秀；Tekla Structures 是钢结构详图设计软件；常采用国内 PKPM、清华日照等国内成熟的软件做绿建分析；

在实施阶段：常采用广联达、鲁班等算量计价软件，完成招标控制价、投标报价的编制；常采用 Navisworks、BIM5D、Luban iWorks 软件，进行进度控制、成本跟踪、质量监控、安全监控、合同管理、物资跟踪、施工模拟等施工管理工作；Navisworks 有漫游、碰撞检查、施工模拟三个主要的应用功能。广联达、鲁班这两款软件在工程量统计和进度模拟上比较成熟。

广联达 BIM5D 是在 3D 建筑信息模型基础上，融入"时间计划维度"与"成本造价维度"，形成由 3D 模型＋进度计划＋造价成本的五维建筑信息模型。BIM5D 不仅能统计工程量，还能将建筑构件的 3D 模型与施工进度的各种工作（WBS）相链接，动态地模拟施工变化过程，实施进度控制和成本造价的实时监控。集工程量信息、进度信息、造价信息于一体，实现"进度模拟""成本跟踪""质量监控""安全监控""合同管理""资源跟踪"等施工管理目标的数字化施工管理系统。

鲁班 Luban iWorks 主要应用价值点在于建造阶段碰撞检查、材料过程控制、对外造价管理、内部成本控制、基于 BIM 的指标管理、虚拟施工指导、钢筋下料优化、工程档案管理、设备（部品）库管理、建立企业定额库等。

9.2　BIM 在施工管理中的应用

BIM 技术在建造阶段可视化交底、碰撞检查、机电深化、投标方案模拟、专项施工方案模拟等基础应用方面基本得到了普及。控制成本和进度、提高施工组织合理性、减少空间占位冲突、提高工程质量、提高工程现场安全管理水平等是施工企业采用 BIM 技术的主要期望。

扫描二维码9-2，观看BIM应用汇报视频。

1. BIM技术在施工管理中价值凸显

1）提升项目精细化管理水平。通过对BIM技术与云计算、大数据、物联网、人工智能等数字技术综合应用，智能设备对工地现场的智能感知，及时收集实时数据与BIM模型关联，实现工程项目生产过程中各部门间、各管理层间的数据共享与协同。

二维码9-2　BIM应用汇报视频

（1）BIM技术已经涉及项目进度、质量、安全和成本管理等各方面，可以为施工管理提供数据支撑。

（2）数据的共享为劳务、物资、机械等相关资源的配置提供了实时跟踪数据。

（3）通过BIM技术，施工生产、商务谈判等各业务领域，共同围绕计划管理、跟踪管控、生产协作、执行纠偏等协同工作，管理过程可溯，管理信息固化在模型中。

2）提升企业对项目管理的细度。BIM作为信息化载体，可以实时、真实地反映全公司项目管理的实时数据，支撑了从项目现场技术管理向企业经营管理的升级。

（1）企业通过应用BIM技术实现企业与项目技术、商务、生产数据的共享，BIM技术的实时性项目数据，提高了公司对项目精细化、集约化管控能力。

（2）公司基于项目真实数据进行决断，更有效地保证了总部对项目的决策响应。

（3）公司可以通过项目的实时数据，根据具体情况对项目进行更具针对性的管控和赋能，合理调配资源，实现总部资源的高效利用。

2. BIM技术在施工阶段的应用

1）BIM模型维护

根据项目建设进度建立和维护BIM模型，实质是使用BIM平台汇总各项目团队所有的管理信息，消除项目中的信息孤岛，并且将得到的信息结合信息模型进行整理和储存，供项目全过程中项目各相关利益方随时共享。由于BIM的用途决定了BIM模型的精度要求，这些模型根据需要可能是：设计模型、施工模型、进度模型、成本模型、制造模型、操作模型等。

2）场地分析

场地分析是确定建筑物的空间方位，建立建筑物与周围景观联系的过程。通过BIM结合地理信息系统（简称GIS），对场地及拟建的建筑物空间数据进行建模，帮助项目技术人员进行施工现场平面布置规划，包括根据合同工期进行分期建设规划、场地临时设施的布置位置、交通流线关系等。

3）工程量统计

BIM初始模型是参数化设计的三维模型，可以真实地提供造价管理需要的工程量信息，这些信息可以快速对各种构件进行统计分析，可以为前期设计过程中的成本估算提供准确的工程量，为比较不同设计方案建造成本提供数据支撑。目前主要应用在施工开始前的工程量预算和施工完成后的工程量决算。

4）管线综合

在CAD时代，设计企业主要由建筑或者机电专业牵头，将所有图纸打印成硫酸图，然后各专业将图纸叠在一起进行空间占位冲突检查。由于二维图纸的信息缺失以及难以形成直观的交流平台，各专业的空间占位冲突问题难以消除。

　　BIM 技术能够在全专业模型中方便地发现设计中的碰撞冲突，及时排除项目施工环节中可能遇到的碰撞、冲突，减少由此产生的工程质量问题，改变了往往在施工阶段才发现碰撞冲突的事件，降低了解决碰撞冲突的工程变更，减少了由此带来的成本增加和工期延误。图 9-4 显示的就是不同专业的管线在空间占位上出现的碰撞冲突。

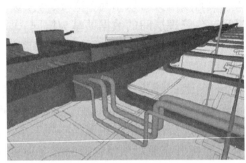

图 9-4　管线碰撞冲突

　　5）施工进度模拟

　　BIM 模型与施工进度计划关联，将空间信息与时间信息关联到可视的 4D（3D＋Time）模型中，可以直观推演进度计划与实体生长过程。目前，施工企业在工程项目投标中，通过施工进度模拟视频展示施工安排和施工实力。评委据此可以判断其施工进度计划是否科学、安排是否均衡、组织安排是否合理，施工资源是否因地制宜，质量管理是否有的放矢等。

　　6）施工组织模拟

　　施工组织协调了各施工单位、各施工工种、各资源之间的相互关系，决定了各阶段的施工准备工作内容，是施工技术与项目管理的集合。BIM 虚拟建造技术可以在项目建造过程中合理制定进度、质量跟踪计划，优化施工资源供应计划、合理布置场地临时设施，并且可以对项目的重点或难点部分进行施工模拟，分析优化施工方案，对重要的施工环节、工艺关键部位、施工现场平面布置等进行虚拟建造，以验证其可施工性。

　　通过施工组织的模拟，项目管理方能够非常直观地了解整个施工环节的时间节点和施工顺序，并准确把握在施工过程中的难点和要点。施工方可以通过虚拟建造对原有施工方案进行优化和改善，提高施工效率。

　　7）物料跟踪

　　通过 BIM 模型与 RFID 结合，使预制构件厂的工程构件生产与施工现场装配具有可追溯性，这是土木工程施工的物联网应用。"BIM＋RFID" 技术，科学的实现了物料的跟踪管理。BIM 包含了物料的详细信息（如生产日期、生产厂家、构件尺寸等），RFID 无线射频识别技术方案是一种成熟的物流管理技术，两者结合解决了物料跟踪的管理。

　　另外，BIM 模型直接用于构件生产环节还可以在构件厂与设计人员之间形成一种自然的反馈机制。例如工业化生产的批量化，直接影响加工成本，设计人员在设计流程中就需要考虑如何实现构件标准化降低建造成本。

8）施工现场配合

BIM 不仅集成了建筑物的完整信息，而且提供了一个三维的交互环境。与传统模式下项目各方人员在图纸堆中找信息相比，效率大大提高。BIM 应用平台是施工现场各方的交流沟通平台，可以让项目各方人员方便地根据三维虚拟实体交互论证项目方案、论证项目的可施工性，提高施工现场生产效率。

9）竣工模型交付

在项目完成后的移交环节，物业管理部门需要得到的不只是常规的设计图纸、竣工图纸，还需要了解设备的真实状态、安装使用信息等，需要获得与运营维护相关的资料。竣工的 BIM 信息模型记录了建造过程中的全专业、全过程信息（空间参数、施工过程、设备参数等信息），为后续的物业管理、改造、扩建提供翔实的历史固化信息。

二维码 9-3
Revit 软件简
介教学视频

9.3　建模软件介绍

Revit 是我国建筑业 BIM 体系中使用最广泛的软件之一，下面主要介绍 Revit 软件的应用，图 9-5 为 Revit 软件的绘图界面。

扫描二维码 9-3，观看 Revit 软件简介教学视频。

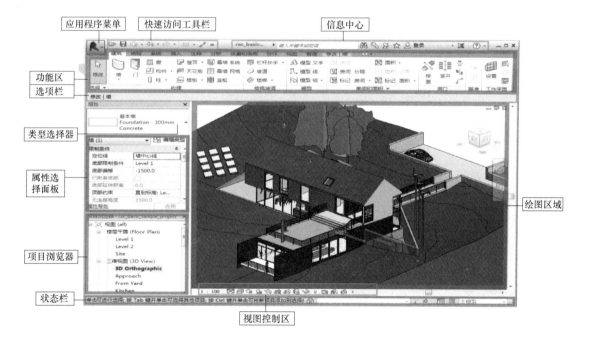

图 9-5　软件操作界面

1. 新建项目

选择"新建""项目"，选择样板文件为"建筑模板"，单机"确定"新建项目文件，见图 9-6。

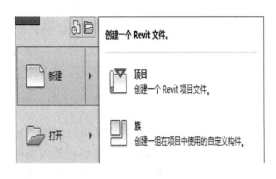

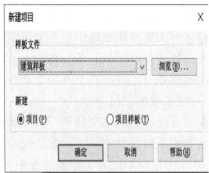

图9-6　软件操作界面

单击"管理"选项卡，项目单位，"长度"为 mm，面积为 m^2，见图9-7。

扫描二维码9-4，观看 Revit 软件基本操作教学视频。

2. 标高与轴网

1）绘制标高

项目浏览器→选择一个立面视图→绘制标高，见图9-8。

二维码9-4
Revit 软件基本
操作教学视频

图9-7　项目单位

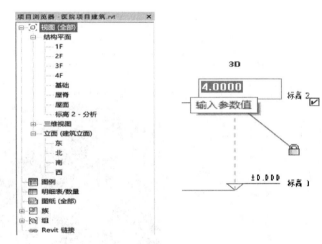

图9-8　绘制标高

修改楼层名称，例如将"标高1"修改为"1F"将会弹出"是否希望重命名相应视图"，选择"是"将会重命名相应的平面视图名称。

2）绘制轴网

在 Revit 绘制轴网与标高有所不同，标高是在立面图中绘制，轴网需要在平面视图中绘制。

在项目浏览器中双击"楼层平面"下的 1F 视图，打开平面视图界面。绘制第一条纵向轴线，轴号为①，顺序绘制其他轴线；绘制第一条横向轴线，此时系统默认纵轴累加序号，需要修改轴号标识为Ⓐ，见图9-9。

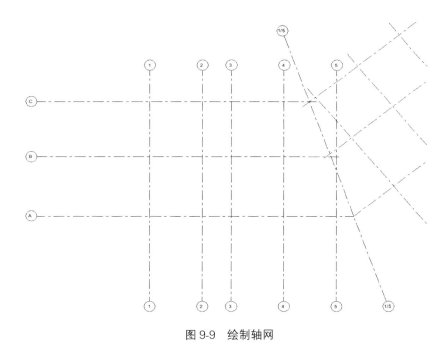

图 9-9 绘制轴网

在三维视图视口中显示的标高、轴网，见图 9-10。

图 9-10 三维视图视口中的标高、轴网

3. 柱、梁构件

在项目浏览器中点击"楼层平面"F1 平面视图，以柱子为例。梁的绘制方法与柱子的绘制方法相同，这里不做讲解。

定义柱：点击"建筑"→"柱"下拉菜单中的"结构柱"→"属性选择面板"中编辑柱子的类型："矩形柱"、按设计要求选择柱的材性、输入柱子截面尺寸→选择高度。

放置柱：依据定位轴线依次放置柱，见图9-11。

扫描二维码9-5，观看主体结构模型绘制教学视频。

注：柱子分为结构柱和建筑柱，这两种柱子的绘制方法是相同的，在这里不再赘述，柱子的定义，需要在"属性面板"的"编辑类型"设置。

二维码9-5
主体结构模型
绘制教学视频

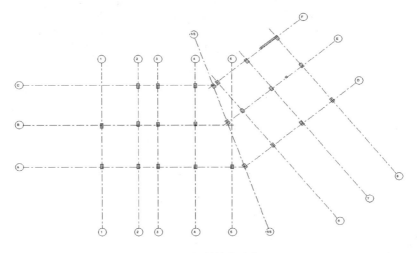

图9-11　结构柱绘制

4. 绘制内外墙

在项目浏览器中双击"楼层平面"1F，打开一层平面视图。

定义墙：点击"建筑"→"墙"下拉菜单中的"基本墙"→属性选择面板编辑墙的类型：按设计要求选择墙的材性、输入墙截面尺寸→"底部约束"为1F，"顶部约束"为标高2F。

绘制墙：根据定位轴线绘制设计要求的定义墙体，见图9-12。

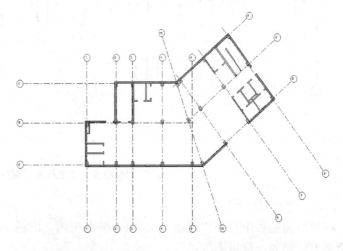

图9-12　绘制墙体

完成墙体的绘制之后，保存文件，三维显示见图 9-13。

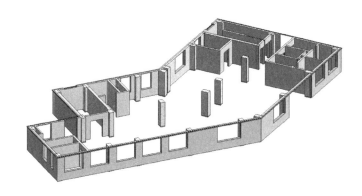

图 9-13　墙体三维显示

5. 绘制楼板

定义楼板：打开楼层平面视图，点击"建筑"→"楼板"→属性选择面板编辑楼板的类型；按设计要求选择楼板的材性、输入楼板截面尺寸。

绘制楼板：绘制楼板可以采用"拾取墙"的方法，将十字光标移动到外墙外边线上，依次拾取墙边线自动创建楼板闭合的轮廓线，见图 9-14。

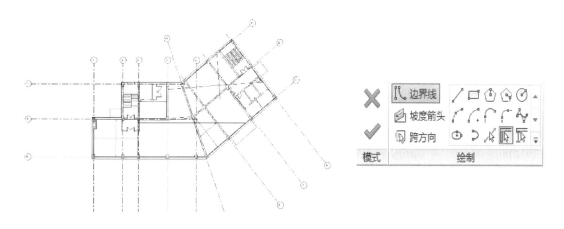

图 9-14　楼板的绘制

扫描二维码 9-6～二维码 9-8，观看 3 个建模教学视频。

二维码 9-6　独立基础的
绘制教学视频

二维码 9-7　建筑模型
绘制教学视频

二维码 9-8　楼梯扶手
绘制教学视频

9.4　基于广联达 BIM 三维场布

1. 广联达 BIM 三维场布

广联达 BIM 三维场布是一款用于建设项目规划场地的三维软件，软件提供多种临建 BIM 模型构件，可以通过绘制或者导入 CAD 电子图纸、GCL 文件快速建立模型。软件支持导出和打印三维效果图片，输出漫游及关键帧动画，导出 DXF、IGMS、3DS 等多种格式文件，软件还提供场地漫游、录制视频等功能。广联达 BIM 三维场布软件功能见图 9-15。

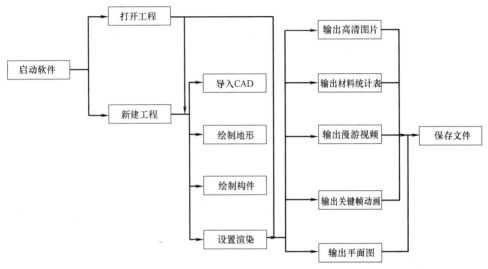

图 9-15　广联达 BIM 三维场布软件功能

2. 场布模型建立步骤

扫描二维码 9-9，观看基于广联达软件三维布置施工平面教学视频。

1）文件导入

导入 CAD。确定图纸插入点，然后选择 CAD 施工平面布置图文件插入即可。

2）建立地形地貌

（1）点击地形地貌→平面地形→框选地形范围→点击动态观察进入三维模式查看模型→点击地形地貌中的三维/二维进行切换。

（2）点击开挖→输入开挖深度→绘制开挖地形→右键完成。

（3）点击围护桩→修改围护桩各项参数→点击布置构件→绘制围护桩范围→右键完成。

3）建立场布模型步骤

建立场布模型步骤见图 9-16。

（1）点击工程项目→点击识别围墙→选择 CAD 线→属性栏调整围墙参数。

（2）选择建筑物外轮廓线→点击识别拟建建筑→属性栏调整拟建建筑参数。

二维码 9-9　基于广联达软件三维布置施工平面教学视频

（3）选择措施中的脚手架→选择下方直线→绘制施工脚手架→属性栏中剪刀撑样式选择爬架。

（4）在机械中选择塔式起重机→放置塔式起重机→右侧属性栏调整塔式起重机参数→根据塔式起重机高度选择附着形式。

（5）选择识别道路→点击 CAD 施工平面布置图中的场外道路→属性栏调整道路参数→材质选择水泥→根据需求勾选/取消显示纹理线。

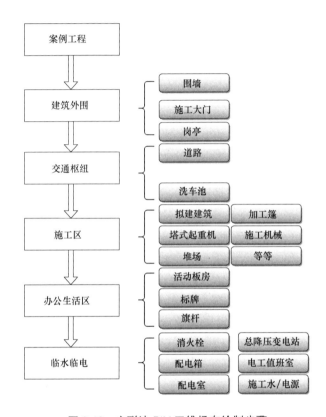

图 9-16　广联达 BIM 三维场布绘制步骤

（6）点击环境中的水泥→绘制场区内道路→也可选择下方直线/曲线进行绘制→若被覆盖，则适当调整离地高度。

（7）选择临建中的大门/防护棚/活动板房/集装箱/篮球场等进行放置→选择材料中的脚手架堆/原木/钢筋等进行放置，见图 9-17。

利用广联达 BIM 三维场布软件设计的施工平面布置效果图见 9-18。

3. 虚拟施工

1）动画制作

（1）点击工程项目→机械→放置混凝土泵车→点击虚拟施工→选中泵车→点击路径→绘制路径→修改动画属性→点击预览，见图 9-19。

（2）点击虚拟施工→选择楼层→更改日期及持续天数→点击自下而上建造→在动画序列中显示→点击预览。

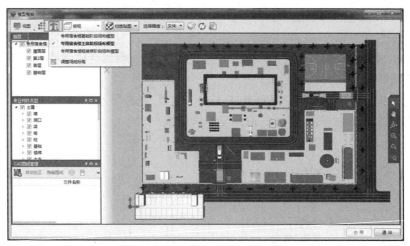

图 9-17　基于广联达场布软件的施工平面布置图

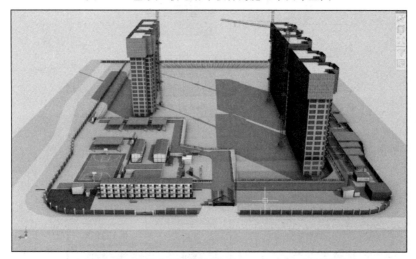

图 9-18　基于广联达场布软件的施工平面布置三维效果图

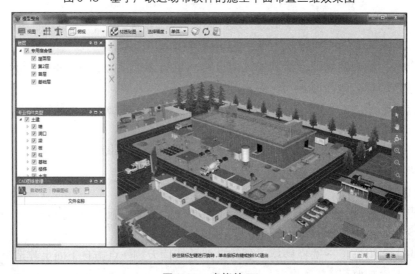

图 9-19　虚拟施工

2）视频录制

点击视频录制→动画设置→关键帧动画→调整视角→点击插入关键帧→调整下方时间进度条→调整上方日期→调整视角→插入关键帧→点击预览→视频导出。

9.5 进度计划的编制

9.5.1 基于 Project 绘制进度计划

1. Project 软件界面

Project 软件目前只支持 Windows 操作系统，其中，Project 2013 需要 Windows 7 或更高版本的操作系统。Project 软件界面和 Office 其他办公软件的界面风格相似，界面构成主要有：标题栏、菜单栏、工具栏、视图栏、工作区和状态栏，如图 9-20 所示。

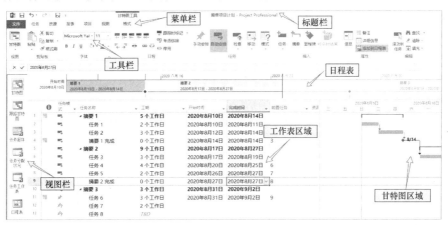

图 9-20 Project 软件界面

2. Project 软件功能介绍

Project 软件主要有项目管理的三大核心功能，分别是进度管理、资源管理和成本管理，如图 9-21 所示。其中，进度管理功能是三大核心功能的基础，也是各行业项目管理者使用最多的功能，而资源管理则通过对进度计划中的任务分配资源，实现对资源消耗的跟踪管理，从而达到预期的成本管控目的，因此，成本管理必须同时依附于进度和资源之

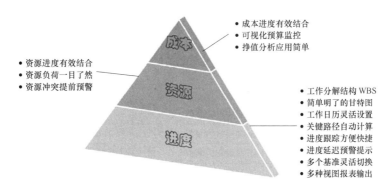

图 9-21 Project 软件三大核心功能

上才能实现。

3. 应用案例

【案例 9-1】　北方某办公楼工程，地下 1 层，地上 12 层，建筑面积 11900m²，建筑物总高度为 52.6m。主体为现浇钢筋混凝土框架-剪力墙结构，填充墙为加气混凝土砌块。筏板基础，基底标高为 −5.600m，地下水位 −15m，故施工期间不需要降水。根据地质勘查报告及周围场地情况，该工程采用钢筋混凝土悬臂桩支护。

地下室地面为地砖地面，楼面为大理石楼面；内墙基层抹灰，涂料面层，局部贴面砖；顶棚为披腻子，刷涂料面层，少部分房间为轻钢龙骨吊顶；外墙为贴面砖，南立面中部为玻璃幕墙。底层外墙干挂大理石；屋面防水为三元乙丙橡胶卷材＋SBS 改性沥青卷材防水（两道设防）。

为加快施工进度，缩短工期，在主体结构施工至四层时，从地下室开始插入二次结构填充墙砌筑（首层在 12 层砌筑完成后再砌筑）；在填充墙砌筑至第 4 层时，从第 2 层开始插入室内装修到 12 层后，再做首层及地下室内装修。二次外围护结构施工完成后从上到下顺序进行室外装修，安装工程配合土建施工。

二维码 9-10　基于 Project 软件绘制进度计划教学视频

该工程的工作范围及工作任务间的逻辑关系如表 9-2 所示。

扫描二维码 9-10，观看基于 Project 软件绘制进度计划教学视频。

某办公楼工程的工作范围及工作任务间的逻辑关系　　表 9-2

序号（任务 ID）	WBS 编码（任务级别）	任务名称	持续时间（天）	前置任务（数字代表的是任务 ID）
1	1	某办公楼项目		
2	1.1	土建工程		
3	1.1.1	支护桩挖土	30	
4	1.1.2	基础施工地下室结构	30	3
5	1.1.3	一至三层主体施工	30	4
6	1.1.4	四至六层主体施工	30	5
7	1.1.5	冬休	90	6,22,11
8	1.1.6	七至九层主体施工	30	7
9	1.1.7	十至十二层主体施工	30	8
10	1.1.8	屋面工程	30	9
11	1.1.9	地下室、二至三层砌筑	20	5
12	1.1.10	四至六层砌筑	20	7
13	1.1.11	七至九层砌筑	20	12,8
14	1.1.12	十至十二、首层砌筑	20	13,9
15	1.2	装饰工程		
16	1.2.1	二至三层室内装修	20	7
17	1.2.2	四至六层室内装修	30	16,12
18	1.2.3	七至九层室内装修	30	17,13
19	1.2.4	十至十二层、首层、地下室室内装修	50	18,14
20	1.2.5	外墙装修	80	14

续表

序号 (任务 ID)	WBS 编码 (任务级别)	任务名称	持续时间 (天)	前置任务 (数字代表的是任务 ID)
21	1.3	安装工程		
22	1.3.1	水、暖、电预埋	75	3
23	1.3.2	水、暖、电配合安装调试	150	7
24	1.4	土建扫尾工程验收竣工	30	19,20,10,23

假设该工程计划从 2020 年 8 月 10 日开工，至 2021 年 9 月 25 日完工，计划工期 412 天。项目建设过程中，即在项目建设的整个期间除冬休外，连续作业无休息日。

采用 Project 2013 软件绘制的包含日程表甘特图，如图 9-22 所示。

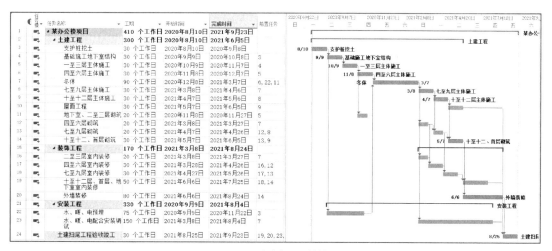

图 9-22 案例工程甘特图

9.5.2 基于斑马软件网络进度计划的编制

斑马进度计划软件界面见图 9-23。

扫描二维码 9-11，观看基于斑马软件编制进度计划教学视频。

二维码 9-11 基于斑马软件编制进度计划教学视频

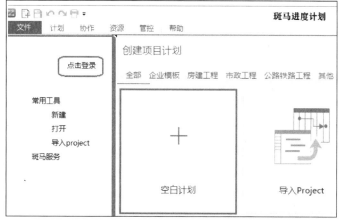

图 9-23 斑马进度计划软件界面

1. 创建工作计划

点击工作名称下方表格内空白处，以创建新工作"工作 A"为例，见图 9-24。

方法一：左键点击工作 A 进入编辑状态→修改名称。

方法二：右键点击工作 A 弹出"工作信息卡"→在工作信息卡中修改名称。

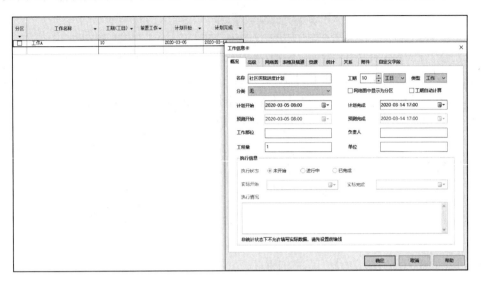

图 9-24　工作的输入

2. 开始/完成时间

方法一：输入计划开始时间→输入计划完成时间→系统将自动计算工期，见图 9-25。

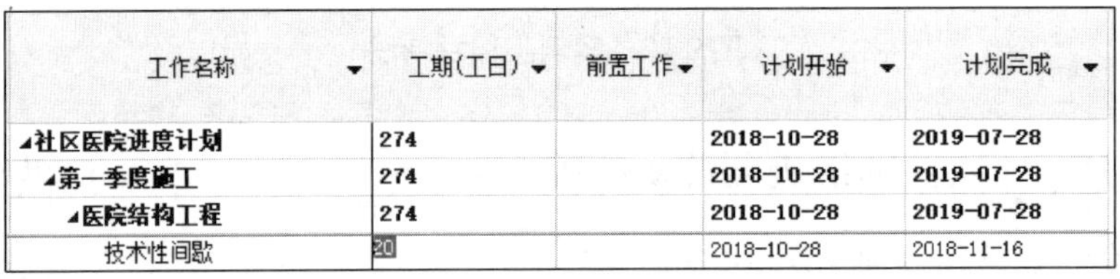

工作名称	工期(工日)	前置工作	计划开始	计划完成
◢社区医院进度计划	274		2018-10-28	2019-07-28
◢第一季度施工	274		2018-10-28	2019-07-28
◢医院结构工程	274		2018-10-28	2019-07-28
技术性间歇	20		2018-10-28	2018-11-16

图 9-25　工作的开始/完成时间输入（一）

方法二：输入计划开始时间→输入工期→系统将自动计算计划完成时间。

方法三：右键弹出工作信息卡→输入工期、计划开始/完成时间，见图 9-26。

图 9-26　工作的开始/完成时间输入（二）

3. 前置工作及逻辑关系

选中要添加前置工作的序号→点击工作▲→输入工作名称、工期及逻辑关系，见图 9-27。

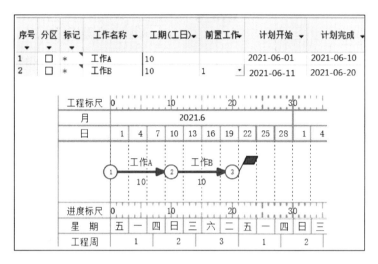

图 9-27 前置工作及逻辑关系的输入

9.6 广联达 BIM5D 在施工组织中的应用

广联达 BIM5D 通过 BIM 模型集成进度、预算、资源、施工组织等关键信息，对施工过程进行模拟，及时为施工过程物资、商务、进度、生产等重要环节提供准确的界面切分、资源消耗、技术要求等核心数据，提升沟通和决策效率，从而达到节约时间和成本，提升项目管理质量的目的，图 9-28 为广联达 BIM5D 在施工管理中的应用框架，图 9-29

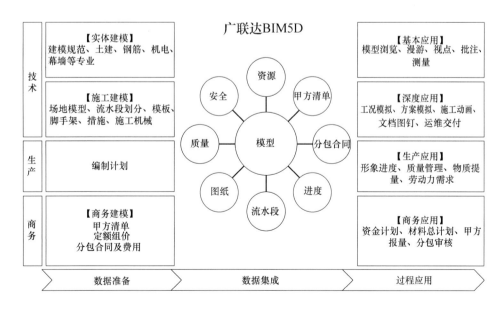

图 9-28 广联达 BIM5D 在施工管理中的应用框架

为广联达 BIM5D 软件应用流程。

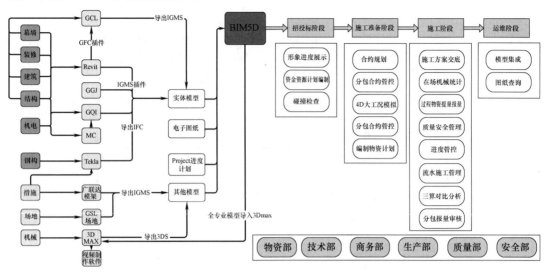

图 9-29　广联达 BIM5D 软件应用流程

扫描二维码 9-12，观看基于广联达软件的 BIM5D 的教学视频。

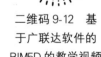

二维码 9-12　基
于广联达软件的
BIM5D 的教学视频

1. 模型管理

1）漫游功能、按路线行走

（1）自主漫游：点击漫游方式→按住 Ctrl＋鼠标左键调整人物位置→勾选重力→根据按键提示进行自主漫游操作。

（2）按路线行走：点击按路线行走→弹出按路线行走→点击画路线→填写名称、选择单体、楼层→选择构件→勾选可见构件类型→点击确定→在模型中点击左键绘制路径→右键完成→调节速度→点击播放，见图 9-30。

2）二次结构排砖

二次结构排砖：确定 Revit 模型墙为"建筑墙"→点击自动排砖→弹出排砖界面→选择基本参数下的"主砌块模板"→填写规格、其他参数等，见图 9-31。

2. 流水段的划分

1）点击流水视图→选择单体楼层→点击新建下级→选择土建→点击确定→点击新建流水段→点击关联模型→勾选显示构件类型→锁定关联构件类型→点击画流水段线框→根据后浇带框选流水段→修改流水段名称→点击应用→显示关联标记，见图 9-32。

2）点击新建流水段建立流水段 2→点击关联模型→勾选显示构件类型→锁定关联构件类型→点击画流水段线框→根据后浇带框选流水段 2→修改流水段名称→点击应用→重复以上步骤完成全部流水段的划分，见图 9-33。

3. 施工模拟

1）进度计划的导入并与图形关联

点击施工模拟→点击导入进度计划→选中所需关联模型的任务名称→点击任务关联模型→勾选单体楼层→勾选专业土建→勾选流水段→勾选构建类型→点击关联→完成后显示关联标志，见图 9-34。

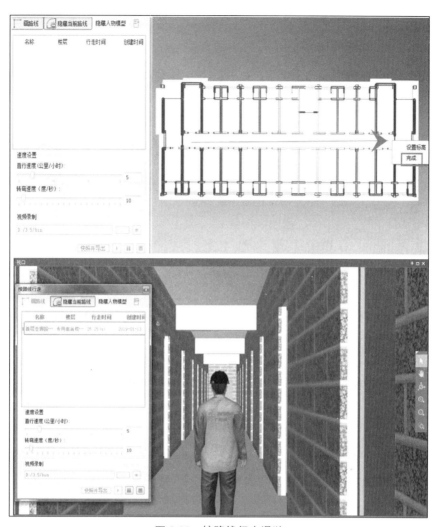

图 9-30 按路线行走漫游

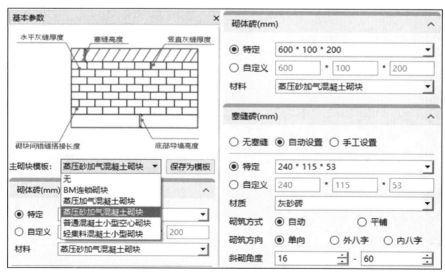

图 9-31 填充墙排砖设计

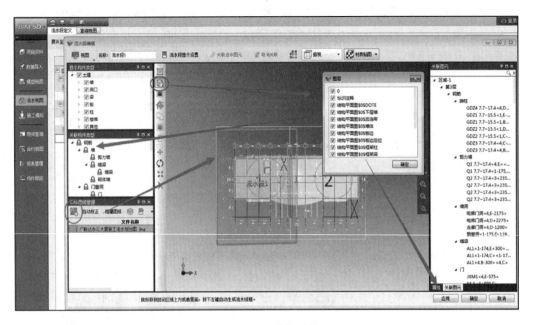

图 9-32　流水段划分

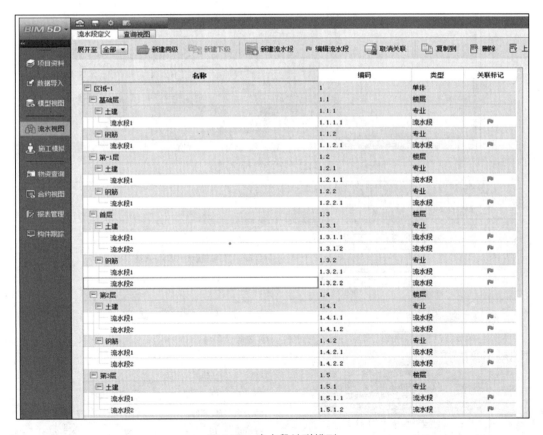

图 9-33　流水段关联模型

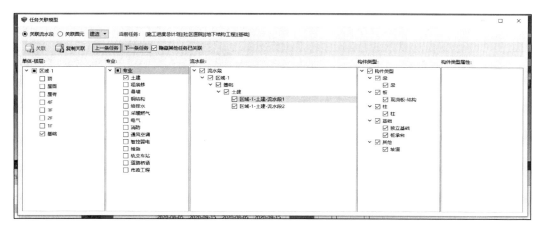

图 9-34 进度计划的导入并与图形关联

2）施工进度模拟

完成任务关联模型后→点击左键框选时间轴→在视口中点击右键→点击视口属性→时间类型选择计划时间→勾选土建专业→显示范围勾选所关联模型→点击确定→点击播放→进行虚拟施工模拟，见图 9-35。

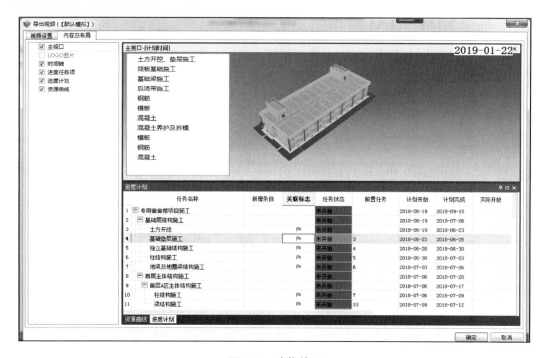

图 9-35 虚拟施工

3）实际时间的调整

点击视口→新建视口→输入视口名称→点击确定→点击编辑计划→打开 Project→添加实际开始时间及实际完成时间→修改完成后保存→系统会自动同步到 BIM-5D 软件中→右键点击视口属性→时间类型选择实际时间→点击确定，见图 9-36。

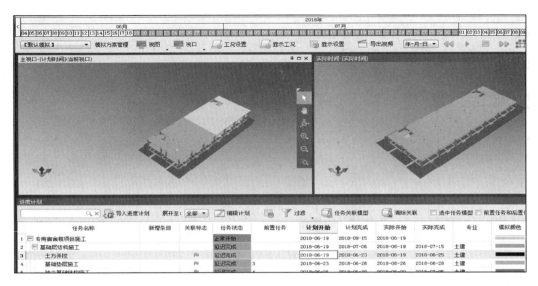

图 9-36　进度与对比分析

9.7　基于 BIM-FILM 制作施工工艺动画

基于 BIM-FILM 软件进行施工工艺分解动画制作，将复杂的技术交底三维可视化，避免传统二维技术交底弊端，提高技术交底沟通效率，有效提升项目精细化管理水平。图 9-37 是 BIM-FILM 软件界面。

扫描二维码 9-13，观看基于 BIM-FILM 制作施工工艺动画教学视频。

二维码 9-13　基于 BIM-FILM 制作施工工艺动画教学视频

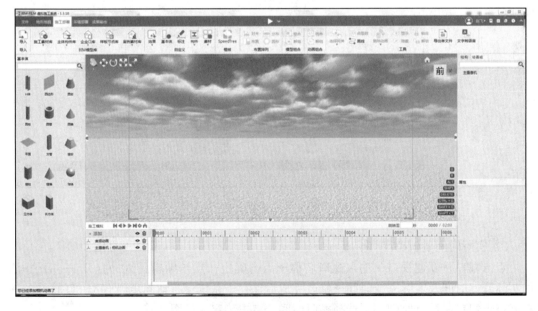

图 9-37　BIM-FILM 软件界面

案 例 练 习

通过导入练习资料文件包当中的相关资料（见链接或扫描二维码 9-14），在 BIM5D 软件中完成该单位工程的下述软件操作。

链接：https：//pan.baidu.com/s/16smxUmKSP-0GaMHgkCuJ9g 提取码：gtwt。

二维码 9-14
BIM5D 练
习 4 个附件

1. 模型导入

将案例工程文件包中的钢筋、土建模型集成至 BIM5D 中。

2. 流水段划分

在 BIM5D 平台中完成该工程的流水段划分，按照单体→专业→楼层→流水段的顺序进行创建。

1）该工程基础层、首层、第 2 层分为三个流水段施工，A 区为①至⑤轴，B 区为⑤至⑪轴，C 区为⑪至⑭轴；其中①轴左侧部分构件归属到 A 区，⑭轴右侧部分构件归属到 C 区。

2）该工程屋面不分段。

3）土建及钢筋专业均按上述要求进行划分，在划分流水段关联构件时，选择全部构件。

3. 进度计划

将资料文件包中的"广联达 3 号住宅楼施工进度计划.zpet"文件导入至 BIM5D 中，并把计划与模型进行关联，要求将进度计划中的所有任务项与模型完成关联，按照任务项描述关联构件类型，其中关联构件时不包括构造柱、圈梁。

4. 清单关联

1）将下发的资料文件包中的"广联达 3 号住宅楼清单计价文件.GBQ4"工程量清单计价文件导入至 BIM5D 的合同预算模块中。

2）完成土建模型与工程量清单文件的清单匹配，要求将导入的土建工程量清单项全部与土建模型完成匹配。

3）要求将工程量清单中的所有钢筋清单与钢筋模型完成关联。

5. 高级工程量查询

查询工程量清单，查询类型按时间范围（计划时间）查询：查询 2018 年 4 月 1 日至 2018 年 4 月 30 日的清单工程量，汇总方式为"按清单汇总"，并导出相应的查询结果信息；表格名称为"模型视图_清单工程量"。

6. 流水段提取

导出根据流水段划分要求中所有流水段的 excel 表；表格名称为"流水视图_流水段"。

7. 流水段清单工程量提取

导出钢筋专业第 2 层 B 区流水段中的工程量清单表，汇总方式为"按清单汇总"；表格名称为"流水视图_清单工程量"。

8. 构件工程量提取

导出首层土建专业梁的构件工程量，汇总方式为"按规格型号汇总"；表格名称为"模型视图_构件工程量"。

9. 资金查询

时间范围为计划时间 2018 年 4 月 20 日至 2018 年 5 月 20 日；资金曲线设置查询方式为"按周统计资金"，其他选项按默认，导出资金曲线汇总列表，表格命名为"施工模拟_资金汇总"。

10. 物资查询

自定义查询，按楼层查询第 2 层钢筋专业的物资量，汇总方式为"按直径汇总"，并导出相应的 excel 表查询结果；表格名称为"物资查询_物资查询"。

11. 专项方案查询

完成基础层中，梁单跨跨度不小于 6m 的构件查询，并将查询结果导出，专项方案查询命名为"模型视图_专项方案查询"。

12. 施工模拟

完成整个工期内的虚拟施工动画，制作要求不限，自行设计即可，导出命名为"施工模拟"。

第 10 章　施工组织课程设计

本章要点：课程设计的主要内容包括：进度计划的编制、施工平面布置、施工方案的选择、施工管理计划的编制。

学习目标：该章属于该课程实践性教学环节，考查课程学习的达成度。

素质目标：通过脚踏实地、敢于挑战、不畏挫折、团结协作、科学严谨的施工管理文件编写，培养理论联系实践能力和精益求精的工匠精神。

10.1　施工组织课程设计任务书

扫描二维码 10-1，观看施工组织课程设计任务布置教学视频。

二维码 10-1
施工组织课程
设计任务布置
教学视频

10.1.1　课程设计的性质和目的

施工组织课程设计是学生系统学习完成"土木工程施工技术""土木工程施工组织"等课程后，安排的一个实践性教学环节。施工组织课程设计必须与施工实践相结合，训练学生独立解决较复杂施工组织管理问题的能力。

10.1.2　课程设计要求

根据提供的建筑、结构施工图，编制一份施工组织设计，主要内容包括：施工方案、施工平面布置、施工进度计划、施工管理计划。

10.1.3　课程设计依据

1. 建筑、结构施工图纸各 1 套。
2. 国家及建设地区现行的有关法律、法规、规范、标准。
3. 地质、水文及气象资料。
4. 其他施工资料：
1）开工日期为课程设计开始时间；
2）竣工日期根据工期定额、进度计划情况自定；
3）施工现场所用水、电从临近主干道接入；
4）资源（人、机、料）供应充足；
5）现场不设搅拌站，由距施工现场 20km 处的混凝土厂家供应；
6）如有弃土，弃土地点距离施工现场 25km，要考虑土方回填存土；

7）门窗及其他构件由战略合作构件厂制作供应；

8）模板主要通过在现场制作竹胶合板，钢模板由租赁公司供应。

10.1.4 课程设计成果

1. 封面

封面应写明课程设计题目（××工程施工组织设计）、学号、姓名、专业、年级、完成日期。

2. 内容

1）编制依据；

2）工程概况及施工特点分析；

3）施工方案（专项方案要独立成章）；

4）施工进度计划（网络计划）；

5）资源需用量计划；

6）施工平面布置图；

7）施工管理计划。

10.1.5 成绩评定

课程设计成绩由平时成绩、成果成绩两部分组成。

1. 平时成绩由指导教师根据课程设计期间的学习态度进行综合评定，该部分占40%。

2. 成果成绩由指导老师对设计成果给予评定，该部分占60%；具体如下：

1）施工方案内容完整翔实程度、针对性、可行性占30%；

2）施工进度计划合理性、内容全面性、图面规范性占40%；

3）施工平面布置图布置合理性、内容全面性、图面规范性占30%。

3. 成绩评定按五级考核：优秀、良好、中、及格、不及格。

10.2 施工组织课程设计指导书

10.2.1 单位工程施工组织设计的基本原则

1. 根据工程特点，科学、合理地安排施工顺序和施工计划。

2. 组织流水施工，充分利用时间和空间，实现连续、均衡、有节奏地生产，保证人力、物力充分发挥作用。

3. 为改善劳动条件，减轻劳动强度，要贯彻建筑工业化方针，合理选择施工机械，提高机械化施工程度和机械利用率，还应积极推广新技术、新工艺、新材料、新方法。

4. 认真执行现行规范、规程、标准，保证工程质量和安全生产。

5. 减少大型临时设施工程，尽量利用原有建筑物和设施；充分利用当地资源、减少物资运输；节约施工用地、节约能源，积极推动绿色施工。

6. 鼓励利用BIM技术，编制施工组织设计。

10.2.2　单位工程施工组织设计的步骤

1. 调查研究、收集资料

1）熟悉、审查图纸

认真识读工程施工图纸，熟悉主要工程做法，建议边识图边用 BIM 建模软件建模，分析图纸中的漏、错、碰的问题。阅读图纸要相互对照，综合看图，如看建筑施工图，要把平面图、立面图和剖面图结合起来一起看，形成三维空间。

看图时要仔细看懂每一条线、每一个字、每一条尺寸线，还要注意节点大样的索引和图中的附注及说明等。

2）参观在建工程，调查、收集资料

通过实习，到施工现场参观、调查，了解施工平面布置情况；施工条件、资源供应情况；了解施工现场劳动组织、施工管理、施工机具使用情况以及推广应用新技术、新工艺、新材料的情况，并收集有关资料。

2. 工程概况及施工特点分析

在熟悉施工图纸和相关资料的基础上，结合施工条件，对工程概况及施工特点进行综合分析，这是选择施工方案、编制施工进度计划、资源供应规划、施工平面布置的前提，其内容主要包括如下：

1）工程建设概述

主要说明拟建工程的建设单位、用途、工期要求，设计单位、施工单位名称、施工图纸情况、施工合同等有关内容。

2）建筑、结构特点

其包括平面组成、层数、建筑面积、结构类型、层高、总高，基础类型及埋置深度；说明装修工程内、外装饰的材料、装修工程做法和要求，楼地面材料种类、楼地面工程做法，门窗种类、屋面保温隔热及防水层做法等。

其中对新构造、新材料、新工艺及施工中工程量大、施工要求高、难度大的项目要作重点突出说明。

3）建设地点特征

其包括位置、地形、工程地质和水文地质条件，土壤结构分析、最大冻结深度、地下水位、水质、气温、冬雨期施工起止时间，主导风向、风力等自然条件。

4）施工条件及施工特点

其包括水、电、道路、能源、场地平整情况，建筑场地四周环境，项目所在地劳动力供应、材料供应、机械租赁市场条件等，资源供应来源和保障能力；施工企业拥有的建筑机械和运输工具对保证该工程使用的供应程度，施工技术和管理水平等。

3. 施工方案选择（要求图文并茂，专项施工方案计算书中要有计算简图）

施工方案的选择是施工组织设计的核心。按地下工程、主体结构工程、屋面工程、装饰工程四个阶段分别编制施工方案，各阶段着重考虑的内容有：

1）地下工程

（1）施工测量控制网的确定，定位放线及沉降观测方案；

（2）临时用电、用水方案（建议编制专项施工方案），现场消防方案；

　　（3）基坑开挖的方法、起点、流向；

　　（4）降水方案（建议编制专项施工方案）；

　　（5）放坡开挖的坡度、直壁开挖的支护形式、支护结构设计（建议编制专项施工方案）；

　　（6）土方机械的选择、运土车辆的计算；

　　（7）施工段、施工层的划分，坡道的留设；

　　（8）基础施工顺序、基础模板支设；

　　（9）基础各分项工程的施工工艺过程及施工注意事项；

　　（10）土方回填及压实方法；

　　（11）地下防水做法及施工工艺。

　　2）主体结构

　　（1）主体结构工程的施工顺序；

　　（2）施工的起点流向、施工段的划分；

　　（3）垂直运输方案的选择；

　　（4）脚手架工程（建议编制专项施工方案）；

　　（5）模板工程（建议编制专项施工方案）；

　　（6）钢筋的加工制作、接长、绑扎的方法和要求及加工设备的选择（编制部分构件钢筋下料单）；

　　（7）混凝土工程：混凝土运输、浇筑、振捣、养护的方法及其所需机具的型号和数量；泵送混凝土方案；施工缝、后浇带的留设及处理方法；

　　（8）建筑物垂直度及标高的控制措施；

　　（9）围护结构与主体结构穿插施工情况。

　　3）屋面工程

　　（1）确定屋面工程施工顺序；

　　（2）屋面保温、防水材料的质量控制；

　　（3）屋面防水工程的施工方法及注意事项。

　　4）装饰工程施工阶段

　　（1）确定室内外、上下层间装修的施工顺序；

　　（2）确定外保温、外装饰的施工顺序；

　　（3）确定室内装饰（地面、墙面、顶棚）的施工顺序、装饰工艺；

　　（4）涉及的各类装饰材料的施工要点；

　　（5）卫生间防水；

　　（6）确定装饰材料的水平、垂直运输；

　　（7）装饰工程脚手架的选择等。

　　4. 编制施工进度计划（CAD电子图和纸质图，图纸为A2，纸质图装订到施工组织文本的附录中）

　　施工进度计划是在拟定的施工方案基础上，确定各个施工过程的施工顺序、持续时间（流水节拍）以及相互衔接穿插搭接关系，是控制工程施工进展，确定劳动力和资源需要量供应的依据。其步骤如下：

1）划分流水作业段。

2）确定分部分项工程项目。先将各分部分项工程项目按不同施工阶段列出、整理和适当合并，使其成为编制施工进度计划所需的项目。

3）统计流水段工程量。要结合整理、合并的施工过程，汇总工程量，如果前期建模，工程量汇总就非常方便。

4）正确套用企业劳动定额。根据确定的施工过程查企业的劳动定额，如果无企业劳动定额，可参考国家劳动定额。

5）确定各施工过程对应流水段的劳动量，可按下式计算：

$$P = \frac{Q}{S} \quad \text{或} \quad P = Q \cdot H \tag{10-1}$$

式中　P——对应流水段需要的劳动量（工日或台班）；

　　　Q——对应流水段工程量（m^3、m^2、$t \cdots \cdots$）；

　　　S——产量定额（m^3、m^2、$t \cdots \cdots$/工日或台班）；

　　　H——时间定额（工日或台班/m^3、m^2、$t \cdots \cdots$）。

6）确定各分项工程的持续时间，可按下式计算：

$$t = \frac{P}{n \cdot b}$$

式中　t——某分项工程的持续时间（天）；

　　　P——对应流水段需要的劳动量（工日或台班）；

　　　n——每班安排在某分项工程上的劳动人数或施工机械台数；

　　　b——每天工作班数。

7）根据逻辑关系科学合理地安排各施工过程的施工顺序。施工顺序的确定必须符合工艺关系、施工组织的要求，在保证质量和安全的前提下，尽量做到充分利用空间。

8）绘制施工进度计划。

9）检查调整。

5. 各项资源需要量计划的编制

1）劳动力需要量计划，主要作为调配劳动力，安排生活福利设施的依据。

2）主要材料需要量计划，主要为组织备料，确定仓库面积、堆场面积、组织运输之用。

3）施工机械需要量计划。根据施工方案和进度计划确定施工机械的类型、数量、进场时间，并应考虑设备安装和调试所需的时间。

6. 施工平面布置图（CAD 电子图和纸质图，图纸为 A2，纸质图装订到施工组织文本的附录中）

1）设计内容

其包括：临建设施、垂直运输设备、施工机械、材料堆场、仓库、消防设施、临时和永久性道路、水电线路等。

施工平面图可手绘或采用 CAD 绘图。无论采用哪种方法，皆需按绘图标准绘制，线形正确，表达正确，图例齐全。

2）设计原则

（1）在满足施工的前提下，要紧凑布置，施工占地尽量少；

（2）临建设施尽量少，尽量利用已有或拟建工程；

（3）尽量减少二次搬运，工地运费越少越好；

（4）要符合劳动保护、技术安全和防火要求。

3）设计步骤

（1）确定垂直运输机械位置

建筑的施工速度，在很大程度上取决于所选起重机和其他垂直运输机具的运输能力，垂直运输方案直接影响施工生产的进度。选用塔式起重机，应使建筑物平面及材料尽量布置在塔式起重机的服务范围之内，避免"死角"和二次搬运；需要人货两用电梯，要考虑其服务半径，避免服务半径过大，影响材料的供应；执行《塔式起重机安全规程》GB 5144—2006、《塔式起重机附着安全技术规程》T/ASC 09—2020《施工升降机安全使用规程》GB/T 34023—2017 规定。

（2）确定仓库、材料、构件、模板、脚手架堆场的位置，并计算面积

各种材料堆场或仓库应靠近道路布置，并且要布置在塔式起重机的服务范围之内或人货两用电梯附近。参考储备定额与工期计算堆场、仓库面积，材料、模板可按 1.5 层考虑。

（3）布置运输道路和场地排水设施

道路布置要保证行使畅通，双行道宽不小于 6m，单行道宽不小于 3.5m，并尽量设成环形，或在尽端设置尺寸不小于 12m×12m 的回车场；如果兼做临时消防车道，其净宽度和净空高度均不应小于 4m；排水设施执行《污水排入城镇下水道水质标准》GB/T 31962—2015 规定。

（4）布置行政管理、文化、生产、福利用临时设施

一般包括办公室、工人休息室、加工用房、仓库、工人宿舍等。执行《施工现场临时建筑物技术规范》JGJ/T 188—2009《建设工程施工现场环境与卫生标准》JGJ 146—2013 规定。

（5）布置水、电管网

结合现场实际情况布置水电管网；用电布置执行《施工现场临时用电安全技术规范》JGJ 46—2005、《建设工程施工现场供用电安全规范》GB 50194—2014 规定；用水执行消防规范规定。

（6）布置消防设施

根据《建设工程施工现场消防安全技术规范》GB 50720—2011 规定，布置消防设施。

7. 施工管理计划

施工管理计划应包括进度管理计划、质量管理计划、安全管理计划、环境管理计划、成本管理计划以及其他管理计划等内容；其他管理计划包括绿色施工管理计划、防火保安管理计划、合同管理计划、组织协调管理计划、创优质工程管理计划、质量保修管理计划以及对施工现场人力资源、施工机具、材料设备等生产要素的管理计划等。这些计划可根据自己对项目特点的了解加以取舍、可简可详，在该课程设计中安全管理计划和绿色施工管理计划必须详细。

10.3 其他参考资料

1. 现行规范、标准

2. 参考文献

1）参考教材：土木工程施工组织与管理，王利文主编，中国建筑工业出版社；

2）其他资料。

（1）某省建筑安装工程劳动定额；

（2）国家工期定额。

3. 其他电子资料一套

链接：https：//pan. baidu. com/s/1fZcLpMw8SPK-fqw41GwCHg 提取码：dtt2；二维码 10-2。

二维码 10-2
其他电子资料

参 考 文 献

[1] 王利文. 土木工程施工组织与管理 [M]. 北京：中国建筑工业出版社，2014.

[2] 丁烈云. BIM 应用·施工 [M]. 上海：同济大学出版社，2015.

[3] 丁士昭. 工程项目管理 [M]. 北京：高等教育出版社，2017.

[4] 李启明. 建筑产业现代化导论 [M]. 南京：东南大学出版社，2017.

[5] 杨宝明. BIM 改变建筑业 [M]. 北京：中国建筑工业出版社，2017.

[6] 刘伊生. 建设工程项目管理理论与实务（第二版）[M]. 北京：中国建筑工业出版社，2018.

[7] 中华人民共和国行业标准. 施工现场临时用电安全技术规范 JGJ 46—2005 [S]. 北京：中国建筑工业出版社，2005.

[8] 中华人民共和国国家标准. 建筑施工组织设计规范 GB/T 50502—2009 [S]. 北京：中国建筑工业出版社，2009.

[9] 中华人民共和国行业标准. 施工现场临时建筑物技术规范 JGJ/T 188—2009 [S]. 北京：中国建筑工业出版社，2009.

[10] 中华人民共和国行业标准. 建筑施工安全检查标准 JGJ 59—2011 [S]. 北京：中国建筑工业出版社，2011.

[11] 中华人民共和国国家标准. 建设工程施工现场消防安全技术规范 GB 50720—2011 [S]. 北京：中国计划出版社，2011.

[12] 中华人民共和国国家标准. 市政工程施工组织设计规范 GB/T 50903—2013 [S]. 北京：中国计划出版社，2013.

[13] 中华人民共和国行业标准. 建筑施工现场环境与卫生标准 JGJ 146—2013 [S]. 北京：中国建筑工业出版社，2013.

[14] 中华人民共和国国家标准. 建设工程施工现场供用电安全规范 GB 50194—2014 [S]. 北京：中国计划出版社，2014.

[15] 中华人民共和国国家标准. 建筑工程绿色施工规范 GB/T 50905—2014 [S]. 北京：中国建筑工业出版社，2014.

[16] 中华人民共和国行业标准. 工程网络计划技术规程 JGJ/T 121—2015 [S]. 北京：中国建筑工业出版社，2015.

[17] 中华人民共和国国家标准. 建设项目工程总承包管理规范 GB/T 50358—2017 [S]. 北京：中国建筑工业出版社，2017.

[18] 中华人民共和国国家标准. 建设工程项目管理规范 GB/T 50326—2017 [S]. 北京：中国建筑工业出版社，2017.

[19] 中华人民共和国国家标准. 建筑工程绿色施工评价标准 GB/T 50640—2010 [S]. 北京：中国计划出版社，2010.